사물인터넷 시대를 위한 보안 가이드

사물인터넷 시대를 위한 보안 가이드

IoT로 연결된 세상에서 시스템을 안전하게 구축하기

브라이언 러셀 · 드류 반 듀란 지음

이진호 옮김

| 지은이 소개 |

브라이언 러셀 Brian Russell

레이도스Leidos(https://www.leidos.com/)의 사이버 보안 솔루션 담당 수석 엔지니어다. 보안 솔루션의 설계 및 개발과 사물인터넷IoT, Internet of Things의 보안에 중점을 둔 고객의 개인정보 보호와 신뢰 제어의 구현을 담당하고 있다. 무인 항공기 시스템UAS, 커넥티드 비클, 고수준 암호화 키 관리 시스템을 포함한 개발 보안 시스템과 관련된 보안 공학 분야를 선도하고자 노력하고 있으며, 보안 분야에서 16년의 경력을 보유했다. 클라우드 보안 연합CSA, Cloud Security Alliance의 의장이며, 연방 통신위원회FCC, Federal Communications Commission 기술 자문위원회TAC, Technological Advisory Council 실무 그룹의 구성원이다. 인터넷 보안 센터CIS, Center for Internet Security에서 '20가지 중요 보안 통제 편집 패널'과 안전한 스마트 시티SSC, Securing Smart Cities(http://securingsmartcities.org/)를 지원하고 있다.

클라우드 보안 연합의 IoT WG@https://cloudsecurityalliance.org/group/internet-of-things/#_join에 가입해보자.

https://www.linkedin.com/in/brian-russell-65a4991을 통해 의견을 나눌 수 있다.

아내 사마에(Charmae)와 우리 아이들인 트리니티(Trinity), 에단(Ethan)에게 감사한다. 이번 작업을 하는 동안 가족들이 보내준 격려와 사랑은 값으로 매길 수 없다. 또한 더 나은 IoT 보안을 위한 솔루션을 파악하고 권장하기 위해 지난 몇 년 동안 나와 함께 일해온 CSA IoT 워킹 그룹의 직원들과 자원봉사자들에게 감사의 말을 전하고 싶다. 마지막으로 이 책을 읽지는 않겠지만, 이 책을 완성하게 도와주신 부모님께 감사드린다.

드류 반 듀란^{Drew Van Duren}

드류 반 듀란^{Drew Van Duren}

15년 동안 미국 국방부^{US Department of Defense}와 미국 교통부^{USDOT, US Department of Transportation}에서 업무를 수행했고, 현재 암호화 및 사이버 보안 수석 엔지니어로 레이도스에서 중요한 교통 및 국가 안보 시스템 업무를 담당하고 있다. 항공 우주 엔지니어로 이 분야에 몸담기 시작해 사이버 물리(교통 시스템) 위험 관리, 암호화 통신공학, 고수준의 보증 DoD 시스템을 위한 안전한 네트워크 프로토콜 설계 관련 연구를 수행 중이다. 연방 항공국^{Federal Aviation Administration}의 무인 항공기 시스템^{UAS} 통합 사무국에서 전문 지식을 전파하고 있으며, 미국 영공 시스템에서 비행하는 무인 항공기에 적용되는 암호 보호 개발을 위한 RTCA 표준화 단체를 지원하고 있다. 커넥티드 비클 보안 자격 증명 관리 시스템^{SCMS, security credential management system}을 통해 커넥티드 비클 통신 설계, 보안 시스템, 지표 운송 시스템, 암호 인증 작업의 위협 모델링, 보안 분석을 지원했고 USDOT 연방 도로관리청^{FHWA, Federal Highway Administration}과 자동차 산업을 지원했다. 운송 업계에 몸담기 전에는 기술 이사로서 가장 규모가 큰 두 암호화 시험 기관(FIPS 140-2)을 관리했으며, 다양한 국가 보안 프로그램의 암호화 키 관리 및 프로토콜 개발에 기여했다. 비행 면허를 보유한 조종사로서 상업용 무인 항공기 시스템을 운용하고 있으며, 무인 항공기의 안전하고 신뢰할 만한 비행 작전을 위해 헌신하고 있는 '책임감 있는 로보틱스^{Responsible Robotics} 재단'의 공동 설립자이기도 하다.

https://www.linkedin.com/in/drew-van-duren-33a7b54를 통해 연락할 수 있다.

가장 먼저 아내 로빈(Robin)과 우리 아이들인 제이콥(Jakob), 린지(Lindsey)에게 감사한다. 그들의 무한한 사랑, 유머, 인내가 이 책을 한층 빛나게 만들었으며, 내가 가장 힘들어할 때마다 언제나 기분 전환을 시켜줬다. 또한 청소년기 동안 다양한 관심사인 모형 만들기, 공학, 음악을 마음껏 즐길 수 있도록 지원해주신 부모님께 무한한 사랑과 감사의 말씀을 전하고 싶다. 무엇보다도, 두 분은 첼로 연주를 통해 삶을 풍요롭게 해줬고, 인생에 집중할 수 있도록 도와줬다. 마지막으로 지금은 이 세상을 떠났지만, 과학과 공학에 대한 무한한 지적 호기심을 바탕으로 젊은 날 인생의 발자취를 남겨주신 외할아버지 아서 글렌 포스터(Arthur Glenn Foster)에게 감사한다.

| 기술 감수자 소개 |

아론 구스만 Aaron Guzman

LA 지역에서 활동하는 애플리케이션 보안, 모바일 침투 테스트, 웹 침투 테스트, IoT 해킹, 네트워크 침투 테스트에 대한 전문 지식을 갖춘 전문 침투 테스터며 벨킨Belkin, 시만텍Symantec, 델Dell 등의 기술 회사와 협력해 코드를 분석하고 인프라를 설계했다. 다년간의 경험을 바탕으로, 미국 전역의 데프콘Defcon과 OWASP AppSecUSA에서부터 개발자 코드 캠프에 이르기까지 다양한 회의에서 발표했다. 다수의 IoT 보안 가이드라인 출판물과 애플리케이션 보안 분야를 통해 오픈소스 커뮤니티 프로젝트에 기여해왔으며, 오픈 웹 애플리케이션 보안 프로젝트OWASP, Open Web Application Security Project, 로스앤젤레스, 클라우드 보안 연합 SocalCSA SoCal, 남부 캘리포니아의 첨단 기술 범죄 조사 협회HTCIA SoCal의 리더다. 트위터 @scriptingxss에서 그의 최신 연구 및 업데이트 관련 자료를 찾아볼 수 있다.

| 옮긴이 소개 |

이진호(ezno.pub@gmail.com)

성균관대학교 컴퓨터교육과를 졸업한 후 기업은행, 금융결제원을 거쳐 현재 금융보안원에서 일하고 있다. 최근 6년간 국내 금융 기관을 대상으로 모의 해킹 업무를 수행 중이다. 보안 이외에도 다른 사람을 가르치고 지식을 전달하는 일에 관심이 많으며, 보안 관련 지식을 나누고자 번역을 시작했다. 에이콘출판사에서 출간한 『iOS Application Security』(2017), 『파이썬 모의 해킹과 침투 테스팅』(2015)을 번역했다.

옮긴이의 말

사물인터넷은 다양한 기기가 인터넷으로 연결되는 기술을 말하며, 혁신을 이끌어낼 차세대 기술로 큰 기대를 모으고 있다. 하지만 그동안 경험하지 못한 새로운 보안 문제도 함께 야기하고 있다. 미라이^{Mirai} 악성코드가 등장해 보안이 취약한 IoT 기기를 감염시켜 DDoS 공격을 일으켰고, 찰리 밀러^{Charlie Miller}는 원격에서 지프 체로키^{Jeep Cherokee} 차량의 해킹을 선보였다.

이처럼 IoT 시대에는 다양한 공학 분야와 융합되는 새로운 보안 취약점이 등장하고 있다. 대부분의 보안 전문가는 컴퓨터공학 및 네트워크에 강점을 보이지만, 핵심 공학 분야에는 정통하지 않다. 이와 달리, 공학 전문가는 해킹 공격에 대한 경험과 지식이 상대적으로 부족하다. 따라서 다가올 IoT 시대의 보안을 위해서는 다양한 분야를 포괄하는 지식의 습득이 필요하다.

이 책의 저자인 브라이언 러셀과 드류 반 듀란은 IoT 시대에 대비해야 할 다방면의 보안 주제를 명쾌하게 정리했다. 이 책에서는 프로그래밍 코드 한 줄 없이 IoT의 보안공학, 보안 수명주기, 컴플라이언스, 암호학, 인증, 클라우드 보안, 개인정보 보호 등과 같은 핵심 주제를 다룬다. 또한 다양한 주제를 다루면서 동시에 깊이 있는 설명과 사례를 제공하므로 IoT 보안 분야에 관심이 많은 독자에게 훌륭한 안내서가 될 것이다.

| 차례 |

사물인터넷 현상이 보안, 안전, 개인 보호와 관련된 문제를 야기한다고 주장하는 사람은 소수에 불과하다. IoT 산업과 소비자의 다양성을 감안할 때, 이 책을 저술하는 시점의 주요 도전 과제와 목표 중 하나는 특정 산업에만 의존하지 않는 핵심 IoT 보안 원칙의 선별 방법을 결정하는 것이었다. 특히 향후의 IoT 제품, 시스템, 애플리케이션을 감안하고 현재 사용 중인 애플리케이션과 이론 사이에서 균형을 이루는 것 또한 중요하다. 이를 위해 현실적인 보안 시나리오에서 기준점이 필요할 때, 적절하게 처리해야 하는 몇 가지 기본적인 보안 및 안전과 관련된 주제를 포함시켰다. 일부 보안 주제는 디바이스(엔드포인트)에, 일부는 통신 연결에, 일부는 기업에 적용할 수 있다.

이 책의 또 다른 목표는 최근의 네트워크, 호스트, 운영체제, 소프트웨어 등에 적용되는 방대한 내용에 기존 사이버 보안 지식의 내용을 포함하고, IoT 보안을 위한 유의미한 주제를 추가한 보안 가이드라인을 만드는 것이었다. 특정 산업 분야와 기업에 한정된 가이드라인이 되는 것을 원하지 않았고, 내가 생각하는 특수성과 뉘앙스를 포함하는 유용한 보안 접근 방식을 충분히 개발해 기존의 사이버 보안과 IoT에 최적화하기 위해 노력했다.

기존의 산업(예를 들어 가전 업체, 장난감 제조업체, 자동차 등)과 스타트업 기술 회사 모두 오늘날 커넥티드 디바이스와 서비스에서 엄청난 성장 속도를 보이며 광범위한 산업 분야에서 장치와 서비스를 판매하고 있다. 불행히도 일부 보안 연구자들이 지적하고 우려하고 당부하는 점은 모든 사물이 안전하지는 않다는 것이다. 비판의 상당 부분이 타당하며 유효하지만, 불행히도 일부는 비관적이면서 쓸모없는 오만함을 내포하고 있다.

흥미롭게도 일부 산업에서는 고도의 안전 보증과 내결함성 설계와 관련해 기존 산업에서 발전한 정도에 대해 의문을 제기하고 있다. 이러한 산업은 기계, 전기, 산업, 우주 항공, 제어공학 같은 핵심 엔지니어링 분야에서 광범위하게 사용하고, 안전성이 높은 제품과 복잡한 시스템을 설계하는 고수준 보증 안전 설계를 실시하고 있다. 대부분의 사이버 보안 엔지니어들은 안전 및 결함 허용 설계에 주목할 만한 기여를 한 것에 비해 각각의 공학 분야 지식은 상대적으로 떨어진다. 따라서 IoT 보안 목표를 달성하기 위한 심각한 장애물 중 한 가지인 안전, 기능, 보안공학 분야 간의 협조가 부족한 상황을 마주하고 있기 때문에 사이버 물리 시스템CPS, cyber-physical systems이라는 용어를 설계하고 배포했다. CPS는 물리적 및 디지털 엔지니어링 업무에서 다루지 않는 방식으로 물리적 및 디지털 엔지니어링 부문을 동시에 통합한다. 엔지니어, 보안 엔지니어, 모든 유형의 기술 관리자가 필요한 안전 및 사이버 보안 목표를 위해 협력하는 방법을 알려주는 것이 우리의 목표다.

우리는 IoT가 가져올 혜택을 누리는 한편, IoT가 현재와 미래에 악영향을 끼칠 가능성이 높은 위험은 사전에 예방해야 한다. 이를 위해서는 적절하고 안전한 시스템을 확보해야 한다. 독자가 이 책을 즐길 뿐 아니라 이 책을 통해 IoT 보안을 위한 유용한 정보를 찾길 바란다.

▌ 이 책에서 다루는 내용

1장. 멋진 신세계 IoT의 기본, 정의, 사용, 애플리케이션, 구현을 소개한다.

2장. 취약점, 공격, 대책 다양한 위협과 이에 대응하기 위한 조치 방법을 설명한다.

3장. IoT 개발을 위한 안전공학 IoT 보안 수명주기의 다양한 단계를 설명한다.

4장. IoT 보안 수명주기 IoT 보안 수명주기의 운영 방법을 자세히 알아본다.

5장. IoT 보안공학을 위한 암호화 기초 암호화에 대한 배경지식을 제공한다.

6장. IoT를 위한 신원과 접근 관리 솔루션　IoT를 위한 신원과 접근 관리에 대해 심층적으로 알아본다.

7장. IoT 개인정보 문제 완화　개인정보 문제를 탐구한다. 또한 직면한 문제를 해결하고 위험을 완화하는 방법을 알려줄 것이다.

8장. IoT를 위한 컴플라이언스 모니터링 프로그램 설정　컴플라이언스 프로그램의 구축을 다룬다.

9장. IoT를 위한 클라우드 보안　IoT와 관련된 클라우드 보안의 개념을 설명한다.

10장. IoT 사고 대응　사고 관리와 포렌식에 대해 알아본다.

▌ 준비 사항

윈도우, 맥, 리눅스 운영체제에서 자바 8$^{Java\ 8}$을 설치한 데스크톱 또는 노트북에 SecureITree 4.3 버전을 설치해야 한다.

▌ 이 책의 대상 독자

이 책은 IoT를 사용 중인 조직에서 데이터 보안을 유지하려는 IoT 제품 설계자, IT 보안 전문가, 보안 엔지니어(침투 테스터, 보안 설계자, 화이트 해커)를 대상으로 한다. 또한 가정용/산업용 제품 관리자, 소프트웨어 엔지니어링 관리자에게도 유익할 것이다.

▌ 편집 규약

이 책에서는 독자의 이해를 돕고자 다루는 정보에 따라 글꼴 스타일을 다르게 적용했다. 이러한 스타일의 예와 의미는 다음과 같다.

텍스트에서 코드 단어는 다음과 같이 표기한다. "이것은 HTTP로 쉽게 매핑 가능한 메시지의 집합으로 구성돼 있다(GET, POST, PUT, DELETE)."

 경고나 중요한 노트는 이와 같이 나타낸다.

 팁과 요령은 이와 같이 나타낸다.

▌ 독자 의견

독자로부터의 피드백은 항상 환영이다. 이 책에 대해 무엇이 좋았는지 또는 좋지 않았는지 소감을 알려주길 바란다. 독자 피드백은 앞으로 더 좋은 책을 발행하는 데 큰 도움이 된다. 일반적인 피드백을 우리에게 보낼 때는 간단하게 feedback@packtpub.com으로 이메일을 보내면 되고, 메시지의 제목에 책 이름을 적으면 된다.

여러분이 전문 지식을 가진 주제가 있고, 책을 내거나 책을 만드는 데 기여하고 싶다면 www.packtpub.com/authors에서 저자 가이드를 참조하길 바란다.

▌ 고객 지원

팩트출판사의 구매자가 된 독자에게 도움이 되는 몇 가지를 제공하고자 한다.

정오표

내용을 정확하게 전달하기 위해 최선을 다했지만, 실수가 있을 수 있다. 팩트출판사의 도서에서 문장이든 코드든 간에 문제를 발견해서 알려준다면 매우 감사하게 생각할 것이다. 그런 참여를 통해 그 밖의 독자에게 도움을 주고, 다음 버전의 도서를 더 완성도 높게 만들 수 있다. 오탈자를 발견한다면 http://www.packtpub.com/submit-errata를 방문해 책을 선택하고, 구체적인 내용을 입력해주길 바란다. 보내준 오류 내용이 확인되면 웹사이트에 그 내용이 올라가거나 해당 서적의 정오표 부분에 그 내용이 추가될 것이다. http://www.packtpub.com/support에서 해당 도서명을 선택하면 기존 정오표를 확인할 수 있다. 한국어판은 에이콘출판사 도서정보 페이지 http://www.acornpub.co.kr/book/practical-iot-security에서 찾아볼 수 있다.

저작권 침해

인터넷에서의 저작권 침해는 모든 매체에서 벌어지고 있는 심각한 문제다. 팩트출판사에서는 저작권과 사용권 문제를 아주 심각하게 인식한다. 어떤 형태로든 팩트출판사 서적의 불법 복제물을 인터넷에서 발견한다면 적절한 조치를 취할 수 있도록 해당 주소나 사이트명을 알려주길 부탁한다.

의심되는 불법 복제물의 링크는 copyright@packtpub.com으로 보내주길 바란다. 저자와 더 좋은 책을 위한 팩트출판사의 노력을 배려하는 마음에 깊은 감사의 뜻을 전한다.

질문

이 책과 관련해 질문이 있다면 questions@packtpub.com으로 문의하길 바란다. 최선을 다해 질문에 답하겠다. 한국어판에 관한 질문은 이 책의 옮긴이나 에이콘출판사 편집 팀(editor@acornpub.co.kr)으로 문의해주길 바란다.

1

멋진 신세계

이 장에서 다루는 내용

- IoT 정의
- 학문 간 융합이 필수적인 이유
- 오늘날의 IoT 사용
- 기업의 IoT
- IoT의 미래와 안전의 필요성
- 요약

"바람의 방향이 바뀔 때, 담을 쌓는 사람이 있고 풍차를 만드는 사람이 있다."

—중국 속담

사물인터넷IoT, Internet of Things은 모든 것을 변화시키고 있다. 불행하게도, 다수 산업의 소비자와 상업 기술 장비 소유자 및 인프라 운영자는 자신들이 보안 악몽의 절벽에 빠르게 다다르고 있는 것을 깨닫고 있다. 모든 장비가 '스마트'해지는 이러한 변화의 흐름은 사이버 범죄자, 국가 단위 행위자, 보안 연구자에게 좋은 기회를 제공하고 있다. 이러한 위협은 경제, 기업, 비즈니스 트랜잭션transaction, 개인정보 보호 및 안전에 잠재적으로 영향을 주고 있다. 소니 픽처스Sony Pictures, 블루 크로스Blue Cross 보험사, 심지어 백악관 인사관리사무국OPM, Office of Personnel and Management을 대상으로 한 기존의 사이버 보안에서 중요한 취약점과 보안 침해에 대한 생생하고 유쾌하지 않은 뉴스를 꾸준히 접하고 있다. 일부 사이버 공격은 기업과 경영자의 평판 하락이나 몰락을 주도하고 있으며, 무엇보다 개개인의 시민들에게 큰 피해를 입힌다는 점이 매우 중요하다. 사이버 보안 분야에서의 역사적인 기록은 그동안 사이버 보안 분야가 수준 이하인 것을 입증해왔다. 이제 사물인터넷의 세계를 고려해보면, 리눅스 임베디드 기반의 스마트 냉장고, 네트워크로 연결된 세탁기, 자동차, 웨어러블wearable, 이식형 의료 기기, 공장 로봇 시스템, 새롭게 통신할 수 있는 임의의 사물은 네트워크를 통해 서로 연결될 수 있다. 역사적으로, 이러한 산업 분야의 대부분은 결코 보안에 대해 신경 쓰지 않았다. 시장에 판매 가능한 새로운 제품과 기능을 개발하기 위한 지금의 열띤 경쟁을 감안해보면 개발, 배포, 안전하게 작동하는 방법을 파악하지 않은 채 위험한 영역에 들어서게 됐다.

우리는 기술적으로 발전해왔지만, 예전부터 의식적으로 혹은 무의식적으로 기술의 발전을 악용하려는 동기와 경향을 지닌 일부 사람들이 있었다. 앞서 우리는 보안에서 악몽과 같은 벼랑 위에 서 있다고 주장했다. 이것은 무엇을 의미할까? 한 가지 예를 들면, IoT 분야에서의 기술 혁신은 빠르게 IoT의 보안 지식과 의식을 앞서고 있다. 새로운 물리적 및 정보 시스템, 디바이스와 접속은 약 10년 전에 상상했던 인간 윤리 의식의 한계선까지 빠르게 확장되고 있다. 인류가 보유한 새로운 비정상적인 유전자공학 기능, 그리고 생명 윤리bioethics와 유사한 새로운 분야를 받아들이는 것을 떠올려보자. 현재 생명체 및 인간의 새로운 속성을 조작하기 위해 디지털 순서를 결정하는 뉴클레오티드nucleotide 염기에서 생물학적으로 DNA를 합성할 수 있다. 단지 우리가 실행에 옮길 수 있는 능력이 있다고 해서 항상 수행해야 한다는 것을 의미하지는 않는다. 새로운 디바이스에 접속할 수 있다는 것은 우리가 접속해야 함을 의미하지 않는다. 그러나 이는 IoT가 실제로 수행하는 작업이다.

인류의 미래에 대해 상상하는 희망 및 생각과는 다르게 인간의 의식과 행동은 유토피아적 이상에 미치지 못했고 앞으로도 부족할 것이기 때문에, 우리는 이 사실을 받아들여야 한다. 명백히 드러나지 않은 범죄 행위가 있을 것이고, 일반 시민들은 음모, 금융 사기, 협박에 걸려들지도 모른다. 또한 항상 예기치 않은 사고가 있을 것이며, 상처를 입히고 타인의 불행으로부터 이익을 얻기 위해 시도하는 모리배와 사기꾼이 있을 것이다. 즉 의도적으로 장비가 올바르게 작동하지 않을 때 침입을 시도하는 일부 사람들이 있을 것이고, 강도는 의도적으로 가장 아끼는 재산을 훔치기 위해 여러분의 집에 침입할 수 있다. 독자의 손실은 곧 그들의 이익이 될 것이다. 설상가상으로, IoT 사용으로 인해 어떤 경우에는 물리적 상해로 발전하거나 심지어 사망에 이르는 원인이 될 수 있다. 적절하게 심박 조율기를 설치하는 경우 맥박 조정으로 사람들의 생명을 구할 수 있지만, 또한 자동차의 브레이크 시스템을 무력화화거나 이란의 핵 연구 시설이 제 기능을 할 수 없게 만들 수도 있다. IoT 보안은 분명히 중요하지만, 실용적인 측면에서 탐구하기 전에 다음과 같은 부분을 해결해야 한다. 이 장의 이후 부분에서는 다음의 주제를 다룰 것이다.

- IoT 정의
- 현재의 IoT 사용
- 사이버 보안, 사이버 물리와 IoT의 관계
- 산업을 넘어서는 협력이 필요한 이유

- IoT 분야에서의 사물
- 기업의 IoT
- IoT의 미래와 보호가 필요한 주제들

▮ IoT 정의

새로운 세대는 이전 세대와 비교할 때 기술적인 진보에 자부심을 갖고 기술이 주는 혜택을 마음껏 즐기고 있지만, 역사적으로 거대한 사고, 혁신, 협력, 경쟁, 통신을 통해 지금의 스마트폰, 무인 정찰기가 발명됐다는 사실을 외면하거나 인정하지 않고 있다. 이전 세대에서 오늘날 우리가 사용하고 있는 전자 기기를 즐겨 쓰지 않을지는 모르지만, 이러한 전자 기기는 확실하게 이전 세대의 사람들이 상상한 것이다. 아서 C. 클라크^{Arthur C. Clarke}가 지구 궤도 위성을 상상한 것과 E.E. 스미스가 공상 과학 소설에서 생각과 행동의 영역을 연결시킨 것(놀랍게도 현재 연구 중인 새로운 뇌-기계 인터페이스를 연상시킨다.)과 같이 공상 과학 소설은 항상 놀라운 예측을 해왔다. IoT 용어 및 약어는 새롭지만, 현재와 앞으로 펼쳐질 IoT의 개념은 새로운 개념이 아니다.

최고의 엔지니어링 분야 선구자 중 한 명인 니콜라 테슬라가 1926년 「Colliers」 잡지와 인터뷰했던 말을 생각해보자.

> "무선이 완전히 지구 전체에 걸쳐서 사용되면 지구는 거대한 뇌와 같이 변하게 될 것이다.
> 즉, 사물들은 실제 입자로 바뀌고 전체가 동적으로 움직이게 될 것이며, 이 장비를 사용해
> 지금의 전화보다 놀라울 정도로 간단하게 통신할 수 있을 것이다. 사람들은 조끼 주머니
> 에 이 장비를 넣고 다닐 수 있을 것이다."
>
> 출처: http://www.tfcbooks.com/tesla/1926-01-30.htmv

1950년 영국의 과학자 앨런 튜링의 말을 인용하면 다음과 같다.

"또한 구입할 수 있는 최고의 인공 장기를 기계에 추가하고, 영어를 이해하고 말할 수 있도록 가르치는 것이 최선일 수 있다. 이러한 과정은 일반적인 자녀의 교육 과정과 유사할 수 있다."

출처: A. M. Turing (1950) Computing Machinery and Intelligence. Mind 49: 433-460

디지털 처리, 통신, 제조, 센서, 제어의 놀라운 발전으로 인해 현재 세대와 이전 세대의 모든 현실적인 상상이 실제로 현실화되고 있다. 이러한 발전은 우리에게 생각, 필요, 소망의 강력한 메타포를 제공하고, 우리 모두의 즐거움과 생존에 필요한 새로운 도구와 솔루션 제작을 위한 강력한 동기를 부여해준다.

또한 IoT를 정의하는 방법과 오늘날 인터넷 컴퓨터와 IoT를 구별하는 방법에 대한 문제에 다다른다. IoT는 확실히 모바일 간 기술에서 새로운 용어가 아니다. 이 점은 생각보다 자주 발견된다. IoT에 대한 다수의 정의가 존재하지만, 이 책에서는 다음의 세 가지 개념을 주로 다룰 것이다.

- ITU 회원이 승인한 정의에 따르면 IOT는 '(물리적 및 가상으로) 상호 연결함으로써 기존 및 진화한, 상호 운용 가능한 정보 통신 기술을 기반으로 고급 서비스를 가능하게 하는 정보 사회 글로벌 인프라'다.

  출처: http://www.itu.int/ITU-T/recommendations/rec.aspx?rec=y.2060

- IEEE가 내놓은 IoT의 소규모 환경 정의에 따르면, IoT는 고유하게 식별할 수 있는 '사물'을 인터넷에 연결하는 네트워크다. '사물'은 감지/작동 및 잠재적인 프로그래밍 기능을 보유하고 있다. '사물'에 대한 고유 식별 정보와 센싱 정보를 사용해 '사물'의 상태에 대해 수집할 수 있고 언제든지, 어디서나, 임의로 상태를 변경할 수 있다.

  출처: http://iot.ieee.org/images/files/pdf/IEEE_IoT_Towards_Definition_Internet_of_Things_Revision1_27MAY15.pdf

- 상호 연결된 사물은 물리적 또는 가상의 디지털 세계에서 표현representation, 감지/작동 기능, 프로그래밍 기능을 가지고 있으며 고유하게 식별할 수 있다. 표현에는 사물의 ID, 상태, 위치 또는 다른 비즈니스, 사회적으로나 개인적으로 연관된 정보를 포함하는 정보가 저장돼 있다. 사물은 고유 식별 데이터 수집 및 통신 운영 기능을 활용해 사람의 개입 여부에 관계없이 서비스를 제공하고 있다. 이 서비스는 지능형 인터페이스의 사용을 통해 악용될 수 있고 어디서나, 언제든지, 무엇이든 간에 보안을 고려해야 한다.

  출처: http://iot.ieee.org/images/files/pdf/IEEE_IoT_Towards_Definition_Internet_of_Things_Revision1_27MAY15.pdf

이러한 각각의 정의는 서로를 보완한다. 정의에서 중복되며, 인터넷에 연결돼 있고 다양한 세계를 통해 다양하게 물리적으로나 논리적으로 연결돼 있는 모든 사물을 설명한다.

사이버 보안 대 IoT 보안과 사이버 물리 시스템

IoT 보안은 전통적인 사이버 보안이 아닌, 다른 공학 분야와 사이버 보안 분야의 융합이며 단순한 데이터 서버, 네트워크 인프라, 정보 보안보다 훨씬 더 많은 것을 포함한다. 오히려 직접 또는 분산 모니터링이나 인터넷을 통해 연결된 물리적 시스템의 상태 제어 기능을 포함한다. 즉, 사이버 보안에서의 IoT를 구별하는 큰 요소로서 많은 업계 전문가는 사이버 물리 시스템CPS, cyber-physical systems이라고 언급한다. 사이버 보안은 용어와 같이 일반적으로 하드웨어 장치의 물리적 및 보안 측면을 다루지 않고 또는 장치가 보유한 물리적 세계와의 상호작용을 다루지 않는다. 네트워크를 이용한 물리적 프로세스의 디지털 제어는 물리적 자원과 물리적 세계의 정보를 수신하고 기본적인 정보 보증의 보안 방정식이 기밀성, 무결성, 부인 방지 등에 한정되지 않는다는 점에서 IoT를 고유하게 만든다. 즉, IoT는 매우 현실적인 아날로그 및 물리적 요소를 가지고 있다. IoT 디바이스는 물리적이며, 많은 부분이 안전과 관련돼 있다. 따라서 디바이스의 손상은 사람들의 상해나 재산상의 손실로 이어질 수 있고, 심지어 죽음에까지 이를 수 있다.

IoT 보안이라는 주제를 살펴보면, 단일 응용프로그램이 아니고 네트워크 장비와 호스트에 적용되는 메타-보안^{meta-security}의 정적 보안 규칙의 집합이 아니다. 이는 각 시스템 및 시스템의 IoT 디바이스가 참여하는 고유한 응용프로그램이 필요하다. IoT 디바이스는 다양하게 구현돼 있지만, IoT 디바이스는 일반적으로 다음과 같은 특징을 갖는다.

- 직접적으로 또는 간접적으로 인터넷을 통해 서로 통신한다.
- 디바이스나 디바이스의 매체, 혹은 환경 정보와 같은 일부 물리적인 환경을 모니터링하거나 조절하는데, 사물이 자체적으로 혹은 사물에 직접적으로 접속해 모니터링한다.

이러한 두 가지 특성을 깨닫고, 임의의 물리적 사물은 IoT가 될 수 있는데 그 이유는 오늘날 임의의 물리적 사물은 적절한 전자전기 인터페이스를 사용해 인터넷에 연결할 수 있기 때문이다. IoT 디바이스 보안은 디바이스의 사용, 디바이스에 의해 영향을 받는 물리적인 절차 혹은 상태, 디바이스가 연결되는 시스템 중요도의 함수와 같다.

사이버 물리 시스템은 IoT의 거대한 중첩된 하위 집합이다. 사이버 물리 시스템은 본질적으로 이론, 지식, 응용프로그램, 관련 실무자가 필요한 주제를 포함하며 전통적으로 명확하게 정의된 각 공학 분야의 광범위한 융합이다. 이 주제는 공학 역학, 유체 역학, 열역학, 제어 이론, 디지털 설계 등을 비롯한 많은 다른 범위에 이르기까지 다양하다. 그렇다면 IoT와 CPS의 차이점은 무엇일까? IEEE에서 인용한 주요 차이점을 보면, 연결된 센서, 액추에이터^{actuator} 및 감시/제어 시스템을 포함하는 CPS는 반드시 인터넷에 연결할 필요가 없다. CPS는 인터넷에서 분리하고도 여전히 비즈니스 목표를 달성할 수 있다. 통신의 관점에서 보면, IoT는 반드시 통신하도록 정의돼 있고, 인터넷 및 응용프로그램의 일부 집합을 연결함으로써 일부 비즈니스 목표를 달성하도록 구성돼 있다.

CPS를 주목하면, 기술적으로 인터넷으로부터 연결이 끊어졌더라도 공급망, 운영 담당자 또는 대역 외(out-of-band) 소프트 패치 관리 시스템 등을 통해 항상 어떤 방식으로든 인터넷에 연결될 것이다.

http://iot.ieee.org/images/files/pdf/IEEE_IoT_Towards_Definition_Internet_of_Things_Revision1_27MAY15.pdf

즉 CPS는 단순히 인터넷에 접속해 IoT에 포함될 수 있기 때문에 CPS의 상위 개념으로 IoT를 생각하는 것이 의미 있다. CPS는 일반적으로 안전, 보안, 기능을 위해 철저하게 설계된 시스템이다. 신생 IoT 기업은 CPS와 관련된 엔지니어링으로부터 이러한 철저함을 배워야 한다.

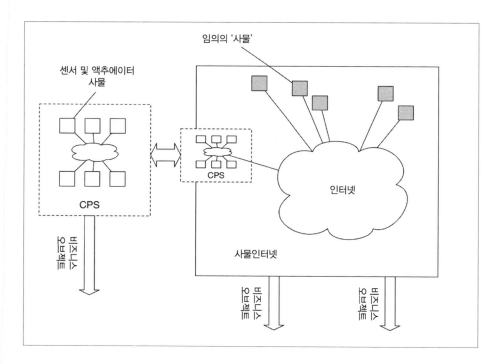

▎ 학문 간 융합이 필수적인 이유

다음 장에서 IoT 보안공학을 다루지만, 지금 학문 간 융합 보안공학이 현실로 다가온 것을 강조하고 싶다. 일부에서는 대학의 컴퓨터과학 프로그램, 네트워크 엔지니어링, 혹은 SANS와 같은 전용 보안 프로그램에서 학술 커리큘럼을 찾기 위해 고군분투한다. 대부분의 보안 전문가는 강력한 컴퓨터과학 및 네트워킹 기술을 가지고 있지만, 핵심 엔지니어링 커리큘럼에서 다루는 물리적 및 안전공학 분야에는 정통하지 않다. 그래서 IoT의 사이버 물리적인 측면은 기존의 관행과 난제 사이에서 보안적인 충돌과 안전을 두고 대립 중이다.

- 모두가 보안에 대한 책임을 갖는다.
- IoT와 CPS는 정보 컴퓨팅과 물리적 세계에서 다방면으로 거대한 보안 문제를 노출시켰다.
- 가장 전통적인 핵심 엔지니어링 분야는 거의 (일부가 안전에 대해 강조하고 있지만) 보안공학에 대비하지 않는다.
- 다수의 보안 엔지니어는 내결함성^{fault-tolerant} 안전 설계를 포함한 핵심 엔지니어링 분야(예를 들면 기계, 화학, 전기)에 무지하다.

IoT는 물리적으로 설계된 연결과 관련된 우려가 있으므로 제조된 개체가(CPS에서도 발생할 수 있다.) 임의의 다른 개체와 작동하기 시작하면 좀 더 어려운 문제가 될 것이다. IoT 디바이스 엔지니어는 안전 문제에 정통할 수 있지만, 설계상의 결정으로 인해 보안에 미치는 영향을 완전히 이해하지 못할 수 있다. 마찬가지로, 숙련된 보안 전문가가 (의도된 환경에서) 물리적 세계에서 상호작용의 특징과 물리적 엔지니어링의 뉘앙스를 이해하고 파악하지 못할 수도 있다. 즉, 핵심 공학 분야는 일반적으로 기능적인 설계에 초점을 맞추고 우리가 원하는 것을 수행할 수 있도록 만든다. 보안공학은 정상적인 작업과 최초의 설계자가 절대 고려하지 않은 방법으로 악용할 수 있는지를 고려하는 관점을 갖는다. 악의적인 해커 또한 주로 이러한 관점을 갖는다. 냉장고 시스템 엔지니어는 이전부터 기본적인 열역학 시스템 설계를 고려한 것과 동일하게 암호화 접근 통제 방식을 고려하지 않을 것이다. 앞으로는 악의적인 해커가 커넥티드 냉장고에서 인증되지 않은 데이터를 찾고 조작을 시도할 것이며, 홈 네트워크에서 추가로 노드의 조작을 시도할 것이므로 냉장고의 설계자는 관련 내용을 파악해야 한다.

보안공학은 다행히 융합 학문으로 발전하고 있다. 일부 사람들은 모든 물리 공학 과목에서 기존의 보안 엔지니어를 양성하는 것보다 기본 보안 분야의 공학 전문가에 대해 폭넓은 분야의 훈련을 시키는 것이 더 효율적이라고 주장할 수 있다. IoT의 보안을 개선하는 것은 보안공학의 원칙과 원리를 배우고, 해당 산업의 핵심 공학 분야에 공포돼야 한다. 그렇지 않은 경우에는 산업 분야의 긴급한 위협에 적절히 대응하지 못할 수 있다. 이러한 대응을 위해서는 구현하기에 가장 비용이 적게 드는 시점에 올바른 보안 완화 조치를 적용할 수 있어야 한다. 예를 들어, 발전소를 설계하는 열역학 프로세스 및 제어 엔지니어는 제어 시스템의 물리적 프로세스, 안전 수칙 등에 대한 방대한 지식을 보유하고 있다. 만약 이러한 엔지니어가 보안공학 원리를 이해하고 있다면 추가 센서, 중복 상태 추정 로직, 또는 다른 네트워크에 대한 지속적인 노출에 따른 중복 액추에이터를 결정하기 위해 더 나은 지식을 보유하고 있을 것이다. 가스 압력과 온도의 초과로 폭발을 야기할 수 있는 사이버 공격과 제어 시스템의 상호작용의 특징을 정의할 수 있다. 기존의 네트워크 사이버 보안 엔지니어들은 이러한 설계에서 결정 사항을 조율하는 물리적 공학의 원리를 파악하지 못하고 있다.

오늘날의 IoT 디바이스와 기업을 특성화하기 이전에, IoT가 어떻게 전반적으로 산업별로 분리됐는지 명확히 살펴봐야 한다. 의료 기기 및 바이오 메디컬 기업, 자동차 및 항공기 제조업체, 에너지 산업, 심지어 비디오 게임 업체까지 광범위한 소비자 시장에서 IoT를 사용하고 있다. 장비와 인프라의 안전성 확보와 관련해 역사적으로 서로 분리돼 있었고, 위에서 언급한 산업 분야에서는 서로 협력하는 방법을 배워야 한다. 불행히도, 대부분의 보안 분야에는 각 산업에서 독자적으로 개발하고 배포할 필요가 있다고 생각하는 일부 산업이 있다. 이러한 고립된 자기방어적인 접근 방식은 무분별하고 근시안적이다. 이러한 태도는 가치 있는 산업 간 보안 협업, 학습, 일반적인 대책을 개발할 수 있는 가능성을 제한할 수 있다.

IoT 보안은 하나의 산업에 대해 같은 위협이 다른 산업에 대해 존재하는 동일한 기회 위협 환경이다. 하나의 장비에 대한 공격과 손상은 오늘날 대부분의 모든 다른 산업에서 이용되는 장비에 위협이 될 수 있다. 병원에 설치된 스마트 전구의 침해는 의료 기기에 다양한 개인정보 공격을 수행하는 데 악용될 수 있다. 바꿔 말하면, 산업 간 관계에서 임의의 업계의 IoT 구현은 다른 산업계의 시스템에 추가되거나 공급망에서 교차점이 될 수 있다. 실시간 정보뿐만 아니라 산업용 제어 시스템에 대한 공격으로부터 배운 교훈을 바탕으로 모든 산업에서 활용과 더불어 적절하게 사용해야 한다. 가트너Gatner에 의해 명확하게 정의한 위협 인텔리전스Threat intelligence는 다음과 같다. 위협 혹은 위험에 대한 대응에 활용할 수 있는 기존 또는 새로운 위협과 위험에 관한 과학적 근거를 바탕으로 하는 기초 지식, 위험에 관련된 상황, 메커니즘, 지표, 컨텍스트, 실용적인 조언을 포함하는 증거 기반의 지식을 말한다(http://www.gartner.com/document/2487216).

IoT를 위해 실제 위협원이 있는 취약점을 발견, 분석, 파악하는 방법을 공유함으로써 개선해야 한다. 단일 산업계, 정부 기관, 표준 기관, 기타 단체가 위협 정보 및 정보 공유를 지배적으로 통제할 수는 없다. 보안은 생태계다.

정부 표준 기구로서 NIST는 이 문제를 잘 알고 있다. 사이버 물리 시스템을 위한 초안 프레임워크를 통해 메타 형태meta-form로 목표를 달성하고 있다. 이 프레임워크는 보안 및 물리적 특성과 함께 CPS를 설명할 수 있는 유용한 기준 프레임을 제공한다. 산업 분야는 통신 CPS의 설계 및 시스템 고유의 보안 표준을 개선하고 개발하기 위한 프레임워크를 활용할 수 있게 될 것이다. 이 책은 여러 산업에 걸쳐 일반적인 패턴 관점에서 좀 더 상세하게 CPS의 보안 문제를 다룰 것이다.

위의 열역학 사례와 마찬가지로, 사이버 물리 및 다수의 IoT 시스템은 자주 안전공학 및 보안공학에서 교차점을 가졌고 상당히 다른 발전 경로를 갖고 개발해왔지만 두 분야는 부분적으로 공통의 목표를 가지고 있다. 이번 장에서 IoT 보안공학의 안전과 관련된 측면을 더 자세히 알아볼 것이지만, 안전과 보안 사이에서 표현의 차이를 베리 보엠Barry Boehm, 액셀로드Axelrod 박사는 '공학 안전 및 보안 소프트웨어 시스템Engineering Safe and Secure Software Systems'(p.61, Massachussetts, Artech House, 2013)에서 학술적으로 우아하게 지적했다. 그는 다음과 같이 신랄하지만 아름답게 표현했다.

- 안전: 시스템은 이 세계에 해를 입히지 않아야 한다.
- 보안: 세계는 시스템에 해를 입히지 않아야 한다.

따라서 IoT와 IoT 보안은 기존의 네트워크, 호스트, 사이버 보안보다 훨씬 더 복잡한 것이 분명하다. 항공기 제조업체, 규제 기관, 연구자 등은 안전이 중요한 산업인 항공 분야가 전 세계적으로 큰 피해를 끼칠 수 있기 때문에 매우 효율적인 안전공학의 접근 및 규격을 발전시켜왔다. 오늘날의 항공 산업은 자동차 산업에서 차량에 대한 네트워크 연결이 급속도로 성장함에 따라 보안 분야를 따라잡기 위해 노력하고 있다.

▌ 오늘날의 IoT 사용

무어의 법칙이 기술 중심의 세상으로 빠르게 변화하고 있는지 알려주는 것과 디바이스, 소셜 네트워크, 신체, 자동차, 기타 객체가 서로 연결되는 방법이 발전하는 것은 이제 놀랍지 않다.

IoT를 상상하는 다른 유용한 방법으로는 네트워크가 마지막 마일mile 또는 마지막 인치inch 종단점이 아닌, 가상 및 디지털의 물리적 마지막 미크론micron이 확장했을 때 어떠한 일이 일어날지 상상하는 방법이 있다. 네트워크가 모터 서보servo 컨트롤러, 온도 센서, 가속도계, 전구, 스테퍼stepper 모터, 세탁기 모니터, 맥박 조정기에까지 확장하는 것에 상관없이 효과는 동일하다. 정보 제공지와 싱크sink는 물리적 및 가상 세계 사이에서 광범위한 제어, 모니터링, 유용한 가시성을 제공한다. IoT의 경우 물리적인 세계에서 주체나 객체로 작동하는지 여부에 상관없이 디지털 정보의 직접적인 구성 요소다.

IoT 애플리케이션은 무한하다. 이미 대량의 IoT가 구축돼 있고, 현재 계획 중인 IoT에 대해 작성할 수 있다. 다음은 우리의 IoT를 활용하는 방법에 대한 몇 가지 예제다.

에너지 산업과 스마트 그리드

직원을 보내 여러분들의 집 외부에 설치된 전기 및 가스 미터를 읽는 공공사업의 업무는 빠르게 사라지고 있다. 현재의 일부 가정에서 실시하고 있듯이, 앞으로의 전기 수요와 부하 정보는 스마트 가전으로 주택이 공기업과 통신을 통해 주고받을 것이다. 공기업의 기능을 결합해 가정의 기기에 이식할 경우, 이러한 수요-대응 기술은 에너지 생산 및 분배 시스템을 훨씬 효율적이면서 탄력적으로 만들 뿐 아니라 환경 친화적인 생활을 도와줄 것이다. 가전제품은 이른바 스마트 그리드smart grid의 홈 영역 네트워크Home Area Network를 이루는 구성 요소 중 하나다. 이 에너지 시스템의 분배, 모니터링, 제어 시스템에는 다수의 IoT가 포함된다. 에너지 생산에서 유비쿼터스Ubiquitous 감지, 제어, 통신은 IoT의 중요한 CPS 구성 요소다. 여러분의 집에 새로 설치된 스마트 미터는 한 가지 예며, 가정에서 전기를 사용하는 영역과 에너지를 제공하는 공기업 사이의 직접적인 양방향 통신이 가능하다.

연결 차량 및 운송

드라이버가 인지하지 못한 안전 문제를 식별하기 위해 도로를 검색하고 실시간 연산을 하는 일련의 센서를 활용하며 통신 기능도 갖춘 자동차를 생각해보자. 그리고 여기에 메시지와 신호를 다른 차량으로 전달 가능하게 하는 추가적인 차량 간V2V, vehicle-to-vehicle 통신 기능을 추가하자. 운전자 또는 차량의 시야 센서에서 인지할 수 없는 정보를 기반으로 결정을 내릴 수 있으며(예를 들면, 짙은 안개가 낀 상황에서 다중 충돌 사고를 보고할 수 있다), 미리 전달된 메시지를 기반으로 아직 운전자 또는 차량의 시선 센서에 사용할 수 없는 정보를 기반으로 결정을 내릴 수 있다. 이러한 모든 기능은 단지 우리에게 위험을 알려주는 것만이 아니라 자율 주행 차량의 운전 기능에 신뢰감을 갖게 해준다.

제조

제조 산업은 산업 분야에서 다수의 IoT 사용 사례를 이끌어냈다. 로봇 시스템, 조립 라인, 생산 계획의 설계 및 운영과 같이 모든 시스템은 모두 커넥티드 센서와 수많은 종류의 액추에이터에 의해 구동된다. 최초에는 분리돼 있었지만, 이제는 다양한 데이터 버스, 인트라넷, 인터넷을 통해 연결돼 있다. 분산 자동화 및 제어는 관리 및 모니터링 응용프로그램을 사용해서 통신하는 다양하고 분산된 장치가 필요하다. 이러한 시스템의 효율성을 개선하는 것이 IoT를 활성화시키는 중요한 요소다.

웨어러블

IoT에서 웨어러블wearable은 인체에 묶여 있거나 또는 부착돼 상태를 수집하고 정보를 전달하거나 몇 가지 유형의 제어 기능 혹은 개인과 관련된 기능을 수행한다. 애플 아이워치iWatch, 핏빗FitBit 등이 잘 알려진 예다. 웨어러블은 네트워크 센서, 관성 가속도(예를 들어, 달리는 사람의 보폭과 주기를 평가한다.), 지리적인 위치(속도 및 트랙의 기록을 계산한다.), 온도, 심박수 등 많은 것을 탐지한다. 웨어러블이 다양한 기능을 갖추고 대량의 데이터를 생성하는 것은 현재 아이튠즈iTunes 앱스토어에서 사용할 수 있는 다수의 웨어러블 애플리케이션이 있는 것을 통해 알 수 있다. 대부분의 웨어러블은 보통 (예를 들어, 핏빗) 웨어러블 제조사와 관련된 다양한 클라우드cloud 서비스 제공자에게 직접 또는 간접적인 네트워크 연결을 하고 있다. 일부 조직에서는 직원의 건강을 추적하고 기업 및 직원의 건강 관리 비용을 낮추고 건강 지향적인 생활을 장려하기 위해 기업의 피트니스 프로그램에서 웨어러블을 포함시키고 있다.

새로운 기술의 발전으로 일상생활 속에서 웨어러블은 훨씬 정교한 구조를 갖추고, 기능의 강화를 통해 변화할 것이다. 일례로, 마이크로 디바이스와 센서가 의류에 추가되고 있다. 가상 현실 고글은 소형화되고 있으며, 우리는 동시에 실제 세계와 가상 세계의 인터페이스 방법을 변화시키고 있다. 또한 새로운 소비자용 의료 웨어러블은 다양한 건강 모니터링 및 보고 기능을 향상시킬 것을 약속하고 있다. 기계와 인체 사이에 장벽은 빠르게 사라지고 있다.

메디컬 디바이스와 이식

만약 웨어러블 IoT 디바이스가 물리적 및 사이버 도메인을 만족스럽게 연결하지 못한다면, 이식물implantables이 점점 거리를 좁혀올 것이다. 이식물은 인체 내에 삽입돼 운영되는 임의의 센서, 컨트롤러, 통신 장치를 포함한다. 삽입형의 IoT 디바이스는 일반적으로(예를 들면, 심작 조율기가 있다.) 의료 분야와 연관돼 있지만, 또한 물리적 및 논리적 접근 통제 시스템에서 사용 가능한 내장된 RFID 태그와 같은 비의료 제품 및 사용 사례use case를 포함할 수 있다. 임플란트implant 업계는 디바이스에 새로운 통신 인터페이스를 추가해 네트워크를 통해 디바이스를 접근, 제어, 모니터링할 수 있는 점에서 다른 디바이스 업계와 다르지 않다. 다만 이러한 디바이스는 사람들과 다른 생명체를 피해서 사용해야 한다. 웨어러블 및 이식 가능한 IoT 디바이스 모두 무선 주파수RF, radio frequency를 통해 통신할 수 있고 마이크로 전자 기계 시스템MEMS, micro- electrical mechanical systems의 형태로 소형화돼 있다.

▌ 기업의 IoT

기업의 IoT는 또한 다양한 비즈니스 목표를 달성하기 위해 IoT 시스템의 도입을 추진하고 있다. 일부 산업에서는 타 산업보다 IoT의 개념이 성숙돼 있다. 예를 들면 에너지 업계에서, 첨단 검침 인프라의 신상품 출시(무선 통신 기능을 갖춘 스마트 미터를 포함)는 놀라울 정도로 에너지 사용 및 유틸리티 모니터링 기능을 강화했다. 소매업 등 다른 산업은 여전히 강화된 마케팅 기능, 고객 만족도 향상, 높은 매출을 지원하기 위해 소매점에 새로운 센서와 데이터를 활용하는 방법을 고민 중이다.

IoT 기업 시스템 아키텍처는 산업계에서 비교적 일관돼 있다. 다양한 기술 계층과 IoT 생태계를 구성하는 물리적인 구성 요소를 감안할 때, 시스템의 시스템$^{\text{system of system}}$으로 기업의 IoT 구현을 고려하는 것이 좋다. 엔터프라이즈 설계자가 에지 장치$^{\text{edge device}}$, 게이트웨이, 애플리케이션, 교통, 클라우드 서비스, 다양한 프로토콜, 데이터 분석 기능을 포함하는 통합 솔루션을 설계하기 위해 노력하는 조직에서는 비즈니스 가치를 제공하는 이러한 시스템의 구축은 복잡할 수 있다.

실제로 일부 기업들은 일반적으로 다른 산업의 신규 혹은 생소한 기술 제공업체의 IoT 기능을 이용해야 하는 경우가 있을 수도 있다. 제조업이나 상업 시설을 모두 소유할 수 있는 전형적인 포춘 500대 기업을 생각해보자. 이 회사의 최고 정보 책임자$^{\text{CIO, Chief Information Officer}}$는 산업용 장비 상태를 추적하는, 다양한 제조 기능 및 제조 공정을 수행하는 로봇을 포함해 전체적인 제조 공정을 최적화하기 위한 데이터를 제공하는 센서를 사용하는 스마트 생산 시스템 구축을 고려할 필요가 있다. 배포된 센서 중 일부는 고객을 위한 추가 혜택을 제공하기 위해 자사 제품에 바로 내장시킬 수 있다.

이 동일한 회사는 또한 고객에게 향상된 구매 경험을 제공하기 위한 IoT 활용 방법을 검토해야 한다. 스마트 광고판에 전송되는 정보를 포함할 수도 있다. 가까운 미래에는 통신 중인 차량의 인포테인먼트^{infotainment} 시스템과의 직접적인 통합을 통해 소비자의 구매 내역을 기반으로 맞춤형 광고를 할 수 있다. 이러한 통합 및 사용자 맞춤 서비스를 지원하기 위해 필요한 복잡한 데이터 분석 기능도 있다.

포춘 500대 기업을 예로 들면, CIO는 통신 중인 차량 및 운송 차량의 군집을 관리하기 위해 중요한 인프라 및 설비의 점검을 지원하는 무인 항공기 시스템을 사용하고, 토양 상태에 대한 피드백을 제공받기 위해 땅속에 매설된 농업 센서를 관리할 수 있으며, 심지어 콘크리트 품질과 관련해서도 센서를 이용해 건설 현장에서의 경화 공정에 대한 피드백을 제공받을 수 있다. 이러한 사용 사례는 2020년 이후 커넥티드 IoT의 구현 및 배포 형태가 표면 위로 드러나기 시작할 때 볼 수 있을 것이다.

이러한 복잡성은 IoT를 안전하게 유지하고, IoT의 특정 인스턴스가 다른 엔터프라이즈 시스템 및 애플리케이션을 공격하기 위해 중간 지점으로 사용할 수 없도록 보장한다. 따라서 기업은 기업 서비스의 전체적인 관점에서 IoT를 파악할 수 있는 기업의 보안 설계자를 고용해야 한다. 보안 설계자는 기업의 IoT 시스템의 개발과 배포가 이뤄지는 동안 보안 요구 사항을 기록하고, 후속 작업을 할 수 있도록 설계 프로세스의 초기 단계에 참여하는 것이 중요하다. 뒤늦게 보안적인 요소 또한 고려하려고 시도할 때는 이미 더 많은 비용이 든다. 기업 보안 설계자는 대량의 IoT가 생성한 데이터의 간단한 측정을 도와주고, 모든 데이터의 실질적인 의미를 알아내고, 좀 더 보안 기능을 향상시켜주는 인프라 및 백엔드 시스템의 구성 요소를 선택할 것이다. 다음 그림은 일반적인 기업이 갖춘 IoT 시스템의 대표적인 모습이며, IoT의 역동적이고 다양한 환경을 보여준다.

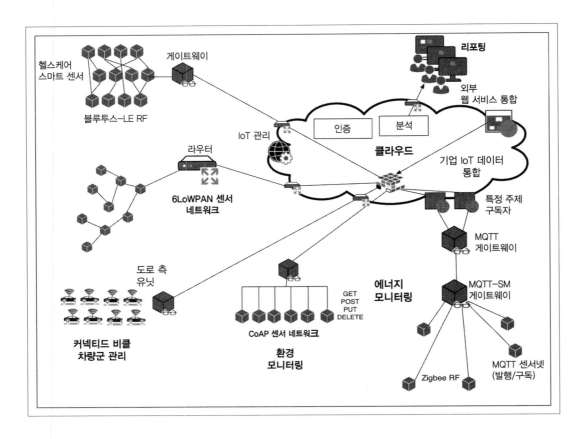

일반적으로 IoT 배포는 스마트 센서, 제어 시스템 및 액추에이터, 웹 및 기타 클라우드 서비스, 분석, 보고, 비즈니스 사용 사례의 다양한 구성 요소와 서비스로 구성될 수 있다. 위의 그림을 주목해보면, 환경 모니터링 센서, 헬스케어 장비, 차량과 연결된 도로 측 장비를 따라 클라우드와 연결된 에너지 IoT 전달 기기를 볼 수 있다. 이는 앞서 논의한 것처럼 우연이 아니라, IoT의 한 가지 주요 특징으로 임의의 사물에서 모든 사물에 연결될 수 있고, 또한 모든 사물을 대상으로 전혀 연결하지 않을 수도 있다. 병원의 모니터링 및 데이터 분석 시스템과 로컬/원격 에너지 모니터링 장비 및 시스템에 동시에 통신하는 의료 바이오 센서는 정말로 존재할 수 있다.

기업의 보안 설계자는 시스템을 설계하기 시작하면, 비즈니스 목표를 달성하기 위해 다양한 종류의 프로토콜, 프로세서, 센서를 사용하기 때문에 창의력을 발휘할 수 있는 오늘날의 IoT 시장이 보여주는 유연성에 주목할 것이다. 설계가 성숙함에 따라 조직이 수집하는 데이터가 대규모로 늘어나고 이를 처리하기 위해 전반적인 기업 아키텍처의 개정을 검토해야 할 것이다. 가트너는 전송 네트워크 및 데이터 처리 센터로서 IoT가 성숙함에 따라 설계의 변화가 시작될 것이라고 예측했다.

> "IoT는 전 세계적으로 배포된 정보원에서 생성되는 대량 입력 데이터로부터 위협받고 있다. 단일 위치에 모든 데이터를 전송하는 것은 기술적으로나 경제적으로 실행 불가능하다. 비용을 절감하고 보안을 강화하기 위해 응용프로그램을 집중 관리하는 최근의 추세는 IoT와 관련이 있다. 조직은 초기에 처리 가능한 데이터를 여러 분산된 소형 데이터센터에서 수집하도록 강요당할 것이다. 연관 데이터는 추가적인 처리를 위해 중앙 사이트로 전달될 것이다."

출처: http://www.gartner.com/newsroom/id/2684616

즉, 전례 없는 양의 데이터가 전례 없는 방법으로 전달될 것이다. 통합점integration point은 기업의 IoT 후보 선정 전략에서 중요한 역할을 담당할 것이다. 오늘날의 조직 경계를 넘어서 데이터를 공유하는 기술은 훌륭하지만, 가까운 미래에는 데이터를 공유하기 위한 명분과 기능이 줄어들 것이다. IoT를 지원하는 데이터 분석 기능의 대부분은 센서로부터 취득된 데이터의 조합뿐만 아니라 서드파티third-party의 데이터와 독립적인 웹사이트에 의존하게 될 것이다.

마이크로그리드microgrid의 개념을 고찰해보자. 마이크로그리드는 자영업자가 자급자족 가능하도록 해주는 독립적인 에너지 생산 및 분배 시스템이다. 마이크로그리드 제어 시스템은 예를 들면, 태양광 패널이나 풍력 터빈과 같은 에지 장치들로부터 수집한 데이터에 의존할 뿐만 아니라 인터넷에서 수집한 데이터를 필요로 한다. 제어 시스템은 시스템 유틸리티로부터 에너지를 생산과 구매(혹은 재판매) 사이의 비교를 통해 최적의 시점을 결정해주는 애플리케이션 프로그래밍 인터페이스^{API, application programming interface} 를 기반으로 한 로컬 유틸리티를 활용해 에너지 가격의 데이터를 수집할 수 있다. 해당 제어 시스템은 특정 기간 동안 태양광 패널 설치가 얼마나 많은 에너지를 생산할지 예측하기 위해 기상 예보의 제공을 요청할 수 있다.

IoT 디바이스를 사용한 방대한 데이터 수집의 다른 예로는 다량 데이터를 에어본 센서가 전달하기 위해 공중 플랫폼으로 무인 항공기 시스템^{UAS, Unmanned Aerial Systems} 혹은 드론을 사용하는 확산 예측이 있다. 오늘날, 상대적으로 가격이 싼 드론을 활용해 3D 지형 매핑 고해상도 이미지와 관련 메타데이터를 수집(위치, 카메라 정보 등)한 후, 수집한 데이터를 사진 측량 처리와 디지털 모델 생성을 위해 강력한 기능을 갖춘 백엔드 시스템으로 전송하고 있다. 이러한 데이터 집합의 처리는 불가피하게 크기, 무게, 전력의 제약이 따르는 드론이 직접 수행하기 위해 지나치게 복잡하다. 이러한 작업은 백엔드 시스템과 서버에서 수행해야 한다. 이러한 사용 방식은 지속적으로 증가할 것이고, 특히 전 세계의 국가가 자국의 영공 시스템을 보호하기 위해 무인 항공기를 발전시키고 있는 추세다.

보안의 측면에서 볼 때, 다양해진 새로운 접속과 데이터 타입의 관점에서 기업 IoT 구현을 검토하는 것은 흥미롭다. 이러한 통합점은 기업의 공격 가능한 영역을 넓힐 것이다. 따라서 통합점은 위협과 가장 비용 효율적인 완화 방법을 파악하기 위해 철저하게 평가받아야 한다.

또 다른 기업의 엔지니어가 직면하고 있는 다른 IoT의 당면 과제는 안전 프로세스 및 업무 처리를 자동화하는 기능이다. IoT의 가장 큰 강점 중 하나는 디바이스와 시스템 사이의 거래를 자동화할 수 있다는 점이다. 그러나 트랜잭션을 지원하는 시스템이 충분히 신뢰할 만한 수준으로 설계돼 있는지 반드시 확인해야 한다.

그렇지 않으면 확장 가능한 공격 벡터^{attack vector}로 목적을 달성하기 위해 자동화 프로세스는 악용될 수 있다.

다수의 업무 처리를 자동화한 조직은 엔드포인트endpoint 보안 강화 전략을 설계하는 데 충분한 시간을 할애해야 하고 장치 및 시스템을 신뢰할 수 있도록 만드는 암호화 지원 기술 설계에 충분한 시간을 할애해야 한다. 기밀성, 무결성, 인증 서비스를 활성화하기 위해 트랜잭션의 각 엔드포인트에 인증, 기밀성, 암호화 자격 증명을 포함하는 공개 키 기반 구조PKI, Public Key Infrastructure와 같은 인프라 구축을 포함할 수 있다.

IoT에서 사물

IoT에서 '사물'은 다양한 종류의 '사물'이 IoT 분야에 있기 때문에 하나의 특정한 사물을 개발하기 위한 보안 권장 사항을 규정하기 어렵다. 이 작업을 돕기 위해 먼저 장비와 사물의 정의를 이해해야 한다. ITU-T Y.2060에서는 다음과 같이 정의한다.

- 장비device: 커뮤니케이션의 필수 기능과 감지, 작동actuation, 데이터 수집, 데이터 저장의 선택 기능 및 처리 기능을 갖춘 기기의 일부
- 사물thing: 물리적 세계(실제의 사물) 또는 정보 세계(가상의 사물)의 객체로서, 식별될 수 있고 커뮤니케이션 네트워크에 통합할 수 있다.

IoT에 적용되는 것처럼 사물의 본질적인 기능은 커뮤니케이션communication 기능이다. 특히 커뮤니케이션 메소드 및 계층은 보안이 적용되기 때문에 이 책에서는 특별하게 다룰 것이다. 데이터 저장 장치, 복잡한 처리, 데이터 캡처 등의 기타 기능을 모든 IoT 장비에 적용하지 않지만, 마찬가지로 이 책에서 다뤄질 것이다.

사물의 정의를 위해 물리적인 장비와 가상의 장비를 동시에 언급한 것은 특히 흥미롭다. 실제로, 클라우드 제공 솔루션의 환경에서 가상 사물의 개념을 볼 수 있다. 예를 들어, 아마존 웹 서비스AWS IoT 클라우드 서비스는 사물 섀도우thing shadow, 실제 사물의 가상 표현으로 알려진 요소를 포함한다. 사물의 섀도우는 기업이 네트워크 연결이 중단돼 온라인으로 식별할 수 없게 되더라도 물리적인 사물의 상태를 추적할 수 있게 해준다.

일반적인 IoT 사물은 스마트 가전, 커넥티드 비클(차량에 부착된 장비뿐만 아니라 도로변에 부착된 장치), RFID 시스템을 사용한 재고 및 식별 시스템, 웨어러블, 유선 및 무선 센서 배열과 네트워크, 로컬 및 원격 게이트웨이(모바일 폰, 태블릿), 무인 항공기 시스템UAS, 일반적인 저전력 임베디드 장치를 호스트한다. 다음으로, IoT 디바이스의 공통 요소를 자세하게 알아보자.

IoT 디바이스 수명주기

IoT 디바이스의 기본 구성을 알아보기 전에 먼저 IoT 수명주기를 파악해야 한다. IoT 보안은 궁극적으로 전체적인 수명주기에 따라 달라지기 때문에 이 책에서는 대부분에 걸쳐서 보안 지침을 제공하는 것을 목표로 한다. 이 책에서 다른 IoT 수명주기 단계와 각 단계의 관련된 주제를 위해 사용한 특별한 용어를 볼 수 있을 것이다.

IoT 디바이스 구현

IoT 디바이스 구현은 IoT 디바이스의 설계 및 개발의 모든 측면을 포함하고 있다. 때때로, 우리는 간단하게 구현implementation으로 언급한다. 이 과정에서는 제조 및 패치patch 공급 체인에서 IoT 디바이스의 실제 물리적 및 논리적 설계자를 포함한다. 이 단계는 다음과 같은 조직을 포함한다.

- 주문자 위탁 생산자OEM, Original Equipment Manufacturer(또는 '공급자'): OEM 업체는 일반적으로 조달하려는 고유의 물리적 특성을 지닌 맞춤형 기성품 하드웨어 및 펌웨어firmware, 인클로저enclosure, 응용프로그램을 생산한다. 이 업체는 최종 운영자에게 제품을 포장한 뒤 전달할 수 있다.
- 보드 지원 패키지BSP, Board Support Package의 벤더: 이 업체는 일반적으로 사용자 정의 OEM을 제공하거나 기성 펌웨어, 하드웨어, 운영체제 사이의 API 및 드라이버를 제공한다.

- 제조 개발 생산 업체[ODM, Original Design Manufacturer]: ODM 기업은 일반적으로 OEM 사용자 지정 운영체제나 OS API를 제공한다. 또한 OEM을 이용하는 하드웨어 서브–어셈블리를 포함할 수 있다.

IoT 서비스 구현

이 단계는 기업의 API, 게이트웨이, 기타 아키텍처 제품을 통한 IoT 배포를 지원하는 서비스 조직을 말한다. 이 단계를 지원하는 조직은 다음과 같다.

- 클라우드 서비스 제공자[CSP, Cloud service provider]: 이 조직은 일반적으로, (최소한의) 서비스로 기반 시설[infrastructure]을 제공한다.
- OEM: 일부의 경우, IoT 디바이스 제조업체(예를 들어, 삼성)는 자체 기반 시설을 조작 및 관리한다.

IoT 디바이스와 서비스 배포

이 수명주기 단계는 IoT 기반 시설을 사용하는 IoT 디바이스의 마지막 배포와 관련 있다. IoT 배포는 일반적으로 IoT 응용프로그램 제공업체, 최종 서비스 제공업체, 기타 사업을 포함한다. 이러한 사업의 일부는 자체 인프라(예를 들어, 일부 OEM)를 운영할 수 있지만, 일부는 아마존 AWS, 마이크로소프트 애저[Azure] 등에 의해 제공되는 기존의 인프라를 이용한다. 일반적으로 인프라가 지원하는 서비스 계층을 제공한다.

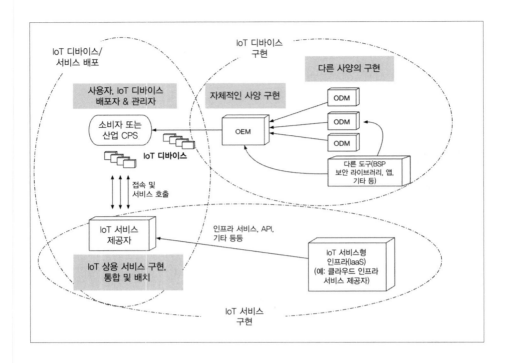

이 책은 현재 논의 중인 보안 주제에 따라 위에서 설명한 세 가지로 간단하게 분류한 수명주기 카테고리로 이동한다. 각각은 디바이스의 최종 보안과 최적화된 사용에 필수적인 영향을 미친다.

하드웨어

프로토타이핑prototyping과 다양한 수준의 기능을 제공하면서 인기를 끌고 있는 다수의 IoT 개발 보드가 있다. 이 보드의 예로는 아두이노Arduino, 비글 보드Beagle Board, 피노키오Pinoccio, 라즈베리 파이Rasberry Pi, 큐비보드CubieBoard 등이 있다. 이러한 개발 보드는 디바이스의 두뇌 역할을 하는 마이크로컨트롤러MCU, microcontroller, 메모리를 제공하는 디지털 및 아날로그 범용 입/출력GPIO, General Purpose Input/Output 핀을 제공한다. 이러한 보드는 완전한 IoT 장비를 만들기 위해 다른 보드에게 커뮤니케이션 기능, 새로운 센서, 액추에이터 등을 제공하기 위해 모듈식으로 다른 보드에 추가할 수 있다.

오늘날의 시장에는 IoT 개발에 적합하고 다양한 개발 보드에 포함돼 있는 MCU가 있다. MCU의 주요 개발 업체는 ARM, 인텔Intel, 브로드컴Broadcom, 아트멜Atmel, TITexas Instruments, 프리스케일Freescale, 마이크로칩 테크놀로지Microchip Technology가 있다. MCU에는 프로세서 읽기 전용 메모리ROM, 집적 회로IC, 랜덤 액세스 메모리RAM가 포함된다. 종종 메모리 자원은 이러한 MCU 장치로 제한된다. 그러나 다수의 제조업체는 완전한 네트워크 스택을 갖춘 마이크로컨트롤러, 인터페이스, RF, 휴대용 트랜시버를 강화해서 IoT를 가능하도록 하고 있다. 모든 마력은 시스템 온칩system-on-chip 구성과 소형화된 도터 보드daughter board(싱글 보드 컴퓨터)로 들어가고 있다.

IoT는 센서 분야에서 무한한 가능성을 갖고 있다. 예를 들면 온도 센서, 가속도 센서, 공기 품질 센서, 전위차계potentiometer, 근접 센서, 습도 센서, 진동 센서가 있다. 이러한 센서는 로컬 처리, 응답 작동, 다른 시스템으로 전달 등을 위해 종종 MCU 하드웨어에 내장돼 있다.

운영체제

일부 IoT 디바이스는 운영체제가 필요하지 않지만, 다수의 프로세스와 메모리 관리 및 메시징, 기타 통신을 지원하는 유틸리티 서비스는 실시간 운영체제RTOS, real time operating system를 사용한다. 그리고 필요한 성능, 보안 및 제품 기능 요구 사항을 기반으로 각 RTOS를 선택해야 한다.

특정 IoT 구성 요소 제품의 선택은 특정 IoT 시스템의 요구 사항을 기반으로 평가해야 한다. 일부 조직에서는 분리 커널separation kernel, 높은 보증 프로세스 격리high assurance process isolation, 정보 흐름 제어, 긴밀하게 통합된 암호화 보안 아키텍처와 같은 추가 보안 기능을 갖춘 정교한 운영 시스템을 요구할지도 모른다. 이 시나리오에서 기업 보안 아키텍트는 그린 힐즈Green Hills의 IntegrityOS와 링스 소프트웨어Lynx Software의 LynxOS처럼 신뢰도가 높은high-assurance RTOS를 지원하는 장치를 조달하기 위해 조사해야 한다. 인기 있는 IoT 운영체제로는 TinyOS, 컨터키Contiki, 맨티스Mantis, FreeRTOS,

BrilloOS, 임베디드 리눅스^{Embedded Linux}, ARM의 mbedOS, 스내피 우분투 코어^{Snappy Ubuntu Core}가 있다.

또 다른 중요 보안 속성으로 보안 설정 및 보안에 민감한 파라미터^{parameter}의 저장과도 관련돼 있다. 경우에 따라서, 배터리의 지원을 받는 RAM 또는 다른 영구 저장 장치가 없다면 운영체제에 적용되는 구성 설정은 전력을 껐다 다시 켰을 경우에 사라진다. 대부분의 경우, 장치의 기능을 수행하고 통신할 수 있도록 다양한 네트워크 및 기타 설정을 제공하기 위해 설정 파일을 지속성 메모리^{persistent memory}에 저장한다. 더욱 관심이 필요한 부분은 장치의 전원을 껐다 켰을 때 root 암호, 다른 계정의 암호, 장치에 저장돼 있는 암호화 키의 처리다. 이러한 문제들 각각은 하나 이상의 보안 영향을 갖고 있으며, 보안 엔지니어는 이에 대해 주의해야 한다.

IoT 통신

대부분의 배치에서, IoT 디바이스는 순서대로 컨트롤러 및 웹 서비스와 통신하는 게이트웨이와 통신한다. 다양한 게이트웨이 옵션이 있으며, IoT 엔드포인트를 모바일 장치(스마트폰)와 같은 위치에 배치하고 블루투스-LE, ZigBee, Wi-Fi와 같은 RF 프로토콜을 통해 통신할 수 있다. 때로는 이러한 게이트웨이를 종단 게이트웨이^{edge gateways}라고 한다. 다른 방식으로 MQTT^{message queuing telemetry transport} 또는 REST^{Representational State Transfer} 통신과 같은 전용 혹은 사설 게이트웨이 IoT 프로토콜을 지원하기 위해 데이터센터에 중앙집중식으로 배치할 수 있다. 웹 서비스는 장비 공급자에 의해 제공받을 수도 있으며, 혹은 필드 에지 장치로부터 정보를 수집하는 기업 및 공공 클라우드 서비스일 수도 있다.

많은 경우, IoT 디바이스와 웹 서비스 사이의 종단 간 연결은 일련의 필드와 클라우드 게이트웨이를 통해 연결될 수 있으며, 널리 퍼져 있는 장치로부터 각각 데이터는 좀 더 거대한 데이터로 합쳐진다. 델^{Dell}, 인텔, 기타 기업에서는 최근 시장에 IoT 게이트웨이를 도입하고 있다. 시스텍^{Systech} 같은 회사들은 다수의 안테나 및 수신기를 사용해 서로 연결하는 IoT 디바이스의 다양한 유형을 가능하게 하는 멀티 프로토콜 게이트웨이를 제공한다. 또한 스마트 홈 통신을 지원하는 상업 시장에서 사용할 수 있고, 소비자에 초점을 맞춘 게이트웨이(허브라고도 한다.)도 있다. 이러한 게이트웨이의 한 가지 예로 삼성 SmartThings 허브(https://www.smartthings.com/)를 들 수 있다.

IoT 디바이스는 일부 강력한 대화식interactive 기능을 활성화하도록 수평으로 통신할 수 있다. 연결된 워크플로우를 사용하려면 여러 다양한 IoT 제품 유형의 API를 통해 인터페이스interface할 수 있는 능력이 필요하다. 스마트 홈을 예로 들어 생각해보자. 아침에 일어날 때, 웨어러블은 Wi-Fi 네트워크를 통해 구독subscribing 디바이스로 일어났다는 신호를 자동으로 전송한다. 스마트 TV는 좋아하는 뉴스 채널에 맞춰 켜지고, 창문의 블라인드는 자동으로 올라가고, 커피 메이커가 가동되고, 샤워를 시작하면 여러분의 차는 당신이 집을 떠나는 것을 준비하기 위해 타이머를 설정한다. 이러한 상호작용은 모든 장치 간의 통신을 사용함으로써 가능하고 기업에 IoT를 적용한 엄청난 잠재력을 보여주고 있다.

IoT 디바이스와 호스트 네트워크에서 다양한 프로토콜을 활용해 메시지 전송 및 통신을 할 수 있다. 적절한 메시징 및 통신 프로토콜 스택stack의 선택은 사용 사례와 특정 시스템의 보안 요구 사항에 의해 결정되지만 각각의 목적을 달성하기 위한 공통의 프로토콜이 있다.

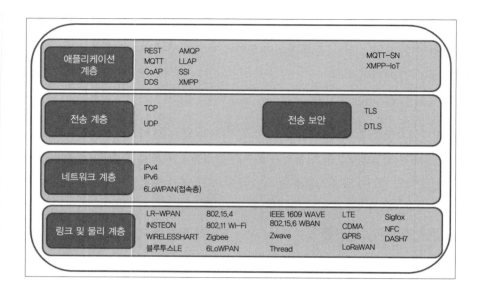

애플리케이션 계층	REST AMQP MQTT LLAP CoAP SSI DDS XMPP		MQTT-SN XMPP-IoT
전송 계층	TCP UDP	전송 보안	TLS DTLS
네트워크 계층	IPv4 IPv6 6LoWPAN(접속층)		
링크 및 물리 계층	LR-WPAN 802.15.4 INSTEON 802.11 Wi-Fi WIRELESSHART Zigbee 블루투스LE 6LoWPAN	IEEE 1609 WAVE LTE Sigfox 802.15.6 WBAN CDMA NFC Zwave GPRS DASH7 Thread LoRaWAN	

위의 그림은 완전한 통신 스택을 구성하기 위해 IoT 디바이스로 구현할 수 있는 잘 알려진 프로토콜 중에서 일부를 보여준다.

현재 시점에서는 IoT 초기 단계이므로 다수 제품의 설계와 보안 요구 사항은 제조업체에 달려 있다는 것에 주목할 필요가 있다. 대부분의 경우, 보안 전문가는 개발 초기 단계에 참여하지 않았을 수도 있다. 일부 조직에서는 가이드라인, 제안, 체크리스트를 제공하지만, 엄밀히 말해 IoT 디바이스에 대한 산업 규정이 거의 없는 것에 주목하자. 디바이스가 사용될 업계의 개인정보 보호, 통신 전송 요구 사항이 있을 수 있지만, 일반적으로 HIPAA, PCI, SOX 등과 같은 기존의 규제나 규정을 기반으로 작성돼 있다. 아마도 산업 IoT는 소비자 중심의 기업에 앞서 당장 필요한 보안 표준 개발에 앞장설 것이다. 당분간 IoT의 구현과 배포를 안전하게 만들기 위한 초기의 노력은 둥근 구멍을 네모난 못으로 메꾸는 것과 비슷할 것이다. IoT는 다른 니즈[needs]를 가지고 있다.

메시징 프로토콜

IoT 통신 스택의 상단에는 두 개의 엔드포인트 사이에서 일반적으로 클라이언트와 서버 또는 클라이언트 간에 포맷을 적용한 메시지 데이터의 교환을 지원하는 프로토콜이 있다. 이러한 MQTT 프로토콜과 같은 CoAP^{Constrained Application Protocol}, DDS^{Data Distribution Service}, AMQP^{Advanced Message Queuing Protocol}, XMPP^{Extensible Messaging and Presence Protocol} 프로토콜은 하위 계층의 통신 프로토콜 상단에서 실행되도록 데이터를 효율적으로 교환하기 위한 클라이언트와 서버 양측에서 모두 동의한 클라이언트와 서버 기능을 제공한다. RESTful 통신 또한 다수의 IoT 시스템에서 매우 효과적으로 수행할 수 있다. 현시점에서는 REST 기반의 통신과 MQTT가 새로운 길을 개척할 것으로 보인다 (http://www.hivemq.com/blog/how-to-get-started-with-mqtt).

MQTT

MQTT는 클라이언트가 주제를 구독^{subscribe}하고 브로커 서버에 항상 TCP 연결을 유지하는 발행/구독^{publish/subscribe} 모델이다. 브로커로 새로운 메시지를 보내면, 메시지에는 브로커가 메시지를 수신할 클라이언트를 결정할 수 있는 메시지 및 주제를 포함하고 있다. 메시지는 항상 연결된 특성을 이용해서 클라이언트에 푸시^{push}된다.

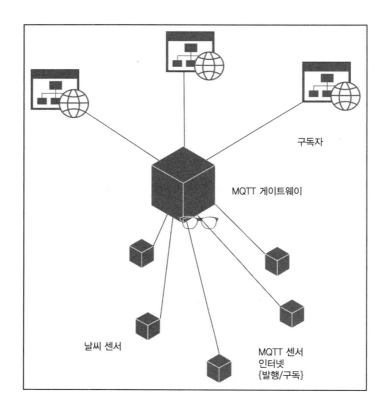

구독자

MQTT 게이트웨이

날씨 센서

MQTT 센서
인터넷
{발행/구독}

이는 센서 MQTT가 데이터를 브로커에 발행하고 해당 브로커가 데이터 소비에 관심
이 있는, 혹은 센서 데이터를 추가로 처리해야 하는 다른 구독 시스템에 데이터를 전
달하는 다양한 통신 사용 사례를 지원한다. MQTT는 TCP 기반의 네트워크에서 사용
하는 데 주로 적합하지만, 센서 네트워크용 MQTT[MQTT-SN, MQTT For Sensor Networks] 사양은
무선 센서 네트워크[WSN, wireless sensor networks]에서 사용하기 위해 MQTT의 최적화된 버
전을 제공한다.

출처: Stanford-Clark, Linh Truong, MQTT For Sensor Networks(MQTT-SN)) protocol specification,
Version 1.2, IBM(International Business Machines).2013, http://mqtt.org/new/wp-content/uploads/2009/
06/MQTT-SN_spec_v1.2.pdf

MQTT-SN은 제한된 처리와 저장 용량을 갖는 배터리 기반의 장치에서 사용하기에 적합하다. 센서와 액추에이터는 ZigBee 상위의 발행/구독 모델과 유사한 RF 프로토콜 사양을 기반으로 사용할 수 있다.

CoAP

CoAP는 WSN 노드로 리소스가 제한된 인터넷 장치에서 사용하기 위한, UDP 기반의 또 다른 IoT 메시징 프로토콜이다. 이것은 HTTP로 쉽게 매핑 가능한 메시지의 집합으로 구성돼 있다(GET, POST, PUT, DELETE).

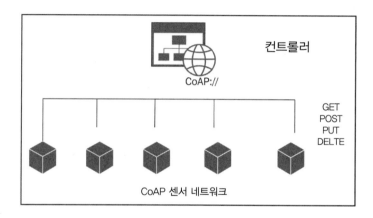

출처: http://www.herjulf.se/download/coap-2013-fall.pdf

CoAP 장비의 구현은 명령을 처리하기 위해 URI^{Uniform Resource Indicator}를 사용해 웹 서버와 통신한다. CoAP를 사용한 구현의 예로는 스위치가 시스템 내에서 각각 빛의 움직임(상태, 색상)을 변경하기 위해 **PUT** 명령을 전송하는 스마트 광 스위치^{smart light switch}가 있다.

XMPP

XMPP는 XML^{Extensible Markup Language}에 기반한 실시간 통신을 위한 개방형 기술이며, Jabber 인스턴트 메시징^{IM, Instant Messaging} 프로토콜에서 발전했다(http://www.ibm. com/developerworks/library/x-xmppintro/).

XMPP는 IoT 개발자가 효율적으로 서비스의 발견과 서비스의 광고를 구현할 수 있도록 TCP 전송에서 XML 메시지의 전송을 지원한다.

XMPP-IoT는 XMPP의 맞춤형 버전이다. 사람들 사이에서 통신의 시나리오와 마찬가지로, XMPP-IoT 통신은 친구^{friend} 요청으로 시작된다(http://www.xmpp-iot.org/ basics/being-friends/).

친구 요청이 확인되면, IoT 장비는 도메인에 관계없이 서로 통신할 수 있다. 또한 부모-자식 장비 관계가 존재한다. XMPP-IoT 내에서 신뢰할 수 있는 특정 자식(추후에 친구가 될) 노드에게 사전에 지정된 정책을 제공할 수 있다는 점에서 부모 노드는 보안 등급을 제공한다. IoT 장비 간의 통신은 승인된^{confirmed} 친구 요청을 하지 않고서는 작업을 진행할 수 없다.

DDS

DDS는 지능형 시스템 통합을 위해 사용하는 데이터 버스다. MQTT와 마찬가지로, 독자가 관심 있는 주제를 구독하는 발행/구독 모델을 사용하고 있다.

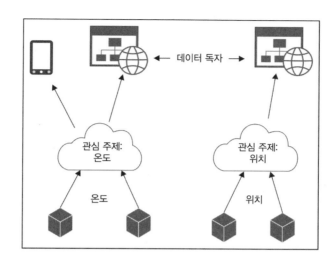

출처: http://www.slideshare.net/Angelo.Corsaro/applied-opensplice-dds-a-collection-of-use-cases

DDS는 엔드포인트 사이에서 관계가 필요하지 않으므로 통신은 익명anonymous과 자동화된 방식으로 일어날 수 있다. 또한 서비스 품질QoS, Quality of Service 메커니즘은 프로토콜에 내장돼 있다. DDS는 장치 간의 통신을 위해 주로 설계됐고 풍력 발전, 의료 영상 시스템, 자산 추적 시스템과 같은 배포deployment 시나리오에서 사용된다.

AMQP

AMQP는 서버 간 통신을 지원하는 큐잉queuing 시스템을 제공하도록 설계됐다. IoT를 적용하면, AMQP는 발행/구독을 모두 허용하고 점대점point-to-point 기반의 통신을 지원한다. AMQP IoT 엔드포인트는 각 큐의 메시지를 기다린다. AMQP는 차량 원격 측정 장비가 거의 실시간 처리를 위한 분석 시스템에 데이터를 제공하는 수송 분야 등 다양한 분야에 배치됐다.

게이트웨이

논의한 대부분의 메시지 사양은 프로토콜을 사용한 통신을 위해 재캡슐화하거나(예를 들면, IP 라우팅 기능이 필요할 수 있다.) 프로토콜 해석을 수행하기 위해 프로토콜을 사용하는 게이트웨이 혹은 다른 장비의 구현이 필요하다. 이러한 프로토콜을 융합하는 다양한 방법은 잠재적으로 기업에 새로운 공격점을 만들고 보안상의 거대한 영향을 미칠수 있다. 프로토콜의 제한, 구성, 스태킹stacking 옵션은 엔터프라이즈 아키텍처를 설계할 때 고려해야 하며, 이로써 적절한 자격을 갖춘 프로토콜의 보안 엔지니어 위협 모델링 과정을 도와줄 수 있다.

전송 프로토콜

인터넷은 네트워크를 통해 전송된 TCP 세그먼트의 수신 확인을 쉽게 하기 위해 전송 제어 프로토콜TCP을 사용해 안정적으로 작동하도록 설계됐다. TCP는 통신 과정에서 기본을 이루며, 신뢰할 수 있는 전송으로서 오늘날의 웹 기반 통신을 위해 선택한 프로토콜이다. 일부 IoT 제품은 TCP를 사용해 작동하도록 설계된(예를 들어, 안전한 (TLS) 연결이 가능한 견고하게 설계된 제품은 풀full TCP/IP 스택을 사용한다.) 제품을 통해 HTTP 혹은 MQTT를 사용해서 통신할 수 있다. TCP는 대기 시간이 길거나 대역폭이 제한된 네트워크 환경에서 사용하기에는 대부분 적합하지 않다.

그러나 UDPUser Datagram Protocol가 또 다른 유용한 대안을 제공한다. UDP는 (세션 기반의 TCP와는 달리) 비연결형 통신을 위한 가벼운 전송 메커니즘을 제공한다. 다수의 제약사항이 있는 IoT 센서 장치는 UDP를 지원한다. 예를 들어, MQTT-SN은 UDP와 함께 동작하는 MQTT의 맞춤형 버전이다. 이러한 CoAP 등의 다른 프로토콜 또한 UDP와 잘 작동하도록 설계돼 있다. UDP 기반 전송을 구현한 제품을 위해 설계된 데이터그램 TLSDTLS, Datagram TLS라는 대안이 될 만한 TLS 설계도 있다.

네트워크 프로토콜

IPv4와 IPv6 모두 다수의 IoT 시스템 내에서 다양한 측면의 역할을 담당하고 있다. IPv6의 사용을 지원하기 위해 6LoWPAN^{IPv6 over Low Power Wireless Personal Area Networks}과 같은 맞춤형 프로토콜 스택은 네트워크의 제약이 있는 환경에서 다수의 장치에 공통의 IPv6 사용을 지원한다. 6LoWPan은 매우 제한적인 장치의 폼 팩터^{form factor}를 제공하기 위해 낮은 데이터 속도로 무선 인터넷 연결을 지원한다(http://projets-gmi.univ-avignon.fr/projets//proj1112/M1/p09/doc/6LoWPAN_overview.pdf).

6LoWPAN은 IPv6를 지원하는 적응 계층^{adaptation layer}을 만들기 위해 802.15.4 -LRWPAN^{Low Rate Wireless Personal Area Networks} 사양을 기반으로 하고 있다. 적응 계층은 UDP 헤더 압축 기능을 갖춘 IPv6 및 단편화^{fragmentation} 기능을 지원하기 때문에 기능에 제한이 있는 센서를 빌딩 자동화 및 보안에 사용할 수 있다. 6LoWPAN을 사용해 설계자는 IEEE 802.15.4 내에서 제공하는 링크 암호화를 활용할 수 있고, DTLS 등의 전송 계층 암호화를 사용할 수 있다.

데이터 링크 및 물리적 프로토콜

IoT에서 사용 가능한 다수의 통신 프로토콜을 조사해보면, IEEE 802.15.4는 ZigBee, 6LoWPAN, WirelessHART, 스레드^{thread}와 같은 PHY(물리 계층에서 지원하는 프로토콜)와 매체 접근 통제^{MAC, Medium Access Control} 계층을 지원하는 중요한 역할을 한다는 것을 알 수 있다.

IEEE 802.15.4

802.15.4는 점대점 또는 스타 토폴로지^{star topology}를 사용해 동작하도록 설계됐으며 저전력 또는 저속 환경에서 사용하기에 이상적이다. 802.15.4 장치는 915MHz 및 2.4GHz의 주파수 범위 내에서, 대략 10미터 이내로 250kb/s의 데이터 전송 속도를 지원한다. MAC 계층은 데이터 링크상에 송신된 프레임 및 수신의 관리를 담당하며, PHY 계층은 RF 네트워크 접근을 관리할 책임이 있다.

ZWave

스택 계층에서 동작하는 또 다른 프로토콜로는 ZWave가 있다. ZWave는 네트워크의 세 가지 프레임 유형(유니캐스트, 멀티캐스트, 브로드캐스트)의 전송을 지원한다. 유니캐스트 통신(즉, 다이렉트)은 수신 측에서 수신 확인을 한다. 그러나 멀티캐스트나 브로드캐스트는 수신 확인을 하지 않는다. ZWave 네트워크는 컨트롤러와 슬레이브slave로 구성돼 있다. 물론 각각의 변형은 있다. 예를 들어, 기본 컨트롤러와 보조 컨트롤러가 존재할 수 있다. 기본 컨트롤러는 네트워크에 노드를 추가/제거할 수 있는 기능을 제공한다. ZWave는 약 30미터의 범위 내에서 908.42MHz(북미)/868.42MHz(유럽) 주파수와 100kb/s의 데이터 전송 속도로 동작한다. 블루투스/블루투스 스마트(블루투스 저 에너지BLE, Bluetooth Low Energy라고도 한다.)는 배터리 수명을 향상시키기 위해 설계됐다. 블루투스 스마트는 기본 설정을 절전 모드로 하고 필요한 경우에만 동작하는 절전 기능을 제공한다. 둘 다 2.4GHz의 주파수 범위에서 동작한다. 블루투스 스마트는 고속 주파수 호핑 확산 스펙트럼high-rate frequency-hopping spread spectrum을 구현하고 AES 암호화를 지원한다.

참조: http://www.medicalelectronicsdesign.com/article/bluetooth-low-energy-vs-classic-bluetooth-choose-best-wireless-technology-your-application

전력선 통신

에너지 산업에서 인스티온Insteon 사와 같은 WirelessHART 및 전력선 통신 기술PLC, Power Line Communications은 통신 스택의 링크 계층 및 물리 계층에서 동작하는 추가적인 기술이다. PLC-가능(프로그래머블 로직 컨트롤러와 혼동하지 말자.) 장치는 가정용과 산업용 모두를 지원할 수 있고, 직접 기존의 전력선을 조작해 통신한다는 것은 흥미롭다. 이 통신 방법은 통신 전선이 없어도 전력에 연결된 장치를 통제하고 모니터링할 수 있게 한다.

참조: http://www.eetimes.com/document.asp?doc_id=1279014

이동 통신

5G 통신을 향한 움직임은 IoT 시스템 설계에 큰 영향을 미칠 수 있다. 5G가 높은 처리량과 더 많은 연결 지원 기능을 보유하게 되면, IoT 디바이스를 클라우드에 직접 연결하기 위한 움직임이 증가할 것으로 예측되고 있다. 이는 장소에 제한된 인프라와 지리적으로 분산된 센서/액추에이터의 무리를 지원 생성할 수 있는 새로운 중앙 집중식 컨트롤러의 기능을 제공한다. 좀 더 강력한 이동통신 기능은 클라우드가 센서 데이터 공급, 웹 서비스 상호작용, 대량 엔터프라이즈 애플리케이션의 인터페이스 집합점이 되도록 만들 것이다.

IoT 데이터의 수집, 저장, 분석

지금까지 우리는 엔드포인트와 IoT를 구성하는 프로토콜을 폭넓게 살펴봤다. 단말 간 device-to-device 통신 및 조정에서 큰 기대를 하고 있지만, 비즈니스 프로세스를 간소화하고, 고객 경험을 향상시키고, 전력에 연결된 디바이스가 데이터 분석 기능을 갖추게 되면 더욱 많은 기회가 제공될 것이다. 클라우드는 이러한 페어링을 지원하는 기성 ready-made 인프라를 제공한다.

다수의 공공 CSP는 다른 클라우드 제품과 통합된 IoT 서비스를 전개하고 있다. 예를 들면, AWS는 AWS를 위한 IoT 서비스를 만들었다. 이 서비스는 IoT 디바이스 구성과 MQTT 또는 REST 통신을 사용해 AWS의 IoT 게이트웨이에 연결할 수 있다. 키네시스Kinesis나 키네시스 파이어호스Kinesis Firehose와 같은 플랫폼을 통해 데이터 또한 AWS로 전달할 수 있다. 키네시스 파이어호스를 예로 들면, 대량의 데이터 스트림을 수집, 처리, 저장하고 분석을 위해 다른 AWS 인프라 구성 요소에 전달하는 데 사용될 수 있다.

데이터는 CSP에서 수집된 후, 가장 적절한 데이터를 전송하도록 논리 규칙을 구성할 수 있다. 데이터는 분석, 저장하거나 다른 디바이스와 시스템으로부터 전달된 데이터와 결합하기 위해 전송될 수 있다. IoT 데이터의 분석을 하는 이유는 쇼핑 패턴 추세

(예를 들어, beacon이 있다.)를 이해하거나 기계의 고장(예방 정비)을 예측하기 위해서다.

기타 CSP 또한 IoT 시장에 진입하고 있다. 이제는 IBM과 구글뿐만 아니라 마이크로소프트의 애저도 특화된 IoT 서비스를 제공하고 있다. 심지어 서비스형 소프트웨어^{SaaS,} Software as a Service 공급자는 분석 서비스를 제공하기 시작했다. 세일즈포스닷컴^{Salesforce.} com은 맞춤형 IoT 분석 솔루션을 설계했다. 세일즈포스^{Salesforce}의 아파치^{Apache} 스택을 이용해서 클라우드에 장치를 연결해 거대한 데이터 스트림을 분석한다. 세일즈포스의 IoT 클라우드는 아파치의 카산드라^{Cassandra} 데이터베이스, 스파크^{Spark} 데이터 처리 엔진, 데이터 분석을 위한 스톰^{Storm}, 메시징을 위한 카프카^{Kafka}를 사용하고 있다.

참조: http://fortune.com/2015/09/15/salesforce-com-iot-cloud/

IoT 통합 플랫폼과 솔루션

새로운 IoT 디바이스 및 시스템이 다양한 조직에 의해 계속 만들어지고 있으며, 우리는 이제 막 진보된 통합 기능의 필요성을 깨닫기 시작했다. Xively과 Thingspeak 같은 기업은 현재 엔터프라이즈 아키텍처에 새로운 사물을 통합하기 위한 유연한 개발 솔루션을 제공한다. 스마트 시티 도메인에서는 Accella 및 SCOPE 같은 플랫폼이 '스마트 도시의 클라우드 기반 개방형 플랫폼과 생태계'로서 엔터프라이즈 솔루션에 대한 IoT의 다양한 시스템을 통합하는 기능을 제공한다.

이러한 플랫폼은 IoT 디바이스 개발자가 새로운 기능과 서비스를 구축하기 위해 활용할 수 있는 API를 제공한다. 점점, IoT 개발자는 이러한 API를 통합하고 있으며 기업의 IT 환경으로 쉽게 통합하는 것을 보여준다. Thingspeak API를 예로 들면, 이것은 HTTP 통신을 통해 IoT 디바이스를 통합하는 데 사용할 수 있다. 센서에서 데이터를 캡처하고, 데이터를 분석하고, 데이터에 대한 작업을 수행할 수 있다. 이와 유사한, 올신 얼라이언스^{AllSeen Alliance}의 올조인^{AllJoyn}이라는 오픈소스 프로젝트가 있다. 디바이스가 서로 다른 전송 메커니즘을 사용하는 경우에도 IoT 디바이스 간의 상호 운용성에 주력하고 있다. IoT가 성숙함에 따라, 이질적인 IoT 구성 요소, 프로토콜, API는 지속적으로 결합돼 강력한 전사적 시스템을 구축할 것이다. 이러한 동향은 시스템의 안전성에 대해 의구심을 품게 만든다.

▌ IoT의 미래와 안전의 필요성

오늘날 IoT 혁신을 기반으로 지속적으로 객체, 시스템, 사람 사이의 새로운 관계를 수립하는 동안, 우리는 계속해서 상상력을 발휘해 전례 없는 규모로 문제를 해결할 수 있는 새로운 기능을 꿈꾸고 있다. 우리가 상상력을 발휘하면, IoT의 가능성은 무한해질 것이다. 오늘날 우리는 이제 겨우 표면을 만졌을 뿐이다.

미래: 인지 시스템과 IoT

컴퓨터-장치 간computer-to-device IoT와 장치 간device-to-device IoT는 지금은 물론 향후에도 엄청난 성장세를 나타낼 것으로 예측되지만, 과연 소비가 확대되기 이전에 IoT에 대한 새로운 연구가 있었는가? 안전한 미래를 위해 확보해야 할 것은 무엇이며, 과연 오늘날의 IoT가 안전과 관련된 기준을 준수하고 있는가? 인지 시스템Cognitive system과 연구는 우리에게 가치 있는 IoT의 미래 예측을 제공한다. 십수 년 전에 듀크 대학Duke University의 연구자들은 원숭이의 뇌 정수리와 전두엽 피질 로브에 삽입한 전극의 신경 제어 신호를 변환해 로봇 팔 인지 제어를 보여줬다. 연구진은 뇌 신호를 모터 서보servo 액추에이터 입력으로 변환했다. 이러한 입력을 바탕으로 조이스틱의 초기 훈련을 통해, 원숭이가 자신의 생각을 조절하는 것만으로 시각적 피드백을 활용해 로봇 팔을 제어할 수 있었다. 이른바 뇌 컴퓨터 인터페이스BCI, brain-computer interface 또는 브레인 머신 인터페이스BMI, brain-machine interface를 듀크 대학 실험실의 미구엘 니콜렐리스Miguel Nocolelis 박사와 연구진이 꾸준히 발전시킬 것이다. 이 기술은 신경 보철 기술neuroprosthetics이 미래에 단지 로봇 시스템을 입고 생각을 제어함으로써 신체 기능을 회복시킬 수 있다는 것을 보여준다. 이 연구는 또한 뇌간brain-to-brain 기능을 활용해, 통합 인지 문제 해결에 활용할 수 있음을 입증해왔다.

뇌 감지neuroencaphalography를 통해 신호의 디지털 변환은 인지 가능한 데이터를 데이터 버스, IP 네트워크뿐 아니라 인터넷을 통해서도 전달할 수 있다. IoT의 측면에서, 이 유형의 인지 연구는 인간 혹은 다른 유형의 두뇌가 BMI로 전송된 신호를 제어하거나 수신하기 때문에 앞으로 일부 유형의 스마트 디바이스가 똑똑해지는 것을 의미한다. 또는 인간의 두뇌는 멀리 수천 킬로미터 떨어진 곳에 위치한 센서로부터의 피드를 제공받아 초 인식hyper-aware을 할 수 있다. 파일럿이 생각하는 것처럼 드론이 비행하면, 파일럿을 위한 조이스틱이 없지만 마치 파일럿의 신체가 확장된 것과 같을 수 있다. 오직 생각 신호(제어)와 피드백(느낌)을 통신 링크를 통해 전달해, 필요한 모든 비행 조종을 할 수 있다. 피토 튜브pitot tube로 측정한 항공기의 비행 속도를 상상해서, 디지털 형식으로 파일럿의 BMI 인터페이스와 파일럿의 '느낌'이 파일럿의 피부에 부는 바람처럼 전달될 것이다. IoT의 미래는 생각하는 것처럼 멀지 않다. 인간의 두뇌와 동적 물리 시스템이 있는 인지 시스템에 필요한 IoT 보안의 유형을 생각해보자. 한 가지 방법은 인간의 두뇌를 인증하는 것인데, 예를 들면 두뇌에서 장치로, 혹은 장치에서 두뇌로 인증할 수 있을까? BMI로 인해 디지털 무결성integrity 손실이 수반되면 어떻게 될까? 송수신되는 신호가 위장spoofed 또는 손상되거나, 타이밍 및 가용성에 조작이 일어난 경우 어떤 일이 일어날 것인가? 오늘날의 IoT는 여러모로 편리함을 제공하지만, 미래의 시스템과 시스템이 인류에게 미칠 영향을 고려해보면 이러한 이점은 상대적으로 작게 느껴진다. 다수의 위협과 위험이 존재하기 때문이다.

▌ 요약

지금까지 세계가 IoT의 도움으로 더 나은 미래를 향해 전진하고 있는 방법을 설명했다. 또한 오늘날의 세계에서 나타나고 있는 다양한 IoT의 용도와 개념을 간략하게 살펴봤다.

다음 장에서는 다양한 위협과 위협을 극복/회피하기 위한 대책을 알아본다.

2

취약점, 공격,
대책

이 장에서 다루는 내용

- 위협, 취약성, 위험 입문
- 공격과 대책 입문
- 최근의 IoT 공격
- 교훈과 체계적인 접근
- 요약

이번 장에서는 IoT 구현 및 배포에 대한 공격 방법을 자세히 설명하고, 공격 트리를 구성하는 방법과 IoT 사이버 물리 시스템이 위협을 복잡하게 하는 방법을 설명할 것이다. 그다음에는 안전한 IoT 대책을 확보하기 위해 체계적이면서 합리적으로 방법론을 개선한다. IoT 기술 스택의 다양한 계층 내에서 볼 수 있는 대표적인 고유 취약점을 알아보고, 전자적 및 물리적 위협이 서로 영향을 미치는 새로운 방식을 설명할 것이다. IoT 위협 모델링에 대한 맞춤형 접근 방식을 제공해 독자가 자신의 조직에서 사용 가능한 위협 모델링을 수행하는 방법을 알아본다.

지금부터 이 장의 하위 절을 통해 취약점, 공격과 대책에 대해 설명하고 이를 관리하는 방법을 알아볼 것이다.

- 위협, 취약점, 위험 입문
- 공격과 대책 입문
- 오늘날의 IoT 공격
- 체계적인 접근 방식을 사용한 교훈

▎ 위협, 취약성, 위험 입문

위협, 취약성, 위험의 개념을 정의하기 위한 상당한 양의 학술 논쟁은 경쟁적으로 발전해왔다. 실용적이며 사용 가능한 내용을 다루기 위해, 이번 절에서 정보 보증 업계가 정보 보증의 다섯 가지 핵심 주제라고 정의한 분야를 다시 한 번 확인해볼 것이다. 이러한 정보 보증의 핵심 주제(혹은 도메인)는 정보 시스템에서 최고 수준의 보증 카테고리를 나타낸다. 다음으로, 사이버 물리^{cyber-physical} 시스템에 결정적으로 중요한 두 가지 핵심 주제를 추가로 소개할 것이다. 소개한 이후에는 IoT 위협, 취약성 및 위험을 다룰 것이다.

정보 보증의 전통적인 핵심 주제

정보 보증[A, information assurance]의 필수 구성 요소와 IoT 보안의 중요한 하위 도메인을 식별하지 않고 위협, 취약성, 위험의 실용적인 측면을 논의하는 것은 불가능하다. 짧게 요약하면, 다음과 같다.

- 기밀성[Confidentiality]: 비밀 및 정보 노출로부터 민감한 정보를 유지
- 무결성[Integrity]: 정보가 발견되지 않고, 우연히 또는 의도적으로 수정되지 않은 것을 보장
- 인증[Authentication]: 데이터의 소스가 알려진 식별자 또는 엔드포인트로부터 온 것을 보장(일반적으로 식별[identification]을 따른다.)
- 부인 방지[Non-repudiation]: 개인 또는 시스템은 차후에 작업을 수행한 것을 부정할 수 없음을 보장
- 가용성[Availability]: 필요할 때 정보를 사용할 수 있음을 보장

정보 보안의 목표를 달성하는 것은 조직이 적재적소에 모든 보증을 유지하는 것을 반드시 의미하지는 않는다. 예를 들면, 모든 데이터는 기밀성을 필요로 한다. 정보와 데이터의 분류는 그 자체로도 복잡한 주제고, 모든 정보가 결정적으로 민감하거나 중요한 것은 아니다. 디바이스와 디바이스 내부에 호스트된 애플리케이션[hosted application]과 데이터의 적절한 위협 모델링을 위해 개별 데이터 요소와 데이터의 중요도를 식별해야 한다. 겉으로는 온전해 보이지만, 위험이 응집된 거대한 IoT 데이터 집합은 가장 어려운 문제 중 하나다. 각 데이터 요소 또는 복합 정보 유형을 올바르게 정의한 데이터 분류와 조합 제약/기밀성 또는 무결성 같은 특정/보증을 가능하게 한다.

IoT는 디바이스 환경, 물리적 특성, 정보, 데이터 출처, 싱크[sink], 네트워크, 정보가 혼합되기 때문에 정보 보증의 각 다섯 가지 핵심 주제를 IoT에 적용할 수 있다. 그러나 정보 보증 이외에도, IoT의 사이버 물리적 측면과 관련된 두 가지 추가적인 보증인 복

원력resilience과 안전성을 도입해야 한다. 복원력은 안전공학과 밀접하게 관련돼 있으며, 이번 절에서 정의와 함께 알아보자.

사이버 물리 IoT의 복원력은 사이버 물리 제어 시스템의 복원력과 관련돼 있다.

> "복원력 제어 시스템은 악의적인 성격의 위협을 포함한 예기치 않은 심각한 장애에 대응해 상황 인식과 정상 수준의 운영 상태를 유지하는 시스템이다."
>
> 출처: Rieger, C.G.; Gertman, D.I.; McQueen, M.A. (May 2009), Resilient Control Systems: Next Generation Design Research, Catania, Italy: 2nd IEEE Conference on Human System Interaction.

사이버 물리 IoT의 안전성safety은 다음과 같이 정의된다.

> "상처, 부상, 손실로부터 위험이 없는 안전한 상태"
>
> 출처: http://www.merriam-webster.com/dictionary/safety

복원력과 안전성을 포함한 정보 보증 핵심 주제와 IoT의 융합은 사이버 물리 엔지니어가 안전을 위한 결함(장애) 트리와 보안을 위한 공격 트리를 처리하고 보안과 안전 방법을 준수하는 것을 의미한다. 안전 설계 결정과 보안 통제는 엔지니어가 다음의 내용을 동시에 고려해야 한다.

- 공통의 결함 트리 베스트 프랙티스best practice
- 적절한 리스크 기반의 보안 제어는 공격자가 안전 제어, 시스템, 시스템의 영향을 받는 안전 제어에 혼란을 일으키는 것을 억제한다.

엔지니어링 접근 방식은 공통 모드 실패와 공격 경로attack vectors를 식별하고 해결하기 위해 공격 및 결함 트리 분석fault tree analysis의 합병이 필요하다. 더 이상 하나의 트리로 구성된 검사는 충분하지 않을 수도 있다.

위협

위협과 위협 행위자threat actor(또는 위협원threat source)를 구분하는 것이 중요하다. 각 위협은 위협 행위자를 가지고 있다. 예를 들어 당신의 집에 강도가 침입한 경우 실제 위협으로 강도를 간주하고 싶지만, 강도를 위협 행위자(또는 위협원)로 간주하는 것이 더 정확하고 유용하다. 강도는 다양한 악의적인 목적으로 당신의 집에 침입할 수 있는 행위자로, 자신의 잇속을 챙기려는 욕망으로 여러분의 귀중한 자산을 뺏을 것이다. 이러한 맥락에서 위협은 실제로 실행되는 도난의 가능성을 나타내거나, 일반적으로는 악용될 가능성exploit potential을 나타낸다.

따라서 위협은 자연에서 혹은 인공적으로 다양한 유형에서 나타난다. 토네이도, 홍수, 허리케인은 자연의 위협으로 간주할 수 있다. 이러한 경우, 지구의 날씨(또는 보험 용어로 천재지변)는 위협 행위자의 역할을 한다.

IoT 위협은 IoT 디바이스에서 송수신한 응용프로그램의 데이터와 관리해야 할 정보 보증을 모두 포함한다. 또한 IoT 디바이스는 보안 영역과 안전 영역 모두에 고유한 물리적 보안, 하드웨어, 소프트웨어 품질, 환경, 공급망, 기타 여러 가지 위협원이 있다. 사이버 물리 시스템에서의 IoT 디바이스(예를 들어 액추에이션, 물리적 센싱 등)는 단지 컴퓨팅 플랫폼의 손상과 성능 저하degradation를 넘어서 물리적 안정성과 복원력의 위협에 속한다. 고전 제어 이론, 상태 추정 및 제어, 센서, 센서 피드백, 컨트롤러, 필터, 물리적인 시스템 상태를 조작하는 등 사이버 물리 시스템에서 동작하는 추가적인 공학 분야가 있다. 또한 위협은 제어 시스템 전달 함수, 상태 추정 필터(예를 들면 칼만 필터Kalman filter와 같은) 및 실제 환경에서 직접 반응과 결과를 갖는 다른 내부 제어 루프loop의 결과물을 대상으로 할 수 있다.

취약점

취약점vulnerability은 시스템 또는 디바이스의 설계, 통합, 작동 중의 약점을 확인하기 위해 사용하는 용어다. 취약점은 항상 존재하고, 수많은 새로운 취약점이 매일 발견되고 있다. 다수의 온라인 데이터베이스와 웹 포털 대부분은 지금 새로 발견된 취약점에 대한 자동 업데이트를 제공하고 있다. 다음 그림은 이러한 각각의 개념에 대한 관계를 보여준다.

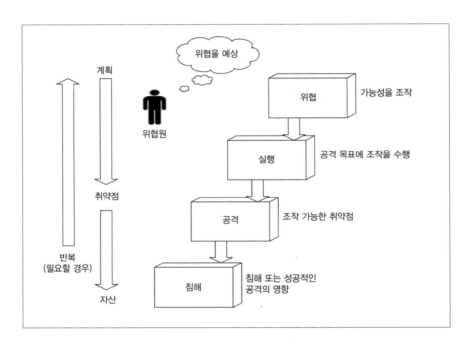

취약점으로 디바이스의 물리적 보호(예를 들어, 변조를 가능하게 하는 디바이스 표면의 취약점), 소프트웨어 품질, 구성, 환경을 위한 프로토콜 보안 적합성, 프로토콜 자체의 적합성 측면에서 결함이 있을 수 있다. 취약점으로 대부분 하드웨어의 설계 구현의 결함(예: FPGA 또는 EEPROM의 변조 가능), 내부의 물리적 구조와 인터페이스, 운영체제, 애플리케이션 장치 내 결함을 포함할 수 있다. 공격자는 이러한 취약점의 잠재력을 충분히 인지하고 있다. 공격자들은 일반적으로 가장 간단하고, 가장 비용이 들지 않고, 가장 빠르게 악용할 수 있는 취약점을 발굴해나갈 것이다. 악의적인 해킹은 블랙 마켓에서 영리를 목적으로 하는 새로운 시장을 창출하고 있다. 악의적인 해커는 투자수익률 ROI, return-on-investment의 개념을 잘 이해하고 있다. 위협은 악용 가능성이지만, 취약점은 대상의 위협 요소가 실제로 악용 대상이 되는 것이다.

위험

위험risk을 평가하기 위해 질적qualitative 또는 양적quantitative 방법을 사용할 수 있다. 간단히 말하면, 위험은 손실에 노출된 것이다. 특정 이벤트, 공격, 조건에 의존하고 공격자의 동기와 연결돼 있기 때문에 취약점과는 다르다. 또한 영향은 단일하고 극미한 손상, 전체적인 공격/침해 이벤트에 끼친 영향의 정도에 따라 달라진다. 취약점은 직접 충격이나 확률을 유발하지는 않지만, 본래의 약점이다. 악용exploit의 난이도에 상관없이, 악용이 발생할 경우 소규모 혹은 대규모 손실이 발생할 수 있다. 예를 들어, 데스크톱 운영체제에서 프로세스 격리process isolation 로직에 심각한 보안 취약점을 갖고 있어 신뢰할 수 없는 프로세스가 다른 응용프로그램의 가상 메모리에 접근할 수 있다. 이러한 취약점은 악용될 수 있으며 확실한 약점이지만, 만약 시스템이 인터넷에 연결되지 않아 절대로 직간접적으로 인터넷에 연결되지 않는다면, 취약점은 임의의 위험에 노출될지라도 취약점이 발생할 위험이 거의 없다. 한편 이 플랫폼이 인터넷에 연결돼 있다면 공격자는 셀 코드를 주입하는 실질적인 방법을 찾아 프로세스 격리 취약점을 악용할 수 있고, 나아가 공격자는 컴퓨터의 소유권을 획득할 수 있기 때문에 위험 수준은 올라갈 것이다.

위험은 다음을 확인하는 데 도움이 되는 위협 모델링threat modeling을 통해 관리할 수 있다.

- 정보 누출의 충격과 전체 비용
- 대상은 공격자에게 얼마나 가치가 있는가?
- (위협 모델링 기준) 예상 기술과 공격자의 동기

- 시스템 취약점의 사전 지식(예를 들어 위협 모델링, 공개 자문, 침투 테스트 등)

위험 관리risk management는 잠재적인 공격(위협)에 의해 표적이 될 수 있는 취약성에 대한 적절한 완화 방법을 사용한다. 당연히 모든 취약점은 사전에 알려질 수 없으며, 이러한 취약점을 제로 데이zero-day(혹은 '0 데이')라 부른다. 특정 운영체제 취약점이 윈도우 운영체제에 있다는 것을 알고 있으므로 위험에 노출되는 것을 줄이기 위해 선택한 악성코드 방지 프로그램과 네트워크 모니터링 장비를 적용해야 한다. 보안 통제를 완화하는 것은 절대로 완벽하지 않기 때문에 우리는 여전히 잔여 위험residual risk이라는 위험의 일부를 남겨둔다. 잔여 위험은 종종 수용 또는 보험과 같은 다른 위험 상쇄 메커니즘 응용프로그램에 의해 상쇄된다.

▌ 공격과 대책 입문

지금까지 위협, 취약점, 위험을 알아봤고, 이제 IoT 공격의 유형과 구성, 그리고 공격 작전을 수행하는 방법을 자세히 알아볼 것이다. 이번 절에서는 독자가 구상한 공격 방법 또는 실제 공격이 일어날 수 있는 공격 방법을 시각화하고 의사소통을 돕기 위해 공격 트리attack tree(그리고 결함 트리fault tree)를 사용할 것이다. 이번 장의 뒤에서 다루는 위협 모델링의 예제와는 달리, 광범위한 위협 모델링 활동에 더 넓게 채택되고 사용되길 바란다.

일반적인 IoT 공격 유형

이 책에서 다루는 다수의 공격 유형이 있지만, 다음과 같이 IoT와 관련된 가장 중요한 몇 가지 공격 유형 목록을 소개한다.

- 유선/무선 검색 및 매핑mapping 공격
- 프로토콜 공격

- 도청 공격(기밀성 손실)

- 암호 알고리즘 및 키 관리 공격

- 스푸핑과 위장masquerading(인증 공격)

- 운영체제 및 애플리케이션 무결성 공격

- 서비스 방해와 거부

- 물리적 보안(예를 들어 조작, 인터페이스 노출) 공격

- 접근 통제 공격(권한 상승)

선행preceding 공격은 실제 환경에서 존재하는 작은 표본이다. 그러나 현실 세계에서 대부분의 공격은 알려진 특정 취약점에 맞게 설계돼 있다. 아직 대중에게 알려지지 않았지만, 오랜 기간 동안 개발된 취약점을 제로 데이 취약점이라 한다. 임의의 공격이 이러한 취약점을 악용할 수 있고, 이러한 임의 공격의 횟수는 인터넷을 통해 공개적으로 공유할 수 있다. 적절히 배치된 보안 통제는 취약점 공격의 가능성 혹은 심각도를 감소시키기 위해 필수적이다. 다음 그림은 공격, 취약점, 통제의 생태계를 보여준다.

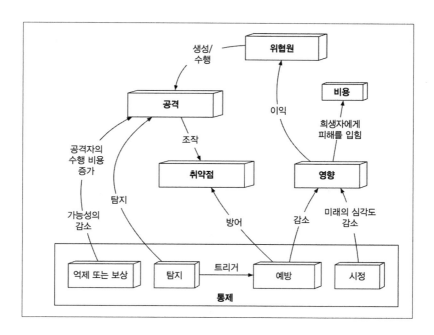

IoT 시스템에 대한 공격 유형은 시간이 지남에 따라 증가할 것이며, 경우에 따라서는 진화하는 사이버 보안 업계에서 볼 수 있는 것과 유사한 이윤 추구 경향을 따를 것이다. 예를 들어, 최근 공격자는 악성코드 분야에서 피해자의 개인 하드 드라이브의 데이터를 암호화 알고리즘을 사용한 암호화로 방해하는 경향이 있다. 공격자는 돈을 받고, 복호화 데이터를 반환한다. 랜섬웨어^{ransomware}의 IoT 영역에서 공격 가능성은 끔찍하다. 물리적인 인프라와 의료 기기를 대상으로 몸값^{ransom} 요청 공격을 하는 악성 해커를 생각해보자. 임의의 환자의 심박 조율기가 아무도 모르게 침해 공격을 받았고, 피해자에게 이 사실을 입증하기 위해 약간의 충격을 가하고, 즉시 수신 계좌로 송금하지 않으면, 치명적인 공격이 있을 것이라는 쪽지를 보낼 수 있다. 자동차, 차고 문 개방, 몸값을 통해 악의적인 위협 행위자가 악용할 수 있는 다른 잠재적인 활동을 생각해볼 수 있다. IoT 분야에서는 이러한 유형의 공격을 심각하게 인지하고 그저 전문가의 공상으로 폄하해서는 안 된다. 보안 업계의 가장 큰 도전은 앞으로의 공격으로부터 보호하는 방법을 현재에서 찾는 것이다.

공격 트리

최신의 대량의 공격 방법과 공격 방법론을 파악하는 것은 보안 업계에서는 쉬운 일이다. 우리는 종종 실제 검증 또는 철저한 검증 없이 공격 벡터와 공격점에 대해 이야기한다. 구체적인 형태를 살펴보면, 실제 환경에서 발견한 새로운 제로 데이와 제로 데이 취약점이 공격 대상에서 전개되는 방법과 가능성에 대한 보안 연구자의 보도자료나 간행물의 형태가 일반적이다. 즉, 공격 벡터와 공격점에 대한 대부분의 논의는 규칙이 존재하지 않는다. 정보 유출, 디바이스 또는 애플리케이션에 대한 공격을 통해 공격자에게 실질적인 가치를 얻을 수 있으며, 네트워크의 다른 곳으로 피보팅^{pivoting}하기 위한 기회를 노리거나, 물리적인 효과를 얻기 위해 장치를 조작할 수 있다. 그러나 실제 공격은 일반적으로 그룹화된 전략의 일부분 또는 각각 다양한 지능적인 방법(인간 사회공학^{social engineering}, 프로파일링^{profiling}, 스캔, 인터넷 조사, 시스템의 익숙함 등) 중 조심스럽게 순차적인 공격 및 다른 활동을 선택한다. 각각의 활동은 목표를 달성하기 위해 설계된 난이도, 비용, 성공 가능성의 다단계 수준이 있다. 공격 트리는 장비 및 시스템의 특성을 모델링하는 데 도움이 된다.

공격 트리는 자산, 대상이 공격받을 수 있는 방법을 보여주는 개념도다(https://en.wikipedia.org/wiki/Attack_tree). 즉, 최근 이슈로 떠오른 공격 벡터에 대해 단순히 걱정만 할 것이 아니라, 실제로 시스템의 보안 상태를 이해하고 공격 트리를 구축해야 한다. 공격 트리는 조직에서 시각화, 커뮤니케이션을 통해 최종 결과로 악용될 수 있는 일련의 취약점 순서를 사실적으로 이해하는 데 도움이 된다.

공격 트리 구축

이전에 공격 트리 구축을 하지 않았다면, 공격 트리를 구축하는 것이 어려워 보이고 어디서부터 시작해야 할지 모를 수도 있다. 이를 시작하려면, 모델을 구축하고 모델에 대해 분석을 시작하기 위한 도구가 필요하다. 하나의 예로 SecurITree가 있다. 이는 기능을 기반으로 한 공격 트리 모델링 툴로서 캐나다 회사 Amenza(위협을 뜻하는 스페인어)에서 제작한 툴이다(http://www.amenaza.com/). 공격 트리를 구축하는 것은 간단한 예를 들어 설명하면 가장 좋다.

공격자가 무인 항공기 시스템UAS, Unmanned Aircraft Systems, 즉 드론이 비행 중일 때 가장 핵심적인 공격 목표인 '지시 변경' 목표를 달성하길 바라는 상황을 가정해보자. 다음 그림은 이러한 목표를 달성하기 위한 공격 트리의 최상위 활동을 보여준다.

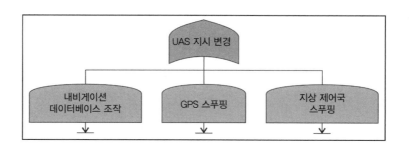

두 개의 잘 알려진 논리 연산자인 기호 AND(꼭대기가 부드럽게 타원형이다.)와 OR(꼭대기가 뾰족하다.)을 볼 수 있다. 루트 노드인 'UAS 지시 변경'은 최종 목표를 나타내며, OR 연산자로 구성돼 있다. 이는 자식 중 하나가 목표를 달성할 수 있음을 의미한다. 이러한 경우, 공격자는 다음 중 하나의 방법으로 무인 항공기의 명령을 변경할 수 있다.

- 내비게이션 데이터베이스 조작: 내비게이션 데이터베이스 맵에 (위도, 경도, 고도 위의 평균 해수면) 위치를 특정 위치로 매핑한다. 실제로, 내비게이션 데이터베이스를 침해할 수 있는 방법이 있다. 예를 들어 지상 통제소, 또는 탐색 및 매핑 공급망(유인 항공기뿐만 아니라 상업용 여객기의 비행 컴퓨터도 광범위한 내비게이션 데이터베이스를 보유하고 있다.)을 침해할 수도 있다.

- GPS 스푸핑: 이 경우에는 공격자가 생성하는 활성 RF 기반 GPS 공격을 수행하면, 드론이 잘못된 장소로 해석하게 하는 잘못된 GPS 타이밍 데이터를 전송할 수 있다. 그 결과, 드론(자율 비행일 경우)이 잘못 인식한 위치를 기반으로 이동하게 돼 악의적인 공격자에 의해 설계된 경로로 이동한다(참고로, 머신 비전이나 다른 수동 내비게이션 시스템이 없다고 가정하자).

- 지상 통제소GCS 스푸핑: 이 옵션의 경우, 공격자가 드론의 정당한 운영자를 위장한 악의적인 라우팅 명령을 보내려고 하는 방법이 있다.

이제, 공격 트리를 조금 확장해보자(각 노드의 하단 수평선을 가리키는 작은 화살표는 노드가 확장 가능한 것을 나타낸다). 특히, 내비게이션 데이터베이스 조작 목표 노드를 확장해보자.

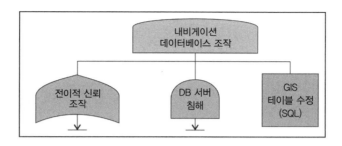

위의 침해 공격을 받은 내비게이션 데이터베이스 노드는 AND 연산자다. 따라서 목표를 달성하기 위해서는 트리의 모든 자식 노드가 충족돼야 한다. 이 경우, 다음과 같은 개별적인 내용을 필요로 한다.

- 내비게이션 데이터베이스의 공급 체인에 들어가기 위해 필요한 전이적 신뢰 transitive trust 관계를 악용해 일부를 공격
- 내비게이션 데이터베이스 서버의 침해
- 내비게이션 데이터베이스 지리 정보 시스템GIS, Geographic Information System 테이블의 수정(예를 들어, 지면이나 건물과 충돌할 가능성이 있는 북동쪽 100미터 이동 정보를 드론에게 전송한다.)

두 개의 노드는 각각 하위 트리를 갖고 있는, 전이적 신뢰와 Compro DB 서버를 조작한다. 제3 노드는 GIS 테이블을 수정하지 않기 때문에 리프leaf 노드라고 한다. 리프 노드는 모델에 대한 공격자의 활동 모델에서는 실제 공격의 시작점을 나타내지만, 부모 노드(AND OR 노드)는 공격자가 활동을 통해 달성할 수 있는 것을 나타내며, 디바이스 상태, 시스템 상태, 목표 중 하나를 나타낸다.

전이적 신뢰 하위 트리 공격의 확장은 우리에게 다음의 이미지를 제공한다.

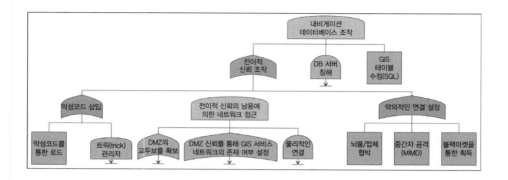

모든 노드에게 세부적으로 설명하지 않고, 신중하게 생각하면서 고민해야 효과적이고 유용한 공격 트리를 개발할 수 있다. 트리는 매우 단순하거나 복잡한 형태를 갖는 하위 트리를 갖는다. 실제로, 공격 트리 모델링에서 정확하게 하려면 각 하위 트리 도메인에 전문가가 필요하다. 공격 트리 모델링이 IoT 시스템(또는 장치)의 보안공학에서 일상적인 작업이 되는 것을 강력히 제안한다.

SecurITree 툴은 단순히 트리 다이어그램을 작성하는 것보다 기능이 뛰어나다. 다이얼로그^{dialog}로 다음과 같이 지표를 설정해 각각의 공격 목표를 모델링하는 데 도움이 될 수 있다.

- 공격 비용, 기술력, 주의력 등과 같은 공격자의 역량
- 행동과 확률
- 피해자가 받은 공격의 영향(하위 트리에 루트 노드까지 미치는 영향을 집계하면, 최종 영향은 엄청날 수 있다.)
- 공격의 영향을 통해 공격자가 얻은 혜택은 공격의 동기를 부여한다.
- 공격자가 입은 손실은 공격의 동기를 상실하게 한다.

이 모든 데이터가 툴에 입력되면, 분석 및 보고를 시작한다. 이 도구는 각 공격 목표를 정의 가능한 모든 트리 탐색 및 논리 연산자에 따라 각각의 공격(공격 시나리오)을 산

출한다. 각 공격 시나리오에서 공격자의 총비용은 그 확률과 모든 영향이 계산된 이후 선택한 임의의 기준에 따라 정렬된다. 중간 크기 정도의 트리가 생성한 시나리오는 모두 흥미롭거나 가능성이 있지 않지만 수만, 수천, 수백 개의 공격 시나리오를 생성할 수 있다(공격 시나리오의 수를 가장 빈도가 높은 시나리오 하나로 줄이는 과정을 축소라 한다).

공격 시나리오가 생성되면, 흥미로운 보고서가 생성될 수 있다. 예를 들면, 의지 대비 성능 그래프(공격 분석 시나리오)가 있다. 곡선의 기울기는 어느 정도까지 제한된 기능 속에서 공격을 지속할지와 같은 지정한 공격자 프로파일의 심리학적으로 흥미로운 측면을 나타낼 수 있다. 이 정보는 보안 통제 및 기타 완화책을 선택해 우선순위를 정할 때 굉장히 유용할 수 있다. 물론 다른 보고서도 생성할 수 있다. 예를 들어, 누적 위험은 (각각의 특성에 따라) 계산된 공격 시나리오의 수와 관련된 함수로서 정의한 기간 동안 그래프를 이용해 표시할 수 있다.

이 툴은 다른 흥미롭고 유용한 기능을 갖췄다. 이 툴을 사용하기 위한 권장 사항은 다음과 같다.

- 개별 파일(하위 트리)로 트리를 가지치기하고, 각 하위 트리의 도메인 전문가(조직의 내부 또는 외부 여부)가 해당 영역을 관리할 수 있도록 한다. 경우에 따라 일부 하위 트리는 변동 없이 상당히 정적으로 유지되며, 공격 트리 지표가 정렬돼 있다면 기업과 산업 사이에서 잠재적으로 공유할 수 있다.
- 버전 제어 시스템에 트리와 하위 트리를 추가하고 주요 시스템 설계가 변경되거나 IoT 디바이스, 시스템, 배치 변경의 위협 프로파일에 영향을 줄 수 있는 사항이 변경될 때마다 업데이트한다.
- 공격자의 프로파일(다시 한 번, 버전 관리도)을 만들고 유지한다. 대부분은 확실하게 시간이 지남에 따라 변경될 것이다. 특히, 배포 이후에 새롭고 더 가치 있는 유형의 개인정보를 수집하기 시작하면, 시간이 흐름에 따라 변화할 것이다. 회사의 성장과 재무 자원도 공격자 프로파일에 영향을 미칠 수 있다.

실제 공격은 공격 트리 내에서 다수의 피드백 루프^{feedback loop}를 포함할 수 있다. 연속적인 공격과 다수의 중간 장치 및 시스템의 침해를 통해 공격자의 최종 목표에 도달할 수 있다. 이것은 독자가 결코 원하지 않는 상황이다.

IoT의 사이버 물리적인 측면은 루트 노드에 새로운 공격 방식을 추가시켜주고, 기타 기존 사이버 위협의 심각도, 서비스 거부, 데이터 유출의 심각함을 넘어서, 다른 대상들도 공격 목표로 할 수 있다는 점을 명심하자. 새롭게 추가된 옵션은 단지 전구를 끄는 수준에서 더 나아가 사람의 생명까지 앗아갈 수 있는 물리적 세계와의 상호작용과 제어이기 때문이다.

이를 위해, 결함 트리에 대해 논의해야 한다.

결함 트리와 사이버 물리 시스템

결함 트리^{failure tree}에 대한 논의는 공격과 대책에 관련된 절에서 부적절해 보일 수 있다. IoT의 구현 및 배포 조직에 대한 공격 트리의 가치는 지금까지 명확해야 한다. 물론, 정확한 공격 모델을 기반으로 나은 결정을 내릴 수 있다. 하나의 공격 트리는 다수의 새로운 IoT 패러다임의 위험을 특성화하기에는 충분하지 않다. 1장, '멋진 신세계'에서는 사이버 물리 시스템의 IoT 일부를 소개했다. 사이버 물리 시스템은 안전공학과 보안공학 분야의 결합과 조정을 통해 안전과 보안 모두의 위험을 줄이기 위한 엔지니어링 솔루션을 만들어야 하는 쉽지 않은 도메인이다.

안전성과 신뢰성 공학의 주요 모델링 도구는 결함 트리 분석^{FTA, fault tree analysis}에 사용되는 결함 트리다. 형태 이외에도, 결함 트리는 공격 트리와 여러모로 상당히 다르다.

결함 트리는 1960년대 초 미 공군을 지원한 벨 연구소^{Bell Lab}에서 시작됐으며, Minuteman I 탄도 미사일 프로그램의 잦은 안정성 오류를 줄이기 위해 만들어졌다 (https://en.wikipedia.org/wiki/Fault_tree_analysis). 이 당시의, 특히 초창기의 미사일 시스템은 유도, 내비게이션, 제어 서브시스템 설계 부문에서 자주 실패했다. 이때부터 결함 트리 분석은 항공 우주의 다른 영역(특히 민간 항공기 설계 및 인증)에 사용되기 시작해 현재는 매우 높은 수준의 안전을 확보해야 하는 다양한 산업 분야에서 사용되고 있다. 예를 들어, 일반적인 FAA 안전 요구 사항에 따라 항공기 제조업체는 오류 발생 확률이 1×10^{-9}(10억 분의 1) 수준을 충족하는지 민간 항공기 인증 시 보여줘야 한다. 이러한 낮은 고장율을 달성하기 위해 다수의 항공 시스템에 상당한 수준의 이중화(경우에 따라 삼중, 사중이 될 수 있다.)가 설계됐다. 위험 관리 대부분의 규제와 관련된 부분은 결함 트리 분석(예: FAA 항공기 인증)을 기반으로 하고 있다.

결함 트리와 공격 트리의 차이점

공격 트리와 결함 트리의 주요 차이점은 임의의 한 개 입력 방식과 횡단 방식에 있다.

- 결함 트리는 지능형 엔티티의 재량에 따라 트리의 리프leaf가 자유롭게 입력되는 지능적으로 계획된 공격을 기반으로 하지 않는다.
- 결함 트리는 종속, 중간 노드를 통해 각 리프에서 확률(고장/장애율)을 기준으로 이동한다.
- 각각의 결함 트리 리프는 별개며 완전히 독립적(결함은 트리의 다른 노드 리프와 서로 독립적으로 무작위로 발생한다.)이다.

본질적으로, 결함 트리는 항공기의 정지 시스템이 실패할 수 있는 확률을 설명할 수 있다.

앞서 설명한 SecureITree 툴에서 결함 트리를 생성할 수 있다. 이 작업을 위해 임의의 사람은 트리의 리프 노드의 확률 지표probability indicator를 정의해야 한다. 표시기의 대화 상자에서, 리프 노드 이벤트/액션 확률(예: 1/100, 1/10,000 등)을 입력할 수 있다.

병합 오류 및 공격 트리 분석

결함 트리 분석으로 공격 트리 분석과 병합하는 방법은 문헌에 있지만, 사이버 물리 시스템 IoT의 결합 트리 분석을 수행하는 새롭고 효율적인 방법을 찾기 위한 상당한 연구와 작업이 남아있다. 안전 및 보안 엔지니어가 존재할 수 있는 다양한 공격 양상을 인지하기 위한 방법으로, 시스템의 통계적인 고장 모드를 탐색하는 데 도움이 될 만한 프로세스가 필요하다. 극복해야 할 한 가지 문제는 분석과 최적의 완화 방법을 개발하는 데 유용하며, 실용적인 결과를 내는 과제로 인해 발생할 수 있는 잠재적인 거대한 상태 공간state space이다.

도전적인 과제를 염두에 둬서, 오늘날에도 여전히 다음과 같은 권고를 따라 높은 안전성과 보안성을 보장할 수 있다.

- 안전이 중요한 IoT 디바이스와 시스템 엔지니어링의 방법론에 결함 트리 분석을 추가할 수 있다(다수의 IoT 구현자는 현재 이 작업을 하지 않을 것이다).
- 현실적이며 의도한 IoT 사용 사례가 결합 트리 분석에 명시돼 있는지 확인하자. 예를 들어, 디바이스의 전력 필터와 공급이 고장 나거나 저전력 상황이 발생하면, 마이크로컨트롤러는 자동으로 종료될 것인가? 또는 오작동하는 고위험 상황에서도 계속 작동할 것인가? 프로세서에서 전력을 공급 임계치로 유지하는 것이 굉장히 일반적인 설계지만, 필요에 따라 장치가 정상적으로 계속 동작할 수 있도록 이중 배터리 백업을 해야 하는가?
- 내결함성fault-tolerant 설계를 수행하는 과정에서(예를 들어, 내장된 중복성 등), 보안 엔지니어가 참여했는지 확인하자. 이중화, 게이트웨이, 통신 프로토콜, 엔드포인트와 다른 호스트, 환경, 임의의 한 가지가 침해될 수 있는 무수히 많은 잠재적인 경로를 강조할 수 있는 방식으로 장치(혹은 시스템)의 보안 위협 모델링을 수행해야 한다.
- 보안 엔지니어가 필요한 보안 통제를 식별할 때, 통제가 내결함성 설계 기능이나 필요한 기본 기능 및 성능에 영향을 미치는지 확인해야 한다. 예를 들

어, 이러한 문제는 시간에 민감한 안전 차단^{shutoff}/차단^{cutoff} 메커니즘에서 발생할 수 있다. 보안 엔지니어는 데이터 버스 또는 네트워크를 통해 일부 대기 시간을 유발하는 트래픽 검색을 수행할 수 있지만, 대기 시간이 길어질 경우 안전 기능이 지나치게 느리게 반응해 비극적인 결과를 초래할 수 있다. 예를 들어, 시간 정보가 대체 경로를 통과하도록 허용하는 차선책^{Workaround}을 마련할 수 있다.

- 가장 위험한 안전/보안이 결합된 위협은 공격자가 노골적으로 안전 설계 기능을 대상으로 공격하는 것이다. 예를 들어, 전압 및 온도 차단을 처리하고 열역학 붕괴를 방지하는 마이크로컨트롤러는 공격자에 의해 공격을 받을 수 있다. 중복 장치는 병렬 또는 순차적으로 대상을 지정해서 공격할 경우 실패 확률이 급격히 높아지기 때문에 목표를 병렬 또는 순차적으로 설계할 수 있다. 이러한 경우, 안전 및 보안 전문가가 공동으로 신중하게 대비해야 한다.
  - 필요한 보안 통제를 약화시키지 않는 안전한 완화책
  - 안전 제어를 약화시키지 않는 보안 완화책
- 위의 작업은 쉬운 일이 아니며, 잔존 위험, 수용 위험이라는 두 가지 측면의 결과를 바탕으로 타협점을 정해야 하는 사례가 있을 수 있다.

치명적인 사이버 물리 공격 분석의 예

IoT의 사이버 물리 시스템 영역에서 공격 트리의 시나리오를 보여주기 위해, 이번 절에서는 가상적인 사이버 물리 공격의 파괴적인 예를 강조하고자 한다. 대부분의 독자는 핵분열 수준까지 우라늄을 정제하는 이란의 사이버 물리 시스템을 대상으로 한 스턱스넷^{Stuxnet} 웜에 대해 잘 알고 있을 것이다. 스턱스넷은 이란에 막대한 피해를 주기 위해 등장했지만, 안전상의 문제는 발생시키지 않았다. 결과적으로 우라늄 정제 속도가 정지 값에 다다르게 돼, 산업 통제 과정은 실패로 끝났다. 불행히도, 스턱스넷은 가장 확실히 국가 규모의 지원을 받은 최초의 공격이며, 사이버 물리 시스템 공격과 관련된 다가올 사고들의 시작을 알려줄 뿐이다. 여기서, 아래의 가상 공격은 단순하지 않다는 것과 일반적으로 국가적인 자원을 필요로 한다는 것을 기억해야 한다.

1장, '멋진 신세계'에서 언급한 것처럼, 사이버 물리 시스템은 일괄적으로 독립형standalone 혹은 분산 제어 시스템을 구성하는 다양한 네트워크 센서, 컨트롤러, 액추에이터로 구성된다. 항공 분야를 살펴보면 역사적으로 안전 중심의 항공 산업에서 내결함성 접근 방법이 발전했으며, 다양한 비극적 사고에 대한 근본적인 원인 분석으로 다수의 교훈을 얻었다. 제트 엔진의 신뢰성, 기체 구조 무결성, 항공 전자 탄력성avionics resilience, 전기 신호식 비행 조종 제어fly-by-wire 시스템의 신뢰성은 현대의 제트기에서 당연히 갖추고 있는 요소다. RTCA 규격으로 지정된, DO-178B에 명시된 항공 소프트웨어 보증 요구 사항은 교훈의 일부를 보여준다. 소프트웨어 고장 허용 기능, 추가 이중화, 기계 또는 전기 설계상의 기능, 소프트웨어 보증의 개선과 같은 안전성 향상은 현대 안전공학의 역사에서 고장률이 1×10^{-9}분의 1이라는 목표에 도달하는 기적을 일으켰다. 그러나 안전공학은 발전의 흐름을 봤을 때 보안공학과 구별돼야 한다. 안전공학은 그 자체로 다음과 같은 공격 시나리오에 대한 약간의 보호 기능을 제공할 수 있다.

이 사이버 물리 시스템 공격의 예는 공격에 대한 계획, 실행, 방어에서 작용하는 공학 분야의 융합을 강조하고 있다. 이러한 공격은 오늘날 굉장히 일어날 가능성이 낮아 보이지만, 악의적인 목적으로 악용될 수 있는 시스템의 상호작용에 따른 복잡성을 강조하기 위해 다음과 같이 설명하고자 한다. 고수준 공격의 전개는 다음과 같다.

- 전제 조건
  - 공격자가 중요한 항공기 항공 전자 시스템 지식을 보유 또는 습득(참고로 다수의 기업과 국가가 보유 중이다.)했다.
  - 공격자는 문제의 항공기 조작을 위해 직접 제작한 제어 시스템을 개발하고 있다. 전달되는 익스플로잇exploit에는 항공기의 시스템에서 자동으로 실행되도록 설계한 악성코드가 포함돼 있다.

- 공격자는 항공사의 지상 정비 네트워크를 공격한다. 이 네트워크는 항공기 제조업체로부터 항공사가 다운로드한 업데이트된 항공 소프트웨어를 로드한 후 호스팅하고 있다. 네트워크에서 유지 보수 직원은 여객기의 통합 모듈 항공 전자IMA, integrated modular avionics 시스템에 항공 패치를 적용한다.

- 공격자는 익스플로잇 전달 메커니즘을 사용해 물리적 혹은 논리적으로 항공기의 합법적인(제조사로부터 전달받은) 소프트웨어/펌웨어 바이너리를 조작한다. 이제 유지 보수 직원에 의해 항공기 항공 전자 하드웨어에 로드되고 실행된다.

- 소프트웨어 업데이트가 업로드된다. 악성코드가 실행되기 시작하고 컨트롤러 재프로그래밍 익스플로잇을 전달한다. 익스플로잇은 새로운 마이크로컨트롤러 바이너리로 제어 시스템의 내부 루프loop 로직을 실행한다. 특히, 익스플로잇은 컨트롤러의 노치notch 필터링 로직을 다시 작성한다.

- 악성 마이크로컨트롤러 바이너리는 노치 필터 메커니즘을 덮어씌우고, 시스템의 피치pitch 모드(업/다운)를 제거해 항공기의 자체적 및 고조파 구조 주파수를 감쇄시킨다. 노치 필터가 수행하는 정상적인 주파수 감쇄는 더 이상 작동하지 않는 반대 반응으로, 즉 고유의 주파수에서 대체된다.

- 항공기가 비행을 시작하고 이륙한 직후 난기류를 맞았다(여기서, 난기류는 크게 중요하지 않다). 난기류는 날개의 고유 진동 모드를 유도하며, 이 모드는 일반적으로 제어 시스템의 노치 필터에 의해 감소된다. 대신, 진동은 날개의 고유 고조파harmonic 모드를 자극한다. 진폭 컨트롤러의 진동 반응의 증가(날개 끝이 격렬하게 상하로 진동)하고 날개가 심각한 구조적 결함을 맞아 분해된다.

- 붕괴된 날개는 항공기의 충돌을 야기하며, 공격자의 최종 목표가 달성된다.

이제 우리는 관심을 가질 만한, 대단히 확률이 낮고 정교한 공격을 반복해야 하며 항공기를 정지시킬 수 있는 훨씬 간단한 방법이 있다는 것을 알았다. 그러나 사이버 물리 시스템 공격에서 제어 시스템의 네트워킹은 최초의 발판을 마련하기 위한 새로운 공격 경로를 제공하고, 시간이 지날수록 공격자의 동기는 더욱 강해질 수 있다. 슬픈 소식은 이러한 공격은 교통 시스템이나 스마트 가전에 대해서도, 시간이 흐름에 따라 실현될 가능성이 높아질 것이라는 점이다.

언급된 것과 같이, 항공기 제어 시스템 공격을 차단할 수 있는 다수의 완화책이 있다. 예를 들어, 모든 항공 바이너리를 제조업체가 암호로 서명한 경우에는 종단 간end-to-end 무결성을 보호할 수 있다. 항공 제조업체에서 순환 중복 검사CRC, cyclic redundancy check만 적용한 경우, 공격자는 CRC를 우회하는 쉬운 방법을 찾을 수 있을지도 모른다(CRC는 지능적으로 설계된 무결성 공격이 아닌, 우연한 오류 기반의 무결성 오류를 탐지하도록 설계됐다). 만약 바이너리가 암호로 무결성 보호를 한다면, 공격자는 설치와 시스템 작동 시작 시 무결성 확인에 실패하지 않고 코드를 수정하기 어려울 것이다. 재설계된 컨트롤러 로직은 인젝션injection을 훨씬 어렵게 할 것이다. 안전한 환경에서, 일반적으로 CRC로 충분하지만 사이버 물리 시스템이 강화된 보안 환경에서는 종단 간 보안이 바람직하다. 간단히 업데이트된 항공 바이너리를 암호화로 보호된 네트워크 접속(예를 들면, TLS)을 통해 항공기 제조업체에서 항공기로 전송하는 것은 종단 간 보호라는 목표에 부합하지 않을 것이다. TLS 암호화 연결의 경우 공급망에서 종단 간 연결은 바이너리가 변조되지 않은 것을 보장하지 못할 것이다. 이 공급망의 범위로 (원본의) 컴파일 및 빌드의 지점에서 전자 장치 소프트웨어 로드, 전원 켜기, 자체 테스트 지점까지 확장시킬 수 있다.

실제로, 이러한 삼중, 사중 중복 컨트롤러와 독립적 데이터 버스 등은 안전공학의 일부 요소로서 특정 보안 위협을 완화하는 데 도움이 될 수 있다. 우리가 위에서 언급한 가능성이 희박한 공격은 이중 컨트롤러, 악의적인 명령을 무시하는 명령어 입력 오버라이딩overriding에 의해 차단됐을 것이다. 그러나 이중화는 보안 업계에서 확실한 선택이 아니므로 기술 기업과 정부 기관의 회의론이나 우려에 대해 설득하기 어렵다. 지능적인 공격자는 주어진 시간, 자원, 동기 부여를 통해 안전 엔지니어가 공통 모드 고장을 악의적으로 유도하는 방법을 찾을 수 있다. 독창적인 방식으로, 고장을 방지하기 위한 설계상의 내결함성 기능 또는 장애를 유발하기 위한 무기를 제작할 수 있다.

▌ 최근의 IoT 공격

최근 소비자의 IoT 디바이스 공격 대부분은 주로 IoT 보안 상태를 개량하는 목적으로 연구됐다. 이러한 공격은 대중의 관심을 받고, 다수의 테스트를 받아 디바이스 보안 상태의 변화를 이끌어낸다. 책임감을 갖고 실시하는, 화이트 햇과 그레이 햇 테스트는 악의적인 목적을 가진 사람들에 의해 사용되기 이전에 취약점을 해결하기 때문에 가치가 있다. 그러나 제조업체에게는 좋은 소식이며 동시에 슬픈 소식이다. 대다수의 제조업체는 보안 연구자에 의해 보고된 취약점에 대한 적절한 대응 방법을 고심하고 있다. 일부 조직에서는 개발자가 스스로 소프트웨어 혹은 하드웨어 내의 취약점을 파악하거나 BuildItSecure.ly와 같은 조직을 통해 연구 커뮤니티의 도움을 적극적으로 받는다. 일부 조직에서는 보안 전문가가 취약점을 발견하고 보고하도록 권장하는(신고한 사람들에게 보상을 제공한다.) 버그 현상금bug bounty 프로그램을 운영한다. 그러나 다른 조직에서는 제품에서 보고된 취약점을 외면하거나, 더 심각한 경우로는 연구자를 고소하기도 한다.

연구자 찰리 밀러Charlie Miller와 크리스 발라섹Chris Valasek이 2005년에 수행한 2014년형 지프 체로키Jeep Cherokee 해킹과 관련된 공격 시연은 많은 관심을 받았다. 두 연구자는 'Remote Exploitation of an Unaltered Passenger Vehicle' 보고서에서 원격 조작에 대해 매우 자세히 설명했다(Miller, Charlie and Valesek, Chris. Remote Exploitation of an Unaltered Passenger Vehicle. 10 August 2015. http://illmatics.com/Remote%20Car%20Hacking.pdf에서 다운로드 가능하다).

이들은 커넥티드 비클connected vehicle에서 취약점을 파악하는 연구의 거대한 내용 중 일부였다. 이 연구는 시간이 지나면서 더욱 발전하고 있으며, 캘리포니아 샌디에고 대학UCSD에서 계속 연구 중이다. 지프 악용의 시연에서는 연구자가 원격 차량을 제어하는 목표를 달성하기 위해 다수의 요인에 의존했다.

자동차는 전자 제어 유닛ECU, electronic control unit으로 알려져 있는 개별 구성 요소가 통신할 수 있도록 하기 위해 컨트롤러 영역 네트워크CAN, controller area network 버스를 구현한다. ECU의 예로는 브레이크 시스템, 파워 스티어링power steering 등 중요한 구성 요소가 있다. CAN 버스는 일반적으로 버스를 통해 전송된 메시지가 인증된 소스로부터 전달됐거나 메시지가 목적지에 도착하기 이전에 변경되지 않았음을 확인하기 위해 적용된 보안이 없다. 메시지에 인증과 무결성은 모두 적용되지 않았다. 이것은 보안 종사자에게 잘못된 것처럼 보일 수 있지만, 지연이 허용되지 않는 실시간 제어 시스템의 요구 사항을 충족하기 위해 버스상의 메시지 타이밍은 매우 중요하다.

자세한 내용은 다음의 자료를 참고하자.

Data Exchange On The CAN Bus I, Self-Study Programme 238(http:// www. volkspage.net/technik/ssp/ssp/SSP_238.pdf)

밀러 박사와 발라섹 박사의 지프 원격 조작은 다수 인프라의 결함을 이용했을 뿐만 아니라 지프의 개별적인 하위 구성 요소를 이용했다. 우선, 차량용 텔레매틱스telematics를 지원하는 셀룰러 네트워크가 어디서든 직접 장치 간 통신을 허용했다. 이러한 기능은 연구자에게 차량과 직접 통신하기 위한 기능을 제공하고, 심지어 네트워크를 통해 잠재적인 피해자를 검색하는 기능을 제공했다.

일단 지프와의 통신이 설정되면, 연구진은 시스템의 다른 보안상 결함을 이용하기 시작했다. 한 가지 예는 무선 장치radio unit에 내장된 기능이었다. 이 기능은 임의의 데이터를 실행하기 위해 호출할 수 있는 코드 내의 실행 함수였다. 해당 위치에서, 다른 보안 결함으로 인해 시스템을 가로질러 실제로 CAN 버스(IHS와 C)상에 원격으로 메시지를 전송할 수 있었다. 지프 아키텍처에서 두 가지 CAN 버스는 무선 장치에 연결됐고, 칩을 통해 펌웨어가 암호 보호(예: 디지털 서명) 없이 업데이트되도록 허용했다. 최종 취약점과 침해의 결과는 다수 시스템 내의 작은 문제가 합쳐져서 큰 문제가 될 수 있는 것을 보여준다.

공격

이 절에서는 기업 IoT의 구성 요소에 대한 몇 가지 일반적인 공격 카테고리의 개요를 다룬다.

무선 정찰과 매핑

현재 시장에 나와 있는 IoT 디바이스의 대다수는 ZigBee, ZWave, 블루투스-LE, Wi-Fi 802.11 등과 같은 무선 통신 프로토콜을 이용한다. 이전의 워 다이얼링^{war dialing}과 비슷하게, 해커가 전화 교환망^{telephone switching network}을 이용해서 전자 모뎀을 식별하는 것처럼, 오늘날 연구자는 성공적으로 IoT 디바이스에 대한 스캔 공격을 보여줬다. 텍사스 오스틴에 본사를 둔 프래토리안^{Praetorian} 사는 수천 개의 ZigBee가 가능한 IoT 디바이스 비콘 요청을 스캔하기 위해 ZigBee 프로토콜 스캐너를 장착한 저공 비행이 가능한 드론을 사용했다. 이러한 방식은 Nmap과 같은 도구를 사용해 네트워크 스캔이 일반적으로 네트워크에서 호스트, 서브넷, 포트 및 프로토콜에 대한 정보를 수집하기 위해 해커가 이용하는 것처럼, 차고 문을 열고 당신의 현관 문을 잠글 수 있으며, 전등을 켜고 끄는 등 IoT 디바이스에서 유사한 패러다임으로 사용되고 있다. 무선 정찰은 종종 본격적인 디바이스 공격에 선행할 것이다(http://fortune.com/2015/08/05/researchers-drone-discover-connected-devices-austin/).

보안 프로토콜 공격

다수의 보안 프로토콜은 프로토콜 설계(사양), 구현 및 구성 단계(다른 사용 가능한 프로토콜 옵션이 설정돼 있는)의 취약점에 대한 공격을 견딜 수 있다. 예를 들어 보안 연구자들은 ZigBee 기반의 소비자 IoT 구현을 테스트하면서, 프로토콜이 간단한 설정과 사용을 위해 설계됐지만 보안을 위한 설정이 부족했고 취약한 디바이스 페어링^{pairing} 절차가 있음을 발견했다. 이러한 절차는 외부의 관계자가 ZigBee 장치의 관리 권한을 획득할 수 있고 ZigBee 페어링 트랜잭션을 유지하는 동안 교환 네트워크 키를 도청할 수 있도록 허용했다. 선택한 프로토콜의 한계를 이해하는 것은 안전한 시스템을 유지하기 위해 추가 계층 보안 제어의 배치 여부를 결정하는 데 절대적으로 중요하다.

물리적 보안 공격

물리적 보안은 장비, 가전 제품, 기타 제품 등 지금까지 악용 대상에 해당되지 않았던 IoT 공급 업체가 간과해온 주제다. 물리적 보안 공격은 공격자가 호스트 임베디드 디바이스, 또는 다른 유형의 IoT 컴퓨팅 플랫폼의 인클로저^{enclosure}를 물리적으로 침투해 프로세서, 메모리 장치, 기타 중요한 구성 요소에 접근하는 것을 말한다. 일단 공개된 인터페이스(예를 들면, JTAG)를 통해 접근하면, 공격자는 순조롭게 메모리, 중요 키 구성, 패스워드, 설정 데이터, 다수의 중요한 파라미터에 접근할 수 있다. 오늘날의 보안 장비 대부분은 물리적인 보안 공격에 대한 광범위한 보호를 하고 있다. 다양한 변조 방지 제어, 변조 대응 메커니즘(예를 들어, 메모리 자동 완전 삭제)과 물리적인 침투로부터 디바이스를 보호하기 위한 다양한 기술이 존재한다. 스마트카드 칩, 하드웨어 보안 모듈 HSM, hardware security module을 비롯한 여러 유형의 암호 모듈, 암호화 변수 등을 디바이스 ID 및 데이터 침해로부터 보호하기 위해 이러한 기능을 사용한다.

애플리케이션 보안 공격

IoT 디바이스와 연결은 애플리케이션의 엔드포인트에 대한 공격을 통해 악용될 수 있다. 애플리케이션 엔드포인트에는 장치를 제어하는 역할을 갖는 웹 서버뿐만 아니라 모바일 장치 애플리케이션(예를 들어 아이폰, 안드로이드)까지 포함된다. 장치 자체에서 실행되는 애플리케이션 코드 또한 직접적인 표적이 될 수 있다. 애플리케이션 퍼징 fuzzing을 통해 애플리케이션 호스트의 침해 방법을 발견하고 프로세스를 장악하는 방법을 찾을 수 있다. 또한 역공학과 기타 주목할 만한 공격은 이러한 하드코딩 키, 암호, 애플리케이션 바이너리의 다른 문자열과 같은 여전히 일반적인 구현 취약점을 찾아낼 수 있다. 이러한 매개변수^{parameter}는 여러 가지 공격에 유용하게 사용될 수 있다.

▌ 교훈과 체계적인 접근

IoT 시스템은 다수의 기술 계층을 포함한 매우 복잡한 구현이 될 수 있다. 각 계층은 전체의 IoT 시스템에 새로운 취약점을 유발시킬 가능성이 있다. 가능성이 있는 항공기 공격뿐만 아니라 실제 자동차 공격에 관한 논의는 시스템 각 구성 요소의 취약점을 해결하는 것이 굉장히 의욕적인 공격자가 목표에 도달하는 것을 방어하는 데 중요한 과정임을 깨닫게 해준다.

이런 점에서 IoT는 물리적 및 전자적 세계에서 안전과 보안공학의 교차점으로서 더욱 중요해진다. 앞서 설명한 대로, 시스템 설계자는 자신의 제품 기반 보안을 강화하고, IoT 사이버 물리 시스템의 보안 효과를 제거하고 해체^{dismantling}시키기 위한 공격으로부터 안전한 보안을 구축하기 위해 보안공학 분야 및 기타 엔지니어링 분야 간 협력이 필요하다. IoT에 관한 흥미로운 점은 추후에 IoT 배포 시점에 추가할 수 있는 서드파티 구성 요소 또는 인터페이스에 대해 비판적일 필요가 있다는 점이다. 자동차 산업계를 예로 들면, 차량 ODB-II 포트에 삽입하는 애프터-마켓^{after-market} 장치가 있다. 관련 연구에 따르면 이러한 장치 중 적어도 하나는 특정 상황에서 차량을 장악하는 데 사용할 수 있다. 보안 설계자는 전체 시스템의 보안이 가장 약한 고리만큼의 보안 수준을 갖는 것을 이해하고, 새로운 구성 요소를 사용자에게 소개하는 것은 본래 의도한 것보다 훨씬 거대한 공격점을 만들 수 있음을 깨달아야 한다.

보안 커뮤니티는 대다수의 개발자가 기본적으로 시스템 엔지니어링 보안에 익숙하지 않은 것을 알고 있다. 이는 일반적으로 소프트웨어 엔지니어링의 세계에서 보안 교육 및 의식이 부족한 것이 가장 큰 원인이다. 소프트웨어 개발자, 보안, 다른 업무의 엔지니어 사이에는 문화적 장벽이 있다. 감시 제어 및 데이터 수집^{SCADA, Supervisory Control and Data Acquisition} 시스템, 커넥티드 비클, 스마트 냉장고 제품 엔지니어는 역사적으로 대상에 대한 원격 접근을 획득하는 악성 행위자^{bad actor}에 대해 고민하지 않았다. 하지만 이것은 더 이상 사실이 아니다.

이러한 논의의 핵심 주제는 체계적으로 IoT를 구현하고 배포하는 과정에서 보안 상태 평가가 필요하다는 것이다. IoT 시스템을 통합하는 엔터프라이즈 설계자와 마찬가지로 특정 IoT 디바이스를 개발하는 OEM/ODM 업체도 마찬가지로 중요하다.

위협 모델링은 우리의 시스템이나 시스템 설계의 보안 평가를 수행하는 체계적인 접근 방식을 제공한다. 다음은 위협 모델의 맞춤형 개발과 사용을 보여준다. 위협 모델링은 시스템 내의 액터, 진입점$^{entry\ point}$, 자산에 대한 이해를 돕는다. 또한 시스템이 노출된 위협의 상세 정보를 제공한다. 위협 모델링과 공격/결함 트리 모델링은 서로 밀접하게 연관돼 있다는 점에 주목하자. 후자는 포괄적인 위협 모델링 접근 방식의 맥락에서 수행돼야 한다.

IoT 시스템 위협 모델링

위험 모델링을 위한 가치 기준을 아담 쇼스탁의 책 『보안 위협 모델링 Threat Modeling』(에이콘, 2016)에서 찾을 수 있다.

출처: Shostack, A. (2014), Threat Modeling: Designing for Security. Indianapolis, IN; Wiley

마이크로소프트는 또한 새로운 시스템이 도입된 위협의 심각도를 결정하기 위해 여러 단계를 사용해 심사숙고하며 위협 모델링 기법을 정의했다. 위협 모델링은 위협과 위협의 발생원을 식별하는 것보다 좀 더 큰 작업임에 유의하자. 앞서 설명한 공격 모델링은 공격자에 초점을 맞춘 취약점이 악용될 수 있는 방법의 미묘한 차이를 보여주기 위해 설계됐다. 이 예제를 따르는 위협 모델링 프로세스는 다음 그림과 같다.

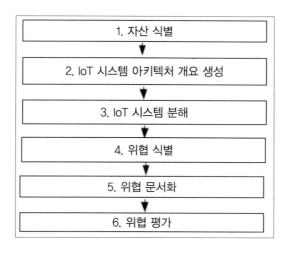

위협 모델링 프로세스를 설명하기 위해 스마트 주차 시스템에 대한 위협을 평가할 것이다. 스마트 주차 시스템은 높은 위협 환경(어떤 사람이 주차 결제 시스템을 조작할 수 있다면, 결제 시스템을 비웃으며 자신의 집으로 돌아갈 수 있을 것이다.)에 대한 IoT 요소를 배치하기 때문에 유용한 IoT 참조 시스템이다. 시스템은 처리를 위해 데이터를 백엔드 인프라에 제공하기 때문에 다수의 엔드포인트를 포함한다. 시스템은 실시간으로 주차 위반자를 식별하기 위해 센터 데이터 상관관계, 추세 분석 데이터를 의사 결정자에게 제공하고, 실시간 주차 지점의 상태 및 결제 등 고객의 기능을 지원하는 스마트폰 애플리케이션 API를 제공한다. 다수의 IoT 시스템은 유사한 구성 요소의 인터페이스로 설계돼 있다.

이번 예제의 스마트 주차 시스템은 일상의 스마트 주차 솔루션과 다르다. 우리의 예제 시스템은 설명을 위해 다음과 같은 더욱 다양한 기능을 제공한다.

- 고객 대면 서비스: 고객이 근처 주차 공간의 공석 여부와 가격을 확인할 수 있다.
- 결제 유연성: 신용카드, 현금/동전, 모바일 결제 서비스를 포함해 다양한 지불 형태 및 수용할 수 있는 기능(예를 들어, 애플 페이, 구글 월렛)을 제공한다.

- 자격 집행: 주차 장소에 할당된 시간을 추적해 자격의 유효 기간이 만료되는 시기를 결정하고, 구매한 기간보다 오래 주차했는지를 인지하고, 주차 단속 요원에 주차 위반을 전송할 수 있는 기능이다.
- 추세 분석trend analysis: 각 공간에 대한 수요에 따라 가격을 변경하는 기능으로, 과거의 주차 데이터를 수집하고 분석하고 주차장 관리자에게 보고서를 제공하는 기능이다.
- 수요-반응demand-response: 각 주차 공간의 수요에 따라 가격을 변화시키는 기능이다.

출처: https://www.cisco.com/web/strategy/docs/parking_aag_final.pdf

시스템은 요금 미납이 발생하면 집행 기관에서 소비자로부터 지불 정보를 수집하고 현재의 수요에 따라 적절한 가격을 제공하도록 설계돼 있음을 감안할 때, 시스템을 위한 적절한 보안 목표를 다음과 같이 말할 수 있다.

- 시스템 내에서 수집된 모든 데이터의 무결성을 유지한다.
- 시스템 내에서 민감한 데이터의 기밀성을 유지한다.
- 전체 시스템의 가용성 및 개별 구성 요소를 유지한다.

스마트 주차 시스템에서 민감한 데이터는 결제 데이터뿐만 아니라 개인정보를 유출할 수 있는 데이터로 정의할 수 있다. 예를 들면 번호판 정보를 기록하는 비디오 녹화가 있다.

1단계: 자산 식별

시스템 내에서 자산과 관련된 문서를 통해 어떠한 자산이 보호돼야 하는지 파악할 수 있다. 자산은 공격자가 관심을 갖는 항목이다. 다음 표에서 스마트 주차 솔루션을 위해 설명된 일반적인 자산을 볼 수 있다. 공간 절약을 위해 자산 목록을 다소 단순화한 점에 유의하자.

ID	자산	기술
1	센서 데이터	센서 데이터는 주차 공간이 채워지거나 비어있는지 알려주는 원격 측정 장치(telemetry)다. 주차장 구조 내에서 편리한 곳에 배치된 각각의 센서에 의해 데이터가 생성된다. 센서 데이터는 센서 게이트웨이로 ZigBee 프로토콜을 통해 전송된다. 데이터는 다른 센서 데이터와 병합해 클라우드에 연결돼 있는 라우터에 Wi-Fi를 통해 전송된다. 센서 데이터는 애플리케이션에서 처리되며, 원본 저장을 위한 데이터베이스로 전송된다.
2	비디오 스트림	IP 카메라에 의해 캡처된 데이터와 비디오 스트림은 무선 라우터로 전송된다.
3	결제 데이터	지불 데이터는 지불 처리 시스템의 스마트폰 또는 키오스크(kiosk)로 전송된다. 지불 데이터는 일반적으로 전송 중에 토큰화된다.
3	다수의 센서	차량 센서는 자리가 비어있거나 가득 찼을 때를 결정하기 위해 지상 또는 차량 위쪽에 배치돼 있다. 센서는 센서 게이트웨이와 ZigBee를 통해 통신한다.
4	센서 게이트웨이	ZigBee를 사용해 지리적 지역의 모든 센서로부터 데이터를 집계한다. 게이트웨이는 백엔드 처리 시스템과 Wi-Fi를 사용해 통신한다.
5	IP 카메라	시스템의 불법 사용자를 식별하기 위한 장소에 영상을 기록한다. 백엔드 처리 시스템에 Wi-Fi 네트워크를 통해 데이터를 전송한다.
6	주차 애플리케이션	프로세스 데이터는 센서로부터 수신하고 스마트폰 앱과 키오스크를 통해 고객에게 주차 및 속도 정보를 제공한다.
7	분석 시스템	카메라와 센서 게이트웨이에서 직접 데이터를 수집한다.
9	키오스크	주차 센서나 센서 게이트웨이와 통신하기 위해 잘 보이는 곳에 위치한다.
10	기반 시설 통신 장비	시스템의 모든 구성 요소와 인터페이스에 걸쳐 통신 접속 기능을 제공한다.

2단계: 시스템/아키텍처의 개요

이번 단계는 IoT 시스템의 예상 기능뿐만 아니라 공격자가 시스템을 오용할 수 있는 방법을 이해하기 위한 기본 지식을 제공한다. 위협 모델링 프로세스의 이 부분에는 세 개의 하위 단계가 있다.

1. 예상되는 기능을 문서화하고 시작하자.
2. 새로운 IoT 시스템의 세부 사항에 대한 아키텍처 다이어그램을 작성하자. 이 과정에서 아키텍처의 신뢰 경계가 설정돼야 한다. 신뢰 경계는 행위자 사이에서 신뢰와 신뢰의 방향성을 설명해야 한다.
3. IoT 시스템에서 사용되는 기술을 식별한다.

시스템 기능의 문서화는 사용 사례^{use case} 집합을 작성해 수행하는 것이 가장 좋다.

사례 1: 고객이 주차장에서 주차한 요금을 지불한다.	
전제 조건	고객은 스마트폰에 주차 애플리케이션을 설치했다. 결제 정보는 주차 애플리케이션을 사용한 트랜잭션으로 이용할 수 있다.
사용 사례	고객은 스마트폰에 주차 애플리케이션을 연다. 스마트폰과 통신하고 주차 응용프로그램에서 데이터를 수집하고 근처의 빈 자리에 대해 실시간 위치와 가격을 제공한다. 고객이 지정된 장소로 운전한다. 고객은 현장에서 지불하는 스마트폰 애플리케이션을 사용한다.
사후 조건	고객은 일정 시간까지 차를 주차하기 위해 지불한다.
사례 2: 주차 요원은 미납 건을 경고한다.	
전제 조건	주차 트랜잭션에 할당된 시간이 만료되고 차량이 주차장에 여전히 남아있다.
사용 사례	주차 응용프로그램(백엔드)이 주차 세션의 시작 시간을 기록한다. IP 비디오 카메라는 주차장에 차량의 영상을 캡처한다. 주차 애플리케이션은 주차 트랜잭션의 시작 시간, 지속 시간, 장소에 차량의 영상을 연결시킨다. 트랜잭션 시간이 만료되면 영상 확인을 위한 시스템은 신호를 보낸다. IP 비디오 카메라는 차량이 여전히 주차돼 있다는 증거를 확보한다. 주차 애플리케이션은 집행 애플리케이션에 경고를 보낸다. 주차 요원은 차량에 직접 발권하기 위한 요금을 SMS 알림으로 전달받는다.
사후 조건	주차 요원은 차량에 발권한다.

시스템 아키텍처 다이어그램은 시스템 구성 요소 간의 상호작용과 상호작용에 사용되는 프로토콜을 상세히 설명한다. 다음 그림은 우리의 예제인 스마트 주차 솔루션의 구성도다.

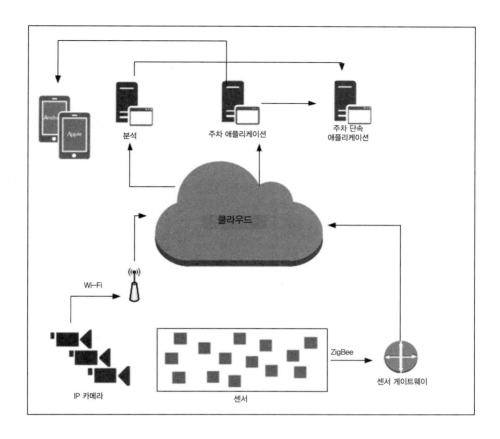

논리 아키텍처 다이어그램이 완료되면, IoT 시스템을 포함하는 특정 기술을 검토하는 것이 중요하다. 이 과정은 프로세서의 종류와 운영 시스템 같은, 엔드포인트 장치와 하위 레벨의 세부 사항을 이해하고 문서에 포함시켜야 한다.

엔드포인트의 자세한 정보는 최종적으로 노출될 수 있는 잠재적인 취약점의 구체적인 유형을 이해하거나, 패치 관리 및 펌웨어 업데이트를 위한 프로세스를 정의하는 데 필요한 정보를 제공한다. 각각의 IoT 디바이스가 사용하는 프로토콜을 이해하고 문서화를 통해 아키텍처를 개선할 수 있으며, 특히 시스템과 조직 전체의 데이터 전송에 적용된 암호 통제에서 허점을 발견해준다.

기술/플랫폼	세부 사항
통신 프로토콜: ZigBee	센서 및 센서 게이트웨이 간의 통신을 처리하는 미드-레인지 (mid-range) RF 프로토콜
통신 프로토콜: 802.11 Wi-Fi	IP-활성화 카메라와 무선(Wi-Fi) 라우터 사이의 통신을 지원하는 RF 프로토콜
ZigBee 스마트 주차	100m의 전송 범위를 지원, 2.4GHz의 ZigBee 트랜스폰더 (transponder), ARM 코어 텍스 M0, 3년의 배터리 수명, 자기 및 광학 감지 센서 지원
무선 센서 게이트웨이	2.4GHz, 100m 범위, 물리적 인터페이스에는 RS-232, USB, 이더넷, ZigBee 통신과 최대 500개의 센서 노드까지 동시 지원
무선(Wi-Fi) 라우터	2.4GHz의 Wi-Fi, 100m 이상의 범위를 지원

3단계: IoT 시스템 분해

이 단계에서의 주안점은 시스템 수명주기를 이해하는 것이다. 수명주기의 이해를 바탕으로 보안 아키텍처 내에서 해결해야 할 취약점이나 약점을 식별할 수 있다.

시작하기 위해, 시스템의 데이터에 대한 진입점entry point을 식별하고 문서화해야 한다. 이러한 점은 일반적으로 센서, 게이트웨이, 컴퓨팅 자원 제어 및 관리다.

다음으로, 진입점에서 데이터의 흐름을 추적하고 시스템 전체 데이터와 상호작용하는 다양한 구성 요소를 문서화하는 것이 중요하다. 공격자를 위한 세간의 이목을 끄는 목표(공격 트리의 중간 또는 최상위 노드일 수 있다.)를 확인한다. 이 표적은 데이터를 집계하거나 저장하는 시스템 내부 지점일 수 있고, 혹은 시스템 전체의 무결성을 유지 관리하기 위해 상당한 보호를 필요로 하는 고가의 센서일 수도 있다. 이 활동이 종료될 때, IoT 시스템의 공격점(데이터의 기밀성과 시스템의 움직임이라는 관점에서)을 자세히 이해할 수 있다.

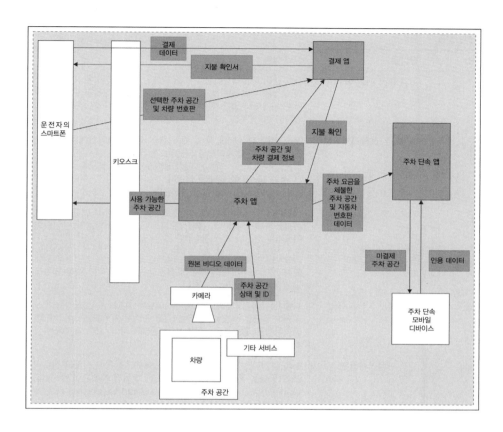

데이터 흐름을 충분히 검토하면, 시스템에 다양한 물리적 진입점과 데이터가 전달되는 중간 및 내부 게이트웨이를 분류할 수 있다. 또한 신뢰 경계를 식별한다. 진입점과 신뢰 경계는 시스템과 관련된 전반적인 위협 요소를 식별할 때 엄청난 보안성을 부여할 수 있다.

진입점들

ID	진입점	상세 설명
1	주차 관리 애플리케이션	주차 관리 애플리케이션을 통해 공개된 API로 전달된 REST 기반의 요청을 수락하는 웹 서비스를 제공한다. 웹 애플리케이션 방화벽은 허가되지 않은 악의적인 트래픽을 필터링하기 위해 서비스 앞쪽에 위치한다.
2	스마트폰 애플리케이션	애플리케이션 API를 통해 주차 관리 애플리케이션에 연결된다. 스마트폰 애플리케이션을 다운로드한 임의 사용자는 시스템에 접근할 수 있다. 스마트폰 애플리케이션은 맞춤형으로 개발돼 보안 검증 테스트를 통해 진행된다. 애플리케이션 및 주차 관리 시스템 사이에서 TLS 연결은 설정된다.
3	키오스크	필요한 기능을 모두 갖춘 키오스크는 주차 관리 애플리케이션 API를 통해 연결된다. 물리적으로 키오스크를 방문하는 임의의 이용자는 누구나 시스템에 접근할 수 있다.
4	센서 게이트웨이 관리 계정	기술자는 (SSH를 통해) Wi-Fi 네트워크 기반의 원격 연결을 통해 센서 게이트웨이 관리 계정에 접근할 수 있다. 직접 직렬 연결을 통해 물리적 접근도 가능하다.
5	IP 카메라	기술자는 원격 (SSH를 통해) IP 네트워크에서 IP 카메라의 root 계정에 접근할 수 있다. SSH 연결은 인증서 기반(PEM 파일)이 이상적이지만, 암호 또한 (공통 암호 관리의 미비, 사전 공격에 취약하지만) 사용할 수 있다.
6	단속 애플리케이션	주차 관계자는 단속 애플리케이션으로부터 등록된 장치에 전송된 SMS 알림을 통해 단속 애플리케이션 데이터에 접근할 수 있다. 구글 클라우드 메시징(GCM, Google Cloud Messaging) 등의 서비스를 활용할 수 있다.

4단계: 위협 식별

IoT 분야는 물리적 및 전자적 분야가 융합돼 있다. 그 결과 시스템의 기능을 방해하는데 사용할 수 있는 비교적 단순한 물리적인 공격이 발생한다. 예를 들어, 시스템 설계자는 주차 단속과 관련된 데이터를 제공하는 카메라의 위치에 무결성 보호 기능을 포함시켰는가?

시스템에서 사람이 개입할 수 있는 정도 또한 시스템에 사용할 수 있는 공격의 형태에 중요한 요인으로 작용한다. 예를 들어, 만약 주차 감시원이 관여하지 않은 경우(즉, 제한 시간 동안 머무르기 위해 시스템에서 자동으로 주차증을 발급), 번호판 판독 시스템의 기능을 충분히 검토해야 한다. 누군가 단순히 번호판을 교체해 차량을 위조하거나 어두운 물건을 번호판 위에 올려놓아서 시스템이 번호판을 읽을 수 없도록 방해할 수 있을까?

인기 있는 STRIDE 모델을 IoT 시스템 배포에 적용할 수 있다. MITRE의 일반적인 취약점 및 노출 데이터베이스와 같이 환경을 더 잘 이해하기 위해 잘 알려진 취약점 저장소를 사용한다. 특정 IoT 인스턴스화에 대한 고유한 위협을 파헤치는 것은 이러한 위협 유형의 종류(즉, 일부 구현 및 배포에 대한 공격/결함 트리 분석을 활용하기에 좋다.)에 따라 안내될 것이다.

위협 유형	IoT 분석
스푸핑 신원 (Spoofing identity)	시스템에서 시스템 ID 스푸핑과 관련된 위협 요소와 공격자가 디바이스 간의 자동화된 신뢰 관계를 악용할 수 있는지 진단한다. IoT 디바이스뿐만 아니라 다른 디바이스와 애플리케이션 사이의 안전한 통신을 설정하는 데 사용되는 인증 프로토콜을 주의해 진단한다. 각 IoT 디바이스의 신원 및 자격 정보를 제공하기 위한 프로세스를 확인한다. 악성 디바이스가 시스템으로 도입되는 것을 방지하고, 공격자에게 자격 증명 정보가 누출되는 것을 방지하기 위한 적합한 통제가 있는지 확인한다.
데이터 변조	전체 IoT 시스템에서 데이터 경로를 확인하면, 민감한 데이터의 변조가 일어날 수 있는 시스템으로 목표 지점을 식별하고 여기에 데이터 수집, 처리, 수송 및 보관 사항을 포함할 수 있다. 데이터가 안전하고 효율적으로 처리되는 것을 보증하기 위해, 무결성 보호 메커니즘과 설정을 확인하자. 데이터가 안전하게 전송되는 동안(예를 들면, SSL/TLS를 통해), 중간자 공격 시나리오(man-in-the-middle)가 일어날 수 있을까? 인증서 고정(certificate-pinning) 기술은 이러한 위협을 완화하는 데 도움이 될 수 있다.
부인(repudiation)	중요한 데이터를 제공하는 노드의 IoT 시스템을 검사하자. 이러한 노드는 다양한 데이터를 제공하는 센서의 집합과도 같다. 이는 원본 데이터를 추적하고 실제로 원본 데이터를 제공하고 있는지 확인할 수 있어야 한다. 공격자가 잘못된 데이터를 공급하도록 설계된 악성 노드를 인젝션할 수 있는 약점이 IoT 시스템에 있는지 검사해야 한다. 악성 데이터 인젝션은 업스트림(upstream) 프로세스에 혼란을 일으키거나 시스템의 작동을 종료시킬지도 모른다. 공격자가 IoT 시스템의 의도한 기능을 악용할 수 있는지 확인해야 한다(예를 들어, 작업을 비활성화하거나 허용하지 않는다). 상태 변화 및 시간 변화가 고려돼야 한다(예를 들어, 메시지 시퀀스 방해가 있다).
정보 누출	백엔드 처리 시스템을 포함한 전체 IoT 시스템 간의 데이터 경로를 확인한다. 민감한 정보를 처리하는 모든 장치를 식별하고 적절한 암호화 제어가 해당 정보의 누출을 방지하기 위해 구현돼 있는지 확인해야 한다. IoT 시스템의 데이터 저장소 노드를 식별하고 자주 사용되지 않는 데이터(data-at-rest)에 암호화 통제가 적용되는지 확인한다. IoT 시스템에서 IoT 디바이스가 물리적으로 도난당한 경우가 있는지 확인하고, 키 초기화 등의 적절한 제어가 이뤄지는지 확인한다.

(이어짐)

위협 유형	IoT 분석
서비스 거부	적절한 업무 연속성(COOP, Continuity of Operations)을 보장하기 위한 노력의 일환으로, 비즈니스 목표에 각 IoT 시스템을 매핑하는 작업을 수행한다. 시스템의 각 노드에 제공되는 처리량을 확인하고 서비스 거부(DoS) 공격과 관련된 다양한 공격에 견딜 수 있는지를 확인한다. 메시징 인프라(예를 들어, 데이터 버스), 데이터 구조, 해당 IoT 구성 요소에서 사용되는 변수와 API의 부적절한 사용을 조사해 악성 노드가 올바른 노드의 전송을 방해하는 취약점이 있는지를 확인한다.
권한 상승	IoT 시스템을 구성하는 각종 IoT 디바이스에서 제공하는 관리 기능을 검사한다. 어떤 경우에는 장치의 세부 구성을 가능하게 하는 인증의 단 하나의 수준이 있다. 다른 경우에는 다른 관리자 계정을 사용할 수 있다. IoT 노드의 사용자 수준 기능에서 관리 기능을 분리하는 기능에 취약점이 있는 인스턴스를 식별한다. 시스템에 적절한 인증 제어를 설계하기 위해 IoT 노드가 사용하는 인증 방식의 취약점을 파악한다.
물리적 보안 우회	각각의 IoT 디바이스에서 제공하는 물리적 보호 메커니즘을 조사한다. 임의의 취약점을 식별할 수 있는 경우 식별한 취약점을 완화할 수 있는 대책을 세운다. 공개 또는 원격지에 위치한 사람이 없을지라도 IoT 배포를 위해 가장 중요하다. 이러한 변조 증거(또는 신호) 또는 변조 응답(디바이스에 민감한 매개변수의 활성화, 자동 파괴) 등의 물리적 보안 통제가 필요할 수 있다.
사회공학(social engineering)	사회공학의 시도를 방지하기 위해 열차 직원이 주기적으로 의심스러운 행동을 하는 사람의 자산을 모니터링할 수 있다.
공급망 이슈	IoT 디바이스 및 시스템을 구성하는 다양한 기술의 구성 요소를 이해해야 한다. 이러한 기술 계층 중 한 가지와 관련된 취약점을 추적한다.

IoT를 지원하는 추가 구성 요소가 있는 STRIDE 모델을 적용한 내용을 다음의 표에서 볼 수 있다.

스마트 주차 위협 매트릭스		
유형	예제	보안 제어
스푸핑	불법 주차 이용자는 합법적인 고객의 계정에 접근해 주차 시간에 대한 요금을 해당 고객에게 청구한다.	인증
변조	불법 주차 이용자는 스마트 주차 응용프로그램 백엔드의 무단 접근을 통해 무료 주차를 한다.	인증 무결성
부인	불법 주차 이용자는 시스템에 결함이 있다고 주장하며 무료 주차를 한다.	부인 방지 무결성
정보 누출	악성 행위자는 백엔드 스마트 주차 애플리케이션의 조작을 통해 고객의 재무 상황에 대한 자세한 정보에 접근한다.	인증 기밀성

(이어짐)

스마트 주차 위협 매트릭스		
유형	예제	보안 제어
서비스 거부	악성 행위자가 DoS 공격을 통해 스마트 주차 시스템을 종료한다.	가용성
권한 상승	악성 행위자가 백엔드 서버에서 루트킷을 심은 뒤 스마트 주차 작업을 중단시킨다.	인가

5단계: 위협 문서화

이 단계에서는 주차장 시스템에 대한 위협을 문서화하는 데 초점을 맞춘다.

위협 기술 #1	불법 주차 이용자는 고객 계정에 접속해 주차 요금을 정상 고객에게 청구한다.
위협 대상	정상적인 고객 계정의 자격 증명
공격 기법	사회공학, 피싱(Phishing), 데이터베이스 침해, MITM(암호화 프로토콜에 대한 포함) 공격
보호 대책	사용자의 결제 정보에 접근하는 데 멀티팩터 인증을 요구한다.
위협 기술 #2	불법 주차 이용자는 백엔드 스마트 주차 애플리케이션의 무단 접속을 통해 무료 주차를 한다.
위협 대상	주차 애플리케이션
공격 기법	애플리케이션 익스플로잇, 웹 서버 침해
보호 대책	주차 웹 애플리케이션 앞쪽에 웹 애플리케이션 방화벽을 구현한다. 애플리케이션 입력 유효성 검사를 API를 통해 실시한다.
위협 기술 #3	불법 주차 이용자는 시스템에 결함이 있다고 주장한 후 무료 주차를 받는다.
위협 대상	주차 요원 또는 관리자
공격 기법	사회공학적인 방법
보호 대책	시스템 내에서 촬영된 모든 센서와 비디오 데이터의 데이터 무결성 조치 방법을 구현한다.

6단계: 위협 평가

위에서 살펴본 각 위협의 가능성과 영향에 대한 평가를 줄이기 위해 적절한 유형 및 제어(그리고 관련 비용)의 수준을 선택할 수 있다. 높은 위험 등급의 위협을 완화하기 위해 막대한 금액의 투자가 필요할 수 있다. 기존의 위협 평가 방법론에는 마이크로소프트의 DREAD 접근 방법이 있으며, 이 단계에서 사용할 수 있다.

DREAD 모델은 위험의 각 수준에 대한 기본적인 질문을 한 후 특정 위협으로부터 나오는 위험의 유형별로 점수(1~10)를 할당한다.

- 피해Damage: 공격의 성공으로 인한 손해
- 재현성Reproducibility: 공격의 실제 수행과 관련된 난이도는 어느 수준인가?
- 악용 가능성Exploitability: 공격은 다른 사람에 의해 쉽게 악용될 수 있는가?
- 영향을 받는 사용자Affected users: 공격에 성공했을 경우 사용자/이해 관계자 인구의 몇 퍼센트가 영향을 받을 수 있는가?
- 발견 용이성Discoverability: 공격은 공격자가 쉽게 발견할 수 있는가?

스마트 주차 시스템에 대한 위협 평가의 일례는 다음 표와 같다.

위험 위험 순위: 주차 도둑이 고객의 계정에 접근해 주차 시간에 대한 요금을 합법적인 고객에게 청구한다.

항목	설명	항목 점수
피해 가능성	고객 데이터베이스에서 발생하는 손상은 단일 고객 계정으로 제한된다.	3
재사용 가능성	재현 가능 공격은 대량의 침해가 일어나지 않는 이상 재사용 가능성이 높지 않다.	4
악용 가능성	이 위협에 악용의 영향을 받는 사용자 검색 기능 조작은 숙련도가 떨어지는 사람이 수행할 수 있다.	8
영향을 받는 사용자	대부분의 경우 단일 사용자다.	2
탐지 가능성	이 위협은 비기술적인 활동을 이용해 달성할 수 있도록 고도로 감지할 수 있다.	9
	종합 평점:	5.2

모든 위협이 평가될 때까지 IoT 시스템의 보안 통제 설계를 담당하는 보안 설계자는 지속적으로 연습해야 한다. 완료되면, 다음 단계는 각각의 위협 등급(총점)에 기초해 각각의 결과에 대한 비교를 수행한다. 이러한 방식은 보안 아키텍처 내에서 완화의 우선순위를 결정하는 데 도움이 될 것이다.

▌ 요약

이 장에서는 조직이 실질적으로 정의, 특성화, IoT 시스템 위협 상태를 모델링할 수 있는 방법을 설명함으로써 IoT 취약점, 공격, 대책을 검토했다. 보안(일부의 경우에는 안전)에 대한 철저한 이해를 바탕으로 위험, 적절한 보안 아키텍처의 개발을 통해 적절한 대응 방법을 마련하고, 기업 전체 시스템과 디바이스에 배포할 수 있다.

다음 장에서는 IoT 보안 수명주기의 단계를 알아볼 것이다.

3

IoT 개발을 위한 안전공학

IoT 개발을 위한 보안공학은 여러 분야에 걸친 복잡한 주제와 연관돼 있다. 보안공학은 자연재해로부터 악의적인 행위에 이르기까지 혼란을 일으킬 수 있는 근원에 대해 강력하게 대처할 수 있도록, 관련된 시스템의 설계에서 보안적인 측면을 집중적으로 파악하는 전문 공학 분야다(https://en.wikipedia.org/wiki/Security_engineering).

오늘날 급속한 속도로 발전하는 기술 산업에서 보안공학은 종종 경쟁적인 시장의 핵심 기능을 개발하기 위한 빠른 흐름 속에 그 우선순위가 뒤로 밀릴 수 있다. 이러한 경우 악의적인 해커에게 익스플로잇exploit을 제작할 수 있는 충분한 기회를 주는 샌드박스를 제공하기 때문에 값비싼 희생을 치를 수 있다. 이상적인 프로젝트에서 체계적인 접근 방식은 일련의 기능적인 비즈니스 요구 사항의 식별과 발전을 포함하고 있다. 이러한 요구 사항은 개발되고 테스트되고 배포되기 이전에, 프로토타입prototype을 적용하고 테스트를 수행하고 수정하고 아키텍처에 포함돼야 한다. 이것은 완벽하고 오류가 없는 폭포수 모델waterfall model에서 일어날 수 있는 방법이다. 현실은 이상적이지 않지만, 그래도 IoT 디바이스 및 시스템은 다수의 개발 사례를 활용해 다양한 유형의 회사에서 제대로 역할을 수행할 수 있을 것이다.

가트너Gatner는 2017년까지 모든 IoT 솔루션의 50%가 창업한 지 3년이 안 된 스타트업 기업에서 나올 것으로 예측하고 있다. 이러한 사실은 대부분의 스타트업 기업에서는 보안을 중요하지 않고 추후에 고려해야 할 문제로 인식하고 있기 때문에 난제를 만들고 있다. 클라우드 보안 연합CSA, Cloud Security Alliance IoT WG는 2015년에 IoT 기반의 스타트업을 대상으로 설문을 실시했고, 보안 인식의 부족과 보안 전문가의 헌신적인 업무 기여에서 전반적으로 큰 차이가 있는 것을 알 수 있었다. 엔젤 투자자angel investor와 벤처캐피털 회사는 보안의 실시와 관련해 대립된 의견을 나타낼 수 있다. 보안은 성공하기 위해 갖춰야 할 광범위한 기능 사이에서 '있으면 좋은nice to have' 지위로 자주 강등된다. 이러한 환경이라면 스타트업 기업은 물론, 심지어 기존의 기업 또한 공급 업체의 하드웨어와 소프트웨어의 보안 기능에 의존할 것이다. 이는 공급 업체의 계약에 지정된 배포 대상과 환경이 부합하는지를 고려하지 않아 발생한다(http://www.gartner.com/newsroom/id/2869521).

이번 3장에서는 IoT 보안공학과 관련된 다음 항목을 다룬다.

- IoT를 위한 안전한 개발 방법론 선택
- 시작부터 보안 설계
- 컴플라이언스compliance 고려 사항의 이해
- 기존 보안 시스템에 대한 IoT의 통합을 위한 계획
- 보안 프로세스와 계약 준비
- IoT를 지원하기 위한 보안 제품 및 서비스의 선택
- 보안 개발 방법론을 선택

▌ 설계 및 개발의 보안 구축

이 절에서는 안전한 IoT 제품과 시스템을 설계하기 위한 필요성을 논의한다. 이 가이드라인은 단일 IoT 제품 혹은 수백만 IoT 디바이스의 통합과 배포를 계획하고 있는지에 상관없이 유용한 정보를 제공해줄 것이다. 어느 쪽이든 시작부터 체계적으로 위협을 이해하는 데 초점을 맞추고, 종료 시점까지 보안 요구 사항을 추적하고, 데이터 보안에 역점이 존재하도록 함으로써 보안을 구축하는 것이 중요하다.

프로덕트 팀과 시스템의 엔지니어링 팀이 처음부터 보안을 강화해야 한다는 것을 주장하는 것은 간단하지만, 사실은 무엇을 의미할까? 프로젝트 엔지니어링 팀은 초기부터 완료까지 프로젝트의 보안을 엄격하게 강화하는 모든 방법을 생각하는 것이다. 이것은 오늘날 빠른 속도로 진행되는 대부분의 애자일agile 개발 프로그램에서 생략되는 것이다. 팀으로 보안 목표를 달성하기 위해 사용하는 프로세스와 도구를 생각해보면, 확실하게 목표를 달성하기 위해서는 시간과 비용의 투자가 필요하다. 그러나 이러한 작업을 위한 선행 투자는 뉴스 특종으로 여러분의 제품이나 조직과 관련된 기사를 보는

것이나 소셜 미디어에서의 맹비난, 혹은 중대한 과실이나 침해에 대한 정부의 규제로 부과된 벌금과 비교하면 아무것도 아닐 것이다.

개발 및 통합 노력을 시작할 때 기본적인 작업 중 한 가지는 여러분의 개발 방법론을 선택하고, 좀 더 보안 의식을 추가한 후 강화시킬 수 있는 방법론을 검토하는 것이다. 이 장에서는 몇 가지 고려 사항의 개요를 설명할 것이다. 또한 프로덕트 팀과 시스템 팀 모두에게 유용한 추가 자료도 있다. 한 가지 예로, 피어peer 조직에 의해 실시하고 있는 보안 대책을 이해할 수 있는 BSIMM^{Building Security In Maturity Model}이 있다(https://www.bsimm.com/).

애자일 개발에서의 보안

개발 방법론을 선택할 때, 프로세스의 시작 단계에서부터 충분히 고려된 보안, 안전, 개인정보 요구 사항을 보장하기 위해 IoT 디바이스 혹은 시스템(시스템에 의해 비즈니스 기능을 지원하기 위해 통합된 IoT 디바이스, 응용프로그램 및 서비스의 집합을 의미한다.) 개발과 업데이트를 통해 추적 가능하게 만들도록 고려하고 유도해야 한다. 모든 개발 노력development effort에도 적용할 수 있는 사용 가능한 템플릿 방식이 있다. 한 가지 예로 교육, 요구 사항, 설계, 구현, 검증, 릴리스release, 응답을 포함한 여러 단계를 통합한 마이크로소프트 보안 개발 수명주기^{SDL, Security Development Lifecycle}다. 마이크로소프트 SDL은 https://www.microsoft.com/en-us/sdl/에서 볼 수 있다.

많은 IoT 제품과 시스템이 필드의 기능 집합을 신속하게 개발/설계하는 기능을 고려해야 할 경우, 애자일 방법론을 사용해 개발할 것이다. 애자일 성명서^{manifesto}는 다수의 원칙을 정의하는데, 일부 항목은 보안공학적 접근의 통합을 어렵게 한다.

- 짧은 기간을 우선적으로, 몇 주 또는 몇 개월에 걸쳐 자주 작업하는 소프트웨어를 제공한다.

- 소프트웨어 작업은 진행의 가장 중요한 척도다.

애자일 보안 개발 수명주기에서 해결해야 하는 어려움으로는 애자일 프로젝트와 관련된 짧은 개발 기간을 중심으로 전개되는 것이다. 산출물에는 반드시 만족해야 하는 다수의 보안 요구 사항이 있다. 짧은 개발 기간에서 이러한 요구 사항을 해결하기는 어렵다. 또한 보안에 초점을 두는 것은 애자일 개발에서 기능적 사용자 스토리에 적용하는 속도를 줄인다.

보안 요구 사항의 처리 방법을 고려하면서 보안 요구 사항을 고려하고 신뢰성, 성능, 확장성, 사용 편의성, 휴대성, 가용성 등의 다른 비기능적인 요구 사항에 대해 동일하게 고민하고 주의를 기울여야 한다.

일부에서는 이러한 비기능적 요구 사항이 각 사용자 스토리의 수행 정의에 포함돼 제약 조건으로 다뤄져야 한다고 주장한다. 그러나 개발 팀이 수십 혹은 수백 가지의 보안 요구 사항을 처리해야 할 경우 모든 보안(그리고 비기능적인) 요구 사항이 제약 조건으로 확장되지 않는 편이다.

몇 년 전, 마이크로소프트는 애자일 개발의 보안 요구 사항을 처리하기 위한 접근 방법을 개발했다. 이 프로세스는 보안 요구 사항의 처리에 크게 초점을 맞추고 각 스프린트 sprint 동안 개발 팀에 부담을 감소시키는 방법으로 요구 사항을 분류하는 개념을 정의한다. 마이크로소프트의 방법론은 원타임 One Time, 에브리 스프린트 Every Sprint, 버킷 Bucket 보안 요구 사항의 개념을 새롭게 정의한다.

원타임은 프로젝트의 보안 설정에 적용되고 시작부터 충족해야 하는 기타 요구 사항으로, 예를 들면 다음과 같다.

- 개발 전반에 걸쳐서 적용할 보안 코딩 가이드라인을 수립한다.
- 승인된 서드파티 구성 요소/라이브러리 소프트웨어 목록을 구축한다.

에브리 스프린트 요구 사항은 각 스프린트에 적용 가능하고 시간을 추정하는데, 예를 들면 다음과 같다.

- 기준선^{baseline} 이전에 합병 코드 피어 리뷰를 하고, 버그를 식별하는 데 도움을 준다.
- 지속적인 통합^{CI, continuous integration} 환경에서 정적 코드 분석 도구의 실행을 통해 코드를 보증한다.

버킷 요구 사항은 프로젝트의 전체 기간 동안 충족돼야 하고 구현될 수 있는 요구 사항이다. 버킷에 요구 사항을 두는 것은 팀이 적절한 시기에 스프린트 계획으로 가져오는 선택을 할 수 있기 때문이다.

이러한 요구 사항 유형 이외에도, 백로그^{backlog}에 추가해야 할 기능 보안 요구 사항도 있다. IoT 디바이스의 기능 요구 사항의 한 가지 예로, 안전하게 장치의 게이트웨이에 TLS를 연결하는 설정을 들 수 있다. 이러한 요구 사항은 제품 백로그에 추가되고 정리 세션^{grooming session} 동안 산출물의 소유자가 필요에 따라 우선순위를 지정할 수 있다.

위협 모델링 접근 방식은 이 책의 2장, '취약점, 공격, 대책'은 물론 다른 간행물에도 잘 정리돼 있으며 다양한 논의가 이뤄지고 있다. 일단 초기 위협 모델링이 완료되면, 결과로 산출된 완화 조치는 IoT 시스템의 개발 및 운영에 맞게 이해하기 위해 분석해야 한다. 시작하려면, IoT 제품과 서비스에 통합돼야 하는 기능 보안 요구 사항을 식별한다. 여러분은 사용자 스토리에 이러한 기능 보안 요구 사항을 선택하고 제품 백로그에 추가할 수 있다. 기능적 보안 요구의 예로 산출물 백로그에 추가돼야 할 것은 다음과 같다.

- 사용자로서, IoT 디바이스와 클라우드 서비스의 모든 접근 암호에 적절한 강도(예를 들어, 복잡성, 길이, 구성)를 적용했는지 확인한다.
- 사용자로서, (예를 들어, 자격의 추적을 통해) IoT 디바이스 인증 사용을 추적할 수 있는지 확인한다.

- 사용자로서, IoT 디바이스에 저장되는 모든 데이터가 암호화돼 있는지 확인한다.
- 사용자로서, IoT 디바이스에 의해 전송되는 모든 데이터가 암호화돼 있는지 확인한다.
- 사용자로서, IoT 디바이스에 저장돼 있는 모든 키가 공개돼 있는지 또는 기타 무단 접근으로부터 보호돼 있는지 확인한다.
- 사용자로서, 불필요한 소프트웨어와 서비스가 비활성화돼 IoT 디바이스에서 삭제돼 있는지 확인하고 싶다.
- 사용자로서, IoT 디바이스만을 수집하기로 한 데이터만 수집하는 것을 확인한다.

보안 사용자 스토리의 또 다른 예는 애자일 개발 환경에서 실제 보안 사례와 보안 업무를 다룬 SAFECode 문서(http://safecode.org/publication/SAFECode_Agile_Dev_Security0712.pdf)에서 찾을 수 있다. 주의해야 할 중요한 항목은 제품 백로그가 작업 중심의 사용자 스토리가 포함된 것처럼 하드웨어 중심의 보안 사용자 스토리도 포함해야 한다는 것이다.

- 보안 및 QA 엔지니어로서, UART 인터페이스가 암호로 보호돼 있는지 확인한다.
- 보안 및 QA 엔지니어로서, 제품 출시 전에 JTAG 인터페이스를 비활성화하고 싶다.
- 보안 및 QA 엔지니어로서, IoT 디바이스 케이스로 변조 대응을 구현하려고 한다.

이 중 일부는 애자일의 용어로 사용자 스토리 혹은 에픽epic일 수 있다.

운영 중인 IoT 디바이스에 주목

IoT의 흥미로운 측면은 고객이 특정 자격을 유지하기 위해 정기적으로 지불하는(예를 들어 고가 의료 영상 시스템의 경우처럼) 벤더 PaaS^{products-as-a-service}로 빠르게 이동하고 있다는 것이다. 이 모델은 고객에게 과금을 위해 사용량을 추적하는 IoT 하드웨어를 임대하는 것이 특징이다.

IoT의 다른 유형의 장치는 소비자에게 판매한 후 구성의 변경 내용이 제품뿐만 아니라 계정 변경을 관리하기 위해 벤더^{vendor}의 클라우드 인프라에 연결돼 있다. 때로, 이러한 제품은 IoT 인프라를 관리하는 서드파티 ODM에 아웃소싱하고 있다. OEM 업체는 두 회사 사이의 마스터 서비스 계약^{MSA, master service agreement}에 이러한 운영 비용을 포함하고 있다. 또한 다수의 벤더는 IoT 디바이스가 고객의 환경에서 구현되더라도, 상호작용할 수 있는 보조적인 서비스를 제공한다.

고객의 운영 시스템에 영향을 끼칠 뿐만 아니라 강력하고 확장 가능한 백엔드 인프라를 지원해야 하는 필요성을 감안할 때, 강력한 개발 작업(데브옵스^{DevOps} 팀) 프로세스 및 기술을 활용하는 것은 운영 중인 IoT 시스템에 필수적이다. 단순한 정의로, 개발 운영 팀은 운영에 날카롭게 초점을 맞춘 스크럼^{Scrum}이나 칸반^{Kanban} 등의 애자일 개발 사례와 조화를 이룬다.

개발 운영 팀의 필수적인 부분은 개발 및 운영과 사일로^{silo}를 제거하는 것이다. 이와 같이, 마찬가지로 제품 백로그(예를 들어, 사용자 스토리)에 운영 보안 요구 사항을 포함하는 것이 중요하다. 이렇게 하기 위해 개발 운영 팀은 다음 작업을 수행해야 한다.

- 개발한 IoT 디바이스의 배포 환경을 이해하고, 이러한 환경에 대응하기 위해 IoT 디바이스의 보안 기능을 설계한다.
- 개발 환경(예를 들어, 웹 서버, 데이터베이스 등)에 어떠한 마이크로 혹은 매크로 수준의 보안 취약점이 발견되지 않도록 보증하기 위해 IoT 생태계 각 구성 요소의 보안을 평가한다.

IoT는 PaaS로의 판매를 위해 기존 하드웨어 장치의 구매 방식에서 변화하려는 움직임을 보이고 있다. 이처럼, 고객에게 제품을 임대하려는 IoT 디바이스 벤더가 개발 중인 장치 운영상의 설계에서 보안적인 측면을 강력히 고려할 필요가 있다. 다음과 같은 고려 사항이 있다.

- 운영 환경과 관련된 전반적인 컴플라이언스
- 물리적인 노출로부터 특정 장치를 보호하는 방법
- 보조 시스템은 안전한 방식으로 자격 관리의 지원을 요구
- 보조 시스템은 안전한 방법으로 장치의 펌웨어 업데이트를 지원하기 위해 필요

▋ 보안 설계

IoT 디바이스 및 시스템의 보안 설계는 종합적인 IoT 보안 수명주기에서 하나의 구성 요소다. 다음 그림은 아래에서 설명하는 수명주기의 설계 측면을 보여준다. 수명주기의 다른 측면은 4장, 'IoT 보안 수명주기'에서 설명할 것이다.

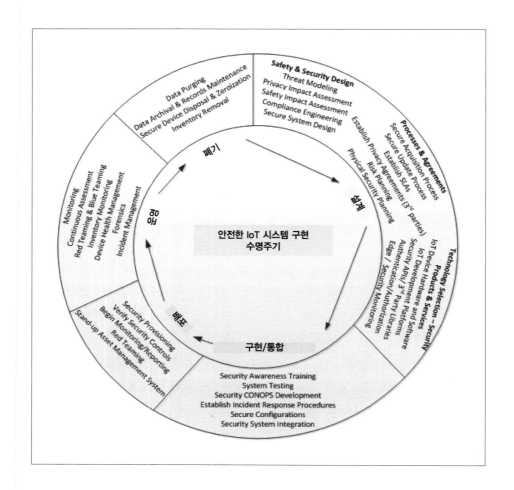

Safety & Security Design
Threat Modeling
Privacy Impact Assessment
Safety Impact Assessment
Compliance Engineering
Secure System Design

Processes & Agreements
Establish Privacy Agreements (3rd parties)
Secure Acquisition Process
Secure Update Process
Establish SLAs
Risk Planning
Physical Security planning

Technology Selection – Security
Products & Services
IoT Device Hardware and Services
IoT Development and Software
Security APIs/ 3rd Party Platforms
Authentication/Authorization
Edge / Security Monitoring

Data Purging
Data Archival & Records Maintenance
Secure Device Disposal & Zeroization
Inventory Removal

Monitoring
Continuous Assessment
Red Teaming & Blue Teaming
Inventory Monitoring
Device Health Management
Forensics
Incident Management

Security Provisioning
Verify Security Controls
Begin Monitoring/Reporting
Red Teaming
Stand-up Asset Management System

Security Awareness Training
System Testing
Security CONOPS Development
Establish Incident Response Procedures
Secure Configurations
Security System Integration

폐기
설계
운영
배포
구현/통합

안전한 IoT 시스템 구현
수명주기

안전 및 보안 설계

우리는 이미 IoT 기기 및 시스템의 개발에서 위협 모델링의 필요성을 살펴봤다. 이제 개발과 통합을 위한 작업 과정에서 추가적인 안전과 보안공학 프로세스를 다룰 것이다.

위협 모델링

IoT 보안 수명주기는 시스템 개발 프로세스에 합쳐지고 있다. IoT 시스템을 설계하는 동안 시스템의 안전한 운영을 위한 계획을 시작해야 하고, IoT 시스템의 새로운 구성 요소를 검토해야 한다. 따라서 모든 보안 수명주기의 핵심 구성 요소로 위협 모델링을 고려한다. 위협 모델은 항상 시스템의 설계, 운영 또는 노출에 대한 변화에 따라 유지 혹은 갱신되기 때문에, 특히 수명주기는 반복적인 성격을 갖는 것이 사실이다. 2장, '취약점, 대책, 공격'에서 위협 모델링 프로세스의 심층적인 리뷰를 제공하고, 공격 트리와 공격 트리에 관련된 다른 산출물을 다뤘다. 항상 최소한 분기별로 건축물의 변화뿐만 아니라 새로운 서비스, 구성, 제품 및 공급 업체 변경, 업그레이드의 도입과 같은 주요 변화에 대한 위협 모델을 유지하는 책임을 조직의 직원에게 부여해야 한다.

개인정보 영향 평가

개별 IoT 시스템은 설계 단계에서 개인정보 영향 평가PIA, privacy impact assessment를 받아야 한다. 개인정보 영향 평가는 시스템 설계에 포함돼야 하는 완화 방법을 결정하는 데 필요한 정보를 제공하고, 서드파티 혹은 정보 보호 기술 제공업체와 계약하는 데 필요한 서비스 수준 계약SLA, service level agreement에 대한 자세한 정보를 제공한다. 일반적으로 PIA는 IoT 시스템이 보호가 필요한 개인정보 보호 정보PPI, privacy protected information를 수집, 처리, 저장하는 것이 발견될 경우 다음과 같은 설계 절차를 알려줄 것이다.

- 장치의 권한 설정Provisioning은 다수의 관리 승인이 필요할 수 있다.
- 내부 감사 및 컴플라이언스에 의해 IoT 디바이스가 PPI 데이터를 갖는 것이 가능한지를 판단하기 위한 검토를 실시해야 한다.
- 장치에 저장된 데이터는 충분히 강력한 암호화 알고리즘을 사용해 암호화해야 한다.
- 장치에서 혹은 장치로부터 전송된 데이터는 충분히 강력한 암호화 알고리즘을 사용해 암호화해야 한다

- 장치에 대한 접근은 물리적 및 논리적으로 모두 인증된 사용자로 제한해야 한다
- 최종 사용자는 개인정보 보호 정보[PPI]의 사용, 전송, 폐기에 대한 통보를 받아야 하고 동의해야 한다.

IoT에 적용했을 때 개인정보에 미치는 영향을 이해하는 것은 비판적 사고의 수준을 필요로 한다. 항상 명확하지 않은 IoT 개인정보 보호 문제가 있다. 예를 들어 웨어러블 피트니스 디바이스의 보안 분석Security Analysis of Wearable Fitness Devices에서, 연구자들은 블루투스 미디어 접근 통제MAC, Media Access Control 주소를 기반으로 핏비트Fitbit 착용자를 추적 가능하다는 것을 발견했다(https://courses.csail.mit.edu/6.857/2014/files/17-cyrbritt-webbhorn-specter-dmiao-hacking-fitbit.pdf). IoT 디바이스에 의해 정보를 수집하는 방식을 모두 이해하는 것이 중요하며, 장치가 작동할 수 있는 방식은 다음과 같다.

- 추적
- 활동 패턴을 보여준다.
- 개인의 신원 또는 개인의 소지품에 연결된다.

단순히 개인정보 영향 평가[PIA]를 수행하는 것으로 충분하지 않다. 시스템 요구 사항 기준선에 개인정보 영향 평가[PIA]로부터 결과를 연결하고, IoT 시스템이 개발된 후 사용됨에 따라, 종료될 때까지 이러한 요구 사항을 추적하는 것이 중요하다. 이러한 요구 사항은 인프라 제공업체뿐만 아니라 IoT 시스템에 의해 생성된 데이터를 처리할 가능성이 있는 서드파티의 개인정보 계약과 IoT 시스템 및 SLA 설정에 영향을 줄 것이다.

안전 영향 평가

기존의 IT 보안과 비교해서 IoT의 차별화된 주요 요소 중 하나는 안전성에 미치는 영향 평가를 실시할 필요가 있다는 점이다. 다수 IoT 디바이스의 사이버 물리적 특성을 감안할 때, 장치의 취약점 일종인 안전 수명이 중요할 수 있다. 예를 들어, 누군가가

취약점이 발견된 저전력 무선 인터페이스를 통해 심장 박동기를 침해한 경우, 명백히 악성 행위를 수행할 수 있다. 비슷한 예로, 최근 자동차의 전자 제어 유닛^{ECU, electronic control unit}은 CAN 버스 OBD2 인터페이스를 통해 침해된 경우, 새롭게 공격자가 자동차의 제동 기능을 사용하는 것과 같이 안전이 중요한 전자 제어 유닛으로 악의적인 메시지를 CAN 버스를 통해 전송할 수 있다. 안전 영향 평가는 모든 IoT 배포를 위해 수행돼야 한다. 의료와 연관된 장소에서는 추가로 건강 영향 평가^{health impact assessment}도 실시해야 한다.

일반적으로, 다음과 같은 항목의 안전 영향 평가에 대비하고 답변해야 한다.

- 장치의 사용 목적을 감안할 때, 장치는 완전히 작동이 중지된 경우(예: 서비스 거부)에 유해 물질이 발생할 수 있는가?
- 만약 장치가 안전에 중요하지 않을 경우, 안전이 중요하고 안전에 의존해야 하는 다른 장치 혹은 서비스가 있는가?
- 잠재적인 피해(장치 장애)를 최소화하거나 방지할 수 있는가?
- 안전 혹은 유해한 것과 관련된 다른 고려 사항이 있는가?
- 안전과 관련해 고려됐거나 피해를 받은 것과 관련되거나, 또는 유사한 임의의 배포가 있었는가?

장치 또는 시스템 작업의 완전 중지뿐만 아니라, 다양한 장치의 취약점과 침해 가능성으로 발생할 수 있는 오작동 혹은 고장에 대한 안전 영향 평가를 실시해야 한다. 예를 들어, 무인 스마트 온도 조절기가 의도하지 않게 고장 나거나, 악의적으로 상한 및 하한 온도 임계 값을 넘을 수 있을까? 자동으로 충분히 잘 보호되고 복원력이 있는 온도 차단 기능이 없다면, 안전에 심각한 상황을 초래할 수 있다.

또 다른 예는 커넥티드 비클의 에코 시스템에서 네트워크로 연결된 도로 측 장치^{RSE, roadside equipment}가 있다. 교통 신호 제어기의 연결, 백엔드 인프라, 커넥티드 비클 및 다른 시스템과 연관 안전의 관점에서 다수준의 RSE 침해는 어떠한 문제를 초래할 수 있을까? 공격받은 RSE는 도로 옆에서 어떠한 종류의 로컬 서비스를 호출할 수 있을까? 예를 들어, 부적절한 속도에 대한 경고를 줘서 도로의 상황에 맞춰 운전자가 대비할 수 있도록 도움으로써 실제로 생명을 구할 수 있을까? 아니면 단순히 신호 교차로 주변의 교통 흐름을 방해하고 저하시키는 교통 신호 제어기의 안전과 관련되지 않은 서비스를 호출할 수 있을까?

위험 완화가 개발될 때 위 질문에 대한 대답은 광범위한 위험 관리의 논의를 기반으로 피드백돼야 한다. 기술과 정책의 완화 조치는 안전과 보안 모두를 동시에 허용 가능한 수준까지 위험을 낮춰야 한다.

컴플라이언스

컴플라이언스compliance는 임의의 IoT 배포에 적용되는 보안 및 정책 요구 사항을 나타낸다. 보안 수명주기 관점에서 컴플라이언스는 시장 혹은 정부의 규제 여부와 상관없이 전적으로 특정 산업 규제를 따른다. 예를 들어 신용카드와 직불카드 금융 거래에 연관된 장치 및 시스템은 POSpoint-of-sale 장치뿐만 아니라 핵심 인프라까지 PCIpayment card industry의 규정을 준수해야 한다. 군사 시스템은 일반적으로 DITSCAP과 DIACAP 유형의 인증 및 인가CA, certification and accreditation가 필요하다. 패키지의 형태로 금융 거래를 수행하는 우편 계량 봉투와 우편 장치는 장치에 대한 우정 당국의 기준을 준수해야 한다. 우편 미터postal meter는 기본적으로 물품의 배송비를 지불하기 위해 우표의 형태로 돈을 인쇄해야 한다.

불행히도, 다른 대상과의 새롭고 복잡한 데이터 상호작용을 이해하고 IoT 디바이스가 전송하는 모든 데이터가 어디서 생성(예를 들어, 장치와 관련된 메타데이터가 최종 사용자와 관련된 정보를 수집하는 데 사용되지 않고, 제조업체로 전송될 수 있다.)되는지 식별하는 것은 IoT의 컴플라이언스를 더 어렵게 만들 수 있다. IoT 데이터를 하나의 산업 및 사용 사례에 한정하는 경우 훨씬 쉽지만, 데이터 집계와 분석의 증가 추세를 감안할 때 개인정보 보호법과 규칙은 IoT에서 가장 광범위한 컴플라이언스 요구 사항들을 적용할 가능성이 높다. 연결 및 데이터 공유의 측면에서 IoT 배포는 더욱 광범위해지고, 예기치 않은 컴플라이언스 혹은 법적인 문제가 발생할 가능성이 높아지고 있다.

IoT 서비스의 제공을 설계할 때, 어떠한 컴플라이언스 기준을 적용할지 결정할 때, IoT 배포와 관련된 모든 물리적 및 논리적 측면을 고려하는 것이 중요하다. 정보 연결과 해당하는 규정 준수 사이의 확실한 트레이드 오프를 요구하기 때문에 네트워크 연결, 데이터 흐름, 데이터 소스, 싱크, 조직의 경계를 충분히 이해해야 한다. 예를 들어 소비자 웨어러블 기술에서는 심박수, 혈압, 건강 지표와 사무실, 병원, 의사가 사용하는 장치의 건강 지표를 공유하는 것이 가능하지 않을지도 모른다. 미국에서, 이러한 데이터는 일반적으로 다양한 HIPAA 컴플라이언스 대책을 요구하기 때문에 적절하게 배치해야 한다. 또한 실제 의료에서 사용되는 이러한 장치는 보통 식품 의약국^{FDA, Food and Drug Administration}의 감독 및 컴플라이언스의 실시 대상이 되고 있다. 병원 시스템에 웨어러블 장치를 연결하기에 충분한 비즈니스 가치가 있는 경우, 장치 벤더는 새로운 컴플라이언스의 도입에 따른 비용을 산출하고 장기간 동안 시장 침투, 이익 등과 관련해 투자할 가치가 있는지를 결정할 것이다. 다음은 다양한 산업별 컴플라이언스 준수의 정성적 기준^{non-exhaustive list}이다.

- PCI: PCI 데이터 보안 표준^{DSS, Data Security Standards}와 PIN 트랜잭션 서비스^{PTS, PIN Transaction Services} 같은 금융 거래 보안 표준을 유지하기 위해 PCI 보안 표준 협의회를 감독하는 비자, 마스터 카드, 아메리칸 익스프레스, 디스커버 파이낸셜 서비스^{Discover Financial Services}, JCB 인터내셔널^{JCB International}의 컨소시엄
- NERC^{North American Electric Reliability Corporation}: 중요한 발전 및 배전 시스템을 보호하기 위한 중요 인프라 보호^{CIP, Critical Infrastructure Protection}의 기준을 의무화한다. CIP 표준은 중요한 자산, 보안 관리, 경계 보호, 물리적 보안, 사고 보고 및 응답, 시스템 복구의 식별을 강조한다.
- USPS^{US Postal Service}: 이 표준은 우편 보안 장치의 보안 요구 사항과 통제를 의무화한다. 우편 보안 장치는 인쇄 미터 스탬프와 관련된 자금 이체를 확보하고 인쇄된 우표와 자금 사이의 연결에서 무결성을 보장한다.

- SAE(자동차 기술자 협회Society of Automotive Engineers): 자동차 산업의 안전과 보안 기준의 다양성을 부과한다.

- NIST National Institutes for Standards and Technology: NIST의 표준은 광범위하며, 다수의 산업에서 특정 요구 사항을 충족하기 위해 표준을 따른다. NIST의 표준은 특별 간행물SP, Special Publications, 연방 정보 보호 표준FIPS, Federal Information Protection Standards, 그리고 최근 NIST 리스크 관리 프레임워크RMF, Risk Management Framework로 다양하게 구성돼 있다. NIST 표준은 범위와 의존성의 확보를 위해 신중하게 상호 참조cross-referenced를 확립했다. 예를 들어 다수의 NIST 표준(산업별뿐만 아니라)을 참조하고, 암호화 장치를 보호하기 위한 FIPS 140-2 표준을 의무화한다.

- HIPAA: 미국 보건 복지부는 HIPAA를 감독하며 다음과 같이 HIPAA 보안 규칙을 정의한다. HIPAA 보안 규칙을 만들어 해당 기관에서 개인의 전자적인 개인 건강 정보를 만들고, 수신하고, 사용되고, 유지되는 것을 보호하기 위한 국가 표준을 확립했다. 보안 규칙은 기밀성, 무결성과 함께 전자적으로 보호받고 있는 건강 정보의 보안을 보장하기 위해 적절한 물리적 및 기술적 보호 수단을 필요로 한다.

다수의 기존 및 증가하는 컴플라이언스 기준을 감안해, 비즈니스 표준에 적용할 수 있는 표준과 제한이 필요한 조직의 구성 요소와 시스템을 초기에 탐색하는 것이 중요하다. IoT 설계 및 개발, 제품의 선택, 데이터 선택 및 공유 과정에 필요한 컴플라이언스를 통합하는 것은 매우 중요하다. 또한 다수의 잠재적인 기준은 시스템을 인증하기 위한 규제의 개입을 필요로 하지만, 일부는 자가 인증self-certification을 허용한다. 이러한 활동과 관련된 비용과 일정은 IoT 개발에 진입하기 어렵게 만드는 높은 장벽을 칠 수 있다.

비용 효율적으로 자신의 IoT 구현에 필요한 보안 통제를 식별하길 원하는 조직은 다수의 컴플라이언스 표준으로 매핑한 인기 있는 20개의 핵심 보안 통제 사항20 Critical Controls

을 활용할 수 있다. 20개의 중요 보안 통제는 인터넷 보안 센터^{CIS, Center for Internet Security}에 의해 관리되고 있다. 나는 CIS의 20개 핵심 보안 통제 사항에 대한 편집 패널 멤버며, 버전 6의 부록으로 IoT 버전의 핵심 보안 통제 제작을 도왔다. CIS 웹사이트(www.cisecurity.org)에서 자세한 내용을 볼 수 있다.

컴플라이언스 모니터링

조직 내의 장치와 장치 유형 대부분의 보안 상태를 유지해야 할 필요성을 고려해보면, 컴플라이언스 모니터링은 IoT의 도전 과제다. 오늘날 이 문제를 해결하기 위해 사용할 수 있는 솔루션은 소수지만, 이 도전 과제를 해결하는 데 필요한 역량을 갖춘 일부 공급 업체가 있다.

예를 들어 보안 업체 퍼니 익스프레스^{Pwnie Express}는 컴플라이언스 모니터링과 IoT를 위한 취약점 스캔 기능을 제공한다. Pwnie Express PWN Pulse 시스템은 권한이 없는 취약하고 의심되는 장치를 감지하고 보고할 수 있는 기능을 제공한다. 이 소프트웨어는 표준 침투 테스트 도구를 사용해 보안 정책, 구성, 통제의 유효성을 검사할 수 있는 기능과 보안 엔지니어를 제공한다(http://www.406ventures.com/news/articles/1677-pwnie_express_unveils_industrys_first_internet_of_everything_threat_detection_system).

보안 시스템 통합

IoT 보안 시스템 설계는 다양한 IoT 디바이스가 좀 더 규모가 큰 보안 인지^{security-aware} 기업에 통합될 수 있는 방법을 고민하고 있다. 이것은 장치가 안전하게 인증, 자격 증명, 테스트 수행, 모니터링, 감사, 안전한 업그레이드를 할 수 있는 것을 의미한다. 물론, 다수의 제한된 IoT 디바이스는 이러한 기능 중 일부를 제공할 것이다.

안전한 부트스트래핑	**계정과 권한 설정**
최초의 신원 제공 기본 보안 매개변수 초기에 기업 인식	PKI 인증서 인증서 상태 및 수명주기 인증서 모니터링 계정 및 ID 관리
패치 및 업데이트	**감사 및 모니터링**
하드웨어, 소프트웨어 인벤토리 운영 테스팅 설정 업데이트 활성화	SIEM 통합 행동 분석 컴플라이언스 모니터링 감사 유지

위협 모델링, PIA, SIA, 컴플라이언스 분석에서 아티팩트artifact는 중요한 IoT 보안 시스템의 설계에 대한 입력으로 사용돼야 한다. 예를 들어 더 거대한 기업이나 홈 네트워크와 IoT 디바이스의 부트스트랩bootstrap(권한 설정 및 연결) 사이에 디폴트 패스워드, 새로운 패스워드를 설정하도록 강제하는 기술적인 통제, 원타임 대칭 키 등의 처리와 관련된 중요한 절차가 있을 수 있다.

IoT 보안 시스템은 IoT 시스템의 보안 상태를 지원할 뿐만 아니라, 기존의 보안 인프라에 통합 과정을 설명하기 위해 필요한 새로운 기술을 포함해야 한다. 이를 위해, IoT 보안 시스템의 설계를 달성하기 위해 권장되는 방법은 첫 번째 위협의 방향성에 기초해 보안 기능과 통제를 분리하는 것이다. 예를 들어 어떤 위협이 특정 IoT 디바이스를 대상으로 할 수 있고, 이 경우 기업은 신중하게 장치의 상태 및 활동을 모니터링(즉, SIEM 시스템을 통해)해야 한다. 다른 경우로, 상기 장치는 안전하지 않은 물리적인 혹은 네트워크의 위치에서 동작해 기업에 더 큰 공격점을 노출시킬 수 있다. 이 경우에는 메시지, 메시지 형식, 메시지 인증 등을 검증하기 위한 IoT의 게이트웨이에서 특별한 네트워크 모니터링 탭을 배치할 필요가 있을지도 모른다. 마지막으로 잊기 쉬운 문제지만, 기업은 IoT 장치에 특정 위협을 노출시킬 수 있다. 예를 들어, 조작되거나 스푸핑 spoofing을 적용한 명령어와 제어 서버는 IoT 장비에 대해 안전하지 않거나 위험한 설정으로 재설정을 시도할 수 있다. 이 장치는 디폴트 안전 및 디폴트 보안 구성이 무엇인지 자체적으로 인식할 필요가 있다.

보안 기업으로 발전하기 위해, 앞의 그림과 같이 다음 항목을 포함해야 한다. 보안 부트스트랩, 계정 및 인증, 패치 및 업데이트, 감사 및 모니터링 등이다.

보안 부트스트랩은 최초의 패스워드, 자격 증명, 네트워크 정보, 디바이스와 엔터프라이즈 시스템의 다른 매개변수(장치를 인지해야 한다.)의 초기 설정과 관련된 절차에 신경을 써야 한다. 새로운 장치가 네트워크에 추가된 경우, 불량이거나 악의적인 장치인지 혹은 정상적인 장치인지 여부를 확인하는 것이 중요하다. 따라서 부트스트랩은 종종 중요성이 간과될 수 있는 보안상의 절차다. 보안 부트스트랩은 새로운 (또는 재설치) 장치가 다음과 같은 절차를 수행하는 데 필요한 절차로 구성돼 있다.

- 보안 정책에 따라 심사를 받은 보안 구성을 전달받아야 한다.
- 포트 및 허용 가능한 프로토콜을 포함한 네트워크, 서브넷, 기본 게이트웨이 등의 정보를 전달받아야 한다.
- 네트워크 및 백엔드 시스템과 서버의 신원identity 정보를 수신하고, 이를 기본 암호 인증(신뢰 앵커trust anchor와 신뢰 경로trust path)에 설치하는 형태다.
- 직접적으로 또는 간접적으로, 네트워크 및 백엔드 시스템에 해당 신원을 등록한다.

심각한 보안 문제는 잘 설계된 보안 패턴을 준수하지 않는 안전하지 않은 부트스트랩 과정에서 계속될 수 있다. 예를 들어, 다수의 장치는 기본적으로 안전하지 않은 상태에서 제조되고 운송된다. 이러한 경우, 안전한 부트스트랩 과정은 반드시 안전한 시설이나 공간에서 심사를 받은 담당자에 의해 수행돼야 한다. 가정용 및 기타 소비자의 IoT

디바이스인 경우 보안 부트스트랩 프로세스는 집주인이 실시할 수 있지만, 충분한 설명이 이뤄져 잘못된 설정 작업을 하거나 우회하기 어렵게 만들어야 한다.

계정 및 자격 증명

계정 및 자격 증명credential은 거대한 기업에서 IoT 디바이스의 ID 및 ID 관리를 고려해야 한다. 부트스트랩 프로세스의 일부는 종종 프로세스 인증서의 초기 권한 설정이나 패스워드 변경을 해결한다. 하지만 일단 권한 설정이 완료되면, 공급 장치와 백엔드 시스템은 정체성을 유지하고 정기적으로 자격 증명을 갱신해야 한다. 예를 들어 장치가 TLS 서버를 호스트하거나 다른 시스템의 TLS 클라이언트 인증서 인증을 수행하는 경우, TLS 협상 핸드셰이크negotiation handshake 메시지가 서명된 X.509 자격 증명을 가질 것이다. 이러한 X.509 인증서는 유효 기간을 가져야 하고, 유효 날짜에 해당하지 않는 장치는 신원을 잃는다. 폭넓은 신원 관리는 계정 유지 및 자격 증명의 일부로서 수행될 수 있어야 하며, 이러한 절차는 하드웨어와 소프트웨어 인벤토리 관리 시스템에 통합돼야 한다.

패치 및 업데이트

패치 및 업데이트는 IoT 디바이스에 소프트웨어 및 펌웨어 바이너리를 제공하는 방법에 관한 것이다. 대부분의 기존 시스템과 몇 가지 새로운 시스템은 로컬로 직접 연결해야 하고(예를 들어 USB, 콘솔, JTAG, 이더넷 등) 장치를 최신 버전으로 수동 업데이트한다. 클라우드 기반의 모니터링 및 관리로의 전환을 생각하면, 대다수의 새로운 장치는 제조자 또는 전용 장치/시스템 관리자가 네트워크를 통해 소프트웨어를 업데이트하거나 패치할 수 있는 기능을 갖추고 있다. 심각한 취약점에 대해서는 소프트웨어 업데이트와 패치 작업이 가능하다. 따라서 장치 설계 과정에서 다음과 같은 에어 패치air patching 기능을 통해 패치 작업을 지원하는 것이 중요하다.

- 종단 간 소프트웨어/펌웨어 무결성과 빌드 시스템에서 임의의 스테이징된 장치로 전송하는 단계(대부분의 경우 기밀성이 필요한 경우도 있다).

- 소프트웨어/업데이트 프로세스는 오직 높은 권한을 갖는 역할이나 신원(즉, 관리자)을 통해 수행돼야 하며, 혹은 안전한 백엔드 소프트웨어 업데이트 시스템의 인증 쿼리를 기반으로 장치가 수행해야 한다.

안전한 소프트웨어 권한 설정^{provisioning}에 대한 추가 정보는 이 장의 뒷부분인 '프로세스와 계약' 절에서 볼 수 있다.

감사 및 모니터링

감사 및 모니터링은 기업의 보안 시스템과 이상 현상을 포착하고 분석할 수 있는 능력과 관련돼 있다. 이것은 주어진 IoT 디바이스에 관련된 호스트와 네트워크의 이상 행동을 모두 포함한다. 위협 환경을 기반으로 보안 영역을 설정하고, 보호 영역에 통합된 방화벽과 SIEM 시스템으로 게이트웨이를 모니터링할 수 있도록 IoT 디바이스를 할당하는 것이 중요하다. 다수의 IoT 디바이스는 작업을 담당하는 기업에 의해 관리되는 경우 감사 대상으로 해야 한다. 가정용 기기/장치인 경우, 감사 기능을 제공하고 장치 소유자가 접속했을 때 제조업체의 웹 서비스로 전달되는 이벤트 데이터를 제공하는 기능을 제공해야 한다. 그러나 개인정보 데이터는 장치의 소유자 또는 사용자에 의해 허가나 동의 없이 감사 인터페이스를 통해 누출되지 않는 것이 필수적이다. 이러한 정보는 개인정보 영향 평가 시 확인돼야 하고 평가받아야 한다.

프로세스와 계약

보안은 단순히 기술 솔루션을 찾는 것이 아니다. 적재적소에 프로세스와 절차를 두는 것은 강력한 보안 기반을 확립하기 위해 반드시 필요하다.

보안 구입 방법

정기적으로 많은 IoT 디바이스를 조달하는 조직의 경우, 구입 과정 자체가 기업의 공격 경로로 활용되지 않는 것이 중요하다. 악성 소프트웨어가 설치된 불법 장치가 네트워크 내에서 조달하고 설치돼 있지 않음을 보장하기 위해 신뢰할 수 있는 공급 업체에서 새로운 IoT 디바이스를 조달하는 규칙을 배치한다.

보안 업데이트 프로세스

IoT 시스템에 대한 승인 패치, 소프트웨어 및 펌웨어 버전을 유지하기 위해 사용할 수 있는 안전한 업데이트 프로세스를 설계해야 한다. 이 작업을 위해 IoT 디바이스 인벤토리를 지원하는 각 업체의 업데이트 절차를 이해할 필요가 있다. IoT 디바이스는 일반적으로는 기본 운영 시스템(있는 경우) 및 모든 응용프로그램 코드를 포함하는 장치에 이미지 로딩을 필요로 한다. 기타 장치는 이 업데이트 기능에서 분리할 수 있다. IoT 디바이스 기술의 모든 계층 스택에 최신의 상태를 유지하는 프로세스를 구축하는 것이 중요하다.

업데이트된 IoT 디바이스를 유지하는 것은 소프트웨어 취약점의 악용을 방지하기 위해 중요한 부분이지만, 업데이트 과정에서 악성 소프트웨어/펌웨어 이미지 삽입을 막기 위해서도 중요하다. 따라서 일반적으로 암호화 서명이 장치 자체에 대한 업데이트를 통과하기 전에 유효성을 검사할 수 있는 스테이징staging 솔루션이 필요하다.

운용 테스트 또한 업데이트 전략의 일부로 고려해야 한다. IoT 테스트 네트워크를 만들 때 업데이트한 소프트웨어의 도입이 역기능을 하고 있는지를 확인해야 한다. 코드가 IoT 디바이스에서 업데이트되는 것을 허용하기 이전에 승인 프로세스 업데이트 및 패치의 작동 테스트가 포함돼야 한다.

SLA 설정

앞서 언급한 것처럼, IoT 벤더는 종종 조직에 권한 설정entitlement을 할 수 있는 기능을 갖춘, 스마트 하드웨어를 임대한다. 일부 권한은 예를 들어 미리 규정된 기간 중에 발생할 수 있는 트랜잭션 집합의 수를 임계 값에 포함할 수 있다. IoT는 다양한 산업 부분에서 도움을 받기 위해 기업이 임대 또는 스마트 제품을 구입할지 여부를 결정하는 순간에 직면하게 될 것이다. 이들 기업은 안전한 네트워크를 유지하기 위해 임대 SLA에 보안 목적을 포함시키는 것이 중요하다.

IoT 벤더와 SLA는 장치가 기업에 추가적인 위험을 최소화하도록 작성해야 한다. IoT 임대 SLA의 예로는 다음의 항목이 있다.

- 새로운 중요 업데이트 후 IoT 디바이스에 패치하는 데 걸리는 시간
- 장치를 포함한 사고에 대응하기 위한 시간
- IoT 디바이스의 가용성
- 공급 업체의 IoT 디바이스에 의해 수집된 데이터의 개인정보를 처리하는 방법
- 컴플라이언스 대상은 장치에 적용되는 컴플라이언스를 준수하는 것을 보장
- 사고 대응 기능과 협력 계약
- 벤더가 장치에 의해 수집된 데이터의 기밀성을 처리하는 방법

추가 SLA는 IoT 배포를 지원하는 클라우드 기반의 인프라를 포함하는 것을 고려해야 한다. 클라우드 SLA에 대한 유용한 가이드는 클라우드 보안 연합CSA, Cloud Security Alliance 의 웹사이트(www.cloudsecurityalliance.org)를 방문해서 찾을 수 있다.

개인정보 보호 계약

개인정보 보호 계약은 IoT 데이터를 공유하는 조직 사이에 수립돼야 한다. 이 데이터는 종종 조직의 경계를 넘어 공유할 것으로 예상되는 IoT를 위해 특히 중요하다. IoT 시스템에서 아티팩트는 실행 위협 모델링 연습에서 모든 조직 간의 데이터 흐름을 이해하기 위해 사용돼야 하며, 계약은 데이터 흐름에 관련된 모든 조직에 의해 작성돼야 한다. CSA는 유럽 연합EU의 클라우드 서비스 판매를 위한 개인정보 보호 수준 계약의 개요Privacy Level Agreement Outline for the Sale of Cloud Services in the European Union를 작성했고, https://downloadscloudsecurityalliance.org/initiatives/pla/Privacy_Level_Agreement_Outline.pdf에서 다운로드 가능하다. 위의 자료는 개인이 계약 시 고려해야 할 내용을 이해하기 위한 좋은 안내서가 될 것이다. 예로는 다음과 같다.

- 데이터가 처리되는 방법
- 데이터 전송이 영향을 받는 규정
- 보안 대책을 데이터에 적용
- 데이터를 처리하는 시스템의 침입을 모니터링하는 방법
- 침해의 통지 방법
- 데이터가 다른 이해관계자에게 제공되는 경우, 권한 또는 공지에 대해 가장 처음 명시해야 한다.
- 얼마나 많은 데이터가 유지되는가?
- 데이터가 삭제되는 방법과 시기
- 데이터의 안전한 보호를 위한 책임자는 누구인가?

새로운 법적 책임을 고려한 위험 노출의 방지

IoT는 전통적으로 기업의 IT 실무와 관련되지 않은 새로운 고민거리를 안겨준다. IoT는 네트워크 기반의 물리적 객체에 초점을 맞추고 있기 때문에 기업에서는 새롭게 연결된 이러한 장치의 도입과 관련된 법적 책임을 검토하기 시작해야 한다.

자동 주행 차량SDV, self-driving vehicle의 극단적인 예를 살펴보자. 이 책을 저술하는 시점에는 이제 막 자동 주행 차량의 승인이 이뤄지기 시작했다. 테슬라는 차량에 자율 주행 모드를 제공했고, 프라이트라이너Freightliner의 트럭 중 한 대는 네바다주에서 운전면허를 취득했다. SDV가 일반화됨에 따라 기업에서는 기업용 차량으로서 자율 주행 차량의 사용을 고려하기 시작할 것이다. 법적 책임의 관점에서 이러한 변화의 의미를 논의하는 것은 중요하다.

또 다른 예로는 무인 항공기(드론)가 있다. 지금까지 미국 영공 시스템의 상업, 무인 항공기의 규제 측면은 미연방 항공청FAA, Federal Aviation Administration 현대화의 섹션 333, 2012 현대화 개정 법률Modernization and Reform Act of 2012에 의해 결정됐다. 그러나 드론은 새로운 법적 책임이라는 위험이 따른다. 지금까지 드론의 법적 책임 위험은 대부

분 오늘날의 일반 항공 항공기 인수를 지원하는 민간 보험 회사에 의해 상쇄되고 있다. 그러나 새로운 드론 운용 사례의 놀라운 다양성을 감안할 때, 법적 책임을 관리하기 위한 사용량 기반 과금PPU, pay-per-use 보험 패러다임이 무인 항공기 산업에서 부상하고 있다. 위의 예는 드로매틱스Dromatics로, 트랜스포트 리스크 매니지먼트Transport Risk Management 사의 사용량 기반 과금 드론 보험 솔루션이다(http://www.transportrisk.com/unmaticspayperuse.html). 이 모델을 이용해, 운영자는 문제의 사용 모델에 따라 각각의 비행을 보장하기 위해 지불한다. 이러한 사용량 기반의 법적 책임 관리 모델은 그 사용 방법을 신속하고 동적으로 측정해야 할 경우, 특히 다른 IoT 도메인에서의 추동력을 얻을 수 있다. 특정 모니터링 기능은 PPU 체계에 필요한 컴플라이언스 검사를 만족시킬 수 있도록 IoT 디바이스에 통합할 수 있다.

지배적인 IoT 법적 책임 위험은 오용 및 기밀 정보의 공개에 대한 가능성과 관련이 있다. 개인정보 보호 협정은 데이터 공유에 관련된 모든 당사자 간에 초안을 작성하는 것이 중요하지만, 서드파티 파트너 중 한 곳이 위반할 경우 새로운 법적 책임을 부과할지 여부를 고려하는 것도 중요하다.

사이버 물리시스템에서 감시 제어 데이터 수집SCADA, Supervisory Acquisition and Data Control 시스템과 같은 레거시 시스템의 네트워킹은 또한 법적 책임의 관점에서 검토돼야 한다. 이러한 거대한 시스템 중 하나가 침해의 위험이 강화된 연결성을 제공하는가? 그렇다면, 직원 혹은 시민에게 부상을 입히거나 상황을 악화시키는 위험을 증가시키는가?

IoT 물리적 보안 계획의 수립

악성 소프트웨어의 도입뿐만 아니라 정보 노출로부터 안전하게 보호하기 위한 IoT 구현의 물리적인 보호를 이해하는 데 시간을 할애해야 한다. 물리적 보안 안전 장치는 건축 설계, 정책, 기술 획득 방식 및 절차에 영향을 준다. 위험 모델의 결과는 물리적 보안 계획 수립을 안내해야 하며, IoT 자산이 노출되는 장소에 배치할지 여부를 고려해야 한다. 이러한 경우에는 물리적인 조작으로부터 보호할 수 있는 IoT 디바이스의 조달을 추진해야 한다.

또한 보안 팀이 특정 IoT 디바이스와 관련된 저수준의 보안 위험을 충분히 이해하고 있는지 확인해야 한다. 예를 들면, 해당하는 IoT 디바이스의 보호 장치 중 하나가 침해될 수 있는지 확인하기 위해 역공학reverse engineering에 시간을 투자해서 확인해야 한다. JTAG와 같은 디버그 포트가 패스워드로 보호돼 있는지 확인하고, 디바이스 내부에 임의의 계정 및 패스워드로 하드코딩돼 있지 않은지 확인해야 한다. 이러한 정보가 발견되면, 관련된 위협 모델을 업데이트하거나 기술 획득 방법을 변경해야 한다.

또한 다수의 IoT 디바이스 자산에서 다른 장치 혹은 컴퓨터와 자산을 연결하는 것을 지원하거나 상위 레벨의 구성 요소와 연결하기 위해 USB 포트와 같은 물리적인 포트를 제공한다. 구축 및 운영 시에 신중하게 이러한 포트의 활성화 여부를 검토해야 한다.

마지막으로, 물리적 보안은 IoT 구성 요소일 수 있는 카메라 등의 모니터링 솔루션을 구축하는 것을 의미할 수 있다. 이것은 중요한 개념을 도입하고 있다. 시스코Cisco 시스템은 좀 더 전체적인 환경의 보안적인 관점을 지원하고, 또한 직접적으로 제한된 사람의 개입과 보안 시스템의 조화를 이루기 위해 물리적 및 사이버 보안 시스템과의 협업을 지지하고 있다.

기술 선택: 보안 제품과 서비스의 제공

이 절에서는 IoT 기술 선택과 IoT 시스템 보안 설계 시 보안 및 개인정보 보호 요구 사항을 충족하는 데 도움이 되는 보안 제품 및 서비스의 보안 요구 사항에 초점을 맞추고 있다.

IoT 디바이스 하드웨어

IoT 디바이스 개발자는 장치를 활성화하기 위한 기술적인 구성 요소를 선택할 때 고려할 수 있는 다수의 옵션이 있다. 이러한 옵션은 일반적으로 고객 정보를 보호하고 위협으로부터 고객의 정보를 보호하는 데 사용할 수 있는 하나 이상의 보안 기능이 포함돼 있다. 접속 중인 제품은 트랜시버 및 필요에 따라 센서와 페어링해서 마이크로컨트롤러^{MCU}를 사용할 수 있고, IoT 제품 내부에 내장될 수 있다. 각각의 MCU는 개발자가 고려할 수 있는 보안 옵션을 제공한다.

MCU의 선택

IoT 구현을 위한 MCU의 선택은 하드웨어 설계를 위한 일반적인 시작점이다. 저전력 애플리케이션, 애플리케이션 실행, 무선 애플리케이션 모두를 MCU에서 이용 가능한 지 확인하는 것과 같이 MCU의 선택은 전적으로 IoT 디바이스의 요구 사항을 기반으로 한다. 시스템 온 칩^{SoC, system on chip} 솔루션은 일부 IoT 디바이스가 필요로 하는 다수의 핵심 기능을 제공한다. 예를 들면, SoC 솔루션은 단일 플랫폼에 통합돼 있는 근거리 무선 통신^{NFC, Near Field Communication} 트랜스폰더^{transponder}와 MCU를 제공할 수 있다.

일부 IoT 장비가 복잡하더라도, 다수의 센서는 상당히 제한돼 있고, 오직 SoC 솔루션에서 선택한 최상단에 있는 최소한의 추가 기술 구성 요소만을 필요로 한다. 어쨌든, 여러분의 IoT 디바이스 개발을 위한 SoC 기반을 선택하는 것은 중요한 보안 고려 사항이다. SoC를 선택할 때는 다음의 사항을 고려해야 한다. SoC는 정말로 다음의 항목을 제공하는가?

- 보안 펌웨어 업데이트를 지원하기 위해 활용할 수 있는 암호화 부트 로더^{bootloader}
- 암호화 하드웨어 가속은 효율적인 암호화 처리를 지원하고, 어떤 알고리즘 가속기에 의해 지원되는가?
- 보안 메모리 보호
- 내장된 변조 보호(예를 들면, JTAG 보안 퓨즈 혹은 변조 대응 엔벨롭^{envelope})
- 역공학에 대한 보호
- 비휘발성 메모리에 암호화 키를 저장하기 위한 보안 메커니즘

같은 SoC 선택 이후에 수행할 추가 하드웨어 보안공학 작업이 있다. 개발자는 테스트/디버그 포트를 식별하고 잠가야 한다. 이러한 접근 방식은 SoC 자체에서 제공하

는 기능에 크게 의존한다. 예를 들어, 디버그 인터페이스를 잠금 상태로 유지하기 위해 암호 보호를 배치하고, 일부 SoC 솔루션에서는 JTAG 보안 퓨즈를 제공할 수 있다.

실시간 운영체제 시스템 선택

마이크로 하드웨어 보안 이외에도 가능한 한 안전한 운영체제 시스템이 보장돼야 한다. 대다수의 IoT 디바이스 프로파일은 엄격한 접근 통제를 갖춘 보안 부팅 운영체제의 다양한 기능을 수행할 수 있는 작지만 강력한 SoC 장치, 신뢰할 수 있는 실행 환경, 고수준 마이크로 커널, 커널 분리 등의 다른 보안 기능을 축소하고 있다. 또한 다음 그림과 같이, IoT 디바이스의 다른 카테고리는 다른 실시간 운영체제 시스템RTOS 솔루션을 필요로 할 수 있다.

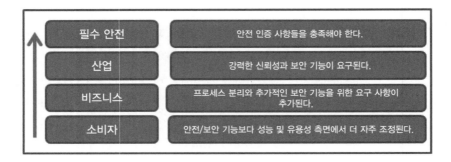

스펙트럼의 상반부(안전이 중요한 IoT 디바이스)에서, RTOS 선택은 산업별 기준을 충족할 필요성이 있는지에 크게 의존해야 한다. 이러한 예를 들면 다음과 같다.

- DO-178B: 공중 시스템 및 항공 전자 시스템용 장비 인증 소프트웨어 고려 사항
- IEC 61508: 산업용 제어 시스템의 기능 안전
- ISO 62304: 의료 기기 소프트웨어, 소프트웨어 수명주기 프로세스
- SIL3/SIL4: 운송 및 원자력 시스템의 안전 무결성 수준

안전이 중요한 IoT 시스템을 처리할 때 사용할 수 있는 강력한 RTOS의 예로는 LynxOS와 그린 힐즈 소프트웨어^{Green Hills Software}가 있다. 이들을 일반적으로 사이버 물리 시스템이라 한다.

IoT 관계 플랫폼

가장 중요한 IoT 기술의 고려 사항 중 하나는 기업의 IoT 시스템을 위한 IoT 제품 관계의 플랫폼을 활용할지 여부다. 이 플랫폼은 더욱 확산되고 있으며, 현시점에서 시장의 선두 주자는 Xively과 ThingWorx일 것이다. 이 업체들은 기능적인 부분 외에도 보안 기능을 지원하는 솔루션을 제공한다. 일반적으로, 개발 팀은 다음을 구축하기 위해 위의 플랫폼을 사용할 수 있다.

- 자산 관리 기능
- 인증 및 권한 부여 기능
- 감시 기능

Xively

Xively와 ThingWorx 모두 핵심 커넥티드 제품 관리 플랫폼이다. 이 플랫폼들을 이용하면 개발자가 소프트웨어 개발 키트^{SDK}, API, 어댑터를 통해 조직의 IoT 디바이스와의 관계를 구축할 수 있다. 사내의 IoT 개발을 위해 이와 같은 플랫폼을 활용해 다운스트림^{downstream} 통합 부담의 상당 부분을 제거할 수 있다. Xively는 표준 기능과 추가 서비스를 제공하며 Xively Identity Manager와 Xively Blueprint를 포함한다. Blueprint는 장치, 사람, 응용프로그램의 신원 구축과 클라우드의 권한에 정체성의 매핑을 지원하고 Xively의 클라우드 서비스를 통해 연결할 수 있다. Xively의 Identity Manager는 이러한 ID 관리를 지원한다.

Xively HTTP, WebSocket, MQTT를 포함하는 통신을 위한 다중 프로토콜을 지원하고, 종단 간 보안을 달성하기 위해 이러한 채널의 각각에 TLS 사용을 의무화한다. TLS

보안은 고유하고 추측하기 어려운 시크릿 비밀 키를 기반으로, 난수를 생성할 수 있는 기능을 통해 임베디드 장치를 위한 챌린지^{challenge} 태스크를 수행할 수 있다.

ThingWorx

ThingWorx는 라즈베리 파이^{Raspberry Pi} 등의 인기 IoT 플랫폼용 스타터 키트를 제공한다. ThingWorx도 사전에 구축된 IoT 애플리케이션 마켓 플레이스를 제공한다. 이 유형의 기능을 위해 서드파티 벤더를 이용하고 있는 기업은 충분한 보안 테스트를 거친 후에 애플리케이션을 활용해야 한다. 또한 적절한 안전 기준을 보장하기 위한 자체적인 보안 테스트를 수행해야 한다.

기업의 IoT 개발을 위해 ThingWorx를 채택한 조직은 자산 관리 플랫폼을 활용해 원격 관리 기능을 확보해야 한다. ThingWorx는 최근 최종 장치에 대한 연방 정보 처리 표준^{FIPS, Federal Information Processing Standards} 140-2 호환 소프트웨어 암호화 라이브러리를 추가하고 장치의 원격 관리 및 자산 관리를 지원하는 관리 유틸리티를 제공한다. 여기에는 IoT 디바이스에 대한 소프트웨어 업데이트의 보안 원격 전달이 포함돼 있다.

암호화 보안 API

보안 애플리케이션 프로그래밍 인터페이스(API)는 일반적으로 관리, 네트워킹, 데이터 애플리케이션 바이너리를 기반으로 하는 다양한 암호화 라이브러리로 구현된다. 정적으로 링크되거나, 또는 동적으로 호출 측의 요구와 소프트웨어 스택에서 자신의 위치에 따라 런타임에 링크될 수 있다. 또한 보안 칩에 내장할 수 있다. 보안 API(그리고 바이너리)는 다음과 같은 경우 호출한다.

- 애플리케이션 데이터(대기 중이나 전송 중)
  - 암호화
  - 인증
  - 무결성 보호

- 네트워크 데이터/패킷
    - 암호화
    - 인증
    - 무결성 보호

보안을 구현할 수 있는 다양한 위치를 고려해보면, 보안 설계자는 모든 애플리케이션 데이터를 보호하기 위해 안전한 통신이 필요한지(즉, 애플리케이션 프로토콜을 마스크), 중간 시스템의 데이터 접근이 필요한지(즉, 포인트 투 포인트 보호), 오로지 장치에 있는 데이터 보안상의 보호가 필요한지 등의 문제를 고려해야 한다. 또한 종단 간 암호화 없이 데이터의 무결성과 신뢰성을 보호할 수 있다. 이는 특정한 사용 사례인 중간 시스템과 애플리케이션을 검사할 때 혹은 종단 간 보안 관계를 깨트리지 않고 중요하지 않은 데이터를 찾을 때 도움이 될 것이다. 애플리케이션 수준의 암호화 처리는 이 작업을 수행하거나 기존의 TLS와 IPSec, 기타 프로토콜 중에서 구현한 기존의 보안 네트워킹 라이브러리를 사용할 수 있다.

라이브러리의 크기와 범위는 IoT를 위한 보안 라이브러리 선택에서 자주 고려해야 할 사항이다. 다수의 장치는 저가 및 엄격한 암호 보안 처리를 위해 사용 가능한 자원을 제한하고 메모리와 처리 기능에 제한을 두고 있다. 또한 일부 암호화 라이브러리는 AEN-NI와 같은 기술을 사용해(예를 들어, 인텔Intel 프로세서에서 사용되도록) 저수준 하드웨어 가속을 활용하도록 설계돼 있다. 하드웨어 가속이 가능한 경우 프로세서 사이클을 감소시키고, 메모리 사용량을 줄이고, 애플리케이션 및 네트워크 데이터 암호화의 사이클을 촉진할 수 있는 기능을 갖는다.

보안공학 및 암호화 라이브러리를 선택할 때 특정 라이브러리에서 IoT 응용프로그램 데이터가 취약점에 의해 영향을 받을 수 있는 잠재적인 취약성을 고려해야 한다. 예를 들어, 2014년 발견된 OpenSSL 하트 블리드Heartbleed 취약점의 경우 전 세계적으로 인터넷 웹 서버의 대부분이 정보를 노출시키는 치명적인 보안 문제를 유발했다(https://en.wikipedia.org/wiki/Heartbleed).

다수의 기업들은 자신들이 사용하고 있는 엔드 시스템이 적절하게 소프트웨어 공급 체인을 따르지 않았기 때문에 취약점에 노출된 것을 인지하지 못했다. IoT 보안공학 조직의 역할은 오픈소스 및 기타 보안 라이브러리의 취약점 정보 추적을 통해 취약점이 조직의 배포 특정 장치 또는 시스템에 매핑되는지 확인하는 것이다.

암호화 보안 라이브러리는 다양한 언어로 구현돼 현재 시장에 판매되고 있다. 일부는 무료며, 일부는 다양한 상용 라이선스 비용이 포함돼 있다. 예로는 다음과 같다.

- mbedTLS(구 PolarSSL)
- OpenSSL
- WolfCrypt(wolfSSL)
- Libgcrypt
- Crypto++

위의 내용과 일반적으로 라이브러리가 제공하는 암호화 기능에 대한 더 자세한 배경지식은 5장, 'IoT 보안공학을 위한 암호화 기초'에서 다룬다.

인증/인가

IoT 보안 아키텍처를 정의하고 시작할 때 인증 및 권한 부여 기능을 배포하는 최적의 방법을 이해하는 것은 보안 기술 선택의 가장 중요한 분야 중 하나다. 실제 솔루션의 선택은 IoT 인프라 배포 설계에 크게 의존한다. 아마존 웹 서비스AWS, Amazon Web Services 의 IoT 클라우드 서비스를 이용하고 있는 경우, 예를 들면 내장된 인증 및 권한 부여 솔루션을 검토해야 한다. 아마존은 이 글을 작성하는 시점에 두 가지 옵션인 X.509 인증서 및 아마존 자체의 SigV4 인증을 제공하고 있다. 아마존의 경우 IoT 구축을 위한 두 개의 프로토콜인 MQTT와 HTTP 중에서 선택할 수 있다. MQTT를 사용할 경우, 보안 엔지니어는 장치의 인증을 위한 X.509 인증서를 선택해야 한다. 또한 세분화된 권한 부여 기능을 제공하고, 정책에 인증서를 매핑할 수 있다는 점을 주목하자. 보안 엔지니어는 AWS의 신원 및 접근 관리IAM, Identity and Access Management 서비스를 이용할 수 있으며, 인증서 및 권한을 관리(발행, 폐기 등)할 수 있다(https://aws.amazon.com/iot/how-it-works/).

AWS의 IoT와 같이, 클라우드 기반 IoT 서비스를 이용하지 않는 조직은 인증 기능을 위해 공개 키 기반 구조(PKI, public key infrastructure) 인증서를 사용할 수 있다. 대량의 IoT 디바이스가 일반적인 회사에 배치될 것으로 예상하면, 기존의 업계에서 사용하던 SSL 인증서의 적정 가격은 더 이상 의미가 없다. 대신, IoT 디바이스를 배포하는 조직은 인증서마다 세분화된 가격을 계산할 수 있는 제품을 광고하는 업체를 평가해야 한다. IoT에 맞춤형 인증서 제공을 시작한 벤더의 예로는 GlobalSign과 DigiCert가 있다.

X.509 인증서만이 IoT 인증 및 권한 부여 기능을 구축하기 위한 출발점을 제공한다. 칸타라 이니셔티브(Kantara Initiative)가 설계한 신원 관계 관리(IRM, Identity Relationship Management)를 지원하기 시작한 벤더를 검토하자. IRM은 직원을 넘어서 소비자에 어느 정도 초점을 맞춰 구축했고, 기업 규모 이상의 인터넷 규모며, 국경을 넘어 경계가 없는 특징이 있다. 글로벌사인(GlobalSign) 같은 조직은 IAM 솔루션에 이러한 개념을 구축하고 RESTful JSON API를 사용해 대량의 전달을 지원하기 시작했다.

X.509 인증서의 조달 이외의 방법으로 자신만의 인프라를 구축하는 방법이 있다. 조직에서 다수의 설계를 수행했고, 이러한 인프라를 안전하게 배포할 수 있는 경우에만 자체적인 빌드(build-your-own) 방식을 권장한다. 보안 PKI 디자인은 고도의 전문성을 필요로 하는 분야다. 사고가 일어날 가능성이 높기 때문에 루트 인증서를 안전하게 보호하는 데 실패해, 부주의로 인한 등록 기관(RA, registration authority) 계정의 침해가 발생할 수 있다.

PKI 인증서에 대한 또 다른 고려 사항은 X.509가 IoT의 산업계 표준(de-facto)으로 계속될 수 없다는 것이다. 커넥티드 비클 시장을 예로 들면, 자동차의 인증서를 지원하기 위한 인프라 구조는 IEEE 1609.2 표준을 기반으로 할 것이다. 대용량 환경 및 엔드포인트에서 자원 제약이 있는 상황인 경우, PKI 인증서를 사용하면 X.509 계열보다 효율적이다.

IoT를 위한 고유의 인증 및 권한 부여 솔루션을 제공하는 다른 벤더로는 브리보 랩스^{Brivo Labs}(http://www.brivolabs.com/)와 사람과 기기 사이의 인증된 사회적 상호작용에 초점을 맞추는 포지록^{ForgeRock}(https://www.forgeroc k.com/solutions/devices-things/), 넥서스^{Nexus}(https://www.nexusgroup.com/en/solutions/internet-of-things/)가 있다.

에지

포그 컴퓨팅^{Fog Computing}과 프로토콜 변환으로, 시스코 시스템은 IoT 아키텍처의 네트워크 경계의 데이터 처리 인프라를 확장하는 필요성에 대해 강조해왔다. 시스코는 이러한 개념으로 포그 컴퓨팅을 언급했다. 이 개념은 IoT 디바이스의 데이터는 유용하게 사용하려면, 모든 데이터를 클라우드 처리 및 분석 센터로 전송시킬 필요가 없다는 것이다. 초기 분석 처리는 데이터센터의 새로운 경계에서 발생할 수 있으므로, 유용한 정보를 초기에 신속하게 확인하고 저비용으로 데이터를 수집해 적극적인 행동을 취할 수 있다. 이러한 경계에 중점을 두는^{edge-heavy} 설계에 직면한 보안 설계자는 경계 방어와 같은, 경계 인프라 장비를 안전하게 하기 위한 전통적인 보안 설계를 좀 더 검토할 필요가 있다. 보안 설계자는 종종 고객, 직원, 파트너의 기밀 정보를 보호하기 위해 다수의 형식(전 처리된/처리된) 및 데이터 자체의 보호에 초점을 맞춰야 한다.

또한 다양한 공급 업체에서 제공되는 프로토콜 변환기와 중계기^{go-betweens}처럼 작동하는 좀 더 전통적인 IoT 게이트웨이를 다수의 벤더에서 제공한다. 랜트로닉스^{Lantronix}의 IoT 게이트웨이 라인 제품은 내장된 SSL 암호화와 SSH 관리 기능을 보유하고 있다. AWS의 IoT 게이트웨이도 내장된 TLS 암호화 기능을 갖고 있다(http://www.lantronix.com/products-class/iot-gateways/).

SDN과 IoT 보안은 네트워크 경계에 다수의 IoT 서비스를 제공하고 네트워크 IoT 디바이스 및 라우팅에 대한 다른 재미있는 고려 사항을 제공한다. 동적으로 물리 및 가상 네트워크 장치를 관리하기 위한 용도로 소프트웨어 정의 네트워킹^{SDN, software defined}

networking의 지속적인 성장과 확산은 IoT 디바이스와 관련된 다수의 보안 문제를 일으킬 것이다. 이러한 문제는 보안 수명주기에서 고려할 필요가 있다. SDN 프로토콜의 구현을 위해 OpenFlow를 예로 들면, IoT 디바이스로 네트워크를 제공할 수 있고, 디바이스 라우팅 스위칭, 테이블, 관련된 정책을 편리하게 설정하기 위한 수단으로 장치 관리자를 제공할 수 있다. IoT 디바이스의 컨트롤 플레인control plane 작업과 같이 다양하고 민감한 데이터 구성 요소와 장치 커뮤니케이션 작동 방식을 노출시키고, 결과적으로 인증, 무결성, 기밀성을 보호하는 프로토콜을 안전하게 하기 위해 수용하는 것이 중요하다. 1) SDN 사우스 바운드 인터페이스(IoT 디바이스와 SDN 컨트롤러의 SDN 프로토콜) 그리고 2) SDN 노스 바운드 인터페이스(업스트림 네트워킹 비즈니스 로직을 제공하는 SDN 네트워킹 애플리케이션) 또한 SDN 프로토콜 비즈니스 로직(즉, IoT 디바이스에서 실행되는 SDN 에이전트)은 보호된 프로세스와 제어 데이터 구조(예를 들어, 라우팅 테이블과 정책)를 IoT 디바이스 내에서 무결성으로 보호해야 한다. 이러한 유형의 보안 통제를 무시하면 공격자에게 불법 집단으로 개인정보를 재구성하고 재라우팅(또는 멀티호밍multi-homing)하는 기회를 줄 수 있다.

보안 모니터링

IoT에서 흥미로운 점은 보안 모니터링이 기존의 기업 보안 솔루션과 다른 무언가를 의미한다는 것이다. 전통적으로 기업은 호스트, 서버, 응용프로그램에서 데이터를 수집하는 보안 정보 및 이벤트 관리SIEM, security information and event management 도구를 얻을 수 있다. 이상적인 IoT 모니터링 솔루션은 인벤토리의 각 장치로부터 데이터를 수집할 수 있다. IoT를 위한 포괄적인 보안 모니터링 솔루션을 설계하기 위해 보안 제품을 혼합해서 사용해야 한다.

전체 범위의 IoT 디바이스의 적절한 보안 로그를 적시에 추출하는 것은 여러 가지 제약 조건이 존재하기 때문에 어렵다. 일례로, 보안 로그 데이터를 전달하기 위해 단순히 RF 접속을 인스턴스화하는 것은 배터리 보호의 관점에서 비용이 많이 든다. 또한 일부 장치에서는 보안과 관련된 데이터를 수집하지 않는다. 효과적인 IoT 보안 모니터링 감시 솔루션을 구축하고자 하는 조직은 다양한 기기와의 연결을 위해 유연한 기반을 제공하는 툴을 사용하기 시작해야 한다. 플랫폼에서 프로토콜이 제공하는 유연성을 감안할 때, 스플렁크Splunk는 좋은 예가 될 수 있고 도입을 검토할 때 괜찮은 후보다.

스플렁크는 다수의 포맷 데이터(예를 들어 JSON, XML, TXT)를 처리할 수 있고 추가적으로 평가를 위해 필요한 포맷으로 정규화할 수 있다. 조직은 이미 MQTT, CoAP, AMQP, REST 등의 IoT 프로토콜에서 직접 데이터로 접근하기 위한 모듈을 구축해왔다. 스플렁크는 또한 IoT를 위한 추가 기능을 제공한다. 예를 들어, 스플렁크는 IoT 디바이스에서 데이터를 수집할 수 있는 AWS의 구성 요소인 아마존 키네시스Kinesis에서 데이터 인덱싱 모듈을 제공한다(http://blogs.splunk.com/2015/10/08/splunk-aws-iot/).

AWS는 IoT의 구현에서 기본적인 보안 분석을 위해 사용할 수 있는 로깅 수준을 제공한다. AWS 클라우드워치CloudWatch의 서비스는 IoT 디바이스에서 이벤트 로그를 기록할 수 있으며, 로그 기록 항목은 DEBUG, INFO, ERROR, DISABLED로 설정할 수 있다. AWS 클라우드워치 API는 다음과 같이 AWS의 IoT 디바이스를 위한 로그 항목을 설명하고 있다(http://docs.aws.amazon.com/iot/latest/developerguide/cloud-watch-logs.html).

- Event: 액션의 자세한 설명
- Timestamp(타임스탬프): 생성 시간을 기록
- TraceId: 임의 식별자
- PrincipalId: 인증서의 핑거 프린트fingerprint(HTTP) 혹은 사물의 이름(MQTT)
- LogLevel: 로그 수준
- Topic Name: MQTT 항목의 이름
- ClientId: MQTT 클라이언트의 ID
- ThingId: 사물의 ID
- RuleId: 트리거된 규칙 ID

이는 IoT 디바이스의 개별 장치 또는 장치 그룹 중 하나의 비정상 상태를 식별할 수 있는 중요한 보안 기능이다. 이 분야에서 새로운 제품 개발을 지원하기 위한 더 많은 연구가 필요하지만, 우리는 이미 소규모 IoT 구축을 위한 행동 기반의 모니터링이 제공하는 몇 가지 포인트 솔루션을 볼 수 있다. 예를 들어, Dojo 랩은 가정용 IoT 디바이스에서 보안 문제를 해결하기 위해 사용자 친화적인 보안 모니터링을 제공하는 Dojo 홈 IoT 모니터링 솔루션의 판매를 시작했다. Dojo 랩 제품은 가정 내 IoT 에코 시스템의 보안 문제가 있는지를 집주인과 상호작용하기 위해 색으로 구별할 수 있는 신호를 제공한다. 위의 제품은 특정 장치 유형의 표준 행동 특성에 대한 이해를 기반으로 관심을 가질 만한 이벤트가 있는지 알 수 있다. Dojo와 관련되는 예는 다음과 같다.

> '인터넷으로 연결된 온도계가 보통은 기온과 같은 작은 데이터 포인트를 전송하지만, 갑자기 동영상 전송처럼 보이는 고대역폭 스트림을 전송하기 시작하면 해당 장치가 침해당했다는 단서가 될 수 있다.'

출처: http://www.networkworld.com/article/3006560/home-iot-security-could-come-from-a-glowing-rock-next-year.html

시간이 흐르면서 이러한 더 많은 보안 기능을 기대하고 있다. 그러나 행동 분석과 관련된 과제는 특정 장치의 동작 패턴을 이해하기 위해 운영 패턴을 파악할 필요가 있다. 하루의 특정 시간에 장비를 사용하는 것과 같이 사람의 행동 분석과는 다르게, IoT 기반 행동 분석 기반의 보안 패턴 모니터링은 매우 다양하다. 장치의 유형에 따라, 예를 들어 자동 주행 차량과 스마트 미터smart meter는 정상적인 운영 파라미터와 완전히 다른 것이다. 장치마다 정상적인 작동 시 파라미터의 깊이 있는 이해를 필요로 하고, 정상적인 운영 파라미터를 벗어나서 운영할 때 어떠한 신호를 보내는지 심층적인 분석이 필요하다.

미국 국방성 고등 연구 계획국DARPA, Defense Advanced Research Projects Agency은 네트워크 방어 장비가 아날로그 동작 특성에 따라(예를 들어 소리, 무전원) 악성 행위를 식별할 수 있는 방법을 찾고 있다. 이러한 기술은 시장에서 여전히 갈 길이 멀지만, 주목할 만한 보안 연구자인 앙 쿠이^Ang Cui^는 IoT 디바이스는 펀테나^Funtenna^로 알려진 해킹 방법인, 마이크로 단자의 진동과 같은 새로운 기술을 사용해 해킹될 수 있음을 보여줬다.

다른 보안공학은 무선 통신의 사용과 관련된 것이다. 무선은 기업의 모니터링 기능에 영향을 미치는 새로운 문제를 제공한다. 예를 들어 지리적인 영역 혹은 건물 내의 불법 장치를 탐지할 수 있어야 하며 블루투스, ZigBee, ZWave 등의 RF 통신을 위한 수신이 필요하기 때문에 새로운 접근 방법이 필요하다. 이 문제를 해결하기 위해 필요한 새로운 IoT 모니터링의 기술을 선도하는 회사는 바스티유^Bastille^이다. 바스티유은 영공을 감시하고 새로운 장치가 기업 네트워크에 연결될 때마다 경고를 주는 제품^C-Suite radio security solution^을 제공한다(https://www.bastille.io/).

IoT의 복잡한 성격은 조직이 여러 공급 업체의 종합적인 보안 모니터링 솔루션을 설계하기 위해 자원을 사용해야 하는 것을 의미한다. 한편, 보안 서비스 제공업체^MSSP, managed security service provider^는 IoT를 모니터링 제공을 스핀업하기 시작했다. 하나의 예로, 트러스트웨이브^Trustwave^에서 관리하는 IoT 보안 서비스가 있다(http://betanews.com/2015/07/20/new-security-service-helps-protect-the-internet-of-things/).

▌요약

이번 장에서는 안전한 IoT 시스템 엔지니어링과 관련된 다수의 기술과 이슈에 대한 정보를 제공했다. 또한 안전성, 프라이버시, 보안 설계를 포함해 프로세스와 계약의 설립, 관련 보안 제품, 서비스의 선택을 다뤘다.

다음 장에서는 IoT 보안 수명주기의 운영적인 측면을 탐구할 것이다.

4

IoT 보안 수명주기

이 장에서 다루는 내용

- 보안 IoT 시스템 구현 수명주기
- 요약

대형 또는 연합 조직은 단일 IoT 시스템에서 앞으로 수천 개의 디바이스뿐만 아니라, 수백 또는 수천 개의 개별 IoT 엔드포인트를 배포하게 될 것이다. 복잡해지는 각 IoT 구현은 형태와 기능에서 크게 다를 수 있다. 예를 들어 소매점을 운영하는 조직은 재고 관리에 사용하는 웨어하우스warehouse 기반의 RFID 시스템을 점검하고, 고객 경험을 맞춤형으로 지원하는 소매점에서 비콘beacon을 사용할 수 있으며, 업무의 다양한 분야에 걸쳐서 커넥티드 비클, 드론, 로봇 공학과 같은 기술을 받아들이고 있다.

보안 엔지니어의 역할은 기업 전체의 보안 상태 유지에 초점을 맞춘 적절한 수명주기를 검토하고, 이러한 이기종 시스템 각각의 특성을 정의하는 것이다. 이번 장에서는 안전한 개발, 통합, 배포 프로세스에 통합된 IoT 시스템 보안 수명주기에 대해 설명할 것이다. 수명주기는 반복적으로 이뤄지기 때문에 기업 전반에 걸쳐 새로운 IoT 기능을 안전하게 추가할 수 있도록 설계돼 있다. 기술, 정책, 절차적인 수명주기 주제는 지속적으로 업데이트되고 시스템의 고유한 운영 요구에 맞게 조정되는 강력한 기업의 IoT 보안 기능을 활성화하기 위해 사용된다. IoT 보안 수명주기는 다음과 같은 기업의 IoT 생태계를 지원해야 한다.

- 유출될 가능성이 있는 민감한 정보 혹은 서드파티 관계를 통한 메타데이터 metadata로 인한 개인정보 고려 사항은 종합적인 기밀 통제를 필요로 한다.
- 대규모의 새로운 디바이스와 디바이스의 유형은 새로운 공격 접점으로부터 기업을 방어하기 위해 안전하게 설정돼야 한다.
- 자율 조작과 장치 간의 트랜잭션은 침입의 영향을 악화시킨다.
- 지금까지 노출되지 않았던 IT 직원의 안전과 관련된 위험이 있다. 공격자가 신체적 손상을 입힐 수 있는 가능성을 내포하는 IoT 시스템을 침해한 경우, 이러한 위험은 직원과 고객에게 피해를 입힐 수 있다.
- 임대한(소유하지 않은) 제품의 가능성. 이것은 벤더가 시스템을 유지하는 기능을 반드시 제공해야 하는 필요성과 수명주기 지원에 대한 혼란을 야기한다.
- 에지 네트워크에서 전처리를 하고(애플리케이션뿐만 아니라 보안도 포함한다.), 추가적인 분석을 위해 로그와 이벤트 데이터를 클라우드에 전송한다.

보안 IoT 시스템 구현 수명주기

3장, 'IoT 개발을 위한 안전공학'에서는 포괄적인 IoT 시스템 구현 수명주기에서 보안의 설계를 강조했다. 이번 4장에서는 구현 및 통합, 운영, 유지 보수, 폐기를 포함한 IoT 보안 수명주기의 다른 중요한 측면에 초점을 맞추고 있다. 다음 그림은 시스템 설계 단계에서 안전, 프라이버시, 보안 기술의 도입으로 시작한 후 유효 수명에 도달해 IoT 자산의 안전한 폐기로 종료되는 IoT 보안 수명주기를 보여준다.

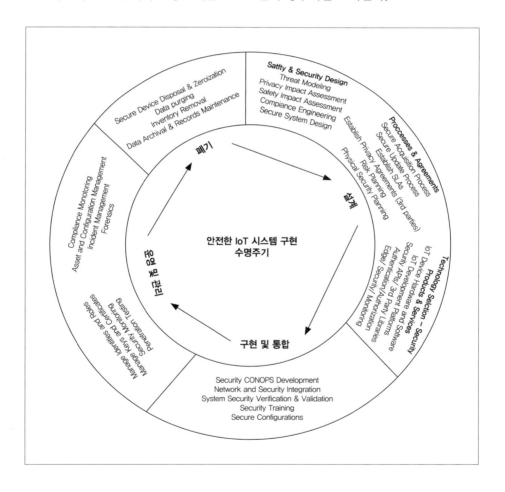

구현과 통합

최종 사용자 조직은 IoT 기능을 배포하기 위한 다양한 옵션을 제공받는다. 일부 조직은 IoT 시스템을 자체적으로 개발하기도 하지만, 미리 패키지된 IoT 시스템의 조달을 위해 에지 인프라, 클라우드 인터페이스, 백엔드 분석 처리 시스템, 혹은 이러한 일부 시스템의 조합으로 이뤄진 시스템과 사전에 연결 설정된 IoT 디바이스를 포함한 다수의 옵션이 존재한다.

예를 들어 가시선 초월BLOS, Beyond Line of Sight 무인 항공시스템UAS, Unmanned Aircraft Systems 작업에 대한 미국 내의 향후 규제로 인해, 시스템 통합 업체는 기업이 조달할 수 있는 관리, 감시, 보안 및 기타 다양한 기능을 위해 드론 관리 및 제어 시스템을 패키지할 것이다. 이러한 시스템은 UAS 엔드포인트로부터 많은 종류의 데이터를 수집하고 게이트웨이 시스템에 사전에 설정된 채널을 통해 데이터를 전송하도록 설계돼 있다. 게이트웨이는 다음 자동 경로 계획을 제공하고 잠재적으로 특정 임무 유형에 대한 조정을 백엔드 또는 지상국 시스템에 데이터로 보낸다.

이러한 시스템은 이상적으로 설계 및 개발 시 보안공학의 엄격함이 적절하게 반영된 사전 설정인 반면, 하나로 통합하는 조직 계획은 기존의 기업 기능을 단단히 통합하는 활동을 통해 수행해야 한다.

보안 수명주기의 첫 번째 단계는 보안 운영 개념CONOPS, concept of operations 문서에서 특정 시스템의 보안 요구 사항과 이러한 요구 사항을 충족시키는 방법을 만드는 것이다.

IoT 보안 CONOPS 문서

보안 CONOPS 문서는 방법론적으로 IoT 시스템 보안 작업을 자세하게 설명하는 툴을 기업에 제공한다. 구현 및 통합을 하는 동안 시스템의 구현을 위한 로드맵을 제공하기 위해 IoT 시스템 운영자가 문서를 작성하고 유지해야 한다. CONOPS에서는 보안의 특정 부분을 상상에 맡기지 말아야 한다. 그렇지 않으면, 시행자에게 혼란이 발생하고 선택해서는 안 될 결정을 내릴 수 있다. 보안 CONOPS 템플릿의 예는 다수의 조직에서 구할 수 있다. 하나의 예는 NIST SP-800-64다(http://csrc.nist.gov/publications/nistpubs/800-64-Rev2/SP800-64-Revision2.pdf).

IoT 보안 CONOPS 문서는 최소한 다음과 같은 주제를 포함해야 한다.

보안 서비스	CONOPS 범위
기밀성과 무결성	IoT 디바이스는 암호화 키, 인증서, 암호 스위트(ciphersuites)로 제공될 것이며, 암호화 재료는 어떻게 관리할 것인가?
	기존의 개인정보 보호 정책은 민감한 정보의 부주의한 유출로부터 보호하기에 충분한가?
인증 및 접근 통제	액티브 디렉터리(active Directory) 및 커버로스(Kerberos)와 같은 기존의 중앙 디렉터리 서비스 인증 시스템이 시스템을 지원하기 위해 통합 가능한지 확인
	시스템 작동을 위해 속성 기반 접근 통제, 역할 기반 제어, 또는 두 가지 모두 구현될 필요가 있는지 확인(예를 들면, 일별 시간 제한)
	보안 시스템 내에서의 역할과 역할이 제공되는 방법
	주제에 따라 검토할 필요가 있는 접근 통제(예를 들어, 프로토콜 공개/등록 지원)
모니터링, 규정 준수 및 보고	보안 모니터링이 수행되는 방법과 IoT 디바이스 로그에서 데이터를 수집하는 방법. 게이트웨이가 로그 수집기 역할을 할 수 있는가? SIEM 이벤트 경고를 위해 어떠한 규칙을 작성해야 하나?
	로그 파일 시스템은 보안 이벤트 로그 분석을 위해 전송해야 한다.
	IoT 시스템의 수명주기 동안 준수해야 할 규정은 무엇인가?
	빅데이터 분석은 IoT 시스템의 강화된 보안 모니터링을 위해 사용한다.
사고 대응과 포렌식	사고 대응 활동을 정의하고 실행하기 위한 책임자 선정
	새로운 IoT 시스템의 비즈니스 기능 매핑
	실패/침해된 IoT 시스템의 영향 분석
운영, 유지 보수, 폐기	추가 보안 문서는 형상 관리 계획, 지속적인 모니터링 계획 및 비상 계획을 포함해 안전한 IoT 시스템 작동을 지원해야 한다.
	시스템이 건전한 보안 상태를 유지하기 위해 정기적으로 유지되는 방법
	보안 교육은 이해관계자와 그 훈련을 완료하기 위한 빈도를 사용할 수 있다.
	IoT 시스템 자산의 처분이 안전하게 이뤄지는지 검증하는 방법

네트워크와 보안의 통합

잠재적으로 IoT 기능의 여러 가지 다양한 유형이 있는 것을 생각하면, 일반적인 IoT 네트워크 구현을 특징짓는 것은 어렵다. 무선 센서 네트워크와 커넥티드 비클을 위한 네트워크 및 보안 통합의 고려 사항을 잠시 살펴보자.

무선 센서 네트워크를 위한 네트워크와 보안의 통합을 검토

일반적인 무선 센서 네트워크**WSN**를 조사하면, ZigBee와 같은 RF 기반 프로토콜을 사용해 통신하는 수천 개 이상의 저전력 배터리로 구동하는 센서가 있는 것을 발견할 수 있다. 이러한 디바이스는 ZigBee에서 직접 실행 가능하고, 유사한 프로토콜인 MQTT-SN과 같은 맞춤형 IoT 프로토콜을 이용해 애플리케이션 계층에서 통신할 수 있다. 이 시나리오에서 각 센서의 MQTT-SN의 구현은 다음 MQTT-SN 및 MQTT 프로토콜 사이에서 변환 게이트웨이가 필요하다.

게이트웨이는 다시 클라우드에 IP 연결 없이 IoT 디바이스를 배포할 수 있는 기능을 제공한다. 대신에, 게이트웨이는 네트워크 IoT 디바이스로부터 데이터를 사용하는 분석 시스템 네트워크 간의 프로토콜 중개 역할을 한다. 게이트웨이는 여러 장치에서 데이터를 집계(대부분의 경우 적어도 일시적으로 데이터를 저장)하는 것을 생각하면, 각각 엔드 IoT 디바이스뿐만 아니라 백엔드 클라우드 서비스 모두가 보안 통신 설정으로 배포되고 있는지 확인하는 것이 중요하다.

이러한 통신을 보호하기 위해 필요한 보안 서비스를 찾고, 센서와 게이트웨이 사이의 근본적인 RF 프로토콜 보안 기능을 활용할 것이다. 또한 MQTT 게이트웨이와 백엔드 서비스 사이에 TLS와 같은 프로토콜 기능의 활용을 기대할 수 있다.

조직은 항상 맞춤형 MQTT-SN 프로토콜을 구현할 필요가 없다. 그러나 일부 IoT 디바이스는 게이트웨이와 MQTT를 사용해 직접적으로 통신할 수 있는 기능을 지원할 수 있다. 아마존 웹 서비스에서는 최근 MQTT의 지원을 검토하고 있으며, 클라우드 기반의 MQTT 게이트웨이를 사용한 직접 연결을 지원하고 있다. 이 연결은 TLS 채널을 활용해 보호한다.

커넥티드 카를 위한 네트워크 진단과 보안 통합

다른 구현은 상당히 다른 특징을 보유하고 있다. DSRC 프로토콜을 사용해 통신하는 커넥티드 비클의 무리를 생각해보자. 이 차량들은 도로 측 기계에 초당 다수의 메시지를 보낼 수 있고, 다른 컴포넌트와 근접한 정도에 따라 메시지를 보낼 수 있다. 이러한 메시지는 데이터 출처 인증을 제공하는 기능을 갖춘 DSRC 프로토콜이 제공하는 기능을 사용해 안전하게 보호된다. 조직은 이러한 프로토콜을 사용해 조직의 커넥티드 비클 및 인프라 컴포넌트와 안전하게 통신하기 위한 설정이 종종 필요할 수 있다.

IoT 배포의 유형에 상관없이, 이러한 시스템은 조직의 기술적인 인프라와 통신하도록 설정할 필요가 있다. 보안 수명주기의 관점에서 엔지니어는 이러한 통합 활동을 계획하고 상당한 시간을 할애해야 한다. 기업 내부의 IoT 시스템을 통합하는 부적절한 계획은 악용할 수 있는 새로운 취약점을 만들어낼 수 있다.

기존 네트워크 및 보안 인프라에 대한 업데이트 계획

수명주기 활동은 새로운 IoT 서비스를 기존의 인프라로 통합하는 계획을 포함하고 있으며, 이러한 활동은 때로는 기존 아키텍처의 대폭적인 점검을 야기할 수 있다. 일부 IoT 구현 방식은 자동으로 결정하기 위해 실시간에 가까운 피드백이 필요하다. 최초의 IoT 형태는 센서를 사용한 데이터 수집에 크게 초점을 맞추고 있지만, 우리의 일상적인 생활 속에서 데이터를 유용하게 만드는 방향으로 관심사는 점점 이동할 것이다. 조직에서는 분석, 제어 시스템과 조직의 전반적인 권한 설정^{provisioning}이 장려될 것이다.

IoT 시스템이 거의 실시간으로 데이터를 처리하고 결과에 따라 동작해야 하는 상황에서, 중앙 집중식 처리를 위한 데이터의 이동은 재평가가 필요하다(http://www.forbes.com/sites/moorinsights/2015/08/04/how-the-internet-of-things-will-shape-the-datacenter-of-the-future/).

시스코 시스템즈^{Cisco Systems}는 신뢰성, 확장성, IoT 시스템의 결함 허용성을 높이는 데 초점을 맞추고, 좀 더 분산 모델로 전환할 필요성을 해결하기 위해 포그 컴퓨팅^{Fog Computing}이라는 용어를 만들었다. 포그 컴퓨팅 모델은 IoT 디바이스의 네트워크 에지 내의 계산, 저장, 네트워크 서비스 혹은 게이트웨이 애플리케이션 서비스에서 위치한다(http://blogs.cisco.com/perspectives/iot-from-cloud-to-fog-computing). 에지 컴퓨팅의 개념을 대부분의 중앙 시스템에 의존하는 것과 달리, 성능의 향상을 지원하고 거의 실시간으로 초기 분석을 지원한다. 데이터는 좀 더 지역적으로 처리되고 분석된다. 일단 경계 내에서 처리가 이뤄지면, 결과 데이터는 오랜 기간 동안 저장하거나 추가적인 분석 서비스에서 처리하기 위해 직접 클라우드로 전송한다.

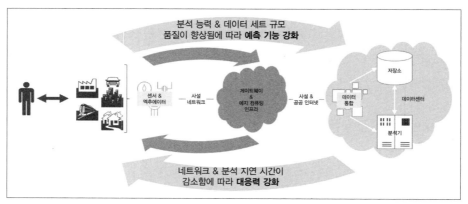

시스코의 이미지 제공

확장과 동시에 서비스 거부DoS, denial of service 공격 등으로부터 방어할 수 있는 IoT 배포를 설계하는 것은 중요하다. 네트워크 인프라 및 아키텍처를 분석해 다시 생각해보는 것은 중요한 방법이다. 계획 및 기존의 인프라를 업그레이드 중인 IoT 서비스의 분산화는 새로운 서비스의 추가와 회복 탄력성 모두를 향상시키는 기회가 될 것이다.

권한 설정 메커니즘을 위한 계획

엔지니어는 또한 IoT 디바이스와 게이트웨이가 적절하게 작동하는 데 필요한 네트워크 정보를 제공하기 위해 계획해야 한다. 어떤 경우에는 IP 주소 할당 계획을 포함한다. 종종 지원을 받는 IoT 프로토콜의 선택은 IP 주소 요구 사항을 지시할 것이다. 블루투스, ZigBee, ZWave 등의 통신 프로토콜을 사용하는 무선 센서 네트워크WSN는 IP 주소의 제공이 필요하지 않다. 그러나 6LoWPAN 등의 프로토콜은 각 장치의 IPv6 주소를 제공해야 한다. 일부 장치는 다양한 무선 프로토콜과 IP 연결을 지원한다.

IPv6 주소를 사용해 장치를 공급하기로 결정한 조직은 IPv6 라우팅 인프라가 안전하게 사용할 수 있는지 확인해야 하는 추가적인 보안공학 업무에 직면하고 있다.

조직은 또한 임의의 필요한 도메인 네임 시스템DNS, domain name system 통합을 계획해야 한다. 이것은 URL을 사용해 통신할 수 있는 모든 엔드포인트 또는 게이트웨이가 필요하다. DANE DNS-based Authentication of Named Entities와 같은 게이트웨이에서 인프라 통신과 백홀backhaul 서비스 커뮤니케이션 프로토콜의 사용을 고려하자. DANE는 DNSSEC를 활용해 명명된 개체URL에 인증서의 훨씬 강화된 인증이 가능하고, 웹 기반의 다양한 MITM 공격 시나리오를 차단하는 데 도움이 된다.

보안 시스템의 통합

IoT 시스템은 기존의 기업 보안 시스템과 통합하기 위해 인터페이스 통합 테스트를 필요로 한다. 이상적으로, 이러한 시스템에 대한 인터페이스는 IoT 시스템의 개발 중에 만들어진 것이지만, 경우에 따라 통합을 완료하기 위해 글루 코드glue code를 개발해야 한다. 다른 예도 있는데, 간단한 구성을 사용해 인터페이스 또는 엔터프라이즈 시스템의 보안 제품을 사용하는 데 필요하다. IoT 배포가 통합될 가능성이 높은 엔터프라이즈 보안 시스템의 예는 다음과 같다.

- ID 및 접근 관리IAM, Identity and access management 시스템
- 디렉터리 시스템
- 보안 정보 및 이벤트 관리SIEM, Security information and event management 시스템
- 자산 관리 및 구성 관리 시스템
- 경계 방어 시스템(예를 들면 방화벽, 침입 탐지 시스템)
- 암호화 키 관리 시스템
- 무선 접근 통제 시스템
- 기존 분석 시스템

IoT와 데이터 버스

IP와 무선 기반 IoT 시스템 외에, 인접 디바이스와 통신하기 위해 데이터 버스에 의존하는 IoT 기반의 시스템도 있다. 예를 들어, 최근 자동차에서 컨트롤러 영역 네트워크 CAN, controller area network 버스는 일반적으로 차량 부품 간의 실시간 메시징(전자 제어 장치)에 사용된다. 최근, 자동차 제조업체들은 차량 플랫폼에 강화된 엔터테인먼트 기반의 기능을 구현하기 시작했다. 다수의 경우, 안전이 중요한 CAN 버스와 이러한 새로운 시스템(예를 들면, 인포테인먼트 시스템) 사이의 연결이 있다. 모범 보안 실무 사례는 이러한 시스템을 분리할 것을 권고하지만, 분리한 이후에도 안전이 중요한 CAN 버스는 공격 가능한 상태가 유지될 수 있다.

찰리 밀러Charlie Miller와 크리스 발라섹Chris Valasek의 2015년 연구 결과를 확인해보면, 현재 차량이 직면하고 있는 몇 가지 해결 과제를 이해할 수 있을 것이다. 부적절한 캐리어 네트워크 구성, 소프트웨어 컴포넌트의 빈약한 보안 설계, MCU 장비 중 하나의 역공학(안전이 중요한 CAN 버스에서 차량의 인포테인먼트 시스템을 분할하기 위한 책임)을 통해 연구자는 효율적으로 커넥티드 비클을 원격에서 장악할 수 있었다(http://illmatics.com/Remote%20Car%20Hacking.pdf).

IoT 시스템의 경우 안전에 중요한 시스템에 통합돼 있는 상황에서 보안 도메인 분리는 필수적이다. 이 분리 기술은 중요하지 않은 사물에서 민감한 기능을 분리하기 위해 사용되는 기술을 의미한다. 또한 무결성 보호, 인증, 메시지 재사용 방어, 기밀성 등 다수의 경우에 대한 지원을 제공하는 데 적합하다. 기존의 네트워크에서, SIEM의 통합은 트래픽을 검사하고 데이터가 교차하는 보안 영역을 설정할 때 트래픽을 조사하고 규칙을 준수하는지 보장하기 위해 중요하다. 실시간 데이터 버스뿐만 아니라, 앞으로 유사한 시스템에서도 필요할 것이다.

시스템 보안 검증 및 타당성 확인

충분한 기능 보안 요구 사항이 충족됐는지 확인하기 위해 긍정적 테스팅과 부정적 테스팅 모두 수행해야 한다. 시스템이 다른 엔터프라이즈 기반 시설 컴포넌트와 통합된 후에 테스트는 운영 환경에서 수행돼야 한다. 이상적으로 이 테스트는 개발 수명주기 뿐만 아니라 구현/통합, 배포, 운영에 걸쳐서 발생한다.

검증은 이해관계자의 요구 사항을 제대로 충족하는지, 일련의 요구 사항에 따라 시스템이 운영되는지 보증한다. IoT 제품, 서비스, 시스템이 고객의 요구와 다른 이해관계자를 만족시키는지 확인하는 것은 IoT 시스템에서 시스템 정의와 설계가 위협으로부터 충분히 보호하는 것을 의미한다. 검증은 제품, 서비스 또는 시스템이 규제 요구 사항, 사양, 또는 시장이 부과한 제약을 준수하고 있는지를 평가한다. IoT 시스템의 경우, 보안 서비스 및 기능이 설계에 따라 실행된 것을 의미한다(https://en.wikipedia.org/wiki/Verification_and_validation).

기능적 보안 요구 사항을 검증하는 한 가지 방법은 기능을 확인할 수 있는 테스트 드라이버 또는 에뮬레이터를 만드는 것이다. 예를 들어 안전한 접속(예: TLS)의 인스턴스화와 장치 간의 인증을 구현하는 에뮬레이터를 제작하면, 담당자는 디바이스가 보안 요구 사항에서 정의한 대로 작동하고 있다는 자신감을 가질 것이다. 시스템 테스트는 IoT 구현 기능 보안 요구 사항이 개발 및 통합 중에 충족됐는지 확인하기 위해 필요하다. IoT 시스템 테스트는 가능한 한 자동화돼야 하며, 시스템의 예상과 예기치 않은 동작을 모두 처리해야 한다.

문제를 발견할 때마다 불일치 보고서[DR, Discrepancy report]를 작성해야 하며, 시스템이 업데이트돼 새로운 릴리스[release]를 사용할 수 있도록 DRS는 개발 팀이 추적한 후 종료해야 한다. DR의 추적은 아틀라시안 스위트[Atlassian suite]의 지라[Jira]와 같은 애자일 기반의 툴에서부터 DOORS와 같은 설정 관리 툴까지 다양한 종류의 추적 툴을 이용해 수행할 수 있다.

보안 교육

2015 OpenDNS 엔터프라이즈 보고서는 보안 실무자가 곧 직면하게 될 해결 과제를 소개했다. 이 보고서는 직원들이 기업으로 IoT 디바이스를 가져오는 것을 확인했고, 스마트 텔레비전 등의 장비가 기업의 방화벽을 통해 다양한 인터넷 서비스를 이용한 것으로 나타났다. 이 연구에서는 네트워크에 대한 연결뿐만 아니라 부적절하게 설치된 사용자 IoT 디바이스를 식별하는 방법에 대한 재교육이 직원과 보안 담당자에게 필요하다는 측면을 보여줬다.

보안 교육을 신설할 경우 정기적인 검토와 다른 IoT 패러다임을 지원하기 위해 필요한 새로운 보안 정책을 만드는 것이 필요하다. 이러한 정책은 최종 사용자의 보안 의식 향상 교육뿐만 아니라 모두를 위한 보안 관리 교육 자료로 활용돼야 한다(https://www.opendns.com/enterprise-security/resources/research-reports/2015-internet-of-things-in-the-enterprise-report/).

사용자의 보안 인식 교육

IoT 시스템은 종종 기존의 IT 시스템에서는 볼 수 없는 독특한 특성을 가지고 있다. 사용자의 보안 인식 교육에 고려해야 할 주제들은 다음과 같다.

- 데이터 네트워크의 IoT 디바이스와 관련된 물리적 위험
- 조직에 개인의 IoT 디바이스를 가져올 때 관련된 정책
- IoT 디바이스에 의해 수집된 데이터와 관련된 개인정보 보호 요구 사항
- (허용되는 경우) 기업의 IoT 디바이스와 연결하기 위한 절차

IoT 보안 관리 교육

보안 관리자는 안정적으로 작동하는 IoT 시스템을 유지하기 위해 필요한 기술 및 절차에 대한 정보를 제공받아야 한다. 보안 관리 교육에서 업데이트를 고려해야 할 항목은 다음과 같다.

- 조직 내에서 사용 가능한 IoT 사용과 관련된 정책
- 새로운 IoT 시스템에서 지원하는 새로운 IoT 자산 및 민감한 데이터에 대한 자세한 기술 개요
- 새로운 IoT 디바이스 온라인을 가져오는 절차
- IoT 디바이스의 보안 상태를 모니터링하는 단계
- IoT 디바이스 및 게이트웨이 펌웨어/소프트웨어를 업데이트하는 절차
- IoT 자산을 관리하기 위해 승인받는 방법
- 조직으로부터 승인되지 않은 개인의 IoT 디바이스 검출 방법
- IoT 디바이스를 포함한 사고 대응 절차
- 올바르게 IoT 자산을 처분하기 위한 절차

조직 내에서 IoT 시스템 또는 IoT와 관련된 데이터를 다루는 직원은 적합한 교육을 받아야 한다.

보안 구성

IoT 시스템은 다양한 많은 구성 요소를 포함하고 있으며, 각각은 안전한 방법으로 설정돼야 한다. 각 구성 요소는 확실하게 다른 구성 요소와 인터페이스하도록 설정돼야 한다. 기본 보안 설정을 변경하는 것과 운영을 위해 필요한 올바른 보안 설정을 선정하는 것은 종종 간과하기 쉽다. IoT 시스템과 통신 서비스를 잠그는 방법을 이해하기 위해 항상 기존의 보안 구성 가이드를 활용해야 한다.

IoT 디바이스 구성

더 강력한 일부 IoT 디바이스는 기본 설정과 설정 파일의 리뷰를 필요로 하는 실시간 운영체제RTOS, real-time operating system를 사용한다. 예를 들어, 운영체제의 부트 로딩 기능을 확인하고 업데이트를 통해 오로지 인증을 받고, 무결성 보호를 받은 펌웨어를 업데이트한다. 열린 포트를 확인하고 승인받지 않은 작동 중인 포트는 잠가야 한다. 또한 기본 포트 설정은 응용프로그램 화이트리스트 통제를 구현하기 위해 관리해야 한다.

즉, 각 장치 유형을 위한 기본 기준선 보안을 만들어야 한다.

하드웨어 구성의 보안은 동등하게 중요하다. 이전 장에서 설명했듯이, 최대한 공격자가 탈취하거나 취약점에 노출된 장치로 접근하는 것에 대항하기 위해, 오픈 테스트 인터페이스(예를 들어, JTAG)를 잠가야 한다. 설계자와 함께, 하드웨어에 포함할 수 있는 임의의 물리적 보안 기능 또한 사용해야 한다. 이러한 기능에는 중요 인터페이스의 적용 범위 및 차단, 기타 액티브 조작 감지 및 대응(예를 들어, 조작 시 민감한 데이터의 자동 와이핑wiping) 등이 있다.

보안 프로토콜의 설정 또한 중요하다. IoT 프로토콜 또는 프로토콜 스택의 베스트 프랙티스를 제공하는 프로토콜과 관련된 문서를 검토 및 이해하고, IoT 시스템이 구축되기 이전에 따라야 한다. 안전한 블루투스 IoT 설정 가이드의 예는 다음과 같다.

- 블루투스 보안을 위해 미국 NSA^{National Security Agency}의 IAD^{Information Assurance Directorate}에서 개발한 가이드(https://www.nsa.gov/ia/_files/factsheets/i732-016r-07.pdf)
- NIST SP 800-121 NIST의 블루투스 보안 가이드(http://csrc.nist.gov/publications/nistpubs/800-121-rev1/sp800-121_rev1.pdf)

종종, 제조업체들은 보안 설정보다 유용성을 중요하게 생각해서 IoT 구성 요소가 취약한 기본 설정을 갖추게 됐다고 주장한다. 예를 들어, ZigBee 프로토콜은 ZigBee 구현의 상호 운용성을 지원하는 응용프로그램 프로파일을 사용하고 있다. 이러한 응용프로그램 프로파일은 시스템 운영 이전에 변경해야 하는 디폴트 키가 있다.

토비아스 질너^{Tobias Zillner}와 세바스찬 스트로블^{Sebastian Strobl}은 이러한 기본 키의 변경과 관련된 유용한 브리핑을 제공한다. 연구진은 ZigBee 라이트 링크 프로파일^{ZLL, ZigBee Light Link Profile}과 홈 오토메이션 공공 애플리케이션 프로파일^{HAPAP, Home Automation Public Application Profile}은 ZigBeeAlliance09 암호 구문을 기반으로 하는 것을 지적했다. 기본 키를 강제적으로 변경하지 않는 채로 IoT 시스템을 기업 내에서 구현하면, 다수의 통신 보안 통제는 쓸모없게 될 수 있다. 이러한 키는 항상 ZigBee 기반의 IoT 네트워크 온라인을 실행하기 이전에 업데이트해야 한다(https://www.blackhat.com/docs/us-15/materials/us-15-Zillner-ZigBee-Exploited-The-Good-The-Bad-And-The-Ugly.pdf).

보안 게이트웨이 및 네트워크 구성

IoT 디바이스에 대한 보안 구성 업데이트를 실시한 후, IoT 엔드포인트와 데이터를 주고받는 게이트웨이 장치의 구성을 확인하자. 게이트웨이는 다수 IoT 디바이스의 집합적인 보안 설정과 이를 확인하기 위해 특별한 주의가 필요하다. 어떤 경우 이러한 게이트웨이는 IoT 디바이스와 함께 사내에 배치돼 있지만, IoT 디바이스는 클라우드에 위치한 게이트웨이와 직접(AWS IoT 서비스와 같이) 통신할 수 있다.

게이트웨이 설정의 중요한 측면은 모든 자산의 업스트림 및 다운스트림 보안 통신 구현 방식이다. 백엔드 인프라에 대한 게이트웨이 통신은 항상 TLS 혹은 다른 VPN 연결(예를 들면, IPSec)과 이상적으로 양방향(상호) 인증서 기반의 인증을 요청하도록 설정해야 한다. 이는 게이트웨이가 상호작용하는 통신 인프라가 구축한 게이트웨이 인증서에 따라 적절한 접근 통제를 사용하도록 설정돼 있어야 한다. 이러한 구성에서 자주 간과되는 측면은 지원하는 암호 스위트의 강도다. 두 엔드포인트는 서로 지원하는 가장 강력한 암호 스위트를 지원하도록 설정돼 있는지 확인해야 한다. 또한 조직과 개발자는 최신 TLS 버전을 사용하는 것이 좋다. 이전 버전 모두 취약점이 공개됐기 때문에, 예를 들면 TLS 1.0, TLS 1.1 대신 TLS 1.2를 사용해야 한다. TLS 1.3은 현재 IETF 초안 상태다. 확정되고, 사용이 허용되자마자 이를 채택해야 한다.

암호화 방식뿐만 아니라, 다른 응용프로그램 서버와 통신 게이트웨이는 서비스가 PKI 인증서와 연결돼 있는지 확인해야 한다. 이전에 언급했던 것처럼, 이 방식을 완성할 수 있는 한 가지 방식으로, 서버의 디지털 인증서의 상관관계를 확인하기 위해 DANE 레코드와 함께 DNSSEC를 활용하는 DANE 프로토콜 사용 방법이 있다. DANE는 DNS와 연계해 잘못된 인증서에 관련된 실제 PKI 배포 위협의 수를 줄이기 위해 만들어졌다.

다운스트림 장치에 대한 게이트웨이 통신 또한 보안 통신을 제공해야 한다. 각 프로토콜의 보안 모드를 사용해 통신하는 IoT 디바이스를 설정하는 것이 중요하다. 예를 들어, IoT 디바이스가 블루투스-LE를 사용해 게이트웨이와 통신할 수 있는 다양한 옵션이 있다(http://www.ncbi.nlm.nih.gov/pmc/articles/PMC3478807/).

		페어링	암호화	데이터 무결성	계층
LE 보안 모드 1	레벨 1	아니오	아니오	아니오	링크 계층
	레벨 2	인증되지 않음	예	예	
	레벨 3	인증됨	예	예	
LE 보안 모드 2	레벨 1	인증되지 않음	아니오	예	ATT 계층
	레벨 1	인증됨	아니오	예	

업스트림 데이터베이스도 안전하게 설정돼야 한다. 데몬이 root로 실행되지 않도록 설정하고, 기본 포트를 변경하고, 노드 간의 데이터를 암호화하고(원격 프로시저 호출RPC, remote procedure call 또한 포함한다.) 익명 접근을 비활성화하는 등의 보안 잠금 절차를 검토해야 한다.

운영 및 유지 보수

보안 운영 및 인증 정보, 역할 및 키 관리뿐만 아니라 모든 수동적이며 능동적인 시스템의 보안 상태를 모니터링하는 등의 IoT 시스템의 보안 활동을 지원해야 한다.

신원, 역할, 특성 관리

기업 내의 주소에서 가장 어려운 문제 중 하나는 IoT 디바이스를 위한 공통의 네임스페이스namespace를 만드는 것이다. 네이밍 이외에도 투명한 프로세스 등록을 수립해야 한다. 등록 절차는 장치가 취급하는 데이터의 민감도와 침해 시의 영향에 따라 등급을 나눠야 한다. 예를 들어, 보안상 중요한 관리자 및 관리자 그룹에 관련된 장치의 등록은 직원별 등록 처리를 요구해야 한다. 상대적으로 중요하지 않은 장치는 몇 가지 사전 구성된 트러스트 앵커trust anchor를 기반으로 온라인 조직 신원을 구축할 수 있다.

기존의 일부 IoT 구현은 신원 및 장치 관리에 사용되는 역할 기반 권한을 적절하게 관리하지 못해 고생했다. 예를 들어, 초기의 커넥티드 비클 RSE에는 기본 사용자 이름/패스워드 혹은 공유 사용자 이름/패스워드의 조합을 사용하도록 구현돼 있었다. 이러한 장치의 지리적인 분산을 감안하면, 안전한 구성이 선택된 이유를 이해하기 쉽다. 그러나 올바르게 IoT 인프라를 잠그고, 관리 기능을 수행하기 위해 적절한 자격 증명과 권한이 필요하도록 주의를 기울여야 한다.

IoT 시스템 내에서 허용해야 하는 보안과 관련된 다양한 기능이 있다. IoT 환경에서 역할과 매핑하기 전에 이러한 기능을 고려하는 것이 유용하다. 모든 IoT 디바이스가 안전한 기능 세트를 가지고 있지는 않지만, 적절한 IoT의 관리를 위해 다음과 같은 몇 가지 보안 기능이 필요하다.

- 뷰 감사 로그
- 감사 로그 삭제(순환 설정 오프rotate off)
- 장치 사용자 계정 추가/삭제/수정
- 장치의 권한이 있는 계정의 추가/삭제/수정
- 현재 장치 서비스의 표시 및 시작/중지
- 장치의 새로운 펌웨어 로드
- 물리적인 인터페이스/포트에 접근
- 장치 구성 변경(네트워크 등)
- 장치 접근 통제 변경
- 장치 키 관리
- 장치 인증서 관리

- 장치 쌍 혹은 페어링 설정 업데이트

신원 관계 관리 및 컨텍스트

IoT의 독특한 특성을 감안할 때, 신원 관계 관리[IRM, identity relationship management]의 도입을 검토해야 한다. 칸타라 이니셔티브[Kantara Initiative]는 크게 인증 절차 내에서 컨텍스트의 개념에 의존하는 새로운 패러다임을 정의하고 전파하기 위해 꾸준히 노력하고 있다. 칸타라 이니셔티브는 다음과 같은 IRM 핵심 주제를 선정했다.

- 직원 이상의 소비자와 사물
- 주변을 넘어서 경계가 없음
- 기업의 규모를 넘어서는 인터넷의 규모

속성 기반 접근 통제

컨텍스트[context]는 IoT에 관한 것으로, 관련되는 방법에 대해 특정 속성 기반 접근 통제[ABAC, attribute-based access control]로 이해하는 것이 중요하다. 컨텍스트는 장치 신원의 의사 결정 과정에 추가 입력으로 인증 및 권한 부여 시스템을 제공한다.

- 지리적으로 분리된 외부에 있는 IoT 디바이스는 인프라와 연결을 확정하는 데 제한이 있을 수 있다.
- 허가된 수리 시설에서 커넥티드 카의 새로운 펌웨어 업로드를 허용할 수 있다.

NIST에서는 ABAC을 이해하는 데 유용한 자료를 제공하고 있다(http://nvlpubs.nist.gov/nistpubs/specialpublications/NIST.sp.800-162.pdf).

역할 기반 접근 통제

적절한 신원을 식별하고 역할이 갖는 권한을 식별하는 것은 보안 신원 관리의 일부 업무에 포함된다. 이러한 역할은 물론, IoT 시스템 구축의 고유한 요구를 충족하도록 조정할 수 있고, 경우에 따라 고려해야 역할 기반 접근 통제(RBAC, role-based access control)를 사용해 직무의 분리를 부여할 수 있다. 예를 들면, 감사 로그를 관리하기 위한 별도의 고유한 역할을 제공하는 것은 내부의 관리자가 로그를 조작할 수 있는 위협을 감소시킨다. 기존에 정의된 역할이 부족하다면, 관리 및 신원과 접근 통제 시스템에서 활용할 수 있는 보안과 관련된 역할/서비스를 매핑한 예제인 다음의 표를 참고하자.

역할	책임
IoT 엔터프라이즈 보안 관리자	장치의 권한이 있는 계정을 추가/삭제/변경한다.
IoT 디바이스의 보안 관리자	감사 로그 보기 장치 서비스를 시작/정지할 수 있는 장치 사용자 계정을 추가/삭제/변경한다. 장치에 새로운 펌웨어를 로드한다. 물리적 장치 인터페이스/포트에 접근한다. 장치 접근 통제를 변경한다. 장치 키를 관리한다.
IoT 네트워크 관리자	장치 구성(네트워크 등)을 변경한다. 장치 인증서를 관리한다. 장치에 페어(pair)하거나 페어링 설정을 변경한다.
IoT 감사 관리자	감사 로그를 삭제한다(순환 설정을 끈다).

인프라의 다른 구성 요소와 직접 또는 간접적으로 통신하기 위한 IoT 디바이스뿐만 아니라 추가적인 서비스 역할이 있다. 이러한 서비스가 충분히 가능한 권한을 제한해 설정을 잠그는 것이 중요하다.

서드파티 데이터 요구 사항의 고려

장치 제조업체들은 종종 모니터링 장치 상태 확인을 위한 장치 데이터 접근을 요구하고, 통계 및 권한을 추적한다. 필요한 경우 제조업체에 데이터의 안전한 전송을 지원하도록 AAA(인증Authentication, 권한 부여Authorization, 계정 관리Accounting를 뜻한다.) 시스템 설계의 업데이트를 고려해보자.

또한 고객 프로파일 데이터에 접근하기 위해 개인정보 설정의 동의 고객 정의를 지원하도록 AAA 시스템의 업데이트를 고려하자. 이것은 고객, 환자와 같은 자신의 프로파일 중 어떠한 항목을 공유해도 되는지, 어떠한 기관과 공유하는지, 공유가 가능한지와 같은 외부 신원의 관리가 필요하다. 대부분의 경우, 데이터 처리를 위해 소비자와 비즈니스 파트너의 환경을 관리하는 타사 서비스 및 AAA 서비스의 통합이 필요하다.

키와 인증서 관리

운수 부문에서 수송과 자동차 산업 부문은 연간 1,700만 개의 인증서를 발급할 수 있는 새롭고 강력하며 확장 가능한 PKI 시스템을 구축하기 위해 노력하고 있으며, 최종적으로 경차, 대형 차량, 오토바이, 자전거, 보행자를 포함한 3억 5,000만 개의 장치를 지원하기 위해 확장하고 있다. 보안 자격 증명 관리 시스템SCMS, security credential management system은 IoT의 암호화를 지원하기 위해 필요한 복잡함과 규모를 이해할 수 있는 좋은 참고 자료다.

키와 인증서는 여러 기기 사이의 통신, 기기와 게이트웨이 사이의 통신, 그리고 게이트웨이와 서비스 사이의 안전한 데이터 전송을 가능하게 해준다. 대부분의 조직은 SSLSecure Sockets Layer 인증서의 PKI 업체와 기존에 계약했지만, IoT 디바이스의 인증서 프로비저닝provisioning은 기존의 전형적인 SSL 모델에 적합하지 않다. 기존의 사내 PKI 시스템을 사용할지 여부를 결정할 때 IoT 인증서를 활용하고 절충이 필요한 사항도 있기 때문에, 특정 서드파티 PKI 공급자를 선정할 때는 몇 가지 고려 사항이 있다.

PKI 인증서에 대한 자세한 내용은 6장, 'IoT를 위한 신원과 접근 관리 솔루션'에서 볼 수 있다. 운영과 관련되고 IoT 디바이스를 위한 키와 인증서 관리에 필요한 고려 사항은 다음과 같다.

- 어떻게 IoT 디바이스에서 키/인증서의 부트스트랩을 안전하게 처리할 것인가?
- 어떻게 IoT 디바이스의 신원 확인을 할 것인가?
- 어떻게 IoT 디바이스 및 서비스에 의해 처리되고 취소된 것을 확인할 것인가?

- 온라인 인증서 상태 프로토콜OCSP, Online Certificate Status Protocol 응답이 사용된다면, 장치와 대상을 연결하기 위해 어떻게 설정할 것인가?
- 얼마나 많은 인증서가 장치마다 필요하며, 인증서마다 유효 기간을 어떻게 설정해야 하는가? 단기간의 유효 기간 설정에 대한 강력한 근거로 일부 IoT 사용 사례가 있다.
- (예를 들어, 커넥티드 비클의 경우와 같이 장치를 사람과 직접적으로 묶을 수 있는 경우) 인증서와 장치의 결합을 배제하면 개인정보 보호를 위한 고려 사항이 있는가?
- 서드파티 공급 업체에 의한 가격당 인증서price-per-certificate는 배포 비용의 제약이 있는 상황에서 수량과 관련된 요구 사항을 충족시켜주는가?

X.509 인증서에 대한 최적의 접근 방식이 시스템에 임의의 제약 조건(예를 들어, 통신 요구 사항 및 스토리지 요구 사항)을 추가하는가? IoT의 지원을 위해 도입한 새로운 인증서의 형식이 있다. 한 가지 예는 차량 간V2V, vehicle-to-vehicle 통신을 위해, SCMS에서 사용하는 IEEE 1609.2 사양 포맷이다. 이러한 인증서는 최소한의 대기 시간과 제한된 장치 및 스펙트럼을 위해 감소된 대역폭 오버헤드를 요구하는 환경을 위해 설계됐다. 이들은 X.509 인증서가 다양하게 사용된 것과 같은 타원 곡선 암호 알고리즘을 사용하지만, 전체적인 크기가 상당히 작기 때문에 디바이스 간의 통신에 적합하다. 나는 이 인증서 형식이 다른 IoT의 영역에서 채택되고, 결국에는 현재 TLS 같은 기존의 프로토콜(특히 명시적인 응용프로그램 및 권한 부여 속성)에 통합되길 바란다.

보안 모니터링

IoT 시스템에서는 운영 중인 자산의 잠재적인 보안 문제를 충분히 완화시키기 위해 비정상적인 행동을 탐지할 수 있어야 한다. IoT는 기존의 SIEM 시스템만을 사용하기에는 부족하기 때문에 여러 가지 극복해야 할 과제가 있다. 이것은 다음과 같은 이유 때문이다.

- 일부 IoT 디바이스는 보안 감사 로그를 생성하지 않을 수 있다.

- IoT 디바이스는 일반적으로 syslog 등의 포맷을 지원하지 않기 때문에 커스텀 커넥터가 필요할 수 있다.
- IoT 디바이스에서 감사 로그에 대해 적시에 접근을 얻는 것은 다양한 시나리오에서 어려울 수 있다.
- IoT 디바이스 감사 로그의 무결성에 대한 신뢰가 다소 제한될 수 있다.

IoT 디바이스의 모니터링을 위한 준비는 각각의 IoT 디바이스, 게이트웨이, 서비스의 데이터가 무엇이고, 이벤트와 관련된 어떠한 데이터를 사용할 수 있고, IoT 시스템 전반에 걸쳐서 의심스러운 이벤트와 관련된 데이터를 파악하는 것으로 시작해야 한다. 이것은 이상적으로는 주위의 인프라 컴포넌트뿐만 아니라 다른 IoT 디바이스/센서와의 상관관계 또한 포함할 것이다. 사용 가능한 입력 값을 이해하는 것은 기업의 SIEM 시스템 내에서 구현되는 규칙을 정의하기 위한 견고한 기반을 제공한다.

기존 SIEM 기반 규칙을 정의하는 것만으로, IoT 기반 메시징 데이터 분석의 적용을 시작할 수 있는 기회를 제공한다. 장치의 감사 로그를 쉽게 구할 수 없는 경우에도, IoT 시스템의 동작 중에 이상 여부를 식별하는 데 유용할 수 있다. 예를 들어, 단일 센서에서 네트워크에 연결된 온도 센서의 정상 작동을 파악함으로써 각각 장치에 가까운 장치의 일정 비율 범위를 파악하고(정의된 분산에 기초해) 경고할 수 있다. 이것은 CPS 제어 시스템 모니터링이 보안 감시 시스템에 통합될 필요가 있는 예다. 물리적, 논리적, 네트워크의 통합, 그리고 IoT 디바이스(센서, 등 액추에이터) 등 ArcSite 같은 도구를 사용해 개발하거나 커스텀 Flex 커넥터를 구할 수 있다.

IoT 시스템 내에서 찾을 수 있는 일반적인 예외 사항은 다음과 같다.

- 장치에 연결할 수 없음
- 시간 기반의 이상 작동
- 하루 중 홀수 시간에 활동이 급증하는 현상이 발생
- IoT 디바이스에서 방출되거나 목표로 하는 새로운 프로토콜

- 임계 값을 초과한 수집 데이터의 편차

- 인증 이상

- 권한 상승 시도

- 속도 혹은 활동의 감소

- 장치의 물리적 상태의 급격한 변화(예를 들면 급격한 온도 상승, 진동 등)

- 예기치 않은 목적지와 통신(IoT 네트워크 내의 통신도 포함)하기 위해 횡 방향의 움직임을 시도

- 손상된 데이터의 수신

- 예기치 않은 감사 결과

- 예기치 않은 감사 볼륨과 제거된 감사 추적(장치 또는 게이트웨이)

- 특정 주제(프로토콜 공개/등록의 경우)의 스위핑

- 반복적인 연결 시도

- 비정상적인 접속 해지

그저 흥미로운 오작동일 수도 있지만, 각각의 IoT 시스템은 개별적으로 적절한 운용 기준과 비정상적인 행동의 구조를 파악하기 위해 검토해야 한다. CPS에서는 안전 규칙에 보안 규칙을 통합하고 기준선을 마련하는 것이 중요하다. 가능하다면, IoT 디바이스와 시스템의 보안 및 안전 자체 검사를 통합할 수 있다. 이러한 보안 및 안전 서비스가 제대로 작동하는지 확인해서 동작 중에 비정상 행위를 검출하기 위해 사용할 수 있다.

IoT 모니터링을 탁월하게 지원할 수 있는 플랫폼 중 하나로 스플렁크가 있다. 스플렁크는 머신 데이터를 처리하도록 설계된 제품으로 IoT를 지원하기 위한 견고한 기반에서 시작됐다. 스플렁크는 데이터 수집, 인덱싱 및 검색/분석을 지원한다.

스플렁크는 이미 애드온 응용프로그램에서 IoT 프로토콜을 지원하고 있다. 스플렁크에서 제공하는 IoT 지원 중 일부는 메시지 처리를 위한 MQTT, AMQP, REST, 아마존 키네시스Amazon Kinesis의 데이터 인덱싱 지원 등이 포함돼 있다.

침투 테스트

조직의 IoT 구현을 평가하는 것은 하드웨어와 소프트웨어의 테스트를 필요로 하고, 작업 주기 동안 수행하는 정기적인 침투 테스트 활동뿐만 아니라 자율 테스트를 포함해야 한다.

이는 좋은 보안 관행을 준수하는 것 이외에도, 다수의 규정에서 앞으로 IoT 디바이스/시스템을 포함한 서드파티의 침투 테스트를 수행할 것을 요구하고 있다. 침투 테스트는 기존의 보안 통제를 확인하고 구현한 보안 통제의 격차를 확인할 수 있다.

블루 팀은 레드 팀처럼 주기적인 연습을 실시해 지속적으로 기업의 보안 상태를 평가해야 한다. 또한 새로운 인프라와 하드웨어 컴포넌트를 아키텍처에 도입하기에 앞서서 반드시 보안 상태를 평가해야 한다.

레드 팀과 블루 팀

IoT 시스템에 대한 침투 테스트를 실시하려면 몇 가지 추가적인 고려 사항이 따르지만, 기존의 IT 시스템을 대상으로 한 침투 테스트와 크게 다르지는 않다. 최종 목표는 궁극적으로 흔히 악용할 수 있는 취약점을 발견하고 보고하는 것이다. IoT 시스템의 경우 침투 테스터는 소프트웨어, 펌웨어, 하드웨어 보안 취약점을 식별하는 데 사용할 수 있는, 심지어 RF 스펙트럼을 활용하는 프로토콜 설정 툴을 갖고 있어야 한다.

효과적인 침투 테스트를 수행하려면 테스터가 가장 중요한 구현에 노력을 집중시켜야 한다. 대부분의 사업 조직에서는 무엇이 가장 가치 있는지를 검토하고(예를 들어, 사용자 데이터의 개인정보 보호 업무의 연속성), 목표에 영향을 미칠 가능성이 가장 높은 정보 자산의 보안을 테스트하기 위한 계획을 마련하고 있다.

침투 테스트는 화이트박스 테스트 또는 블랙박스 테스트 중 하나로 실시할 수 있으며, 두 가지 유형 모두 권장되고 있다. 블랙박스 테스트는 외부의 공격자를 시뮬레이션하는 데 사용되는 반면, 화이트박스 테스트는 테스트 팀이 완전히 기술적으로 취약점을 찾기 위해 좀 더 철저하게 평가한다.

또한 특정 시스템을 침해하려고 시도하는 공격자 유형을 모방하는 공격자의 프로파일을 만드는 데 도움이 될 수 있다. 비용 절감 효과뿐만 아니라 다른 금융 자산을 노리는 침입자의 접근 방식과 동일한 현실적인 공격 패턴을 제공한다.

침투 테스트의 목표가 시스템 보안 상태의 약점을 파악하는 것임을 감안할 때, IoT 시스템 테스터는 항상 쉽게 침입할 수 있는 항목을 살펴봐야 한다. 여기에는 다음과 같은 항목을 포함한다.

- IoT 디바이스 또는 게이트웨이, 서버 및 기타 호스트와 네트워크 장비에 사용되는 기본 패스워드
- IoT 디바이스 또는 장치를 지원하는 게이트웨이와 서비스에 사용되는 기본 암호화 키
- 수정하지 않을 경우 시스템을 외부에 노출시킬 수 있는 잘 알려진 기본 설정 (예를 들면, 기본 포트)
- 안전하지 않은 페어링 절차가 IoT 디바이스에 구현돼 있다.
- 안전하지 않은 펌웨어 업데이트가 장치와 인프라 내에서 처리된다.
- 게이트웨이 IoT 디바이스에서 암호화되지 않은 데이터 스트림
- 비보안 RF(블루투스, ZigBee, ZWave 등)의 설정

하드웨어 보안 평가

하드웨어 보안에 대해서도 평가해야 한다. 하드웨어 보안 평가 활동을 위해 사용할 수 있는 테스트 도구가 상대적으로 부족하기 때문에 힘들 수 있지만, 최근 등장하기 시작하는 보안 플랫폼이 있다. 한 가지 예로, 연구자인 줄리앙 무와나르[Julien Moinard]와 괴놀 오딕[Gwenole Audic]에 의해 만들어진 Hardsploit이 있다.

Hardsploit은 UART, Parallel, SPI, CAN Modbus 등을 포함한 다양한 데이터 버스 유형과 인터페이스에 사용할 수 있는 모듈식의 유연한 툴을 제공하도록 설계돼 있다. Hardsploit에 대한 자세한 정보는 다음 링크에서 볼 수 있다.

https://hardsploit.io/

기업의 IoT 구현 하드웨어 보안을 평가하는 방법은 간단하다. 테스터는 하드웨어 장치가 시스템 자산과 데이터를 보호하기 위한 기능을 통해 새로운 취약점을 시스템 내부에서 발생시킬 수 있는지를 파악해야 한다. 침투 테스트 중 전형적인 IoT 하드웨어 평가의 흐름은 다음과 같다.

1. 장치가 보호되거나 혹은 보호되지 않는 곳에 있는지를 확인한다. 누군가 장치를 몰래 가져갈 수 있는가? 만약 도난당했다면, 온라인으로 리포트를 제공해주는가? 해당 기계를 바꿔치기할 수 있는가?
2. 조작 방지 기능을 분석하고 디바이스를 억지로 뜯어서 연다.
3. 메모리를 덤프하고 민감한 정보의 탈취를 시도한다.
4. 분석을 위한 펌웨어를 다운로드한다.
5. 새 펌웨어를 업로드하고 펌웨어를 작동시킨다.

전파

기존의 IT 구현과 IoT의 다른 측면을 살펴보면, IoT에서 무신 통신의 의존도가 증가하고 있다는 점을 알 수 있다. 무선은 반드시 보호돼야 할 기업의 내부로 다양한 백도어의 침입을 야기한다. 침투 테스트 시 기업 환경에서 데이터를 몰래 빼낼 수 있거나 불법적으로 모니터링할 수 있는 RF 디바이스를 남겨놓을 수 있는지 확인하는 데 시간을 할애하는 것이 중요하다.

IoT 침투 테스트 툴

다수의 기존 침투 테스트 툴을 IoT에서도 사용 가능하지만, IoT에 특화된 툴이 온라인에서 제공된다. IoT 침투 테스트에 유용한 툴의 예는 다음 표와 같다.

IoT 테스트 툴

도구	설명	관련 링크
BlueMaho	블루투스 보안 툴. BT 장치의 스캔/추적을 할 수 있고, 즉각적인 스캐닝과 공격이 가능하다.	http://git.kali.org/gitweb/?p=packages/bluemaho.git;a=summary
Bluelog	특정 위치에서 BT 장치를 탐색하기 위해 장기적인 스캔이 가능하다.	http://www.digifail.com/sof tware/bluelog.shtml
crackle	BLE 암호를 해독하기 위한 툴이다.	https://github.com/mikeryan/crackle
SecBee	ZigBee 취약점 스캐너다. KillerBee 및 scapy-radio 기반으로 한다.	https://github.com/Cognosec/SecBee
KillerBee	네트워크의 보안 상태를 평가하기 위한 툴이다. 에뮬레이션, 단말 장치, 인프라 장비의 공격을 지원한다.	http://tools.kali.org/wireless-attacks/killerbee
scapy-radio	RF 기반 테스트를 위한 scapy 도구를 수정한 버전이다. 블루투스-LE, 802.15.4 기반의 프로토콜과 ZWave에 대한 지원을 한다.	https://bitbucket.org/cyber tools/scapy-radio/src
Wireshark	오랫동안 사용해온 툴이다.	https://www.wireshark.org/
Aircrack-ng	Wi-Fi 네트워크를 이용하기 위한 무선 보안 도구 802.11, 802.11, 802.11g를 지원한다.	www.aircrack-ng.org/
Chibi	오픈소스 ZigBee 스택을 MCU에 통합한 툴이다.	https://github.com/freaklabs/chibiArduino
Hardsploit	하드웨어 테스트에 메타스플로잇 같은 유연성을 제공하기 위한 새로운 툴이다.	https://hardsploit.io/
HackRF	1MHZ에서 6MHZ까지 RX와 TX를 위한 유연한 턴키(turnkey) 플랫폼이다.	https://greatscottgadgets.com/hackrf/
Shikra	사용자가 JTAG, SPI, I2C, UART, GPIO와 같은 저수준의 여러 가지 데이터 인터페이스를 사용할 수 있도록 도와주는 툴이다.	http://int3.cc/products/the-shikra

테스트 팀은 물론 IoT에 영향을 미칠 수 있는 최신의 취약점을 탐색해야 한다. 예를 들어, 미국의 국가 취약점 데이터베이스[NVD, National Vulnerability Database]에서 추적하는 것이 유용하다(https://nvd.nist.gov/). 어떤 경우에는 취약점의 IoT 디바이스에 직접적이지 않을지도 모르지만, IoT 디바이스가 접속하는 소프트웨어 및 시스템과 관련이 있다.

IoT 시스템의 담당자는 기업의 모든 장치와 소프트웨어의 종합적인 버전 추적 시스템을 관리해야 한다. 이 정보는 주기적으로 취약점 데이터베이스를 확인하고, 화이트박스 침투 테스트 팀과 공유해야 한다.

컴플라이언스 모니터링

IoT 보안 컴플라이언스에 대한 지속적인 모니터링은 기존의 IoT 지침에 규제를 매핑하고 확장을 통해 유지하기 때문에 어려울 수 있다.

2장에서 논의한 바와 같이, 인터넷 보안 센터CIS, Center for Internet Security는 IoT 내에서 각 통제의 범위와 관련된 20개 핵심 보안 과제20 Critical Controls에 대한 추가 사항을 발표했다. 이것은 온라인 모니터링 기능의 구성 요소로 20개 핵심 보안 과제를 통합해 지속적인 모니터링 및 컴플라이언스 소프트웨어와 시작점을 제공한다.

자산 및 구성 관리

단순히 각 구성 요소의 물리적 위치를 추적하는 것보다 IoT 자산 관리와 관련된 논의가 좀 더 있다. 일부 IoT 디바이스는 자산의 유지 보수가 필요하고 자산이 오프라인 상태로 될 때 실시간으로 감지하는 예측 분석 기능의 혜택을 누릴 수 있다. IoT 생태계에 새로운 데이터 분석 기술을 통합함으로써, 기업은 이러한 새로운 기능을 IoT 자산에 적용할 수 있고 혜택을 누릴 수 있다.

건설 현장에서 자율 커넥티드 비클이, 그리고 제조 현장에서 로봇이 작업을 수행하는 상황을 생각해보면 고장을 예측하는 기능이 중요해지고 있음을 알 수 있다. 그러나 예측은 첫 번째 단계고, IoT가 발전함에 따라 자동으로 장애에 대응하고 심지어 고장 난 부품을 새로운 부품으로 교체하는 새로운 기능이 생길 것이다.

방범 감시 목적으로 사용 중인 드론의 집합을 고려해보자. 각 드론은 본질적으로 다른 자산과 같이 기업에 의해 관리돼야 하는 IoT 엔드포인트다. 이것은 자산 데이터베이스에 각 드론을 위한 다음과 같은 다양한 속성을 포함함을 의미한다.

- 등록 번호
- 항공기 식별 번호^{tail number}
- 센서 페이로드^{sensor payloads}
- 제조업체
- 펌웨어 버전
- 유지 보수 로그
- 비행 엔벨롭^{envelope}의 제한 등과 같은 비행 성능 특성

이상적으로, 이러한 드론 플랫폼은 자체 모니터링할 수 있다. 즉, 드론 항공기 상태를 모니터링하고 다시 예측 분석을 수행하는 시스템에 데이터를 공급할 수 있는 다수의 센서를 장착할 수 있다. 예를 들어, 드론 플랫폼 각 구성 요소의 고장을 예측하는 데 사용할 수 있고 온도, 스트레인^{strain}, 토크^{torque} 등의 데이터를 측정할 수 있다. 보안 관점에서 볼 때, 예를 들어 예측 알고리즘 내부의 포함되지 말아야 할 차이점을 탐색하는 검사 과정을 구현하는 것처럼, 데이터의 무결성을 종단 간 보호로 보장하는 것이 중요하다. 이것은 단지 안전과 보안이 같은 생태계에서 교차하는 또 한 가지의 예다.

적절한 자산 관리를 하려면 각 자산의 정기적인 유지 보수를 위해 특정 IoT 디바이스와 관련된 특성의 데이터베이스를 유지하는 기능이 필요하다. IoT 시스템 배포자는 두 개의 구성 관리 모델을 고려해야 한다.

- IoT 자산 구성 요소(예를 들어, 펌웨어)는 완전히 통합되고 IoT 디바이스 벤더에 의해 하나로 업데이트된다.
- IoT 자산은 각각이 유지되고, 별도로 업데이트해야 하는 다양한 기술과 모듈 방식으로 개발돼 있다.

첫 번째 단계로, IoT 자산을 업데이트하면 간단하지만 취약점을 악용할 수 있는 기회가 여전히 존재한다. 항상 새로운 펌웨어가 최소한으로 (디지털로) 서명돼 있는지(펌웨

어 서명을 검증하는 공개 키의 트러스트 앵커가 안전하게 저장돼 있는지) 확인해야 한다. 최초의 서명 인증서를 포함한 시스템과 펌웨어 배포 인프라를 안전하게 하기 위해 반드시 보호 업무를 수행해야 한다. 새로운 펌웨어가 IoT 플랫폼에 로드되면, 부팅 및 실행 메모리에 로드할 펌웨어를 허가하기 전에 보호된 트러스트 앵커(공개 키)를 사용해 디지털 서명을 검증할 필요가 있다.

디지털 장치가 서명된 업데이트만 허용하도록 설정돼 있는지 확인하고, 펌웨어 패키지에 서명해야 한다. 펌웨어 업데이트 서버와 장치 간의 암호화된 채널을 사용하고, 업데이트를 수행하는 직원들을 위해 정책, 절차, 적절한 접근 통제를 설정한다.

강력한 IoT의 자산 및 구성 관리 솔루션을 알고 싶다면, Xively와 Axeda 등의 벤더에 문의하자.

사고 관리

IoT는 물리적 및 전자 세계가 혼합되는 것과 같이 기존의 비즈니스 프로세스와 IT 기능을 혼합하고 있으며, 비즈니스 프로세스가 중단됐을 때 조직에 영향을 미칠 수 있는 기능을 갖고 있다. 영향은 재무적 손실, 평판의 하락, 심지어 직원의 생명까지 위협할 수 있다. IoT 관련 사건을 관리하려면 보안 담당자가 특정 IoT 시스템의 침해나 중단이 사업에 미치는 영향에 대해 뛰어난 통찰력을 가지고 있어야 한다. 대응 담당자는 사고 대응 중에 어떠한 적절한 복구 조치를 취할 것인지 결정하기 위해 업무 연속성 계획BCP, Business Continuity Plan을 파악하고 있어야 한다.

Microgrids는 사고 관리에 대한 유용한 예를 제공해준다. Microgrids는 독립적인 에너지 생성, 배포, 관리 시스템이 더 큰 배전 인프라에 연결하거나 연결하지 않을 수도 있다. 프로그래머블 로직 컨트롤러PLC, programmable logic controller와 관련된 사건을 확인할 때 대응 담당자는 우선 특정 PLC의 오프라인으로 바꼈을 때의 영향을 이해해야 한다. 그리고 최소한 대응 작업을 하는 동안 비즈니스 운영에 미치는 영향에 대해 긴밀히 협력해야 한다. 이러한 작업의 경우 조직 전체의 각 IoT 시스템, 보안 직원이 비상 PLC

의 최신 데이터베이스뿐만 아니라 일반적인 중요 자산과 비즈니스 기능에 대한 개괄적인 설명을 유지해야 한다.

포렌식

IoT는 대량의 데이터를 바탕으로 포렌식 과정을 쉽게 하기 위한 새로운 기회를 열어주고 있다. 포렌식 과정에서는 각각의 IoT 엔드포인트에서 가능한 한 많은 데이터를 유지하면 조사에 도움이 될 수 있다. 기존의 IT 보안과는 달리, 자산에서 데이터를 이용하지 못할 수도 있고(예를 들면, 도난되거나), 유용한 데이터를 저장하지 않았을 수도 있고, 변조됐을 수도 있다. 침해된 IoT 디바이스와 관련된 디바이스에서 생성한 데이터에 접근할 수 있다면, 이와 같은 사례에서 훌륭한 출발점이 될 수 있다.

IoT 데이터가 예측 분석을 가능하게 하고 도움이 될 수 있는 것처럼, 보안 사고의 근본적인 원인을 파악하기 위해 IoT 데이터의 사용 기록에 대한 연구가 이뤄져야 한다.

폐기

시스템의 폐기 단계를 시스템 전반에, 혹은 시스템의 개별 구성 요소에 적용할 수 있다. IoT 시스템은 중요한 데이터를 생성할 수 있다. 그러나 최소의 데이터는 일반적으로 장치 자체에서 유지돼야 한다. 그러나 IoT 디바이스와 관련된 통제를 간과할 수 있다는 것을 의미하지는 않는다. 적절한 폐기 절차는 IoT 디바이스에 물리적으로 접근하기 위한 모든 수단을 사용하는(예를 들면, 오래된 전자제품을 수집하기 위한 덤스터 다이빙 dumpster diving) 악의적인 공격자에 대응하는 데 도움이 될 수 있다.

보안 장치의 처분과 민감 정보의 삭제

암호화 설정이 돼 있는 다수의 IoT 디바이스는 로컬 네트워크나 인증을 받고 안전하게 통신하는 다른 원격의 장치와 시스템에 추가할 수 있다. 이러한 암호화와 관련된 자료는 처분하기 이전에 삭제되거나 완전히 와이프wipe해야 한다. 장치를 폐기해야 할 경우, 정책과 절차는 인증받은 직원이 키, 인증서, 기타 민감한 장치 데이터를 안전하게 제거하는 작업 방식을 확인해야 한다. IoT 디바이스에 권한 설정이 돼 있는 계정은 자동화된 트랜잭션에 발견되지 않고 하이재킹되지 않기 위해 해당 계정의 자격 증명credential을 삭제하는 작업을 완료했는지 확인해야 한다.

데이터 퍼지

시스템에서 사용이 완료됐을 때, 게이트웨이 장치도 철저하게 검사해야 한다. 이러한 장치는 잠재적으로 데이터를 저장할 수 있고 반드시 삭제해야 하며, 복구가 불가능하게 변형해야 할 중요한 인증 컴포넌트를 저장하고 있을 수도 있다.

재고 관리

자산 관리는 기업의 정보 보안에서 중요한 원동력이다. 자산의 상태를 추적하고 그 상태를 유지하는 것은 최상의 보안 상태를 유지하는 데 필수적이다. 상대적으로 비용이 낮아서 다수의 IoT 디바이스는 엄격한 프로세스를 준수하지 않고 교체될 수 있는 것을 의미하지 않는다. 가능하면, 자동 재고 관리 시스템을 통해 재고의 모든 IoT 자산을 추적하고, 다음으로 안전하게 폐기한 이후 재고에서 해당 장치들이 제거됐는지 확인하자. 다수의 SIEM 시스템은 장치 재고 데이터베이스를 관리하고 있으며, 시스템 운영자 및 SIEM 사업자 간의 의사소통을 투명하게 유지함으로써 일관된 재고 관리를 할 수 있다.

데이터 보관 및 기록 관리

데이터를 보존해야 하는 기간은 주어진 산업의 특정 요구 사항과 규제에 달려 있다. IoT 시스템에서 이러한 규제를 만족한다면, 수작업이나 정기적으로 장시간 데이터를 수집하고 저장하는 데이터 웨어하우징data warehousing 기능이 필요할 수도 있다. 아파치와 아마존 데이터 웨어하우스(S3)는 IoT 기록 관리를 위해 유용한 기능을 제공한다.

▌ 요약

지금까지 IoT 디바이스의 구현, 통합, 운영, 폐기를 다루는 IoT 보안 수명주기 관리 프로세스에 대해 살펴봤다. 각각의 수명주기에는 거의 모든 산업에서 IoT 배포를 하기 위해 반드시 만들거나 채택해야 하는 하위 프로세스가 있으며, 안전하게 장치를 설계(혹은 부족)하고 확보하기 위한 다수의 방법이 문헌에 나와 있다. 회사는 장치를 안전하게 설계하기 위한(혹은 안전한 설계의 누락과 관련된) 문헌에 관심을 기울여야 하지만, 회사는 안전한 통합과 운영의 보안에도 세심한 주의를 기울여야 한다.

다음 장에서는 IoT와 관련된 암호화를 이해하는 데 필요한 배경지식을 다룰 것이다. 기존의 산업 분야에서 자사의 제품에 올바른 암호화를 채택하고 통합하는 데 어려움을 겪고 있기 때문에 암호화와 관련된 배경지식을 제공하고자 한다.

5

IoT 보안공학을 위한 암호화 기초

이 장에서 다루는 내용

- 암호화와 IoT 보안에서 암호화의 역할
- 암호화 모듈의 원칙
- 암호화 키 관리의 기초
- IoT 프로토콜 암호화 제어 검사
- IoT와 암호화의 향후 방향
- 요약

이 장에서는 IoT 구현, IoT 디바이스의 개발(소비자 또는 산업), 혹은 기업에서 IoT 통신의 통합을 중점적으로 다룬다. 그리고 안전하게 IoT를 구현하고 배포하기 위해 암호화 보안을 확립하기 위한 배경지식과 관련된 내용을 다룬다. 이 책의 대부분은 실제 애플리케이션과 가이드를 주로 다루고 있지만, 이번 장에서는 적용한 암호화와 암호화 구현에 관련된 배경지식으로 활용되는 주제를 심도 있게 탐구하고자 한다. 일부 보안 전문가에게 상식일 수 있지만, 무수히 많은 암호화 구현 오류와 보안의 중요성을 알고 있는 기술 중심의 회사에서도 여전히 불완전한 배포가 일어나는 상황 속에서 이러한 배경지식의 필요성을 깨닫게 됐다. 전통적으로 보안에 익숙하지 않은(예를 들면. 가전 업체) 다수의 산업에서 네트워크 연결과 IoT 기능을 제품에 추가하고 있는 상황이 계속되며 위험이 점점 증가하고 있다. 이러한 과정에서 충분히 예방할 수 있었지만 고객에게 피해를 줄 수 있는 오류를 만들고 있다.

IoT 통신과 메시징 프로토콜을 보호하기 위한 암호 사용의 자세한 검토와 특정 프로토콜을 사용하기 위해 기술 스택의 다른 계층에서 추가 암호화 보호의 사용과 관련된 가이드가 함께 제공돼야 한다.

이번 장은 다음 6장의 공개 키 기반 구조PKI, public key infrastructure와 IoT 신원 및 신뢰 관리를 위한 PKI의 사용을 배우기 위해 먼저 읽어야 한다. 여기서는 PKI에서 사용하는 보안과 관련된 기본 지식과 암호의 기초에 대해 설명하고자 한다.

이번 장은 다음과 같은 소주제로 나뉜다.

- 암호화와 IoT 보안에서 암호화의 역할
- IoT의 암호 프리미티브primitive의 종류와 용도
- 암호화 모듈의 원칙
- 암호화 키 관리의 기초
- 조직의 암호화를 새롭게 생성하기 위한 퓨처-프루핑future-proofing

▌ 암호화와 IoT 보안에서 암호화의 역할

우리는 전 세계적으로 인터넷과 개인 네트워크를 바탕으로 하는 컴퓨터 연결의 전례 없는 성장을 목격하고 있다. 불행하게도 개인, 정부, 기업 사이버 보안 침해의 새로운 보고서가 나올수록 이러한 연결의 이점은 점점 줄어들고 있다. 핵티비스트^{Hacktivist}, 민족-국가주의자, 조직화된 범죄 신디케이트^{syndicates}는 보안 업계와 마치 고양이와 쥐처럼 쫓고 쫓기는 끝없는 게임을 반복할 수 있다. 우리 모두는 사이버 침해의 직접적인 피해자가 되거나 보안 기술 서비스, 보험, 기타 다른 위험 완화책을 개선하기 위해 비용이 발생할 수 있다. 더 많은 보안과 개인정보 보호의 수요를 기업의 이사회와 상위 정부 부처 내에서 인식하고 있다. 수요의 상당 부분은 사용자 데이터와 컴퓨터 데이터를 보호하기 위해 폭넓은 암호화를 채택하기 위한 것이다. IoT를 안전하게 만들기 위해 암호화는 끊임없이 성장할 것이다. 무선 에지 네트워크(네트워크와 지점 간), 게이트웨이 트래픽, 백엔드 클라우드 데이터베이스, 소프트웨어/펌웨어 이미지, 기타 다른 용도를 암호화하는 데 계속 사용될 것이다.

암호화는 이른바 정보화 시대의 데이터, 트랜잭션, 개인의 프라이버시를 보호하기 위해 확보해야 할 필수적인 툴을 제공한다. 제대로 구현되면, 기본적으로 암호 보안 기능은 전송 중인지 대기 중인지에 상관없이 임의의 데이터에 다음과 같은 기능을 제공한다.

보안 기능	암호화 서비스
기밀성	암호
인증	디지털 서명 또는 메시지 인증 코드(MAC, Message authentication code)
무결성	디지털 서명 또는 메시지 인증 코드
부인 방지	전자 서명

1장, '멋진 신세계'에서의 정의를 다시 떠올려보면 이는 정보 보증(IA, information assurance)의 핵심 주제 중 네 가지를 나타낸다. 나머지 한 가지인 가용성은 암호화에서 제공하지 않지만, 암호화 인스턴스를 잘못 구현할 경우 확실히 가용성에 문제가 생길 수 있다(예를 들어, 암호화 동기화 문제로 인한 통신 스택).

암호화가 제공하는 보안 혜택(암호화, 기밀성, 인증, 무결성, 부인 방지)은 다수의 호스트, 데이터, 통신 보안에 대한 직접적인 대응 방법을 제공한다. 최근까지, 나(반 듀란)는 '파일럿 투 드론' 통신에 필요한 보안 문제를 해결하기 위해(국가 영공 시스템에서 무인 항공기를 안전하게 사용하기 위한 전제 조건이 되는) 상당히 오랜 기간 동안 연구해왔다. 필요로 하는 통제를 권장하기에 앞서, 먼저 무인 항공기에 영향을 미칠 수 있는 다른 통신 위험을 이해할 필요가 있다.

포인트는 다수의 보안 전문가들이 프로토콜 수준의 통제 설계까지 완료하지 않았지만, 적어도 보안 임베디드 디바이스와 시스템의 고수준 암호화를 선택했을 것으로 예상되기 때문에 적용된 암호화의 기본 원리를 이해하는 것이 매우 중요하다. 이러한 선택은 항상 위험을 기반으로 해야 한다.

IoT 암호 기본 요소의 종류와 용도

대부분의 사람들이 암호에 대해 생각할 때, 대부분 떠올리는 것은 암호화다. 사람들은 암호화를 데이터가 '뒤섞인 것'으로 생각하지만, 엄밀히 말하자면 허가받지 않은 자가 해독하고 해석할 수 없도록 하는 것이다. 실제 암호화는 다수의 기본 요소로 구성돼 있지만, 이 각 요소는 이전의 IA 오브젝트 중 하나를 완전히 또는 부분적으로 만족한다. 좀 더 크고 복잡한 보안 목적을 달성하기 위해 암호화 기본 요소를 안전하게 구현하고 조합하는 것은 암호화와 프로토콜의 설계에 정통한 보안 전문가에 의해 수행되고 감독돼야 한다. 가장 사소한 오류가 보안 목표(또는 목표들)가 목표를 완수하는 것을 방해하고 막대한 비용이 드는 취약점으로 이어질 수 있다. 암호화 구현을 올바르게 구현하는 것보다 망칠 수 있는 훨씬 더 많은 방법이 있다.

암호화의 기본 요소는 다음의 카테고리로 나뉜다.

- 암호화(복호화)
  - 대칭symmetric
  - 비대칭asymmetric
- 해싱Hashing
- 디지털 서명
  - 대칭: MAC은 무결성과 데이터 원본 인증에 사용된다.
  - 비대칭: 타원 곡선EC, Elliptic curve 및 정수 인수 분해 암호화IFC, integer factorization cryptography. 이들은 무결성, 신원, 데이터 원본 인증뿐만 아니라 부인 방지를 제공한다.
- 난수 생성: 기본적으로 대부분의 암호화는 높은 엔트로피entropy 소스에서 매우 큰 숫자를 필요로 한다.

그러나 암호화는 거의 단독으로 사용되지 않는다. 대신, 상위 계층의 통신 및 다른 프로토콜에서 사용되는 기본적인 보안 기능을 제공한다. 예를 들어 블루투스, ZigBee, SSL/TLS를 비롯한 기타 다양한 프로토콜 자체의 기본 암호화 알고리즘 메시지 인코딩에 그들을 통합하는 방법과 프로토콜의 동작을 지정한다(예를 들어, 실패 메시지 무결성 검사를 처리하는 방법).

암호화 및 복호화

암호화는 대부분의 사람들이 의도하지 않은 당사자가 그것을 읽고 해석할 수 없도록 뒤섞거나 정보에 마스크 처리를 하기 위해 사용되는 데 익숙한 암호화 서비스다. 바꿔 말하면, 도청으로부터 정보의 기밀성을 보호하고 의도한 당사자만 해독할 수 있도록 하는 데 사용된다. 암호화 알고리즘은 대칭 또는 비대칭을 사용할 수 있다(조만간 설명할 예정이다). 두 경우 모두 암호화 키와 보호되지 않은 데이터에 암호화 알고리즘을 적용한다. 일단 암호화를 적용한 상태에서는 도청으로부터 안전하다. 수신자는 필요할 때 데이터를 해독하는 키를 사용한다. 보호받지 않는 데이터를 평문이라 하고, 보호받은 데이터를 암호문이라 한다. 기본적인 암호화 과정은 다음 그림과 같다.

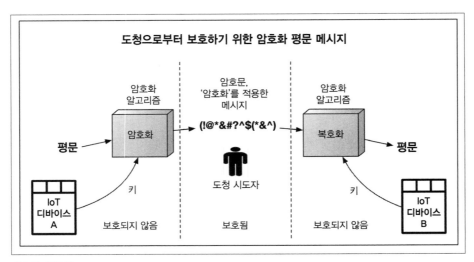

암호화-복호화

데이터가 IoT 디바이스 B에 도달하기 전에 복호화돼 있는 경우, 위의 그림과 같이 도청에 취약하다. 이것은 통신 스택에서 어떠한 암호화 프로토콜을 실행하는지, 즉 엔드 포인트의 기능이 무엇인지에 대한 의문을 가지게 한다. 통신 암호화를 하려면, 시스템 보안 엔지니어는 위협 모델링에서 밝힌 바와 같이 지점 간 암호화 및 종단 간 암호화 사이에서 결정해야 한다. 이것은 에러가 발생하기 쉬운 부분으로, 많은 암호화 프로토콜은 포인트 투 포인트 단위에서만 작동하지만 반드시 다양한 게이트웨이와 다른 중간 디바이스를 횡단해야 하기 때문에 횡단 경로가 매우 취약할 수 있다.

오늘날의 인터넷 위협 환경에서는 세션 및 응용 계층에서 종단 간end-to-end 암호화가 중간에서 복호화될 때 심각한 데이터 손실이 발생할 가능성이 두드러진다. 전기 산업과 안전하지 않은 SCADA 프로토콜을 사용할 때가 일반적으로 위의 사례에 해당된다. 보안 수정 사항security fix은 종종 (새로 추가된 암호화를 수행하는) 보안 통신 게이트웨이의 구축을 포함한다. 즉, 안전하지 않은 프로토콜을 종단 간 보호 프로토콜을 통해 터널링하는 것이다. 시스템 보안 아키텍처는 사용 중인 모든 암호화 보안 프로토콜을 설명하고, 평문 데이터가 저장 또는 전송되는 위치와 암호문으로 변환할(암호화) 필요가 있는 위치를 강조해야 한다. 일반적으로, 가능하다면 종단 간 데이터 암호화를 촉진해야 한다. 즉, 기본적으로 보안이 유지되는 상태를 항상 유지해야 한다.

대칭 암호화

대칭 암호화는 간단하게 송신 측(암호화)과 수신 측(복호화)이 동일한 암호 키를 사용하는 것을 의미한다. 다음의 그림과 같이 알고리즘으로 암호화와 복호화 모두 할 수 있으며, 그 반대 작업도 할 수 있다.

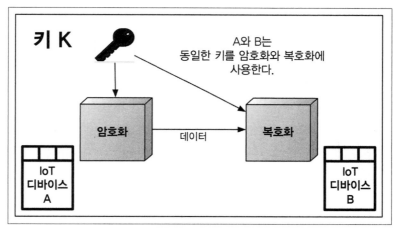

대칭 키 암호

다수의 프로토콜들에서는 서로 다른 대칭 키가 각각의 이동 방향에 사용된다. 그래서 예를 들어, 디바이스 A에서 디바이스 B로 보내기 위해 키 X를 사용해 암호화할 수 있다. 양쪽 모두 키 X를 갖고 있다. 반대 방향(B에서 A)으로 키 Y를 사용할 수 있고, 양쪽 모두 키 Y를 사용할 수 있어야 한다.

대칭 알고리즘은 공유된 암호 키와 함께 평문 또는 암호문의 입력을 사용하는 암호화 작업으로 이뤄져 있다. 일반적인 암호화는 다음과 같다.

- AES^{Advanced encryption standard}(라인달^{Rijndael} 알고리즘에 기초를 두며 FIPS PUB 197에 지정)
- 블로피시^{Blowfish}
- DES와 트리플-DES^{triple-DES}
- 투피시^{Twofish}
- CAST-128
- 카멜리아^{Camellia}
- IDEA

암호화 키 소스는 암호화 키와 암호화 키 관리의 주제로 이 장의 뒷부분에서 다룬다.

암호화에 제공된 암호화 키와 데이터 외에, 초기화 벡터^{IV, initialization vector}도 자주 특정 암호화 모드를 지원하기 위해 필요하다. 기본 암호 이외의 암호 모드는 평문과 암호문 데이터의 연속 덩어리(블록)에서 작동하도록 암호를 부트스트래핑^{bootstrapping}하는 다른 방법이다. 전자 코드 북^{ECB, electronic code book}은 기본 암호화고 한 번에 한 블록의 평문 또는 암호문으로 작동한다. 동일한 평문이 반복되면 동일한 암호문 형태를 가질 것이기 때문에, 암호화 데이터는 트래픽 분석에 취약하므로 ECB 모드 암호화는 거의 사용되지 않는다. ECB 모드에서 IV는 필수적이지 않고, 대칭 키 및 작업할 데이터만 필요하다. ECB 외에도, 블록 암호는 다음에 설명하는 블록체인 모드와 스트림/카운터 모드에서 작동할 수 있다.

블록체인 모드

CBC^{Cipher Block Chaining} 모드에서 암호화는 평문의 첫 번째 블록과 XOR되는 IV를 입력해 부트스트래핑된다. XOR 연산의 결과는 암호화된 암호문의 첫 번째 블록을 생성하기 위해 암호화를 통해 진행한다. 암호문 블록은 다음 블록의 평문과 XOR을 한 다음,

결과 값을 다시 암호화한다. 평문 블록이 모두 처리될 때까지 프로세스가 계속된다. 평문과 암호문의 반복 블록 간의 XOR 연산 때문에 두 개의 동일한 평문 블록은 동일한 암호문을 갖지 않는다. 따라서 트래픽 분석(암호문에서 평문이 무엇이었는지 식별)은 훨씬 더 어려워진다.

암호 피드백 체인CFB, cipher-feedback chaining과 출력 피드백 모드OFB, output feedback를 포함하는 다른 블록체인 모드는 IV가 최초로 사용되는 경우, 어떤 평문과 암호문 블록이 XOR 되는지 등에서 변화를 준다.

블록체인 모드의 장점은 사실 먼저 언급했지만, 동일한 평문의 반복 블록은 동일한 암호문 형식을 가지고 있지 않다는 것이다. 이는 암호화된 데이터를 해석하기 위해 사전 단어 빈도수를 활용하는 등의 간단한 트래픽 분석 방법을 방지한다. 블록체인화 기술의 단점은 RF 통신의 비트 플리핑bit flipping과 같은 모든 데이터 오류가 다운스트림으로 전달된다는 사실을 들 수 있다. 예를 들어, CBC 모드에서 AES로 암호화된 큰 메시지 M의 첫 번째 블록이 손상된 경우 M의 모든 후속 블록도 마찬가지로 손상될 수 있다. 스트림 암호는 다음에 설명하겠지만, 이러한 문제점을 갖고 있지 않다.

CBC는 공통 모드며, 예를 들어 ZigBee 프로토콜(IEEE 802.15.4 기반)에서 옵션으로 사용할 수 있다.

카운터 모드

암호화를 전체 블록에서 수행할 필요가 없지만, 일부 모드는 카운터 모드CTR, counter mode와 갈루아 카운터 모드GCM, Galois counter mode 같은 카운터를 사용하고 있다. 다음으로, 일반 텍스트 데이터는 어쨌든 실제로 직접 암호와 키가 함께 암호화되지 않는다. 그 대신에 평문의 각 비트는 연속적으로 증가하는 카운터 값으로 연속적으로 생성된 암호문 스트림과 XOR 연산을 한다. 이 모드에서, 카운터의 초기 값은 IV다. 암호(키를 사용해)에 의해 암호화된 암호문 블록을 제공한다. 암호문 블록은 보호가 필요한 일반 텍스트의 블록(또는 일부)과 XOR을 한다. 전송 중에 발생하는 비트 오류는 (블록 연쇄 모드와 비교해) 단일 비트를 넘어 다른 비트로 전파되지 않기 때문에 CTR 모드는 무선 통신에서 자주 사용된다. 또한 많은 IoT 프로토콜을 지원하는 IEEE 802.15.4에서 사용할 수 있다.

비대칭 암호화

비대칭 암호화는 단순히 두 개의 서로 다른 키 쌍이 있다는 것을 의미하고 공개 키와 나머지 개인 키는 각각 암호화 및 복호화에 사용된다. 다음 그림에서는 IoT 디바이스 A가 반대쪽의 디바이스 B로 보내는 데이터를 암호화하는 IoT 디바이스 B의 공개 키를 사용하고, 디바이스 B는 디바이스 A에게 보내는 정보를 암호화하기 위해 디바이스 A의 공개 키를 사용한다. 각 장치의 개인 키는 비밀로 유지돼야 하는데, 그렇지 않을 경우에는 개인 키를 소유하고 있는 누군가가 정보를 복호화해볼 수 있다.

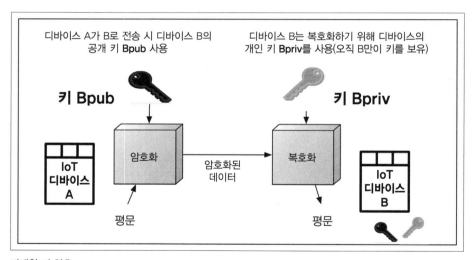

비대칭 키 암호

오늘날 소인수 분해의 암호화(사용 중인 모듈러스^{modulus}의 크기까지)를 사용 중인 유일한 비대칭 암호화 알고리즘인 RSA^{Rivest, Shamir, Adelman}는 소량의 데이터를 암호화 및 복호화하는 데 실용적인 정수 인수 분해 암호^{IFC, integer factorization cryptography} 알고리즘이다.

이 암호화 기술의 장점은 RSA 키의 쌍 중에서 개인 키를 갖는 하나의 당사자가 트래픽을 복호화할 수 있다는 것이다. 일반적으로 개인 키 재료는 하나 이상의 엔티티와 공유하지 않는다.

앞에서 말한 것과 같이, 비대칭 암호화RSA의 단점은 모듈의 크기(1024비트, 2048비트 등)까지 암호화가 제한된다는 사실이다. 이러한 단점을 감안해, RSA 공개 키 암호화의 가장 일반적인 용도는 암호화 키를 위한 사전 준비에 사용되는 랜덤 값, 자주 사용되는 대칭 키, 다른 작은 키 값을 암호화하는 것이다. 예를 들어 TLS 클라이언트–서버 프로토콜에서 RSA는 클라이언트가 서버의 RSA 공개 키를 사용해 프리 마스터 시크릿PMS, pre-master secret을 암호화하기 위해 활용되고 있다. 서버에 암호화된 PMS를 보낸 후 각각의 사이드는 세션 대칭 키 자료(세션 암호화 등에 필요한)를 도출하기 위한 정확한 사본을 보유하고 있다.

하지만 RSA를 활용한 정수 인수 분해 암호화는 다수의 인수 분해 기술과 연산 능력의 진보로 인기가 상대적으로 줄어들고 있다. (공격에 대한 개선된 내성을 위해) 더 큰 RSA 모듈의 크기는 현재 NIST에 의해 권장되고 있다.

해시

암호 해시는 임의 크기의 메시지를 소형의 고유한 지문(해시)으로 표현할 수 있는 기능 덕분에 보안의 다양한 분야에서 사용되고 있다. 해시는 다음과 같은 특징을 가지고 있다.

- 해시된 원본 데이터에 대한 정보(이것은 제1 역상 공격first preimage attack에 대한 내성이라고 한다.)를 공개하지 않도록 설계돼 있다.
- 이들은 두 가지 메시지가 동일한 해시 값을 가질 수 없도록 설계돼 있다(제2 역상 공격second preimage attack에 대한 내성이라고 한다).
- 매우 무작위로 보이는 값(해시)을 생성한다.

다음 이미지는 임의의 데이터 D가 H(D)에 해시된 것을 의미한다. H(D)는 (사용된 알고리즘에 따라) 고정된 작은 크기고, 해시를 사용해서 원래의 데이터 D가 무엇인지 분별할 수 없다(또는 할 수 없게 해야 한다).

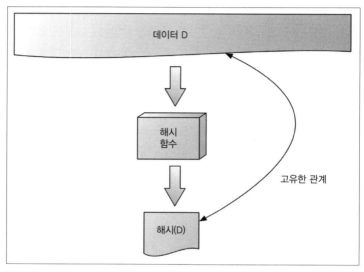

해시 함수

이러한 특성을 감안할 때 해시 함수는 다음과 같은 목적으로 자주 사용된다.

- 암호 및 기타 인증자를 해시를 적용해 랜덤으로 다이제스트digest를 확인하는 것으로부터 보호한다(원본 암호는 사전 공격이 아니라면 공개되지 않는다).
- (대부분의 경우 다른 당사자에 의해) 적절한 데이터의 해시로 저장하고, 이후 거대한 데이터 세트나 파일의 무결성 여부를 확인하기 위해 해시를 재계산할 수 있다. 변경된 해시 값을 통해 임의의 데이터 수정을 감지할 수 있다.
- 비대칭 디지털 서명을 수행한다.
- 특정 메시지 인증 코드를 위한 기반을 제공한다.
- 키 유도key derivation를 수행한다.
- 의사 난수pseudo-random numbers를 생성한다.

디지털 서명

디지털 서명은 인증, 무결성, 데이터 소스, 그리고 경우에 따라서는 부인 방지 보호를 제공하는 암호화 기능이다. 단, 자필 서명과 마찬가지로 서명자, 메시지 서명을 담당하는 개인 또는 디바이스, 서명 키를 소유한 사람에게만 고유하도록 설계돼 있다. 디지털 서명은 사용 중인 암호화 유형을 나타내며 두 가지 종류가 있다. 하나는 대칭(비밀, 공유 키)이고, 다른 하나는 비대칭(개인 키는 공유하지 않는다.)이다.

다음 그림에서 발신자는 메시지를 가져와서 사인을 한 후 서명을 생성한다. 해당 키를 가진 사람이 서명 검증이라는 서명의 반대 작업을 수행하기 위해 메시지에 함께 서명(이제는 서명된 메시지라고 부를 수 있다.)을 포함할 수 있다.

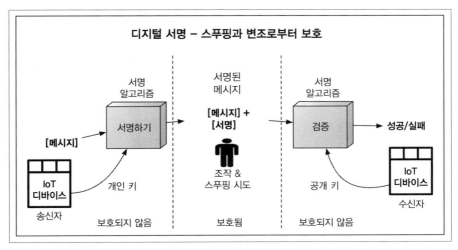

서명 검증

서명 검증이 성공하면 다음과 같이 주장할 수 있다.

- 데이터는 알려진 또는 사전에 정의된 키로 서명됐다.
- 데이터가 손상되거나 변조되지 않았다.

서명 검증 프로세스가 실패한 경우, 검증을 수행한 측은 데이터의 무결성과 올바른 곳에서 전달됐는지를 신뢰할 수 없다. 이는 대칭 및 비대칭 서명 모두에 해당하지만, 각각은 다음과 같은 독특한 특성을 가지고 있다.

비대칭 서명 알고리즘은 공유하는 공개 키와 연결된 개인 키를 사용해 서명을 생성한다. 비대칭이고 개인 키는 일반적으로 공유되지 않기 때문에(지금까지 일반적으로 공유되지 않았다.), 비대칭 서명은 엔티티와 데이터 인증뿐만 아니라 데이터의 무결성 보호와 부인 방지를 제공하는 중요한 수단이다.

일반적인 비대칭 디지털 서명 알고리즘은 다음과 같다.

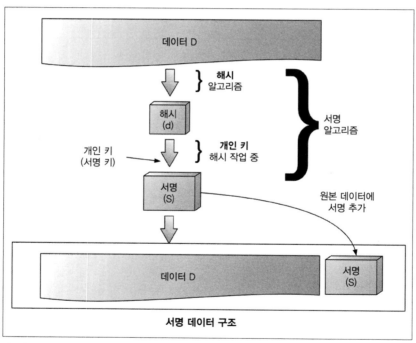

비대칭 서명

비대칭 서명으로 자주 활용되는 알고리즘은 다음과 같다.

- RSA(PKCS1 또는 PSS 패딩 방식)
- 디지털 서명 알고리즘DSA, digital signature algorithm(FIPS 180 4)
- 타원 곡선 DSAECDSA, Elliptic curve DSA(FIPS 180−4)

비대칭 서명은 소프트웨어/펌웨어에 서명(따라서 소스 및 무결성을 확인하는 데 사용한다.), 시스템에서 다른 시스템의 인증, PKI 공개 키 인증서에 서명(6장, 'IoT를 위한 신원과 접근 관리 솔루션'에서 설명한다.), 임의의 프로토콜 메시지에 서명 등에 사용되며, 각각을 검증하는 데 사용된다. 디지털 서명은 개인(비공유) 키를 사용해 생성되는 것을 감안해, 임의의 엔티티entity가 메시지에 서명하지 않았음을 주장할 수 없다. 서명은 엔티티의 개인 키에서 생성되기 때문에 부인 방지의 성격을 가질 수 있다.

비대칭 디지털 서명은 SSL, TLS, IPSec, S/MIME, ZigBee 네트워크, 커넥티드 비클 시스템(IEEE 1609.2) 및 암호화를 사용하는 다양한 프로토콜에서 사용되고 있다.

대칭

서명은 대칭 암호화를 사용해 생성될 수 있다. MAC으로도 알려진 대칭 서명은 비대칭 디지털 서명과 같이 MAC의 알려진 데이터 조각 D를 생성한다. 주요 차이점은 MAC(서명)은 대칭 알고리즘을 사용해 생성되며, 이에 따라 동일한 MAC을 생성하고 검증하기 위해 동일한 키가 사용된다는 점이다. 'MAC'이란 용어는 알고리즘뿐만 아니라 그것이 생성한 서명을 가리키는 데 자주 사용되는 점에 유의하자.

대칭 MAC 알고리즘은 종종 메시지 인증 코드를 생성하는 해시 함수 또는 대칭 키 암호화를 사용한다. 두 경우(다음 그림에서와 같이)에서, MAC 키는 송신자(서명자)와 수신기(검증자) 모두를 위해 공유 비밀로 사용되고 있다.

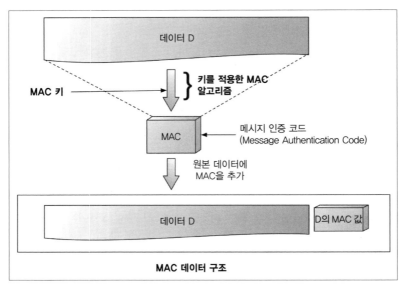

데이터 D

키를 적용한 MAC
알고리즘

MAC 키

MAC

메시지 인증 코드
(Message Authentication Code)

원본 데이터에
MAC을 추가

데이터 D

D의 MAC 값

MAC 데이터 구조

대칭 서명

MAC이 생성하는 대칭 키는 공유될 수도 있는 것을 감안하면, MAC은 일반적으로 신원 기반 엔티티 인증을 제공할 것을 주장하지 않기 때문에(따라서 부인 방지를 주장할 수 없다.), 원본의 충분한 검증을 제공해(특히 단기 거래에서) 데이터 출처 인증을 제공한다고 말할 수 있다.

MAC은 SSL, TLS, IPSec 등의 다수 프로토콜에서 사용되고 있다. MAC의 예를 살펴보면 다음과 같다.

- HMAC−SHA1
- HMAC−SHA256
- CMAC(AES 등의 블록 암호를 사용)
- GMAC(갈루아Galois 메시지 인증 코드는 GCM 모드의 메시지 인증 요소다.)

MAC 알고리즘은 종종 암호화 암호와 통합돼 인증 암호화authenticated encryption를 수행한다(기밀성뿐만 아니라 한 번에 인증을 모두 제공한다). 다음은 인증 암호화의 예다.

- 갈루아 카운터 모드^{GCM, Galois counter mode}: 이 모드는 암호문 및 메시지 인증 코드를 생성하기 위해 GMAC과 AES-CTR의 카운터 모드를 결합한다.
- CBC-MAC(CCM)와 카운터 모드: 이 모드에서는 MAC 알고리즘 CBC-MAC과 CTR 모드에서 AES 등의 128비트 블록 암호를 결합한다. CBC-MAC 값은 관련 CTR 암호화 데이터에 포함돼 있다.

인증 암호화는 TLS 등의 다양한 프로토콜에서 사용 가능하다.

난수 생성

숫자의 임의성은 암호화 기술의 핵심 요소로서 키와 같은 다른 암호화 변수를 생성할 때 사용한다. 매우 결정적 숫자가 아닌 반면, 임의의 숫자는 추측하기 어렵게 만들거나 무작위 대입^{brute force} 공격을 어렵게 한다. 난수 발생기^{RNG, Random number generator}는 결정적이고 비결정적인 두 가지 기본 방식으로 제공된다. 결정론은 단순히 알고리즘 기반으로 하는 것을 의미하고, 단일 입력 집합에 대해 항상 동일한 출력을 생성한다. 비결정론은 난수 생성기가 회로의 노이즈와 다른 낮은 바이어스^{bias} 소스(운영체제에서 발생하는 세미랜덤^{semi-random} 인터럽트일지라도)와 같은 임의의 물리적 사건에서 다양한 방법으로 임의의 데이터를 생성하는 것을 의미한다. 난수 생성기는 암호화 키의 보안과 소스에 대한 엄청난 영향을 감안할 때, 암호화 디바이스에서 가장 중요한 구성 요소 중 하나다.

디바이스의 난수 생성기를 훼손시키고 생성된 암호화 키를 식별하는 임의의 방법을 통해 암호화 디바이스의 보호를 완전히 쓸모없게 만들 수 있다.

난수 생성기(차세대 용어로, 비결정적 랜덤 비트 발생기 혹은 DRBG라고도 한다.)는 암호화 키, 초기화 벡터, 넌스^{nonce}, 패딩^{padding}을 생성하도록 설계돼 있다. 난수 생성기의 경우 시드^{seed}로 불리는 입력 값은 반드시 매우 무작위적이어야 하고, 높은 엔트로피 소스로부터 나와야 한다. 형편없는 디자인, 바이어스, 혹은 오작동으로 인한 시드나 엔트로피 소스의 침해는 난수 생성기의 결과 값에 손상을 초래하고 암호 구현의 침해로 이어질 수 있다. 결과적으로, 누군가가 여러분의 메시지로 위장하거나 좀 더 심각하게 여러분의 데이터를 해독할 수 있다. 일반적인 난수 생성기 엔트로피 시드 생성 프로세스의 모습은 다음과 같다.

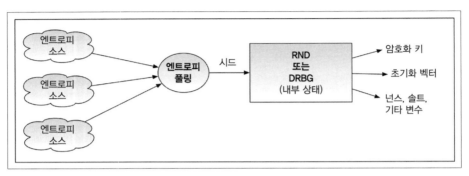

난수 생성기

이 그림에서 몇 가지 엔트로피 소스가 함께 풀링pooling되고, 필요한 경우 난수 생성기는 풀에서 시드 값을 추출한다. 정리하면, 난수 생성기의 왼쪽 엔트로피 소스와 엔트로피 풀링 프로세스는 종종 비결정적 난수 생성기NDRNG, non-deterministic random number generator라고 한다. NDRNG는 거의 항상 RNG와 함께 시드의 소스로서 사용한다.

IoT와 관련해 IoT RNG가 높은 엔트로피 소스로부터 시드되고, 엔트로피 소스가 노출, 변조, 기타 다른 유형의 조작으로부터 잘 보호되는 것은 암호화된 자료를 생성하는 IoT 디바이스에게 절대적으로 중요하다. 예를 들면, 전기 회로의 랜덤 노이즈 특성은 온도에 따라 변하는 것으로 잘 알려져 있기 때문에 몇 가지 경우 온도 임계 값을 설정하고 논리적으로 엔트로피를 수집하는 기능을 중지하는 것이 현명하다. 이 방법은 칩의 온도를 변화시킴으로써, RNG 입력 바이어스 공격을 완화하도록 하기 위해 스마트카드(예를 들어, 신용/직불 트랜잭션 등을 위한 스마트카드 등)에서 사용되는 잘 알려진 방법 중 하나다.

엔트로피의 품질은 설계 시에 확인해야 한다. 특히, 최소한의 엔트로피 특성을 평가하고 IoT 설계는 NDRNG가 '고착'되고 항상 RNG에 동일한 입력 값을 제공해야 하는 경우 탄력적이어야 한다. 적은 배포를 고려하면, IoT 디바이스 벤더는 디바이스의 암호학적 아키텍처를 설계할 때 고품질의 난수 생성 기능을 포함하기 위해 특별한 주의를 기울여야 한다. 이는 고품질의 엔트로피 생성, 엔트로피 상태의 보호, 정지 상태의 감지, RNG 입력 바이어스의 최소화, 엔트로피 풀링 로직, RNG 상태, RNG 입력, RNG 출력의 증가를 포함한다. 엔트로피 소스가 좋지 않은 경우, 엔지니어링 트레이드오프는 간단히 RNG를 공급하기 위해 디바이스 내의 엔트로피를 수집할 수 있는 점에 주목하자.

NIST 특별 간행물 800-90B는 엔트로피, 엔트로피 소스, 엔트로피 테스트를 이해하기 위한 좋은 자료를 제공한다(http://csrc.nist.gov/publications/drafts/800-90/sp800-90b_second_draft.pdf). 공급 업체는 RNG/DRBG 적합성과 독립적인 암호화 테스트 실험실에서 엔트로피 품질을 테스트하거나 SP800-90B의 지침(http://csrc.nist.gov/publications/drafts/800-90/draft-sp800-90b.pdf)을 따를 수 있다.

암호 스위트

암호의 적용에서 재미있는 부분은 필요한 보안 특성을 달성하기 위해 위의 알고리즘 종류 중 하나 이상을 조합하는 것이다. 다양한 통신 프로토콜에서, 이러한 알고리즘 그룹을 암호 스위트ciphersuite라고 한다. 보유하고 있는 프로토콜에 따라 암호 스위트는 알고리즘, 사용 가능한 키 길이, 각각의 용도를 지정한다.

암호 스위트는 다양한 방법으로 지정하고 열거할 수 있다. 예를 들어, 전송 계층 보안TLS, transport layer security은 웹 서비스, 일반적인 HTTP 트래픽 실시간 프로토콜RTP, real-time protocol과 다른 다수의 네트워크 세션을 보호하기 위한 암호화 방식의 다양한 암호 스위트를 제공한다. 예를 들어 다음의 TLS 암호 스위트를 해석하면 다음과 같다.

TLS_RSA_WITH_AES_128_GCM_SHA256을 해석해보자.

- 서버의 공개 키 인증서 인증(디지털 서명)을 위한 RSA 알고리즘을 사용한다. RSA는 또한 (서버에 대한 클라이언트에서 생성된 사전-마스터 비밀 키$^{pre-master secret}$를 전달하는) 공개 키 기반의 키를 전송한다.

- AES 알고리즘은 TLS 터널로 통과시켜 모든 데이터를 (128비트 길이의 키를 사용해) 암호화한다.

- AES 암호화는 갈루아 카운터 모드를 사용해 수행되는데, 터널의 암호문뿐만 아니라 각 TLS 데이터그램의 MAC 값을 제공한다.

- 해시 알고리즘으로 SHA256을 사용한다.

암호 스위트에 표시된 암호 알고리즘을 각각 사용해 TLS 연결 및 설정에 필요한 특정 보안 속성이 제공된다.

1. 클라이언트는 공개 키 인증서에 대한 RSA 기반의 서명(RSA 서명이 실제로 공개 키 인증서의 SHA256 해시를 통해 이뤄졌다.)을 확인해 서버를 인증한다.

2. 현재 세션 키는 터널의 암호화를 위해 필요하다. 클라이언트가 서버의 공개 RSA 키를 사용해 대규모로 무작위 생성된 번호(사전-마스터 비밀 키라고 한다.)를 암호화해 서버로 전송한다(즉 어떠한 중간자도 복호화할 수 없고, 해당 서버만 복호화 가능하다).

3. 클라이언트와 서버 모두 마스터 시크릿을 계산하기 위해 사전 마스터 비밀 키를 사용한다. 키 유도$^{key derivation}$는 트래픽을 암호화하는 AES 키를 포함하는 동일한 키 블롭^{Blob}을 생성하기 위해 쌍방에서 이뤄진다.

4. AES 암호화/복호화에 AES-GCM 알고리즘을 사용한다. 또한 특정 AES 모드는 TLS 데이터그램을 알려주기 위해 추가된 MAC을 계산한다(일부 TLS 암호화 제품군은 이를 위해 HMAC 알고리즘을 사용한다는 점에 유의하자).

기타 암호화 프로토콜(예: IPSec)은 암호 스위트와 비슷한 유형을 사용하지만, 요점은 프로토콜, IoT에 관계없이 다양한 분야에 걸쳐 프로토콜의 의도된 환경에서 특정 위협에 대응하기 위해 다양한 방법으로 암호화 알고리즘을 조합하고 있다는 것이다.

▌ 암호화 모듈의 원칙

지금까지 우리는 암호화 알고리즘, 알고리즘의 입력, 사용 및 적용되는 암호화 방식의 다른 중요한 측면을 논의했다. 암호화 알고리즘에 익숙하지만, 충분하지는 않다. 암호화 모듈이 암호화의 적절한 구현에서 필요한 것은 아니지만, IoT 보안을 위해 필요하다. 나는 한때 NIST 인증을 받은 두 곳의 FIPS 140-2 암호화 테스트 연구실의 이사로서 암호화 디바이스를 테스트하고 관리했었다. 그 연구실에서는 다른 디바이스의 하드웨어 및 소프트웨어 구현, 스마트카드, 하드 드라이브, 운영체제, 하드웨어 보안 모듈HSM, 다른 다수의 암호화 장치에 대한 수백 가지 검증을 확인할 수 있는 기회가 있었다. 이 절에서는 이러한 경험에서 얻은 지식을 일부 독자들에게 공유하고자 한다. 우선, 우리는 암호화 모듈을 정의해야 한다.

암호 구현은 주변 디바이스 OEM/ODM 기업, BSP 제공업체, 보안 소프트웨어 등에서 발생할 수 있다. 암호화 구현은 하드웨어, 소프트웨어, 펌웨어 혹은 이들의 조합으로 구현하고, 암호화 알고리즘을 처리하고 안전하게 암호화 키를 저장하기 위한 책임이 따른다. 미국 정부의 암호화 모듈 표준에서 NIST의 용어를 차용하는 FIPS 140-2 암호화 모듈은(암호 알고리즘 및 키 생성 포함) '암호화 경계의 안에 들어있는 하드웨어 설정, 소프트웨어 및 승인된 보안 기능(암호화 알고리즘 및 키 생성 포함)을 구현하는 펌웨어' 다(http://csrc.nist.gov/publications/fips/fips140-2/fips1402.pdf). 또한 FIPS 140-2에 정의된 암호화 경계는 암호화 모듈의 물리적 경계를 설정하고 모든 하드웨어, 소프트웨어 또는 암호화 모듈 펌웨어 구성 요소가 포함돼 있는 명시적으로 정의된 연속적인 경계다. 암호화 모듈을 일반적으로 표현하면 다음 그림과 같다.

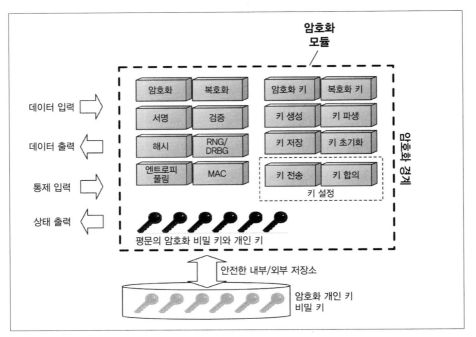

암호화 모듈

암호화 모듈에 대해 자세히 기술하지 않고, 관련된 보안 주제를 나열하면 다음과 같다.

- 암호화 경계의 정의
- 모듈의 포트와 다른 인터페이스(물리적 및 논리적)를 보호
- 암호 모듈에 누구 또는 무엇(로컬 또는 원격 사용자)이 연결되는지 확인하고 인증하는 방법과 어떠한 서비스, 보안에 관련되거나 관련되지 않은 모듈이 제공하는 것을 확인한다.
- 자체 테스트 및 오류 조건 시의 적절한 관리 및 상태 표시(호스트 IoT 디바이스에 필요한)
- 물리적 보안, 조건을 변경하는 변조 및 응답에 대한 보호
- 해당되는 경우, 시스템 통합 운영

- 키의 생성 관리, 접근 및 사용 방법을 포함한 모듈에 대한 암호화 키 관리(키 관리는 나중에 시스템의 관점에서 훨씬 더 상세하게 논의할 것이다.)
- 암호화 자체 테스트(구현의 건전성)와 장애에 대한 대응
- 디자인 보증

FIPS 140-2 표준의 보안에서 다루는 11가지 보안 주제의 영역을 각각 위의 영역으로 대략적으로 매핑한 것이다(즉, 지금은 규격이 업데이트 및 대체되려는 상황이다).

암호화 모듈의 주요 기능 중 하나는 침해로부터 암호화 키를 보호하는 것이다. 키가 침해된 경우에는 암호화, 서명, 또는 다른 방법을 사용해 암호화를 사용한 데이터의 무결성을 보호할 수 없다. 결국, 임의의 작업자가 적절하게 엔지니어 설계를 하지 않았거나 위협 환경에 대한 암호화 모듈이 적절하게 통합되지 않을 경우, 암호를 사용한 이점이 거의 없을 것이다.

암호를 사용해 IoT 디바이스를 강화하는 가장 중요한 측면 중 하나는 디바이스의 암호화 경계의 정의, 선택, 결합이다. 일반적으로, 디바이스는 내부에 임베디드 암호화 모듈을 가질 수 있고, 디바이스 자체가 암호화 모듈일 수 있다(즉 IoT 디바이스의 테두리가 곧 암호화 경계다).

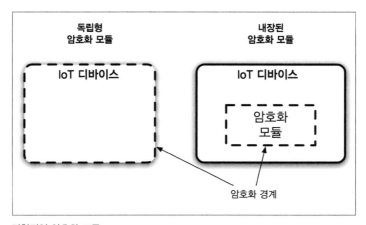

전형적인 암호화 모듈

IoT 관점에서 암호화 경계는 모든 암호화 기능이 주어진 디바이스 내에서 실행돼야 하는 암호화 섬cryptographic island을 정의한다. 내장된 암호화 모듈을 사용하는 IoT 구매자와 통합 수행자integrator는 암호화 모듈의 경계 밖에서 실행되고 있는 암호화가 무엇인지 IoT 디바이스 공급 업자에 확인해야 한다.

다른 암호 모듈의 구현에는 장점과 단점이 동시에 있다. 일반적으로, 더 작고 더 탄탄한 모듈에서는 1) 공격 접점이 상대적으로 적고, 2) 상대적으로 적은 소프트웨어, 펌웨어, 하드웨어 로직을 유지해야 한다. 경계가 커지면(예를 들어, 일부 독립형 암호 모듈에서처럼), 미국 정부에서 검증된 FIPS 140-2 암호화 모듈(다음에 설명할 것이다.)과 같이 비암호화 로직을 변경하기에 유연성이 줄어들고 공급 업자와 시스템 소유자가 사용해야하는 중요도가 높은 구성 요소가 추가된다.

두 제품의 보안 설계자 및 시스템 보안 통합 수행자는 암호화를 구현하는 방법의 의의를 충분히 인식할 필요가 있다. 대부분의 경우, 제품 벤더는 FIPS 테스트 연구소에 의해 검증된 내부 암호화 모듈을 조달하고 통합할 것이다.

이는 다음과 같은 이유로 권장된다.

- 알고리즘 선택: 알고리즘의 선택은 국가 주권에 관한 논쟁이 될 수 있지만, 일반적으로 미국 정부 등 대부분의 조직은 기밀 데이터를 보호해주는 증명되지 않은 암호화 알고리즘의 사용을 원하지 않는다. 미국 정부가 사용을 승인하지 않은 뛰어난 알고리즘이 있지만, 뛰어난 알고리즘의 사양을 확보할 수 있을 뿐만 아니라 NIST는 암호 분석 및 계산 공격의 진보 속에서 구식이 된 오래된 알고리즘과 키 길이가 폐지되는 것을 보장하기 위해 유용한 키 길이로 발전시키고 있다. 즉, 정부가 신뢰할 수 있는 잘 정립하고 잘 지정한 알고리즘을 선택하는 것은 나쁜 생각이 아니다. 다수의 NIST에서 허용하는 알고리즘의 대부분은 비밀 정보를 보호하기 위해 사용되며, 암호 모듈은 기밀 정보에 필요한 보증 수준과 관련된 미국 국가 안보국NSA, National Security Agency의 표

준 유형을 준수한다는 점에서 신뢰할 수 있다. AES(256비트 키 길이), ECDSA 와 ECDH 알고리즘 모두 특정 조건하에서 NIST(분류되지 않은 경우)와 NSA(분류된 경우)에 의해 허용됐다.

- 알고리즘의 검증: 시험 연구소는 암호화 모듈 테스트 스위트의 일부로서, 모듈에서 작동하도록 (알려진 응답 및 기타 다양한 테스트를 사용해) 암호화 알고리즘 구현의 정확성을 검증한다. 작은 알고리즘 또는 구현 오류가 암호화를 쓸모없게 할 수 있고, 심각한 정보의 무결성, 기밀성, 인증 손실로 이어질 수 있기 때문에 유용하다. 알고리즘의 검증은 암호화 모듈 검증이 아니라 암호화 모듈 검증의 일부다.

- 암호화 모듈 검증: 테스트 실험실은 각각의 적용 가능한 모든 FIPS 140-2 보안 요구 사항이 보안 정책에 따라 정의된 암호화 경계 내에 만족되는지 확인해야 한다. 장치의 사양, 기타 문서, 소스 코드, 매우 중요한 운영 시험(알고리즘 검증은 앞서서 언급했다.)까지 적합성 테스트의 다양한 방법을 사용해 이뤄진다.

이것은 특히 IoT와 관련된 FIPS 140-2 또는 다른 보안 적합성 시험 계획의 일부 위험을 식별하는 데 도움이 된다. 미국 정부 표준인 FIPS 140-2는 다양한 장비 유형에 광범위하게 적용할 수 있으며, (표준을 적용하려는 임의의 장치 특성에 따른) 해석으로 인해 특수성을 상실할 수 있다.

유효성 검증은 공급 업체가 선택한 암호화 경계에만 적용되며, 이 경계는 특정 환경이나 관련된 위험에 실제로 적합하거나 적합하지 않을 수 있다. 이 분야는 NIST가 다루지 않는다. 디바이스 공급 업체에 컨설팅할 때, 암호화 경계 정의에 대해 솔직하게 말해서 내가 알고 있던 최선의 입장에서 벤더에게 권고했고, 최악의 경우에는 벤더에게 안전하지 않았던 다수의 사례가 있었다. 공급 업체가 선택한 경계에서 FIPS 140-2의 요구 사항을 모두 충족할 수 있다면, 전략을 거부하도록 독립 실험 연구소에서 할 수 있는 것은 없었다. 실제 보안 대 보안 적합성 요구 사항은 표준화 단체와 적합성 시험 제도에서 결코 끝나지 않는 투쟁이다.

이전의 장점을 고려하면(그리고 위험을 고려하면), 다음과 같이 IoT 구현에서 FIPS 140-2 암호화 모듈 활용 및 배포와 관련해 조언을 제공한다.

- 임의의 장치는 부모 암호화 모듈(암호화 경계의 외부를 의미)이 제공하는 암호 알고리즘 이외의 암호화 알고리즘에 대한 인터페이스를 사용해서는 안 된다. 사실, 디바이스가 보호 경계선 밖에 있는 임의의 외부 암호화 기능을 사용해서는 안 된다.

- 임의의 디바이스는 암호화 모듈의 경계 외부에 평문 암호화 키를 저장해서는 안 된다(디바이스 내부에는 있지만, 임베디드 암호화 모듈 외부에 있더라도). 더 나아가 모든 키를 암호화를 적용한 형식으로 저장한 다음, 키 암호화 키에 가장 강력한 보호를 적용한다.

- 시스템 통합 수행자는 암호화 디바이스를 통합할 때 디바이스 공급 업체에게 디바이스 내부로 통합하기 이전에 공개적으로 사용 가능한 암호화 모듈이 정의된 방법에 대한 데이터베이스를 확인하고 컨설팅을 수행해야 한다. 미국의 규제에 따른 암호화 경계의 정의는 모듈의 비독점적인 보안 정책(온라인에 게시돼 있다.)에서 식별된다. 검증된 FIPS 140-2 모듈은 http://csrc.nist.gov/groups/STM/cmvp/documents/140-1/140val-all.htm에서 확인할 수 있다. 임베디드 모듈은 (예를 들어, 물리적 보안과 변조에 대해) 호스트에 의존하기보다는 임베디드 모듈의 자체적인 보호 강도를 파악해야 한다.

- FIPS 140-2 검증의 보증 수준(1-4)을 선택할 때, 배포하려는 위협 환경에 알맞은 암호화 모듈을 선택해야 한다. 예를 들어 FIPS 140-2에서 물리적 보안의 경우, 레벨 2는 변조 대응 메커니즘(변조 시 중요한 키를 와이프하는)을 필요로 하지 않는다. 그러나 레벨 3 및 레벨 4에서는 수행한다. 위협의 가능성이 높은 환경에서 모듈을 배포하는 경우, 고수준의 보증을 선택하거나 보호된 호스트 또는 시설에서 추가로 저수준의 보장 모듈을 내장해야 한다.

- 암호화 모듈을 통합할 때 의도한 운영자, 호스트 디바이스, 혹은 인터페이싱 엔드포인트가 실제 사용자 및 사용자가 아닌 장치에 매핑되는지 확인해야 한

다. 이는 암호화 모듈에 적용 가능한 역할, 서비스 및 인증 장치의 외부 또는 내부에 있을 수 있다. 통합 업체^{intergrator}는 이러한 사실을 알고 있어야 하며 매핑이 완전하게 이뤄졌고 안전한지 확인해야 한다.

- 좀 더 복잡한 통합을 구현하는 경우, 개인과 전문가를 보유하고 있는 조직은 암호화 적용에서뿐만 아니라 암호화 모듈, 디바이스 구현, 통합을 상담해야 한다. 올바른 정보를 얻기보다는 잘못된 암호화를 하는 다수의 방법이 존재한다.

검증된 암호화 구현을 사용하는 것은 훌륭한 방법이지만, 모든 기능 및 성능 요구 사항을 충족시킬 수 있는 특정 암호화 모듈이 있을 것이라 가정하지 말고 모든 환경을 고려하는 것이 좋다.

▌ 암호화 키 관리의 기초

이제 기본적인 암호화와 암호화 모듈을 강조해왔고, 키 관리의 주제를 탐구할 필요가 있다. 암호화 모듈은 대형 시스템에서 암호로 보호된 섬으로 간주될 수 있고, 각 모듈은 암호화 알고리즘, 중요한 데이터를 보호하는 데 필요한 기타 자산을 포함하고 있다. 그러나 암호화 모듈을 안전하게 배포하려면 종종 암호화 키 관리를 필요로 한다. 따라서 임베디드 디바이스 및 실제 규모의 IoT 기업을 위한 키 관리 계획을 확보하고 IoT 시스템을 출시하는 것이 필수적이다. 이것은 IoT 디바이스 내 암호화 자료의 유형을 정규화하고 시스템과 조직 간 동작을 확인하기 위한 조직을 필요로 한다. 키 관리는 디바이스(암호화 모듈)와 기업 전체의 암호화 키를 보호하기 위한 기법과 과학이다. 대부분의 기업이 오래전인 초기에 암호화의 필요성을 어렴풋이 알거나 혹은 필요성을 갖기 전에, 미국 국방부^{Department of Defense}에 의해 개발되고 진화한, 난해한 기술적인 영역이다. 지금은 이전의 어느 때보다 조직이 안전하게 연결된 사물을 보장하기 위해 달성해야 할 과제다.

워커 스파이 링Walker spy ring의 실패는 오늘날 국방부와 NSA의 부서에서 널리 사용되는 키 관리 시스템과 기술의 새로운 탄생을 야기했다. 1968년부터, 미국 해군 장교 존 워커는 소련의 정보 기관에 비밀 암호 키 자료를 판매하기 시작했다. 이러한 내부의 침해는 수년 동안 발견되지 않았기 때문에(1985년까지 발견되지 않았다.) 미국의 국가 안보는 막대한 피해를 입었다. 암호화 키 데이터 손상을 방지하고 높은 수준의 책임이 따르는 시스템의 추적 키를 유지하기 위해 다양한 국방부 서비스(해군과 공군)는 자체적인 키 관리 시스템을 만들기 시작했고, 결국 오늘날 NSA의 전자 키 관리 시스템EKMS, Electronic Key Management System의 일부로 포함됐다. EKMS는 이제 키 관리 인프라KMI, key management infrastructure로 현대화되고 있다(https://en.wikipedia.org/wiki/John_Anthony_Walker).

암호화 키 관리의 주제는 종종 암호 자체보다 더 오해를 받는다. 실제로, 이 분야의 몇몇 실무자들도 이에 대해 혼동하고 있다. 암호화와 키 관리는 형제와도 같다. 서로 제공하는 보안에 대해 굉장히 의존하고 있기 때문이다. 종종 키 관리는 전혀 구현되지 않거나 안전하게 구현되지 않는다. 어느 쪽이든, 잘못된 키 관리로 인해 인가받지 않은 정보 누출과 암호화 키의 침해가 암호화 사용에 대한 가치를 떨어뜨리고 있다. 필요한 개인정보 및 정보의 무결성과 출처에 대한 보증이 손실된다.

안전한 키 관리 원칙을 기반으로 키 관리 원칙을 지정하고 설명하는 기준에 유의하는 것 또한 중요하다. PKI는 정의와 같이 키 관리 시스템이다. IoT와 관련된, 모든 IoT 디바이스가 PKI 인증서를 사용해 통신하고 PKI 인증서를 사용하지 않을 것이기 때문에(즉, 서드파티의 키 관리 서비스를 이용할 수 있다.), 조직을 위해 키 관리의 기본 원리를 이해하는 것은 중요하다. 관리적인 디바이스(SSH)이거나, 암호화 게이트웨이(TLS/IPSec)를 제공하거나, IoT 메시지에 대한 간단한 무결성을 수행하는 등 대칭과 비대칭의 다양한 암호화 키 유형이 IoT 분야에서 활용될 것이다.

왜 키 관리가 중요할까? 다양한 종류의 암호화 변수 누출은 암호화 트랜잭션이 발생한 이후 심지어 수년 또는 수십 년 이후에도 치명적인 데이터 손실로 이어질 수 있다. 오늘날의 인터넷은 사람, 시스템, 다양한 중간자 공격을 수행하는 소프트웨어로 가득차 있고, 호스트와 네트워크의 단순한 네트워크 모니터링에서 국가 상태의 대규모 공격과 침해가 이뤄지고 있다. 임의의 사용자는 암호화돼 있지 않거나 보호를 받지 않는 트래픽을 수집하거나, 혹은 리라우트$^{re\text{-}reoute}$를 하고 수개월, 수년, 심지어 수십 년간 저장할 수 있다. 한편, 트래픽을 수집한 임의의 사용자는 암호화에 사용된 키를 수집하기 위해 사람의 정보와 기술(암호 분석기)을 악용해 오랜 기간 동안 은밀하게 수집 작업을 할 수 있다. IoT 디바이스에서, 중앙 집중식 키 생성 및 배포 소스 또는 스토리지 시스템 내에서, 키 관리 시스템 및 프로세스는 기계와 인간이 처리하는 도중에 암호화 키가 손상되지 않음을 보장하기 위한 허드레 일을 한다.

키 관리는 작동하는 시스템과 시스템에 대한 적절한 암호화 키의 처리에 관련된 문제에 대응하고 있다. 이 주제는 시스템에 관계형 다이어그램으로 나타낼 수 있다.

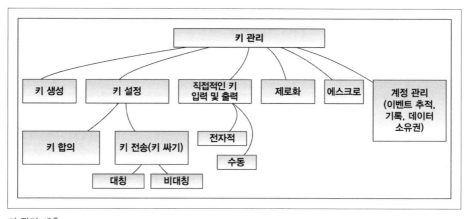

키 관리 계층

키 생성

키 생성은 어떤 알고리즘을 사용하고, 암호화 키가 언제 어떻게 생성되고, 어떤 디바이스에서 사용하는지를 말한다. 키는 (앞서 언급한 것과 같이) 최소한의 엔트로피를 포함시킨 잘 선정된 RNG 또는 DRBG를 사용해서 생성해야 한다. 키 생성은 직접적으로 디바이스에서 수행할 수 있거나 좀 더 중앙 집중화된 시스템에서 수행할 수 있다.

키 설정

많은 혼란이 암호화 키 설정을 구성하는 측면에서 존재한다. 키 설정은 간단히 두 당사자가 1) 특정 암호화 키의 사용을 합의하거나, 2) 키의 전송에서 보내는 사람과 받는 사람의 역할을 각각 수행하는 것이다. 구체적으로는 다음과 같다.

- 키 설정은 공유 키의 생성 알고리즘에 기여하는 두 당사자의 행동이다. 즉, 한쪽에서 생성 또는 저장된 공개 값(일반적으로 평문)으로 다른 당사자로 보내지고, 보완적인 알고리즘 프로세스에 입력돼 전송된다. 이 공유된 비밀은 (기존, 암호화 모범 사례에서) 암호화 키 혹은 키의 집합(키 BLOB)을 도출하기 위한 키 유도 함수(종종 해시 기반)에 입력된다.
- 키 전송은 한쪽의 당사자가 암호화 키를 전달하거나 암호화 키의 전구체 precursor를 키 암호화 키KEK, key encryption key로 암호화해 상대방에게 전달하는 행위다. KEK는 대칭일 수도 있고(예: AES 키), 혹은 비대칭일 수도 있다(예: RSA 공개 키). 전자의 경우, KEK가 안전하게 수신자와 사전에 공유하거나 암호화 방식의 몇 가지 유형을 사용해 설정해야 한다. 후자의 공유, 암호화 키는 수신자의 공개 키며, 수신자만이 (공유하지 않은) 자신의 개인 키를 사용해 전송 키를 해독할 수 있다.

키 유도

키 유도는 소프트웨어의 장치 또는 구성 요소에서 암호를 포함한, 다른 키와 변수에서 암호화 키를 구성하는 방법을 말한다(그래서 암호 기반 키 파생이라고 한다). NIST SP800-108에서는 '... 키 유도 함수KDF, key derivation function는 입력 키와 다른 입력 데이터를 사용해서 암호화 알고리즘에 의해 사용될 수 있는 키 재료keying material를 생성하기 위한 함수다.'라고 설명한다(출처: http://csrc.nist.gov/publications/nistpubs/800-108/sp800-108.pdf).

키 유도의 일반적인 묘사는 다음 그림과 같다.

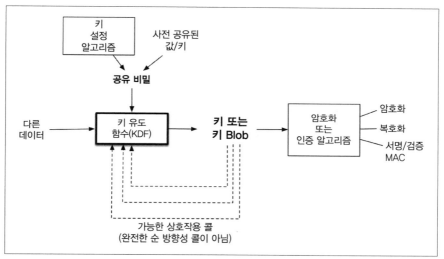

KDF

키 유도의 실패 사례로 인해, 미국 정부는 NIST 특별 간행물에서 베스트 프랙티스로 통합할 수 있을 때까지 특정 예외 사항의 사용을 금지하도록 유도했다. 키 유도는 자주 TLS와 IPSec 같은 다수의 안전한 통신 프로토콜에서 실제로 설정한 공유 비밀shared secret, 전송한 난수(예: SSL/TLS에서 프리-마스터 시크릿), 현재의 키로부터 세션 키를 유도해 설정한다.

암호 기반 키 유도PBKDF, password-based key derivation는 고유 암호로부터 암호화 키와 NIST SP 800-132에 지정된 도출 과정이다. 이 프로세스의 일반적인 묘사는 다음 그림과 같다.

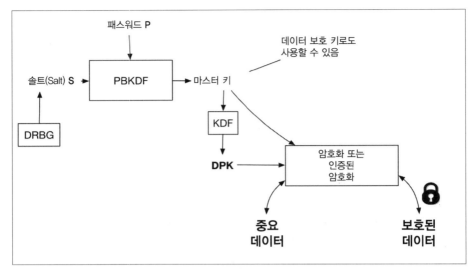

PBKDF

출처: http://csrc.nist.gov/publications/nistpubs/800-132/nist-sp800-132.pdf

키 저장

키 저장은 안전한 키 저장 방법(종종 KEK를 사용해 암호화한다.) 및 키 저장을 제공하는 디바이스의 종류를 의미한다. 보안 저장소는 (데이터베이스 암호화 키의 우수한 보호를 바탕으로) 데이터베이스를 암호화하거나 다른 유형의 암호화 저장소를 통해 달성할 수 있다. 엔터프라이즈 키 에스크로/저장소 시스템에서, 암호화 키는 하드웨어 보안 모듈HSM, hardware security module을 사용해 암호화해야 한다. HSM은 자체의 암호화 모듈로, 특히 광범위한 물리적 및 논리적 보안을 제공함으로써 해킹하기 굉장히 어렵도록 설계돼 있다. 예를 들어, 대부분의 HSM은 변조-대응 인클로저enclosure를 보유하고 있다. 변조한 경우, HSM은 자동으로 모든 중요한 보안 매개변수parameter, 암호화 키 등을 와이프할 것이다. 하지만 항상 HSM이 안전한 시설에 저장돼 있는지 확인해야 한다. HSM 보안 접속의 관점에서, HSM은 종종 접근 통제 및 민감한 서비스를 호출하기 위한 암호화 토큰에서 작동하도록 설계돼 있다. 예를 들어, PED 키라 고도 하는 SafeNet 토큰은 사용자가 안전하게 민감한 HSM 서비스에 접근할 수 있도록 허용한다.

HSM 공급 업체의 예로는 탈레스^{Thales}의 e-Security와 SafeNet이 있다.

키 에스크로

키 에스크로$^{key\ escrow}$는 종종 필요악과 같다. 키가 손실된 경우 암호화된 데이터를 복호화할 수 없는 것을 생각하면, 많은 기업은 추후에 사용하기 위해 종종 오프 사이트로 암호화 키를 저장하고 백업하는 것을 선택할 것이다. 키 에스크로와 관련된 위험은 간단하다. 키의 복사본을 만들고 다른 위치에 저장함으로써 데이터 보호의 공격점이 증가되는 것이다. 에스크로 키의 침해는 원본의 침해만큼 영향력이 있다.

키 수명

키 수명$^{key\ lifetime}$은 폐기되기 이전에 키가 언제까지 사용돼야 하는지 가리키는 시간을 의미한다(실제로, 암호화, 복호화, 서명, MAC 적용 등). 일반적으로, 비대칭 키는 (예를 들어, PKI 인증) 새롭고 고유한 세션 킬(완벽한 전송 비밀을 달성하기)을 위해 사용되는 기능을 감안해서 좀 더 오랜 기간 동안 사용할 수 있다. 대칭 키는 일반적으로, 훨씬 짧은 키의 유효 기간을 가져야 한다. 만료되면, 새로운 키는 다양한 방법으로 제공할 수 있다.

- 중앙 키 관리 서버 또는 다른 호스트에 의해 전송될 수 있다(AES-WRAP과 같은 알고리즘을 사용해, AES_WRAP 알고리즘은 예를 들어 AES-WRAP 키를 KEK로 사용하고 전송되는 키를 암호화해서 사용하는 키를 전송한다).
- 안전하게 새로운 소프트웨어 또는 펌웨어에 내장된다.
- 디바이스가 생성한다(예를 들어, NIST SP800-90 DRBG에 의해).

- 서로 다른 엔티티와 디바이스에 의해 확정된다(예를 들어 타원 곡선 디피 헬만^{Diffie Hellman}, 디피 헬만, MQV).
- 수동으로 디바이스에 입력(예를 들어, 타이핑하거나 안전한 키 로딩 디바이스로부터 분배됨)한다.

키 제로화

비밀이나 개인 암호화 키, 또는 알고리즘 상태의 허가되지 않은 누출은 암호화 응용프로그램을 효과적으로 쓸모없게 만든다. 암호화된 세션은 캡처 및 저장될 수 있고, 세션을 보호하는 데 사용되는 암호화 키는 악의적인 사용자가 취득한 경우 일정한 일, 월, 년 이후에 해독될 수 있다.

안전하게 메모리에서 암호화 키를 완전히 제거하는 것이 제로화^{zeroization}의 핵심 주제다. 다수의 암호화 라이브러리는 안전하게 런타임 메모리뿐만 아니라 장기적으로 정적 스토리지에서 키를 없애기 위해 설계된 두 가지의 조건적이고 명시적인 제로화 루틴을 제공한다. 만약 IoT 디바이스 암호화를 구현한 경우라면, 심사가 잘 이뤄진 키 제로화 전략을 보유하고 있어야 한다. 메모리 위치에 따라 다양한 유형의 제로화를 사용해야 한다. 안전한 와이핑은 일반적으로 메모리에 암호화 키를 역참조^{dereference}하지 않는다(즉, 포인터와 참조 변수를 널^{null}로 설정한다). 제로화는 적극적으로 메모리 위치 중 0(그래서 제로화라는 용어를 사용한다.) 또는 무작위로 생성된 데이터로 덮어 쓰기해야 한다. 특정 메모리 공격의 유형으로부터(예를 들면, 프리징 메모리^{freezing memory}) 암호화 변수를 찾을 수 없도록 다중 덮어 쓰기가 필요할 수 있다. 만약 IoT 공급 업체가 암호화 라이브러리를 활용하는 경우, 사용 후 모든 주요 자료의 제로화를 포함해 해당 API를 적절하게 사용하는 것이 중요하다.

민감한 PII 데이터를 포함하는 IoT 디바이스를 처분할 때는 메모리 디바이스의 파괴를 검토할 필요가 있다. 예를 들어, 기밀 데이터가 포함된 하드 드라이브는 비밀 및 기밀

데이터를 제거하고 악의적인 공격자의 수중에 들어가지 않도록 강한 전자기장에 디가우징degaussing을 하고 있다. 가장 중요한 데이터를 저장하거나 대량의 중요 정보를 저장하고 있는 디바이스(예를 들어, 하드 드라이브와 SSD 메모리는 수천 혹은 수백만 개에 달하는 의료 정보 혹은 금융 데이터를 저장하고 있을 수 있다.)를 위해 일반적으로 디가우징 및 기계적 파괴가 필요하지만, 메모리 논리 게이트의 물리적 제거를 충분히 보장하기 위해 기계적 파괴가 필요한 경우도 있다.

제로화는 일부 독자들이 생각하는 것보다 자세하게 알고 있어야 할 수도 있는 주제다. 미연방 수사국FBI, Federal Bureau of Investigation과 애플 사이에서 발생한 최근의 분쟁은 FBI가 테러리스트의 아이폰 콘텐츠를 복구할 수 없는 상태로 제한한 것이 드러나게 됐다. 다수의 암호 시도 실패는 제로화 메커니즘을 작동시켜 데이터를 복구할 수 없도록 변경시킬 수 있다.

계정 및 관리

엔티티 사이의 키 재료의 생성, 배포, 폐기는 식별, 추적, 계정 관리가 필요한 곳이다. 보안과 성능의 균형을 잡는 것도 중요하다. 이 사실은 예를 들어 암호화 키의 유효 기간을 설정할 때 실감한다. 일반적으로 키의 유효 기간이 짧을수록 침해의 영향은 줄어들고, 키에 의존하는 데이터 표면data surface이 줄어든다. 그러나 키 재료의 생성, 구축, 배포, 계정 관리 수명이 짧을수록 상대적으로 오버헤드를 증가시킨다. 이에 따라 비밀 유지를 가능하게 하는 공개 키 암호화 방식이 매우 중요해졌다. 비대칭 키는 대칭 키처럼 자주 변경할 필요가 없다. 자체적으로 대칭 키의 새로운 세트를 설정하는 기능을 가지고 있다. 하지만 모든 시스템은 공개 키 알고리즘을 실행할 수 없다.

특히 장치의 제조 및 유통 과정에서 안전한 키 관리를 위해 암호화 키 계층의 구조를 잘 파악하고 있는 업체가 필요하다. 내장된 키 재료는 제조업체에서 유출될 수 있고(이 경우에는 제조업체에서 키를 부지런히 보호해야 한다.), 덮어씌울 수 있고, 최종 사용자에 의해 사용 혹은 폐기될 수 있다. 각 키는 새로운 상태로 장치를 전환하거나(부트스트랩 또는 등록 과정처럼) 필드에 배포하기 위한 필수 조건이 될 수 있다. 암호화 지원 IoT 디바이스 제조업체는 키 관리 프로세스, 절차, 안전한 제품 배포를 사용하기 위한 시스템을 신중하게 설계하고 문서화해야 한다. 또한 제조업체는 키를 안전한 시설과 접근 통제가 이뤄지는 공간에서 HSM을 사용해 안전하게 저장해야 한다.

키 관리 시스템에 대한 접근 통제(예를 들어 HSM과 HSM에 연결된 서버)는 하나의 암호화 키의 분실 혹은 조작에 따른 큰 파급 효과를 감안해서 철저하게 제한돼야 한다. 종종 키 관리 시스템은 심지어 가장 안전한 시설 혹은 데이터센터에서 카메라의 감시하에 잠금장치와 키를 사용해 금고에 보관하고 있는 것을 발견할 수 있다.

키 관리 권장 사항의 개요

IoT 벤더와 시스템 통합자의 정의 및 설명을 감안할 때, 키 관리와 관련해 다음의 권장 사항을 고려해야 한다.

- 검증된 암호화 모듈이 IoT 디바이스 내에서 배포된 키를 안전하게 저장하고 있으며, 신뢰할 수 있는 보안 저장소에서 키가 물리적 및 논리적 보호를 받는지 검증하면 보안에 큰 도움이 될 것이다.
- 암호화 키가 충분히 긴지 확인해야 한다. 좋은 가이드는 FIPS 인증 암호화 알고리즘에서 사용할 적절한 키 길이에 대한 지침을 제공하는 NIST SP 800-131A를 참조하는 것이다. 만약 동등한 암호화 강도(무차별 대입 공격에 대한 계산 저항)에 관심이 있다면, NIST SP800-57을 참조할 수 있다. 알고리즘과 키 길이 모두가 최신state-of-the-art의 공격에 비해 충분히 강하지 않을 경우, 사용하지 않는 것이 중요하다.
- 사용 혹은 만료 이후에 암호화 키가 안전하게 지워지기 위한 기술적, 절차적 제어가 적절하게 있는지 확인해야 한다. 필요 이상으로 주의에 임의의 키를 보관하지 말자. 평문의 암호화 변수는 적극적으로 와이프하지 않는다면 사용

후 메모리에 장기간 남아있는 것으로 알려져 있다. 잘 설계된 암호화 라이브러리는 특정 상황에서 키를 원상 복구할 수 있지만, 일부 라이브러리가 필요할 때 제로화 API를 호출하기 위해 사용하는 애플리케이션을 별도로 남겨둔다. 세션 기반의 키를 예로 들면, TLS 세션에 사용되는 암호화와 HMAC 키는 세션이 종료된 다음 바로 제로화해야 한다.

- 완전 순방향 비밀성PFS, perfect forward secrecy이 제공하는 방식은 암호화 알고리즘과 프로토콜 옵션을 사용한다. PFS는 디피 헬먼Diffie-Hellman과 타원 곡선 디피 헬먼 같은 키 설정 알고리즘을 이용하는 다수의 통신 프로토콜 옵션이다. PFS는 하나의 세션 키 세트가 공격을 받더라도 이후에 생성되는 세션 키는 공격의 영향을 받지 않는 유용한 특성을 가지고 있다. 예를 들어, DH/ECDH에서 PFS를 이용해 임시(한 번만 사용하는) 개인/고객 키가 사용할 때마다 생성되는지 확인해야 한다. 이것은 세션당 인접한 공유 비밀 값(따라서 세션에서 파생된 키) 사이에 역방향으로 연관이 없는 것을 의미한다. 현재의 키 침해는 앞으로의 키 계산과 대립하기 때문에 앞으로 사용되지 않을 것이므로, 결국 앞으로의 키는 더욱 잘 보호된다.

- 심각하게 키 관리 시스템의 역할, 서비스, 접근을 제한한다. 암호화 키 관리 시스템에 대한 접근은 물리적 및 논리적으로 제한해야 한다. 안전하게 보호된 건물과 접근 통제가 이뤄지는 공간(또는 금고)은 물리적 접근을 통제하기 위해 중요하다.

- 직무의 분리(단일 역할 또는 모든 서비스에 대한 모든 권한을 부여하지 않는)와 다중 사용자 무결성multi-person intergrity 같은 원칙을 사용해 사용자 또는 관리자 접근을 잘 심사된 키를 사용해 관리해야 한다. 관리 프로토콜은 주요 전송 키 설정 등과 같은 기본 키 관리 기능을 수행한다. 난해한 주제에 해당하며, 많은 벤더에서 독점 솔루션을 사용하기 때문에 현재 일반적으로 배포되는 키 관리 프로토콜은 많지 않다. 그러나 OASIS 그룹은 키 관리 상호 운용성 프로토콜KMIP, key management interoperability protocol이라는 비교적 최근에 개발된 솔루션을 운영하

고 있다. KMIP는 송신자-수신자 키 관리 교환을 위한 간단한 백본 프로토콜로 현재 다수의 벤더가 사용 중이며, 다수의 암호 키 관리 알고리즘을 지원하고 멀티 벤더 상호 운용성을 염두에 두고 설계됐다. KMIP는 대규모 엔터프라이즈 키 관리 소프트웨어에서 임베디드 디바이스 관리까지 지원하는 범용적이고 편리한 프로그래밍 언어다.

▌ IoT 프로토콜 암호화 제어 검사

이 절에서는 다양한 IoT 프로토콜 통합을 하는 암호화 제어를 확인한다. 이러한 암호화 제어 없이, IoT의 포인트 투 포인트 및 종단 간의 안전한 통신은 불가능하다.

IoT 통신 프로토콜에 내장된 암호화 제어

IoT 디바이스 개발자의 주요 과제 중 하나는 여러 유형의 IoT 프로토콜 간 상호작용과 이러한 프로토콜 간의 보안 계층화를 위한 최적의 방법을 이해하는 것이다.

IoT 디바이스의 통신 기능을 설정하고 통신 프로토콜이 인증과 암호화 계층에 제공하기 위한 다수의 옵션이 있다. ZigBee, ZWave, 블루투스-LE와 같은 IoT 커뮤니케이션 프로토콜은 모두 인증, 데이터 무결성, 기밀성 보호에 적용할 수 있는 설정 옵션을 가지고 있다. 이러한 각각의 프로토콜은 IoT 디바이스의 무선 네트워크를 생성하는 기능을 지원한다. Wi-Fi에는 또한 다수의 IoT 디바이스에 필요한 무선 연결을 지원하는 옵션이 있고, 기밀성, 무결성, 인증을 유지하기 위한 고유의 암호화 통제도 포함돼 있다.

IoT 커뮤니케이션 프로토콜로 전송되는 프로토콜은 데이터 중심의 프로토콜이다. 이러한 대부분의 프로토콜은 IoT 커뮤니케이션 프로토콜을 통해 제공되거나 DTLS 또는

SASL 등의 보안과 관련된 프로토콜에 의해 제공되는 것과 같이, 하위 계층 보안 기능의 서비스를 필요로 한다. IoT 데이터 중심 프로토콜은 CoAP, DDS, MQTT 등의 발행/구독 프로토콜과 같은 REST 형태의 프로토콜을 포함하는 두 가지 범주로 나눌 수 있다. 종종 기본 IP 계층이 필요하지만, MQTT-SN과 같은 일부 프로토콜은 ZigBee와 같은 RF 링크에서 작동하도록 맞춰져 있다.

발행/구독 IoT 프로토콜의 흥미로운 점은 상기 IoT에 의해 공개되는 항목에 대한 접근 통제를 제공해야 하며, 공격자가 특정 항목에 인가되지 않은 정보를 게시할 수 없도록 보증해야 한다는 것이다. 고유 키를 공개된 각 항목에 적용해 처리할 수 있다.

ZigBee

ZigBee는 IEEE 802.15.4 MAC 계층의 기본 보안 서비스를 활용한다. 802.15.4 MAC 계층은 암호화/복호화를 위한 128비트의 AES 키 알고리즘뿐만 아니라 데이터 프레임에 MAC을 추가해 데이터 무결성을 지원한다(http://www.libelium.com/security-802-15-4-zigbee/). 이러한 보안 서비스는 선택적이지만, ZigBee 디바이스는 암호화 혹은 프로토콜에 내장된 MAC 기능을 사용하지 않도록 설정될 수 있다. 사실, 다음 표와 같이 사용할 수 있는 여러 보안 옵션이 있다.

ZigBee 보안 설정	설명
보안 구성 없음	암호화와 데이터 인증 없음
AES-CBC-MAC-32	32비트 MAC을 사용한 데이터 인증. 암호화 없음
AES-CBC-MAC-64	64비트 MAC을 사용한 데이터 인증. 암호화 없음
AES-CBC-MAC-128	128비트 MAC을 사용한 데이터 인증. 암호화 없음
AES-CTR	데이터를 128비트 키의 AES-CTR을 사용해 암호화. 인증 없음
AES-CCM-32	32비트의 MAC을 사용해 데이터를 인증하고 데이터를 암호화한다.
AES-CCM-64	64비트의 MAC을 사용해 데이터를 인증하고 데이터를 암호화한다.
AES-CCM-128	128비트의 MAC을 사용해 데이터를 인증하고 데이터를 암호화한다.

위의 표 802.15.4 MAC 계층을 보면, ZigBee는 하위 계층과 직접 통합된 추가 보안 기능을 지원한다. ZigBee는 네트워크 및 애플리케이션 계층 모두에서 구성된 보안 기능에 대한 세 가지 종류의 키 유형에 의존한다.

- 공급 업체가 사전에 설치하고 두 ZigBee 노드 사이에서 키 교환 트랜잭션을 위해 사용하는 마스터 키
- 보안 노드 간 통신을 가능하게 하는 노드당 고유 키인 링크 키
- 네트워크의 모든 ZigBee 노드에서 공유하고 ZigBee 트러스트 센터^{trust center}에 의해 제공되는 네트워크 키. 네트워크 키는 안전한 브로드캐스트^{broadcast}를 지원한다.

ZigBee 네트워크를 위한 키 관리 전략을 설정하는 것은 어려운 도전 과제가 될 수 있다. 구현 담당자는 모든 키를 사전에 설치하거나 트러스트 센터에서 모든 키를 배포하는 스펙트럼을 실행하는 옵션을 비교 및 검토할 필요가 있다. 트러스트 센터 기본 네트워크 키의 경우 임의의 키 프로비저닝은 안전한 프로세스를 사용해 이뤄져야 하므로 항상 변경해야 한다는 점에 유의한다. ZigBee 키가 사전에 정의를 기반으로 갱신돼야 하므로 키 회전 또한 고려해야 한다.

키를 취득하기 위한 ZigBee 노드에는 세 가지 옵션이 있다. 첫째, 노드는 키와 함께 사전에 설치될 수 있다. 둘째, 노드는 ZigBee 보안 센터에서 노드에게 전송한 (마스터 키 제외) 키를 가질 수 있다. 마지막으로, 노드는 대칭 키 설정^{SKKE, symmetric key establishment} 및 인증서 기반 키 설정^{CBKE, certificate-based key establishment}을 포함하는 옵션을 사용해 키를 설정할 수 있다(https://www.mwrinfosecurity.com/ system/assets/849/original/mwri-zigbee-overview-finalv2.pdf).

마스터 키는 SKKE 프로세스를 사용해 ZigBee 디바이스에 링크 키의 생성을 지원한다. ZigBee 노드와 트러스트 센터 간에 공유되는 링크 키는 트러스트 센터 링크 키^{TCLK, trust center link keys}로 알려져 있다. 이러한 키는 네트워크의 노드에 새로운 네트워크 키 수

송을 가능하게 한다. 링크 및 네트워크 키는 사전에 설치될 수 있지만, 좀 더 안전한 옵션은 노드 간의 통신을 지원하는 링크 키의 키 설정을 제공하는 것이다.

네트워크 키는 트러스트 센터에서 암호화된 APS 전송 명령으로 전달된다.

링크 키는 노드 간의 보안 통신을 위한 최선의 방법이지만, 연구 결과 항상 최선의 방법은 아닌 것으로 확인됐다. 디바이스별로 더 많은 메모리 자원을 요구하고, 종종 IoT 디바이스에서 사용할 수 없는 기능이 있을 수 있다(http://www.libelium.com/security-802-15-4-zigbee/).

CBKE 프로세스는 ZigBee 링크 키 확립을 위한 다른 메커니즘을 제공한다. IoT 디바이스의 요구 사항에 맞춰 만들어진 ECQV^{Elliptic Curve Qu-Vanstone} 함축적 인증서^{implicit certificate}를 기반으로 하며, 기존의 X.509 인증서보다 훨씬 작다. 이러한 함축적 인증서^{implicit certificate}의 경우, X.509 등의 기존 함축적 인증서와 비교해 구조가 대폭적으로 축소됐다(제한된 무선 네트워킹의 좋은 기능이며 http://arxiv.org/ftp/arxiv/papers/1206/1206.3880.pdf를 참고한다).

블루투스-LE

블루투스 핵심 규격 버전(4.2)에 따라 인증되거나 인증되지 않은 페어링, 데이터의 무결성 보호 및 링크 암호화를 위한 옵션을 제공하는 다수의 모드를 지정한다. 특히, 블루투스-LE는 다음과 같은 보안 개념을 지원한다(참고: 블루투스 규격 버전 4.2).

- 페어링^{pairing}: 장치가 하나 이상의 공유 비밀 키를 생성한다.
- 본딩^{bonding}: 후속 연결에서 사용하는 페어링을 할 때 생성된 키를 저장하는 기능으로, 신뢰할 수 있는 장치 쌍을 생성한다.
- 장치 인증: 페어링된 기기가 신뢰할 수 있는 키를 가지고 있는지 확인한다.
- 암호화: 평문 메시지 데이터를 뒤섞어서 암호화 텍스트 데이터로 변환한다.
- 메시지 무결성: 데이터의 변조를 방지한다.

블루투스-LE 장치 연결을 위한 네 가지 옵션을 제공한다.

모델	설명
수치 비교	여섯 자리의 번호를 표시하고, 만약 양쪽 디바이스의 보이는 숫자가 동일하다면 사용자는 YES를 입력한다. 블루투스 4.2와 여섯 자리 숫자는 두 장치 간의 암호화 동작과 연관되지 않는다는 점에 유의하자.
그냥 작동	디스플레이를 포함하지 않는 장치를 위해 설계됐다. 사용자가 번호를 나타내고 있지 않지만, 수치 비교와 동일한 모델을 사용한다.
대역 외	안전한 페어링을 위한 다른 프로토콜을 사용할 수 있다. 종종 안전한 페어링을 가능하게 하기 위해 근거리 무선 통신(NFC, near-field communications)을 함께 사용한다. 이 경우에는 NFC 프로토콜을 사용해 디바이스의 블루투스 장치 주소 및 암호화 정보를 교환한다.
암호 키 입력 (passkey entry)	여섯 자리 암호 키는 하나의 장치에 입력하고 확인을 위해 별도로 표시할 수 있다.

블루투스-LE는 요청된 보안 서비스를 제공하기 위해 함께 사용되는 키의 숫자를 사용한다. 다음 표는 블루투스-LE 보안에 중요한 역할을 하는 암호화 키에 대한 목록을 제공한다.

키 타입	설명
임시 키(TK, Temporary key)	블루투스의 페어링 유형에 따라 결정될 수 있으며, TK는 다른 길이를 설정할 수 있다. 이것은 단기 키(STK, short-term key) 암호화 기반의 유도를 위한 입력으로 사용된다.
단기 키(STK, Short-term key)	STK는 키 재료를 안전하게 배포하는 데 사용되며, TK와 페어링 과정에 참여하는 각 장치에 의해 제공되는 임의의 값 세트를 기반으로 한다.
장기 키(LTK, Long-term key)	LTK는 링크 계층 암호화를 위해 사용되는 128비트의 키를 생성하는 데 사용된다.
CSRK(Connection signature resolving key)	CSRK는 ATT 계층에서 데이터를 서명하는 데 사용된다.
IRK(Identity resolving key)	IRK는 장치 공개 주소에 따라 개인 주소를 생성하는 데 사용된다. 장치 ID 및 개인정보 보호를 위한 메커니즘을 제공한다.

블루투스-LE는 블루투스 핵심 규격Bluetooth Core Specification 버전 4.2 기반이며 인증됐거나 인증되지 않은 페어링pairing, 데이터 무결성 보호, 링크 암호화를 위한 옵션을 제공하는 다양한 모드를 갖췄다.

블루투스-LE는 디바이스를 위한 개인정보 보호를 제공하는 기능을 지원한다. 이것은 디바이스에 대한 특정 개인 주소를 생성하는 데 사용되는 IRK의 사용을 필요로 한다. 개인정보 보호 지원 디바이스가 개인 주소를 생성하는 옵션과 블루투스 컨트롤러가 주소를 생성하는 옵션, 이렇게 두 가지 옵션이 있다.

NFC

NFC는 기본 암호 보호를 구현하지 않았지만, NFC 협상을 통해 엔드포인트 인증을 적용할 수 있다. NFC는 단거리 통신을 지원하고, 종종 블루투스 등의 다른 프로토콜에서 사용하기 위한 대역 쌍을 설정하는 첫 번째 단계의 프로토콜로 사용되고 있다.

IoT 메시징 프로토콜에 내장된 암호화 제어

메시징 프로토콜에 내장된 각종 제어를 설명하고자 한다.

MQTT

MQTT는 사용자 이름과 암호를 보낼 수 있다. 최근까지, 명세서에서 암호가 더 이상 12자를 초과하는 것은 권장하지 않는다. 사용자 이름과 암호는 CONNECT 메시지의 일부로 평문으로 전송된다. 이처럼 암호를 노리는 MITM 공격을 방지하기 위해 MQTT를 사용하는 경우 TLS를 사용하는 것이 중요하다. 이상적으로, 두 엔드포인트 사이의 종단 간 TLS 연결은 상호 TLS 연결을 인증하는 인증서와 함께 사용해야 한다.

CoAP

장치 간의 통신을 위한 여러 가지 인증 옵션을 지원한다. 이것은 고수준의 기밀성 및 인증 서비스를 위한 데이터그램–TLS^{D-TLS}와 결합할 수 있다.

CoAP는 여러 보안 모드를 암호화 재료의 종류에 따라 정의했다(https://tools.ietf.org/html/rfc7252#section-9).

모드	설명
NoSec	DTLS가 비활성화돼 있으므로 프로토콜 수준의 보안이 없다. 다른 형태의 보안을 사용할 수 있는 경우(예를 들어, IPsec이 TCP 연결을 통해 사용되는 보안 또는 링크 계층이 활성화될 때 사용될 수 있으며), 이 모드는 충분할 수 있지만 나는 이 설정을 권장하지 않는다.
사전 공유 키(PreSharedKey)	DTLS가 활성화되고 노드 통신에 사용할 수 있는 사전 공유 키가 있다. 이 키는 그룹 키의 역할을 할 수 있다.
원시 공개 키(RawPublicKey)	DTLS가 활성화되고 있으며 디바이스가 대역 외의 메커니즘을 사용해 검증된 인증서(처리하지 않은 공개 키)가 없는 비대칭 키 쌍이 있다. 디바이스는 공개 키와 공개 키로 통신할 수 있는 노드의 ID 목록으로 계산된 ID를 갖는다.
인증서	DTLS가 활성화되고 디바이스는 몇 가지 공통 신뢰 루트에 의해 서명된 X.509 인증서(RFC5280)와 비대칭 키 쌍을 가지고 있다. 디바이스는 또한 인증서를 확인하기 위해 사용할 수 있는 루트 트러스트 앵커(root trust anchor) 목록을 가지고 있다.

DDS

개체 관리 그룹^{Object Management Group}의 데이터 배포 기준^{DDS, Data Distribution Standard} 보안 사양은 메시지 데이터 출처 인증을 사용하기 위한 엔드포인트 인증 및 키 설정을 제공한다. 이는 디지털 인증서와 다양한 정체성/인증 토큰 유형을 모두 지원한다.

REST

HTTP/REST는 일반적으로 인증 및 기밀성 서비스를 위한 TLS 프로토콜의 지원이 필요하다. 기본 인증은 (자격 증명이 일반 텍스트로 전달되는) TLS의 적용 범위에서 사용할 수 있지만, 권장되는 방법은 아니다. 대신, OAuth2 상위의 OpenID 신원 계층^{identity layer}

과 같은 (필요한 경우 권한 부여와) 토큰 기반의 인증 접근법을 시도한다. 그러나 OAuth2를 사용하는 경우 추가 보안 통제가 준비돼 있어야 한다. 이러한 통제 참조는 다음 웹 사이트에서 볼 수 있다.

- http://www.oauthsecurity.com
- https://www.sans.org/reading-room/whitepapers/application/attacks-oauth-secure-oauth-implementation-33644

▋ IoT와 암호화의 향후 방향

오늘날의 IoT에서 사용되는 암호화 방식은 광범위한 인터넷에서 사용되는 동일한 암호화 신뢰 메커니즘을 사용한다. 그러나 인터넷과 마찬가지로 IoT는 훨씬 더 분산돼 있으며, 전례 없는 수준의 분산 신뢰 메커니즘을 필요로 할 정도로 확장되고 있다. 실제로, 대규모이자 다수인 미래의 보안 IoT 트랜잭션은 단순한 클라이언트-서버 또는 포인트 대 멀티포인트 암호화 트랜잭션이 이뤄지지 않을 것이다. 확장 가능한, 분산된 신뢰를 제공하기 위해 신규 또는 적합한 암호화 프로토콜을 개발하고 추가해야 한다. 앞으로 채택하게 될 새로운 프로토콜의 종류를 예측하기는 어렵지만, 오늘날 인터넷 애플리케이션으로 개발된 분산 신뢰 프로토콜은 IoT가 나아가는 방향을 이해하는 데 도움이 될 수 있다.

이러한 프로토콜 중 하나인 블록체인blockchain은 비트코인이라는 디지털 통화의 기초가 되는 전체 시스템에서 발생하는 모든 합법적인 거래의 분산 원장을 제공하는 암호화 신뢰 메커니즘이다. 블록체인 시스템의 각 노드는 이 원장을 유지하는 과정에 참여한다. 그 결과, 모든 참가자가 신뢰할 수 있는 합의를 통해 모두가 자동으로 기본적인 감사를 할 수 있다. 블록체인은 체인 이전의 각 블록의 암호화 해시를 사용해, 시간이 지남에 따라 구축된다. 이 장에서 앞서 설명한 것처럼, 해시 함수를 사용해 임의의 데이터 덩어리의 일방향 지문fingerprint 해시를 생성할 수 있다. 머클Merkle 트리는 해시 함수의 흥미로운 응용을 보여주는데, 이 트리가 전체 트리의 암호학적으로 강력한 해시 결과로 구성된 일련의 병렬 계산된 해시를 나타내기 때문이다.

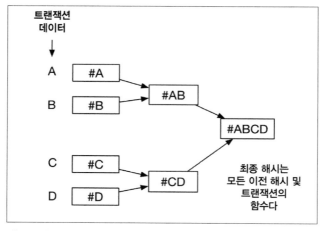

머클 트리

손상 또는 무결성(해시된 또는 데이터 요소) 해시 중 하나의 손실은 머클 트리의 특정 지점에서 무결성이 손실됐음을 나타낸다. 블록체인의 경우, 머클 트리 패턴은 새로운 트랜잭션(해시 가능한 트랜잭션을 나타내는 노드) 원장에 추가되며 시간이 지날수록 커지게 된다. 원장은 모두가 사용할 수 있으며, 시스템의 모든 노드에 복제된다.

블록체인은 체인을 업데이트하는 방법에 동의하기 위해 체인의 노드가 사용하는 합의consensus 메커니즘이 포함돼 있다. 예를 들어 분산 제어 시스템을 고려할 때, 네트워크의 제어 장치는 몇 가지 작업을 수행하기 위해 액추에이터에 명령할 수 있다.

네트워크의 노드는 제어 장치가 명령을 내릴 권한이 있고, 액추에이터가 동작 가능한 권한이 있음을 허용하기 위해 함께 동작할 수 있다. 그러나 흥미로운 점은 블록체인이 기본 기능 이외에도 더 많이 사용할 수 있다는 것이다. 예를 들어 제어 장치는 센서 집합 중 하나의 센서로부터 규격 혹은 허용 범위 내에 없는 데이터를 수신받을 경우, 불

규칙한 센서의 권한을 제거하기 위해 블록체인을 업데이트할 수 있다. 블록체인의 업데이트는 머클 트리를 통해 다른 업데이트 해시(예를 들어, 트랜잭션)와 결합할 수 있다. 그런 다음 타임스탬프와 이전 블록의 해시가 함께 제안된 새로운 블록의 헤더에 배치될 것이다.

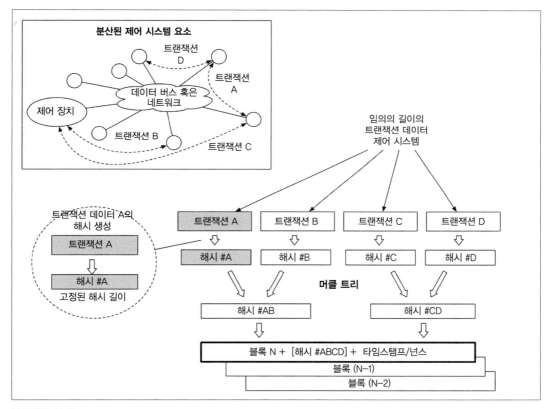

블록체인-신뢰

이 유형의 솔루션은 분산된 신뢰할 수 있는 CPS 내에서 복원 및 고장 허용 피어 투 피어peer-to-peer 네트워크를 위한 토대를 마련하기 시작할 수 있다. 이러한 기능은 적절한 성능 요구 사항과 엔지니어링이 적용된 실시간(혹은 거의 실시간에 가까운) 사용 사례를 통해 달성할 수 있다. 기존의 시스템은 시스템의 제어, 상태, 데이터 메시지 전에 트랜잭션 프로토콜의 계층화를 통해 강화할 수 있다. 궁극적으로 이러한 기술들이 미래의 IoT 시스템에서 실현될지 여부는 알 수 없지만, 우리에게 대규모로 분산된 신뢰를 확보하는 엄청난 과제를 해결하기 위해 강력한 암호화 알고리즘을 사용하는 방법에 대한 아이디어를 제공한다.

▌ 요약

5장에서는 거대하고 복잡한 세계에 적용된 암호화, 암호화 모듈, 키 관리, IoT 프로토콜에서 암호화 애플리케이션, 블록체인의 기술 형태로 분산된 IoT 신뢰 암호화의 사용 가능성에 대해 알아봤다.

아마도 이번 장에서 가장 핵심적인 메시지는 강력한 암호화 및 구현 방법을 진지하게 선택하는 것이다. 다수의 IoT 디바이스와 서비스 회사는 단순히 안전한 암호 시스템을 구축하는 오래된 방법을 따르지 않고 '256비트 AES'는 안전하다는 공급 업체의 주장에 대해 고민해보는 것이 현명하다. 제대로 구현하지 않을 경우, 암호화를 방해하기 위한 너무나도 다양한 방법이 있다.

다음 장에서는 IoT를 위한 신원 및 접근 관리IAM, identity and access management를 다룰 것이다.

6

IoT를 위한
신원과
접근 관리 솔루션

최근 사회에서 스마트 홈과 IoT 웨어러블^{wearable} 제품을 채택하기 시작했지만, IoT 디바이스와 애플리케이션은 전문 기능, 정부의 요구 사항, 다양한 환경을 위해 변화하고 있다. 이를 지원하기 위해 필수적이면서 어디에서나 네트워크 접속이 가능해지는 기능은 보편화되고 있으며, 새로운 환경 및 다른 환경에서 엔드 디바이스^{end device}가 식별되고 접근 권한이 제공되는 것을 확인해야 한다. 이번 장에서는 IoT 디바이스의 신원과 접근 관리의 개요를 설명한다. 신원 수명주기를 검토하고 인증 자격 증명을 제공하기 위해 필요한 인프라 구성 요소에 대한 논의를 공개 키 기반 구조^{PKI, Public Key Infrastructure}를 중심으로 진행할 것이다. 또한 인증 자격 증명의 종류를 조사하고 인증과 IoT 디바이스를 위한 접근 관리를 제공하는 새로운 접근 방법을 논의할 것이다. 다음의 주제와 관련된 내용을 다룬다.

- 신원 및 접근 관리^{IAM, identity and access management}와 관련된 논의
- 신원 수명주기
- 인증 자격 증명의 기초
- IoT IAM 인프라의 배경
- IoT 권한 및 접근 관리에 대한 논의

▌ IoT를 위한 ID 및 접근 관리 소개

보안 관리자는 오래전부터 신원을 관리하고 기술 인프라와 상호작용하는 직원들에 대한 접근 통제 및 관련 업무를 해오고 있다. 비교적 최근에는 권한이 부여된 개인이 회사의 네트워크 서비스를 이용하기 위해 회사 계정으로 자신의 개인 디바이스(휴대전화나, 노트북 등)를 이용해 연결 가능한 BYOD^{bring your own device} 개념이 도입되고 있다. 일반적으로 최소한의 안전 보장을 충족한 디바이스에 네트워크 서비스를 허가한 것이다. 이러한 최소한의 안정 보장에는 계정 접근을 위한 강력한 암호의 사용, 바이러스 탐지를 위한 응용프로그램, 데이터 손실 방지를 돕기 위한 부분적인 또는 전반적인 디스크 암호화의 의무화를 포함할 수 있다.

IoT는 BYOD보다 훨씬 다양한 접속 환경을 만들고 있다. 각 직원마다 보통 하나 이상의 휴대폰이나 노트북을 이용하는 등 더 많은 IoT 디바이스가 전체적인 조직에 배치될 것으로 예상된다. IAM 인프라는 조직이 오늘날 지원할 수 있는 디바이스의 개수보다 거대한 크기의 잠재적인 규모까지 확장할 수 있도록 설계돼야 한다. 비즈니스 프로세스를 간소화하기 위해, 그리고 새로운 기능의 활성화로 인해 IoT 서브시스템은 지속적으로 조직에 추가될 것이다.

IoT의 매트릭스화^{matrixed} 성향은 산업이나 기업에 대해 배포할 때, 보안 관리자에게 새로운 과제를 부여하고 있다. 오늘날, 많은 IoT 솔루션은 이미 소유하는 방식이 아니라 임대하도록 설계돼 있다. 예를 들어 대량의 스캔을 저장하고 일정 횟수까지 조작을 허용하는 임대 방사선 기기를 생각해보자. 기기는 사용 중인 조직에서 제조업체로 통신 채널을 열어둬서 스캔 결과를 온라인으로 보고한다. 이러한 채널/인터페이스는 인증된 사용자로(즉, 임대인 또는 대리인) 제한돼야 한다. 오직 임대인과 연관된 특정 컴퓨터를 연결할 수 있다. 접근 통제의 결정은 특정 장치의 버전, 시간 등의 제약 사항으로 인해 굉장히 복잡해질 수 있다.

IoT 매트릭스화 성향은 정보를 공유해야 하는 필요성에 의해 더 많은 정보를 수집하게 될 것이다. 이뿐만 아니라, IoT 센서에 의해 수집된 데이터를 서드파티와 공유할 뿐만 아니라, 처음부터 IoT 센서의 접근을 공유한다. IoT를 위한 임의의 IAM 시스템은 공유가 빠르고 장치와 정보 모두에 대해 매우 세밀한 금지/허가가 필요할 수 있으며, 동적 접근 통제 환경을 지원할 수 있어야 한다.

마지막으로, 보안 관리자는 자사의 네트워크에 접속한 개인의 IoT 디바이스를 고려해야 한다. 이것은 새로운 공격 벡터가 추가되는 보안 문제일 뿐만 아니라, 개인정보보호와 관련된 심각한 문제를 초래할 수 있다. 예를 들어, 기업은 건강과 웰빙 프로그램을 위해 개인용 운동 기구인 핏비트^{fitbit}의 사용을 지원하기 시작했다. 2016년 오랄 로버츠 대학^{Oral Roberts University}은 모든 신입생이 핏비트를 착용하면 그 디바이스를 통해 대학의 컴퓨터 시스템으로 매일 걸은 숫자와 심박수를 보낼 수 있는 프로그램을 도입했다(http://www.nydailynews.com/life-style/health/fitbits-required-freshmen-oklahoma-university-article-1.2518842).

다른 이면에는, OpenDNS 보고서가 일부 기업에서 직원들이 기업에 개인용 스마트 TV와 같은 인가되지 않은 IoT 디바이스를 가져오기 시작했다는 것을 보여줬다 (출처:https://www.opendns.com/enterprise-security/resources/research-reports/2015-internet-of-things-in-the-enterprise-report/). 이러한 디바이스는 종종 정보를 공유하기 위해 인터넷 서비스에 연결됐다. 스마트 디바이스는 종종 디바이스와 고객의 사용을 지원하기 위해 벤더 디바이스 고유의 웹 서비스 및 기타 정보 인프라와 연결하도록 제조업체가 설계했다. 이는 일반적으로 802.1x 유형의 연결을 필요로 한다. 이러한 IoT 디바이스는 802.1x 스타일의 네트워크에 접근 통제를 제공하려면 네트워크에 연결할 수 있는 디바이스가 대부분이기 때문에 몇 가지를 고려해야 한다. 공급 업체는 현재 IP 기반 IoT 디바이스의 지문fingerprint을 식별하고 IP 주소의 DHCP 할당을 통해 특정 유형의 접근 권한을 부여할지 결정할 수 있는 솔루션을 개발하고 있다. 예를 들어, 운영체제 또는 디바이스의 몇 가지 다른 특징을 추출해냄으로써 이 작업을 할 수 있다.

IoT IAM은 새로운 동적 환경을 완화하도록 설계해야 하는 중요한 보안 프로그램의 하나다.

- 새로운 디바이스는 빠른 속도로 다양한 기능을 사용하기 위해 안전하게 네트워크에 추가될 수 있다.
- 데이터 및 심지어 장치는 조직 내에서뿐만 아니라 다른 조직과 공유할 수 있다.
- 소비자 데이터를 수집, 저장하고 수시로 다른 사용자와 공유하고 있음에도 불구하고 프라이버시는 유지된다.

다음 그림은 IoT를 위한 종합적인 IAM 프로그램을 보여준다.

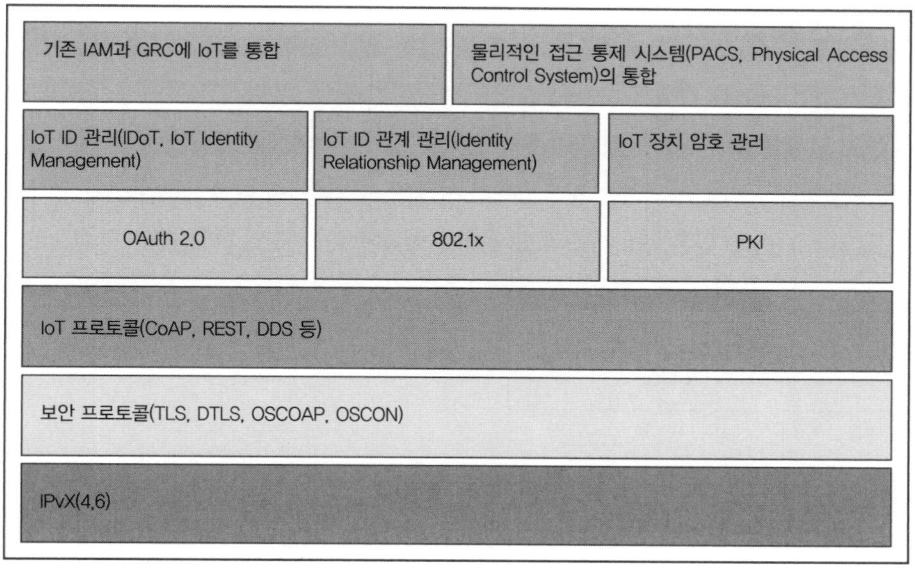

기존 IAM과 GRC에 IoT를 통합	물리적인 접근 통제 시스템(PACS, Physical Access Control System)의 통합	
IoT ID 관리(IDoT, IoT Identity Management)	IoT ID 관계 관리(Identity Relationship Management)	IoT 장치 암호 관리
OAuth 2.0	802.1x	PKI
IoT 프로토콜(CoAP, REST, DDS 등)		
보안 프로토콜(TLS, DTLS, OSCOAP, OSCON)		
IPvX(4,6)		

위의 그림에서 언급한 바와 같이, 조직에서는 기존의 거버넌스 모델과 IT 시스템의 새로운 IoT 신원 및 접근 관리 전략을 일치시키는 것이 중요하다. 또한 물리적 접근 통제 프로그램PACS, physical access control system을 사용해서 IoT 디바이스 인증 및 권한 부여 기능의 통합을 고려할 가치가 있을 수 있다. PACS는 조직 전체 시설의 물리적 접근 정책을 적용하고 시행하기 위한 전자적 수단을 제공한다. 종종, PACS 시스템은 논리적 접근 통제 시스템LACS, logical access control system과 통합된다. LACS 시스템은 다양한 컴퓨터, 데이터 및 네트워크 자원을 식별, 인증하고 권한 접근을 관리하기 위한 기술 및 도구를 제공한다. PACS/LACS 기술은 비교적 제어된 방식으로 새로운 IoT 디바이스를 통합하기 위해 조직의 이상적인 시스템을 나타낸다.

신원 수명주기

IoT를 위한 IAM을 지원하는 기술 검토를 시작하기 전에, 우리가 신원이라 부르는 수명주기 단계를 확인해보는 것은 유용하다. IoT 디바이스의 신원 수명주기는 디바이스에 대한 명명 규칙을 정의하는 것으로부터 시작해 시스템에서 디바이스의 신원 제거로 종료된다. 다음 그림은 프로세스의 전체적인 흐름이다.

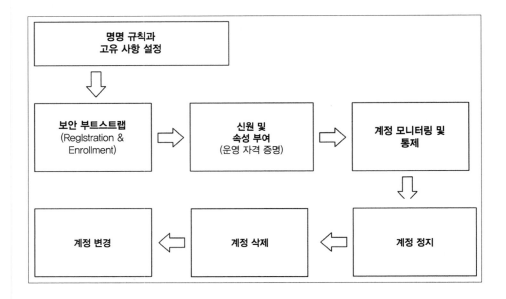

이 수명주기는 설정이 완료되고, 조직의 네트워크에 연결되고, 조달이 완료된 모든 IoT 디바이스에 적용돼야 한다. 첫 번째 측면으로 현재와 앞으로 조직 내에서 도입할 수 있는 시스템과 IoT 디바이스의 범주에 대한 이해가 필요하다. 구조화된 신원 네임스페이스^{namespace}를 설정하는 것은 조직에 추가되는 수천 또는 수백만의 신원을 관리하는 데 상당히 도움이 될 것이다.

명명 규칙과 고유한 요구 사항 설정

고유성uniqueness은 무작위성을 갖거나 하나만을 식별하게 하는 기능으로(예를 들면, 알고리즘을 통한 순서 나열), 고유성의 유일한 필요 조건은 다른 동일한 것이 없는 것이다. 가장 간단한 고유 식별자는 카운터counter다. 각각의 값은 할당되고 반복되지 않는다. 다른 카운터와 함께 사용되는 정적인 값을 예로 들면, 디바이스 제조업체의 ID에 제품 ID를 카운터로 추가하는 것이 있다. 대부분의 경우, 랜덤 값은 정적 및 카운터 필드와 함께 사용된다. 제조업체의 관점에서 반복되지 않는 값으로는 충분하지 않다. 일반적으로, 명명 규칙을 통해 '느낌'을 전달할 수 있는 이름이 필요하다. 이를 위해, 제조업체 고유의 필드를 다양한 방식으로 추가할 수 있다. 또한 고유성을 갖추기 위해 RFC 4122에 지정된 전역 고유 식별자UUID, unique identifier로 지정된 UUID를 사용하는 방법도 있다.

메커니즘과 관련 없이, 반복되지 않고 사용처, 응용프로그램, 제조업체에 고유해 반복되지 않거나 위의 특성이 혼합돼 프로비저닝provisioning할 수 있다면, 식별자 관리에 사용할 수 있다. 메커니즘을 넘어서, 유일한 경고 사항은 통계적으로 지정된 ID 길이 내에서 모든 가능한 식별자의 조합이 가능하다면, 조기에 사용 가능한 식별자가 고갈돼서는 안 된다는 점이다.

IoT 디바이스의 고유성을 부여하기 위한 방법이 확립되면, 다음 단계는 논리적으로 인증 및 접근 통제 기능을 지원하기 위해 해당 영역 내의 자산을 논리적으로 식별하는 것이다.

디바이스 명명

제한된 컴퓨팅 자원에 접근하는 매 순간마다, 여러분의 신원은 특정 자원에 대한 접근 권한이 있는지 확인하기 위해 검사를 받는다. 검사를 받을 수 있는 여러 가지 방법들이 있지만, 성공적인 구현을 통해 올바른 인증 정보를 갖고 있지 않은 이용자의 접근을 허용하지 않아야 한다. 이 과정은 간단해 보이지만, 신원 정보 확인과 접근 통제를 확인할 때 IoT를 구성하는 디바이스에서 극복해야 할 수많은 제약 사항이 있다.

첫 번째 과제 중 하나는 신원 자체와 관련이 있다. 여러분의 이름을 예로 들면, 신원은 직관적으로 보일 수 있지만, 컴퓨팅 자원을 파악할 수 있는 정보의 일부로 변환돼야 한다. 신원은 정보 도메인에서 중복되지 않아야 한다. 오늘날 대부분의 컴퓨터 시스템에서 사용자의 이름은 도메인 내의 각 사용자 이름을 따르고 있다. 사용자 이름은 실제의 성과 이름처럼 간단한 것일 수 있다.

IoT의 경우 디바이스를 공급할 때 신원, 이름을 이해하는 데 혼동을 줄 수 있다. 논의된 바와 같이, 일부 시스템 디바이스는 UUID 혹은 전자 일련번호^{ESN, electronic serial numbers}를 고유 식별자로 사용하고 있다.

아마존 IoT 서비스에서 IoT 디바이스 일련번호를 디바이스의 식별에 이용하는 방법은 좋은 예제다. 아마존 IoT는 IoT 디바이스를 등록하는 관리자가 사물의 이름과 사물의 다양한 속성을 각각 수집해 등록할 수 있는 Thing Registry 서비스를 제공한다. 속성 값으로는 다음과 같은 데이터 항목을 포함할 수 있다.

- 제조업자
- 유형
- 일련번호
- 배포 날짜
- 위치

이러한 특성은 속성 기반 접근 통제^{ABAC, attribute-based access control}로 사용할 수 있다. ABAC 접근 방식은 접근 결정 정책을 장치의 신원에 의해서뿐만 아니라, 속성(특성)을 통해서도 정의될 수 있다. 다양하고, 잠재적으로 복잡한 규칙은 요구 사항에 맞게 정의될 수 있다.

다음 스크린샷은 AWS의 IoT 서비스 화면이다.

이와 같은 UUID 또는 ESN과 같은 식별자를 사용할 수 있는 경우에도, 이러한 식별자는 일반적으로 인증 및 접근 통제를 하기에 충분하지 않다. 식별자는 암호화적인 통제를 통한 강화가 없을 경우에 쉽게 스푸핑spoofing할 수 있기 때문이다. 이러한 경우, 관리자는 다른 유형의 식별자를 디바이스와 결합해야 한다. 이러한 결합은 패스워드를 식별자와 연결하거나, 디지털 인증서와 같은 자격 증명을 사용하는 경우에만 간단하게 수행할 수 있다.

IoT 메시징 프로토콜은 종종 고유 식별자를 전송하는 기능을 포함한다. 예를 들어, MQTT는 클라이언트 기반 클라이언트 식별자를 전송할 수 있는 ClientID 필드를 포함한다. MQTT의 경우, ClientID는 고유 브로커 클라이언트broker-client 통신 세션 내에서 상태 유지에 사용된다.

안전한 부트스트랩

IoT 기반 시스템 또는 네트워크에서 가짜 신원 정보, 개인정보의 유출, 스푸핑, 신원 도용이 빈번해지는 것은 보안에 악영향을 끼친다. 그러나 신원 수명주기에서 어려운 작업은 디바이스가 자체적으로 시스템에서 허가받도록 초기에 스스로 신뢰성을 구축하는 것이다. 신원과 접근 관리의 가장 두드러지는 취약점 중 하나는 안전하지 않은 부트스트랩bootstrap이다.

부트스트랩은 주어진 시스템의 디바이스에 대한 신뢰할 수 있는 신원 권한 설정 프로세스의 시작을 나타낸다. 부트스트래핑은 제조 공정 과정에서 시작해(예를 들어, 칩을 제조하는 공장에서) 최종 운영자에게 전달되면 완료될 수 있다. 일단 전달이 완료되면, 최종 사용자가 직접 모든 과정을 수행할 수도 있고, 혹은 일부 중간 업자(저장소 혹은 공급 업체 등)가 수행할 수도 있다. 가장 안전한 부트스트래핑 방법은 제조 공정에서 시작해 공급망 전반에 걸쳐 개별 보안 연관성을 구현하는 것이다. 그들은 다음을 통해 디바이스를 고유하게 식별한다.

- 디바이스에 고유의 일련번호가 표시돼 있다.
- 고유하고 변경되지 않는 식별자는 읽기 전용 메모리ROM, read-only memory에 저장된다.
- 특정 수명주기 상태에서 후속 수명주기 상태(예를 들면 운송, 유통 등)를 안전하게 처리하기 위해 제조업체 고유의 암호화 키를 사용한다. 이러한 키는(종종 대역 외로 전달된다.) 디바이스를 준비하기 위한 특정 엔티티가 다음 컴포넌트를 로드하기 위해 사용된다.

PKI는 종종 부트스트래핑 절차를 돕기 위해 사용된다. PKI 관점에서 부트스트래핑은 일반적으로 다음과 같은 과정을 포함해야 한다.

- 디바이스는 안전하게 제조업체로부터 신뢰할 수 있는 시설이나 창고로 (안전한 변조 감지가 가능한 배송 서비스를 통해) 배송돼야 한다. 해당 시설은 분주한 물리적 접근 통제, 기록 유지, 감사 프로세스, 심사를 통해 선발된 직원 등을 확보해야 한다.
- 디바이스의 수와 묶음은 배송 명단과 일치한다.

일단 전달되면, 각 디바이스를 위한 다음 단계가 필요하다.

1. 고객의 고유 정보, 기본 제조업체 인증(암호 또는 키)을 사용해 디바이스에서 인증할 수 있다.
2. PKI 트러스트 앵커^{trust anchor}와 중간 공개 키 인증서를 설치(위의 등록 기관, 등록 인증 기관, 다른 루트 인증 기관 등)한다.
3. 디바이스는 인증서 해지 목록을 확인할 수 있도록 하기 위해 최소한의 네트워크 토폴로지 정보를 설치하고, OCSP 조회와 다른 연관된 보안 관련 기능을 수행할 수 있다.
4. PKI 자격 증명(CA에 의해 서명된 공개 키)과 개인 키를 제공해 다른 서명 CA 키를 보유하고 있는 엔티티가 새로운 디바이스를 신뢰할 수 있도록 한다.

안전한 부트스트랩 프로세스는 이전 목록에 기재된 것과 동일하지 않을 수도 있지만, 디바이스를 제공할 때 다음의 위협 및 취약점을 최소화해야 한다.

- 새롭고, 불량이며, 손상된(신뢰하지 말아야 한다.) 디바이스를 도입하기 위한 내부자 위협
- 수명주기 위치에 상관없는 디바이스의 중복(복제)
- 공개 키 트러스트 앵커 또는 다른 키 재료(신뢰할 수 없는 트러스트 앵커 및 기타 키)를 디바이스에 추가하는 것을 신뢰해서는 안 된다.
- 디바이스에 키를 생성하거나 가져올 때 새로운 IoT 디바이스의 비밀 키의 침해(복제 포함)
- 공급망 내의 기기 점유율 격차와 등록 대수 불일치
- 재입력과 정상적인 사용을 위해 필요한 새로운 식별 자료를 할당할 때 디바이스의 보호가 필요하다(필요에 따라 다시 부트스트래핑을 한다).

보안이 중요한 금융 업무에서 스마트 칩의 기능을 고려했을 때, 스마트 칩 업계는 위의 목록에서 설명한 것과는 다른 확실한 프로세스 제어를 채택해야 한다. 그렇지 않을 경

우, 치명적인 공격으로 금융 산업이 무력화될 가능성이 있다. 사실, 다수의 소비자 수준 IoT 디바이스가 보안 부트스트래핑 프로세스를 가지고 있을 가능성은 낮지만, 시간이 지남에 따라 배포 환경과 위협에 대한 이해관계자의 인식에 따라 변화할 것이라고 생각한다. 커넥티드 디바이스가 증가할수록 위협을 끼칠 가능성은 커져가고 있다.

실제로, 보안 부트스트랩 프로세스는 특정 IoT 디바이스의 위협 환경, 보안 부트스트랩 프로세스의 기능, 문제의 네트워크 환경에 적합하도록 조정될 필요가 있다. 잠재적인 위험이 클수록, 더 엄격하고 철저한 부트스트랩 프로세스가 있어야 한다. 가장 안전한 프로세스는 일반적으로 디바이스의 부트스트랩이 이뤄지는 동안, 직무 및 다수 무결성 프로세스의 강력한 분리를 구현하는 것이다.

자격 증명 및 속성 설정

디바이스 내에서 신원의 기초가 확립되면, 운영 자격 증명 및 속성 설정을 시작할 수 있다. 이들은 보안 통신, 인증, 무결성 보호를 위해 IoT 시스템 내에서 사용되는 자격 증명이다. 인증 및 인가가 가능할 때마다 인증서를 사용할 것을 강력하게 권장한다. 인증서를 사용하는 경우, 보안과 관련된 중요한 고려 사항으로는 디바이스 자체에서 또는 중앙 집중적으로 키 쌍을 생성할지 여부를 들 수 있다.

일부 IoT 서비스는 공개 키/개인 키 쌍을 중앙(예를 들어, 키 서버)에서 생성하는 것을 허용하고 있다. 이 자격 증명을 사용해 수천 개 디바이스의 대량 권한 설정은 효율적인 방법이 될 수 있지만, 프로세스가 노출될 수 있기 때문에 잠재적인 취약점을 해결하기 위해 주의를 기울여야 한다. 만약, 중앙 집중 생성 방식을 사용한다면, 보안 시설 심사 담당자가 강력한 보안 키 관리 시스템을 운용해야 한다. 인증서를 공급하는 다른 수단은 PKI 인증서 서명 요청을 통해 공개 키 인증서를 전송한 다음, 키 쌍을 로컬에서 생성하는 것이다. 안전한 부트스트래핑 절차의 부재로, 권한 설정된 디바이스의 신원을 확인하기 위해 PKI의 등록 기관RA, registration authority에 대한 추가적인 정책 통제가 설정돼야 한다. 일반적으로, 부트스트래핑 프로세스가 안전할수록 자동화 권한 설정이 더

용이해진다. 다음 그림은 IoT 디바이스에 대한 전반적인 등록 및 권한 설정의 흐름을 나타낸 순서도다.

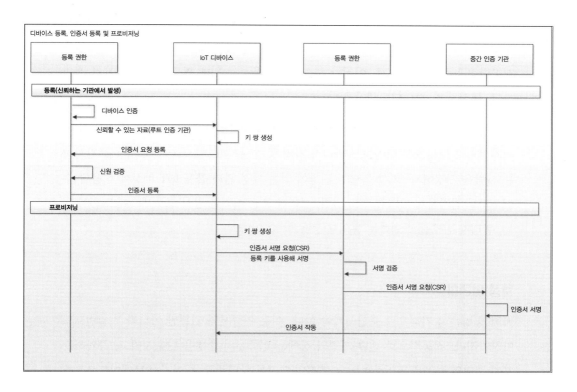

로컬 접근

관리 목적을 위해 디바이스에 대한 로컬 접근이 필요한 시점이 있다. 이는 SSH 키 또는 관리자 암호의 제공을 요청할 수 있다. 과거에, 기업들은 자주 디바이스에 대한 접근을 쉽게 할 수 있도록 관리자 암호를 공유하는 실수를 저질렀다. 관리자를 위한 통합접근 솔루션federated access solution을 구현하는 것이 어려울 수 있지만, 이는 권장하는 방법이 아니다. 운송 산업에서 다양한 센서, 게이트웨이, 기타 무인 장비 등의 디바이스가 광범위하게 지리적으로 분산돼 있는 경우 특히 권장하지 않는다.

계정 모니터링 및 제어

계정과 자격 증명이 설정되면, 이 계정은 정의된 보안 정책에 대해 모니터링을 계속해야 한다. 기업 인프라에서 IoT 디바이스에 제공된 자격 증명의 강도를 모니터링하는 것 또한 중요하다(즉, 암호화 암호 스위트 및 키 길이). 팀이 자체적으로 IoT 서브시스템을 제공할 가능성이 높으므로, 이러한 시스템에 적용하기 위해 필요한 보안 통제를 정의하고, 통신하고, 모니터링해야 한다.

모니터링의 또 다른 측면은 계정 및 자격 증명의 사용을 추적하는 것과 연관돼 있다. 정기적으로 로컬 IoT 디바이스 관리자 자격 증명(패스워드 및 SSH 키)의 사용을 감사하는 사람을 지정하자. 또한 특별한 권한이 있는 계정 관리 툴을 IoT 배포에 적용할 수 있는지를 심각하게 고민할 수도 있다. 이러한 툴은 이러한 감사 프로세스에 도움이 되는, 관리자 암호를 확인하는 등의 기능을 할 수 있다.

계정 업데이트

자격 증명은 정기적으로 순환시켜야 한다. 이는 인증서와 키뿐만 아니라 비밀번호도 마찬가지다. 전통적으로 전달 과정의 장애는 인증서의 수명을 단축시키고, 증가하는 자격 증명의 수량을 관리하려는 IT 조직의 의지를 방해해왔다. 여기서 트레이드오프를 고려해야 하는데, 기간이 짧은 자격 증명은 공격 범위를 줄이지만 자격 증명을 변경하는 절차에서 비용과 시간이 증가하는 경향이 있다. 가능하면, 이 프로세스를 위한 자동화된 솔루션을 찾아봐야 한다. Let's Encrypt(https://letsencrypt.org/)와 같은 서비스는 조직의 인증서 관리 업무를 단순화하며 인기를 끌고 있다. Let's Encrypt는 다양한 플랫폼을 지원하고 사용하기 쉬운 플러그인 기반의 클라이언트 PKI 서비스를 제공한다.

계정 정지

사용자 계정과 마찬가지로, 자동으로 IoT 디바이스 계정을 삭제하지 말자. 추후의 법적 분석에 필요한 계정에 연결되는 경우 데이터가 일시적으로 중단된 상태에서 계정을 유지하는 것이 좋다.

계정/인증 정보 비활성화/삭제

IoT 디바이스와 디바이스 간에 상호작용하는 서비스에서 사용되는 계정을 삭제하면, 디바이스가 사용 중지된 이후 해당 계정에 접근해 사용하려는 악의적인 공격자에게 대응하는 데 도움이 된다. (네트워크 및 애플리케이션에 상관없이) 암호화에 사용된 키 또는 삭제된 키는 추후에 수집한 데이터를 복호화하는 데 사용될 수 있기 때문에 제거해야 한다.

▎ 인증 자격 증명

IoT 메시징 프로토콜은 종종 외부 서비스와 다른 IoT 디바이스의 인증에 사용되는 다른 유형의 자격 증명 기능을 지원한다. 이 절에서는 이러한 기능을 사용할 수 있는 일반적인 옵션을 알아보자.

패스워드

MQTT 같은 일부 프로토콜은 네이티브-프로토콜^{native-protocol} 인증을 위한 사용자 이름/패스워드의 조합을 사용하는 기능을 제공한다. MQTT 내에서 CONNECT 메시지는 MQTT 브로커에 정보를 전달하기 위한 필드가 포함돼 있다. OASIS에 의해 정의된 MQTT 버전 3.1.1 사양에서는 CONNECT 메시지에서 다음과 같은 필드를 볼 수 있다 (참고: http://docs.oasis-open.org/mqtt/mqtt/v3.1.1/os/mqtt-v3.1.1-os.html).

```
┌──────────────────────────────────────────────────────────────┐
│  MQTT CONNECT 메시지 (V3.1.1)                                    │
│                                                                │
│   ┌────────────────────────────────────────────────────────┐  │
│   │  페이로드                                                  │  │
│   │                                                          │  │
│   │         client ID                                        │  │
│   │                                                          │  │
│   │         willTopic                                        │  │
│   │                                                          │  │
│   │         willMessage                                      │  │
│   │                                                          │  │
│   │         username                                         │  │
│   │                                                          │  │
│   │         password                                         │  │
│   │                                                          │  │
│   └────────────────────────────────────────────────────────┘  │
│                                                                │
└──────────────────────────────────────────────────────────────┘
```

 MQTT 프로토콜에 의해 전송 중인 사용자 이름/패스워드(username/password)의 기밀성을 지원하기 위한 임의의 보호 조치가 적용되지 않는다는 점에 유의하자. 대신, 구현 담당자는 암호화 보호를 제공하기 위해 전송 계층 보안(TLS) 프로토콜의 사용을 고려해야 한다.

IoT 디바이스의 사용자 이름/패스워드 기반 접근 방식을 사용하는 것과 관련된 다수의 보안 고려 사항이 있다. 이러한 문제 중에는 다음과 같은 내용들이 있다.

- 디바이스의 사용자 이름과 패스워드 대량 관리의 어려움
- 디바이스 자체에 저장돼 있는 패스워드 확보의 어려움
- 전체 수명주기에서 패스워드를 관리해야 하는 어려움

이상적이지 않더라도, 여러분이 IoT 디바이스 인증을 위한 사용자 이름/패스워드 구현을 계획할 경우, 다음과 같은 예방 조치의 수행을 검토하자.

1. 각 디바이스가 적어도 30일마다 패스워드를 변경하기 위한 정책과 절차를 만들자. 암호의 순환이 필요한 경우, 관리 인터페이스가 자동으로 메시지를 표시하는 기술적인 제어를 구현한다.
2. 디바이스 계정 활동을 모니터링하기 위한 통제를 수립한다.
3. IoT 디바이스 관리 접근을 지원하는 권한 보유 계정에 대한 제어를 설정한다.
4. 신뢰도가 떨어지는 네트워크에 대해 암호로 보호된 IoT 디바이스를 분리한다.

대칭 키

5장에서 언급했던 것처럼, 대칭 키 재료는 인증에 사용돼도 좋다. 메시지 인증 코드MAC, Message authentication codes (키에 의해 서명된) 공유 키와 알려진 데이터 및 (예를 들면 HMAC, CMAC 등) MAC 알고리즘을 이용해 생성된다. 수신 측에서 수신한 MAC과 계산된 MAC이 동일한 경우, 엔티티는 송신자가 사전에 공유된 키를 가지고 있다는 것을 증명할 수 있다. 패스워드와 달리, 대칭 키는 이벤트 시에 당사자 간에 전송되는 키를 필요로 하지 않는다(사전에 키 설정 프로토콜을 사용해 합의한 경우 제외). 키는 공개 키 알고리즘을 사용해 설정하거나, 대역 외out of band를 입력하거나, 혹은 사전에 암호화된 키 암호화 키KEK, key encryption key를 사용해 디바이스에 전송해야 한다.

인증서

공개 키 기반의 디지털 인증서는 IoT에서 인증 기능을 제공하기 위한 바람직한 방법이다. 오늘날 일부 구현에서 인증서를 사용하는 데 필요한 처리 기능을 지원하지 않을지도 모르지만, 무어의 법칙과 같이 컴퓨터의 계산 및 저장 능력은 빠르게 변화하고 있다.

X.509

고도의 계층 명명 구조hierarchical naming structure로 조직화된 인증서는 조직, 조직 단위, 고유 식별 이름DN, distinguished name, 일반 이름CN, common name을 포함한다. 인증서를 제공하기 위한 AWS 지원을 참고해보면, AWS에서 한 번의 클릭으로 디바이스 인증서를 생성하는 것을 볼 수 있다. 다음의 예제에서는 전형적인 IoT 디바이스의 일반 이름과 33년의 수명을 가진 인증서를 생성할 것이다. 원 클릭 생성은 또한 공개 키/개인 키 쌍을 생성한다. 가능한 경우, 1) 키 쌍을 디바이스에서 생성하고 2) AWS IoT 서비스로 CSR을 업로드한다. 이 과정은 추가적인 승인 프로세스와 관련된 유용한 계층적 단위(OU, DN 등)를 정의할 수 있는 맞춤형 인증서 정책의 제작을 도와준다.

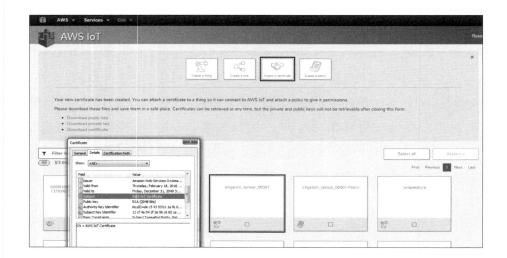

IEEE 1609.2

IoT는 기기 간의 통신과 일부 혼잡한 무선 스펙트럼의 통신을 사용하는 다양한 사용 사례가 발생할 수 있는 특징을 지닌다. 커넥티드 비클을 운전하는 경우를 예로 들면, 신기술로서 차량 근처의 다른 운전자에게 기본 안전 메시지bsm, basic safety messages 형태로 자동으로 경고를 전송하는 온보드 장치^{OBE, on-board equipment}가 차량에 추가될 것이다. 자동차 업계, 미국 연방 교통국^{USDOT, US Dept of Transportation}, 학계는 공동으로 CV 기술을 여러 해 동안 개발해왔고, 2017년 캐딜락에 상용 기술을 선보일 예정이다. 수년 내 미국에서 새롭게 판매하는 자동차 기술에 함께 탑재될 가능성이 있으며, 차량 간 통신이 가능할 뿐만 아니라 다양한 도로 인근 및 백홀^{backhaul} 애플리케이션과 차량-인프라 간 통신^{V2I, vehicle-to-infrastructure}도 가능할 것이다. 단거리 전용 통신^{DSRC, dedicated short range communication}은 무선 프로토콜의 제약인 5GHz 주파수 대역 내의 좁은 채널로 제한돼 있다. 다수의 차량과 보안을 수용하기 위해, 1) 암호화를 사용한 안전한 통신을 하면서 동시에 2) 커넥티드 비클 BSM 전송 시 보안 오버헤드를 최소화해야 한다. 업계에서는 새롭고, 세련되고, 슬림한 디지털 인증서의 설계로 IEEE 1609.2를 사용하기로 결정했다.

1609.2 인증서 형식의 장점은 여전히 강력한 타원 곡선 암호 알고리즘(ECDSA와 ECDH)을 사용하며, 일반적인 X.509 인증서의 약 절반 정도 크기라는 것이다. 인증서는 명시적인 응용프로그램 식별자(SSID)와 자격 보유자의 허가(SSP) 필드를 포함하는 고유한 속성을 통해 기계 대 기계 통신에서 유용할 것이다. 이러한 속성은 IoT 응용프로그램 내부 또는 외부에 있는 자격 보유자의 권한을 조회하고 명시적인 접근 통제 결정을 내릴 수 있도록 할 수 있다. PKI와 함께 보안, 통합 부트스트래핑 및 등록을 진행하는 과정에는 인증서의 권리를 포함시켰다. 이러한 자격 증명의 간소화는 대역폭이 제한된 다른 무선 프로토콜에 매력적이다.

바이오매트릭스

디바이스 인증을 위한 수단으로 생체 인식을 활용하는 새로운 방식이 오늘날의 업계에서 이뤄지고 있다. FIDO 연합(www.fidoalliance.org)은 패스워드를 사용하지 않고 두 번째 인증 팩터^{factor}로 생체 정보의 사용을 정의하는 사양을 개발했다. 인증에는 지문에서부터 성문^{voice print}까지 다양하고 유연한 생체 적합성 유형이 포함될 수 있다. 생체 인식은 이미 일부 상용 IoT 디바이스(예를 들어, 소비자용 도어록)에 추가되고 있으며, 생체 인증을 IoT 인증을 위한 두 번째 팩터로 활용할 가능성이 있다.

예를 들어, 운송 부문에서 RSE^{road side equipment}와 같은 일련의 분산된 IoT 디바이스에 대한 인증을 위해 성문을 사용할 수 있다. 이렇게 하면 백엔드 인증 서버로 클라우드 연결을 통해 디바이스에 접속할 수 있는 RSE 기술이 허용된다. 하이퍼 바이오메트릭 시큐리티^{Hyper Biometric Security}(https://www.hypr.com/)와 같은 기업은 패스워드와 훨씬 더 강력한 인증 기술의 필요성을 느끼고 기술의 사용을 선도하고 있는 기업이다.

IoT 인가의 최신 동향

자원의 제약이 있는 IoT 디바이스와 토큰을 사용하는 과정은 완전히 성숙하지 않았지만, IoT를 위해 OAuth 2.0과 같은 프로토콜의 사용을 정의하는 조직이 있다. 이러한 그룹 중 하나로, 제한된 환경에서 인증 및 권한 부여^{ACE, Authentication and Authorization for Constrained Environments}를 위해 IETF가 업무를 담당하고 있다. ACE는 제한된 환경에서 인증 및 권한 부여를 위한 RFC 7755 사용 사례를 명시했다(참고: https://datatracker.ietf.org/doc/rfc7744/). RFC 사용 사례는 주로 CoAP를 메시징 프로토콜로 사용하는 IoT 디바이스에 기반을 둔다. 이 문서는 포괄적인 인증 및 권한 부여 전략의 필요성을 명확하게 하는 유용한 사용 사례를 제공한다. RFC 7744는 IoT 디바이스를 위한 인증 및 권한 부여를 위해 가치 있는 고려 사항을 제공하는데, 그 내용은 다음과 같다.

- 각각 자신의 접근 통제 정책이 필요할 경우, 디바이스는 다수의 자원을 호스트할 수 있다.
- 단일 디바이스는 다른 요청 엔티티에 대한 다른 접근 권한을 가질 수 있다.
- 정책 결정 사항은 반드시 트랜잭션의 내용을 평가할 수 있어야 한다. 긴급 상황에서 트랜잭션이 발생하는 가능성을 파악할 수 있는 기능이 포함된다.

- 동적으로 권한 부여 정책을 제어하는 기능은 IoT의 동적 환경을 지원하기 위해 중요하다.

▎ IoT IAM 기반 시설

이제 다수의 신원과 접근 통제를 해결할 수 있으므로, 기반 시설에서 솔루션을 구현하는 방법을 자세히 알아보는 것이 중요하다. 이 절에서는 주로 PKI와 IoT를 위한 IAM의 안전한 배포 기능을 집중적으로 알아본다.

802.1x

인증 메커니즘은 네트워크 IP 기반 IoT 디바이스의 접근을 제한하는 데 사용할 수 있다. 참고로 모든 IoT 디바이스가 IP 주소의 프로비저닝에 의존하지는 않는다. 모든 IoT 디바이스 유형을 수용할 수 없는 반면, 802.1x를 구현하는 것은 다수의 사용 사례를 다루는 좋은 접근 통제 전략 중 하나다.

802.1x 인증을 활성화하려면 접근 디바이스와 인증 서버의 접근이 필요하다. 접근 디바이스는 일반적으로 AP^{access point}며 인증 서버는 RADIUS 또는 일부 AAA^{authentication, authorization, accounting} 서버의 형식을 취할 수 있다.

IoT를 위한 PKI

5장에서는 암호화 키 관리와 관련된 기술의 기본 지식을 다뤘다. PKI는 가장 일반적인 디지털 자격 증명의 형태로 X.509 인증서가 가장 대중적으로 사용되며, 비대칭(공개) 키 재료를 제공하기 위한 독점적으로 설계되고 표준화된 키 관리 시스템의 일례다. PKI는 개별 조직에 격리돼 있을 수 있으며, 공용이거나 인터넷 기반의 서비스 또는 정부가 운영 중일 수도 있다. 신원을 입증할 필요가 있을 때, 디지털 인증서는 TLS 등의 인증 키 교환 프로토콜의 일부로서, 애플리케이션에서 메시지에 서명하거나 데이터에 서명하는 등 다양한 기능을 수행하기 위해 개인이나 디바이스에 발행된다.

공개 및 개인 키 쌍을 생성하는 데 사용되는 다양한 업무 흐름이 있지만, 이전에 언급한 대로 일반적으로 두 가지 기본적인 카테고리인 1) 자체 생성 또는 2) 중앙에서 생성으로 나눌 수 있다. 자체 생성하는 경우, 예를 들어 FIPS140-2-1에 설명된 바와 같이, 디지털 인증서를 필요로 하는 IoT 디바이스는 키 쌍 생성 함수를 실행한다. 호출한 API와 암호화 라이브러리에 따라 공개 키는 원시 상태일 수도 있고, 자격 증명 데이터 구조에 입력되지 않았거나 서명되지 않은 인증서의 형태로 출력될 수도 있다. 서명되지 않은 인증서가 존재하면, PKI 인증서 서명 요청^{CSR, certificate signing request}의 형태로 PKI를 호출할 시기다. 이 디바이스는 이 메시지를 PKI로 보내고, 그다음 PKI가 인증서에 서명하고, 디바이스의 운영에 사용하기 위해 디바이스로 반송한다.

PKI 프라이머

공공 키 기반 인프라는 공공 키 인증서를 디바이스 및 애플리케이션에 프로비저닝할수 있도록 설계돼 있다. PKI는 우리의 인터넷에 연결된 세상에서 신뢰의 검증을 가능하게 하는 루트를 제공하고 다양한 아키텍처에 적합하도록 설계돼 있다. 일부 PKI는 훌륭한 신뢰 체인을 가지고 있으며, 엔드 엔티티^{end entity}(예: IoT 디바이스)와 최상위 루트 사이(예: 루트 인증 기관)에 다수의 계층을 보유하고 있다. 다른 PKI는 최상단에 하나의 신뢰 체인을 갖고 있을 수도 있으며, 최상단의 CA와 엔드 엔티티 디바이스 사이에 하나의 계층만을 가지고 있을 수도 있다. 하지만 이들은 어떻게 작동할까?

IoT 디바이스가 암호학적으로 강력한 신원을 필요로 한다고 가정하면, 디바이스와 관련해 본질적으로 신뢰할 수 있는 것이 없기 때문에 자체적으로 공급하는 것은 의미가 없다. 여기서 신뢰할 수 있는 서드파티인 PKI 인증 기관이 개입하고 신원의 신원을 보증하고 경우에 따라 디바이스의 신뢰 수준을 보장할 수 있다. 대부분의 PKI는 엔드 엔티티와 엔드 엔티티 인증서의 암호 서명을 담당하는 CA와 직접적으로 상호작용하는 것을 허용하지 않지만, 대신 등록 기관$^{RA, registration authority}$인 또 다른 추가적인 서버 PKI 노드를 사용한다. RA는 엔드 엔티티로부터 인증서 요청을 수신하고, 일부 최소한의 기준을 충족하는지 검증(보통은 디바이스가 자체 생성하고 서명하지 않은 공개 키를 포함하고 있는지)한 다음, 인증서를 인증 기관으로 전달한다. CA는 인증서에 서명하고, 이를 다시 RA를 통해 엔드 엔티티에 전달하는 인증서 응답$^{certificate response}$을 한다. 인증서 응답 메시지에서, 엔드 엔티티(혹은 다른 중간 키 관리 시스템)에 의해 생성된 원본 인증서는 CA의 서명과 명시적인 ID로 완전하게 완료된다. 이제 IoT 디바이스가 디바이스의 인증과 관련된 기능을 수행하는 동안, 다른 디바이스가 인증서를 신뢰할 수 있다. 그 이유는 1) 유효한, 서명된 인증서를 전달받았고, 2) 수신 측에서 신뢰할 수 있는 CA가 사용 중인 CA의 공개 키 트러스트 앵커의 서명을 신뢰(안전하게 내부의 신뢰 저장소에 저장돼 있다.)할 수 있기 때문이다.

다음 그림은 일반적인 PKI의 구조를 나타낸다.

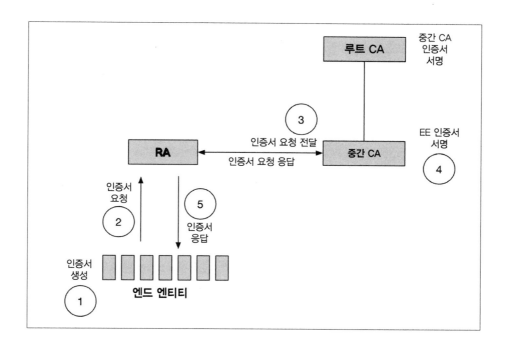

위의 그림에서, 각 엔드 엔티티[EE, End Entitiy]는 신뢰 체인을 제공하는 인증 기관의 키를 갖고 있을 경우에 다른 엔티티를 신뢰할 수 있다.

서로 다른 PKI를 가진 인증서를 보유한 엔드 엔티티 또한 서로를 신뢰할 수 있다. 이렇게 할 수 있는 방법은 몇 가지가 있다.

- 명시적 신뢰[Explicit trust]: 각각은 다른 엔티티를 신뢰할 수 있도록 정책을 지원한다. 이 경우, 엔드 엔티티는 신뢰하는 다른 엔티티의 PKI에서 트러스트 앵커의 복사본을 가지고 있어야 한다. 사전에 설치된 루트의 경로 검사를 수행해 이 작업을 수행한다. 정책은 인증서 경로의 유효성 확인 중에 신뢰할 수 있는 신뢰 체인의 품질을 결정할 수 있다. 오늘날 인터넷에 대한 대부분의 신뢰는 이러한 방식으로 작동한다. 예를 들어, 웹 브라우저는 가장 일반적인 인터넷 루트 CA 트러스트 앵커의 사본을 사전에 설치했기 때문에 인터넷의 수많은 웹 서버를 명시적으로 신뢰한다.

- 교차—인증[Cross-certification]: PKI가 좀 더 엄격한 정책, 보안 관례, 다른 PKI와의 도메인 상호 운용성을 필요로 할 때, 직접적으로 교차—서명(각각은 서로에 대해 발행인이 된다.)을 하거나 혹은 정책의 상호 운용성을 부여하기 위한 PKI 브리지[bridge]라고 불리는 새로운 구조를 만든다. 미국 연방 정부의 연방 PKI[Federal PKI]는 이것의 훌륭한 예다. 일부의 경우에는 PKI 브리지를 기존 인증서의 암호화 알고리즘과 새로운 알고리즘 사이의 전환 시간을 제공하기 위한 목적으로 생성한다(예를 들어, 디지털 서명에서 연방 PKI의 이전 SHA1 암호화 다이제스트를 수용하기 위한 SHA1 브리지를 들 수 있다).

IoT 관점에서 볼 때, IoT 디바이스에 인증서를 제공할 수 있는 다수의 인터넷 기반 PKI가 오늘날 존재한다. 일부 조직에서는 이를 조직의 상황에 따라 운영하고 있다. 인터넷에서 공식적으로 인정받은 PKI가 되기 위해서는 상당한 노력이 필요할 수 있다. PKI는 중대한 보안 보호를 필요로 하고 다양한 PKI 보증 제도(예를 들어, 웹트러스트[WebTrust])

에서 구현된 엄격한 보증 요구 사항을 충족시킬 필요가 있다. 대부분의 경우, 조직은 서비스로 인증 기관을 운영하는 PKI 제공자와 서비스 계약을 맺는다.

신뢰 저장소

기반 시설에서 PKI 프로비저닝 자격증이 마지막으로 디바이스에 저장되는 것을 논의하기 위해 잠시 주제에서 벗어났다. 그들은 종종 내부의 신뢰 저장소trust store에 저장된다. 신뢰 저장소는 디지털 자격 증명의 보호에 관련된 필수적인 IoT 기능이다. PKI 관점에서, 디바이스의 신뢰 저장소는 IoT 디바이스의 공개 키와 개인 키를 안전하게 저장하기 위한 논리적인 혹은 물리적인 요소며, 보통은 암호화를 실시한다. 내부에는 디바이스의 개인 키 및 공개 키와 PKI 신뢰 기반root of trust이 저장된다. 신뢰 저장소는 인가되지 않은 공개 키의 변경, 대체 또는 개인 키의 읽기/복사를 방지하기 위해 메모리 부분의 강력한 접근 통제를 실시하고, 종종 OS 커널 수준의 프로세스에서만 접근 가능하도록 하고 있다. 신뢰 저장소는 소규모 하드웨어 보안 모듈HSM, hardware security module 이나 전용 보안 하드웨어에서 구현할 수 있다. 또한 (윈도우의 인스턴스와 기타 데스크톱 운영체제) 소프트웨어에서 단독으로 구현될 수 있다. 다수의 데스크톱 유형의 배포에서 신뢰 플랫폼 모듈TMP, rusted platform module이 IoT 시장을 장악하지 못했지만, 자격 증명은 신뢰 플랫폼 모듈, 컴퓨터의 마더보드에 내장된 전용 칩에서 유지할 수 있다. 다른 기업 중심의 모바일 솔루션은 민감한 보안 매개변수의 안전한 저장을 위해 존재한다. 예를 들어, 삼성 녹스Knox는 녹스 작업 공간 컨테이너를 통해 모바일 디바이스의 안전한 저장소(보안 하드웨어의 신뢰 루트, 안전한 부팅, 기타 민감한 운영 매개변수)를 제공하고 있다.

IoT 디바이스는 PKI에 다양한 방식으로 의존하거나 전혀 의존하지 않을 수 있다. 예를 들어, 디바이스가 오직 자체 서명한 자격 증명을 사용하고 PKI에 의해 보증받지 않을 경우, 여전히 자체 서명한 자격 증명을 신뢰 저장소에 안전하게 저장해야 한다. 마찬가지로, 만약 디바이스가 외부에서 PKI로부터 신원을 프로비저닝하는 경우, PKI와 본질적으로 또는 간접적으로 다른 PKI에 해당하는 중요한 키를 유지하고 저장해야 한다. 이는 인증서 기관 공개 키 트러스트 앵커 및 종종 중간 인증서를 저장하는 작업을 통해 이뤄진다. 외부의 엔티티를 신뢰하기로 결정한 경우, 엔티티는 IoT 디바이스에 인증 기관에 의해 서명된 인증서를 제시할 것이다. 일부의 경우(그리고 일부 프로토콜)에서, 엔티티는 자체 인증서와 함께 CA 인증서 혹은 완전한 신뢰 체인을 제공함으로써 루트의 유효성을 검증할 수 있다.

IoT 디바이스가 직접 PKI를 지원하는지 여부에 상관없이, 공개 키 인증서를 사용해 다른 디바이스의 인증이나 자체의 인증서 및 신뢰 체인을 제시한다면, 신뢰 저장소에 안전하게 저장된 디지털 자격 증명과 트러스트 앵커를 사용해야 한다. 그렇지 않으면, 악성 프로세스와 해커의 접근으로부터 보호받지 못한다.

개인정보 보호를 위한 PKI 아키텍처

개인정보는 다양한 측면을 가지고 있으며, PKI와 직접적으로 연관되는 개념은 아니다. 그리고 설계에 따라, 개인과 디바이스에 신뢰할 수 있는 신원을 제공한다. 전자 거래를 시작할 때는 당사자들과 민감한 거래를 시작하기 전에 통상적으로 신원을 식별하고 다른 상대방을 인증하길 원한다.

그러나 익명으로 추적 없이 네트워크 및 RF 환경에서 운용되는 일반적인 기능은 점점 중요해지고 있다. 예를 들어 시스템이 임의의 신뢰할 수 있는 자격 증명을 디바이스에 제공하는 것이 필요한 상황을 가정하면, 다른 엔티티는 정확하게 신원을 알지 못해도 신뢰할 수 있는 기능을 가져야 한다. PKI 설계 자체가 프로비저닝된 인증서와 엔티티를 연결할 수 있다는 점에서 내부의 위협을 제한할 필요가 있다는 점을 좀 더 고려해야 한다.

익명의 PKI를 보여주는 가장 좋은 예는 자동차 업계의 커넥티드 비클을 위해 설계된 새로운 동향이 잘 반영된 보안 자격 증명 관리 시스템SCMS, security credential management system이다. SCMS는 개인정보를 보호하는 IoT 신뢰의 미래에 매력적인 모습을 제공한다. SCMS는 지금의 개념 증명 단계고, 특정 차량과 공급되는 차량의 사업자에 연관된

SCMS 자격 증명(IEEE 1609.2 형식)을 확인하고 제공받은 PKI의 단일 노드 기능을 제거하도록 특별히 설계돼 있다.

1609.2 인증서는 OBE가 사용하는데, 차량이 운전자에게 사전에 안전 메시지를 제공하도록 하기 위해 자동차에 내장된 디바이스가 주변의 차량에게 BSM을 보낼 수 있다. 차량용 외에도, 1609.2 자격 증명은 네트워크에 연결되고 다양한 도로변 애플리케이션에게 교통 신호 제어를 제공하기 위한 설치된 독립형 도로변 유닛$^{RSU, \text{roadside unit}}$에 의해 사용된다. 대부분의 커넥티드 비클 애플리케이션은 교통 시스템 및 이동성, 환경 배출량의 감소 등을 개선하기 위해 설계돼 있지만, 개인정보 보호의 강화가 필요한 보안에도 초점을 맞추고 있다.

대다수 IoT 애플리케이션 사용 사례의 다양성을 감안할 때, 가장 민감한 개인정보에 영향을 주는 IoT 디바이스(예를 들어, 의료 기기)는 백도어^{backdoor}가 없으며, 개인정보 보호 PKI, 특히 시민 자유$^{civil\ liberty}$의 문제가 해결되면 사용할 수 있을 것이다.

해지 지원

PKI 자격 증명을 사용하는 시스템에서 인증할 때 디바이스는 다른 디바이스의 자격 증명 만료를 제외하고, 더 이상 유효하지 않은지 파악해야 한다. PKI는 정기적으로, 때로는 침해와 악성 활동의 탐지를 통해 단순히 디바이스가 오작동하거나 폐기됐을 경우 등, 한 가지 혹은 다른 이유로 인해 자격 증명을 취소한다. 어떠한 이유에서든, 취소된 디바이스는 더 이상 임의의 애플리케이션이나 네트워크 계층의 참여에서 신뢰할 수 없어야 한다.

이를 위해 일반적으로 사용하는 방법은 모든 해지된 인증서를 나열한 후에 인증서 해지 목록$^{CRL, \text{certificate revocation list}}$을 정기적으로 생성하고 발급하는 것이다. 이 경우, 엔드 디바이스가 네트워크를 통해 접속할 수 있는 기능과 자주 CRL을 불러올 수 있는 기능이 있어야 한다. 또한 1) CA가 CRL을 생성한 후 배포하고, 2) 엔드 디바이스가 업데이트를 인지하고, 3) 엔드 디바이스가 업데이트를 다운로드하기 위한 준비 시간이 필요하다. 이 기간 동안, 신뢰할 수 없는 디바이스가 폭넓은 커뮤니티에 의해 신뢰받을 수도 있다.

OCSP

잠재적인 지연과 대용량 파일을 다운로드해야 하는 필요성을 감안할 때, 다른 메커니즘보다 신속하게 네트워크를 통해 해지 정보를 전달하기 위해 가장 눈에 띄게 발전해온 것은 온라인 인증서 상태 프로토콜OCSP, Online Certificate Status Protocol이다. OCSP는 고객이 지정된 공개 키 자격 증명이 여전히 유용한지를 확인할 수 있는 간단한 클라이언트/서버 프로토콜이다. OCSP 서버는 일반적으로 CA의 인증서 제출 목록CRL, Certificate Revocation List과 OCSP 증거 세트를 생성하기 위해 CRL을 사용해야 할 책임이 있다. 이러한 세트는 이후에 요청한 클라이언트에게 OCSP 응답 메시지를 생성하기 위해 사용된다. OCSP 증명 세트는 주기적으로 다른 시간 간격으로 생성될 수 있다.

OCSP 스테이플링

OCSP 스테이플링stapling은 대기 시간 유도를 수행해야 할 다수의 과제를 해결해야 하고, 해지 정보를 얻기 위해 두 번째 클라이언트-서버 OCSP를 호출한다. OCSP 스테이플링은 서버의 인증서와 함께(예를 들어, TLS 핸드셰이크와 같은), 간단하게 사전에 생성된 OCSP 응답 메시지를 제공할 수 있다. 이 방법은 클라이언트가 미리 생성된 OCSP 응답(추가적인 사전 승인 없음)의 디지털 서명을 확인할 수 있으며, CA가 여전히 서버를 보장하고 있는지 확인할 수 있다.

SSL 고정

이 기술은 인터넷 서비스를 필요로 하는(예를 들어, 데이터 또는 기타 정보를 전달하기 위해) IoT 디바이스 개발자가 적용할 수 있다. 인증서를 프로비저닝하는 신뢰 기반 시설의 침해 가능성으로부터 보호하기 위해, 개발자는 신뢰하는 서버의 인증서를 IoT 신뢰 인증서로 직접 고정pinning할 수 있다. 서버에 접속할 때 디바이스는 서버 인증서 저장소에 대해 명시적으로 확인해 서버 인증서를 확인할 수 있다. 본질적으로, SSL 고정pinning은 인증서의 신뢰 체인을 완전히 신뢰하지 않는다. 오직 서버 인증서가 고정(저장)된 인증서와 동일하고, 서명이 유효한 경우에만 서버를 신뢰한다. SSL 고정은 웹 서버 통신에서 디바이스 관리를 위한 다양한 인터페이스를 사용할 수 있다.

▌ 인증 및 접근 통제

디바이스가 식별되고 인증된 이후에는 디바이스가 다른 디바이스가 요청하는 것을 읽을 것인지 쓸 것인지 결정해야 한다. 어떤 경우에는 특정 커뮤니티의 회원COI, community of interest이 되는 것으로 충분하지만, 대부분의 경우 커뮤니티의 회원임에도 필요한 제약 사항이 있다.

OAuth 2.0

업데이트를 위해, OAuth 2.0은 IETF RFC 6749에 지정된 토큰 기반의 인증 프레임워크며, 패스워드를 입력하지 않고 각각의 클라이언트가 보호되고 암호화된 자원(즉, 다른 웹사이트와 다른 조직의)에 접근할 수 있도록 해준다. 이와 같이, 인터넷에서 자주 언급되는 홈페이지별로 패스워드를 사용 및 관리해야 하는 이용 실태를 극복하기 위해 만들어졌다. OAuth 2.0은 다양한 프로그래밍 언어를 지원한다. 구글, 페이스북, 그리고 많은 다른 대규모 기술 회사에서 이 프로토콜을 광범위하게 사용하고 있다.

IETF ACE 워킹 그룹은 IoT에 OAuth 2.0 애플리케이션을 정의하는 논문을 작성했다. 초안 문서는 향후에 RFC로 승격될 수 있다. 문서는 CoAP를 위해 주로 설계돼 있고, JSON이 충분히 컴팩트하지 않을 때, IoT 디바이스 내에서 사용할 수 있는 CBORconcise binary object representation로 알려진 바이너리 인코딩 스키마를 핵심 컴포넌트로 포함한다.

OAuth 2.0에 제안된 확장 기능은, 예를 들어 자원에 안전하게 연결하는 방법을 결정하기 위한 AS와 클라이언트 간의 메시징을 안전하게 확장하기 위해 논의됐다. 일반적인 OAuth 2.0 트랜잭션을 통해 TLS를 사용할 것으로 예상된다. CoAP 이용에 제약이 있는 IoT 디바이스가 있는 경우라면 이는 올바른 가정이 아니다.

OAuth 2.0의 사용이 제한된 디바이스에 맞는 새로운 인증 정보 형식을 도입하고 있다. 허가된 액션(예: GET, POST, PUT, DELETE)에 매핑된 자원의 목록으로 지정된 URI 접근 권한을 지정할 수 있다. 이것은 IoT를 위한 유망한 개발 방법이다.

보안 구현의 관점에서, 스텝 백step back과 OAuth가 보안 프레임워크임을 명심하는 것이 중요하다. 보안 프레임워크는 다소 모순되는 것일 수 있다. 상대적으로 좀 더 유연하고 구체적이지 않은 프레임워크 구현은 보안성이 떨어지지지만 제품의 범위를 넓혔다. 이것은 다수 이해 당사자들의 이익을 충족시키는 동시에 보안 표준을 준수해야 하는, 공인 표준의 세계에서 자주 접하게 되는 단점이다. 일반적으로, 상호 운용성과 보안 모두 문제가 된다.

이를 염두에 두고, OAuth2와 관련된 다수의 보안 모범 사례를 확인할 수 있다. OAuth2의 보안 고려 사항에 대한 좀 더 완벽한 해결 방법을 열람하기 위해 IETF의 6819를 살펴보자(https://tools.iet f.org/html/rfc6819#section-4.1.1).

- 인증 서버, 클라이언트 및 리소스 서버 상호작용을 위해 TLS를 사용하자. 보호되지 않은 채널을 통해 클라이언트 자격 증명을 보내지 말자.
- 권한 부여 서버 데이터베이스와 해당하는 네트워크를 잠근다.
- 기밀을 생성할 때 높은 엔트로피 소스를 사용하라.
- 클라이언트 자격 증명을 안전하게 저장한다(client_id와 client_secret). 이러한 매개변수는 사용자 계정 접근을 요청할 때 API에 클라이언트 애플리케이션을 식별하고 인증하는 데 사용된다. 불행히도, 일부 잘못된 구현은 하드코

딩된 값이나 떨어뜨리거나 보호되지 않는 채널을 배포해 공격자들에게 매력적인 표적이 되도록 만든다.

- OAuth2 상태 매개변수를 사용하자. 이렇게 하면, 접근 토큰^{access token}을 전달하는 데 필요한 권한 부여 URI와 연결된 권한 부여 요청을 연결할 수 있다.
- 신뢰할 수 없는 URL로 연결하지 말자.
- 의심스러운 경우, 승인 코드와 토큰에 대해 만료 시간을 짧게 변경해야 한다.
- 서버는 누군가가 반복적으로 회수하려고 시도하는 인증 코드에 대한 모든 토큰을 취소해야 한다.

OAuth 2.0과 유사한 표준을 활용하는 앞으로의 IoT 구현이 매우 심각한 보안 오류를 유발하는 개발자의 위험을 줄이기 위해 기본 구현(라이브러리 API)에 의한 보안이 필요하다.

게시/구독 프로토콜의 인증 및 접근 통제

MQTT 프로토콜은 세분화된 접근 통제의 필요성을 이해하는 좋은 사례를 제공한다. 게시/구독 프로토콜로 MQTT 클라이언트가 주제를 작성하고 읽을 수 있다. 모든 클라이언트가 모든 항목을 작성할 권한이 있는 것은 아니다. 그리고 모든 클라이언트가 모든 항목을 읽을 권한이 있는 것은 아니다. 실제로, 통제는 항목 수준에서 클라이언트의 권한을 제한하는 위치에 배치돼야 한다.

허용된 발행인과 인가된 구독자는 인가된 게시물을 사용해 접근 통제 목록을 유지함으로써 MQTT 브로커를 완성할 수 있다. 접근 통제는 브로커 구현에 따라 MQTT 연결 메시지로 전송되는 사용자 이름을 입력하거나, MQTT 클라이언트의 클라이언트 ID를 입력할 수 있다. 브로커는 MQTT 메시지가 도착했을 때 클라이언트에게 읽기, 쓰기, 주제에 관한 구독이 허가됐는지 판단할 수 있는 경우 주제 검색을 수행한다.

MQTT는 TLS를 실행하기 위해 종종 실행되기 때문에 MQTT 클라이언트의 인증서 기반 인증을 할 수 있도록 MQTT 브로커를 설정할 수 있다. MQTT 브로커는 클라이언트가 구독하거나 게시할 수 있는 항목을 결정하기 위해 MQTT 클라이언트 X.509 인증서 정보를 매핑할 수 있다.

통신 프로토콜 내의 접근 통제

물론, 다른 통신 프로토콜에서도 설정할 수 있는 다양한 접근 통제 구성이 있다. 예를 들어, 각 ZigBee는 트랜시버transceiver에 대한 접근 통제 목록을 관리해 이웃을 신뢰할 수 있는지 판단하는 기능이 있다. ACL에는 인접 노드의 주소, 노드에서 사용하는 보안 정책, 키, 마지막 초기화 벡터IV, initialization vector 등의 정보가 포함돼 있다.

인접 노드에서 패킷을 수신하면, 수신자가 ACL을 참조해 인접한 노드를 신뢰할 수 있는 경우 통신이 허용된다. 그렇지 않으면 통신이 거부되거나 인증 기능이 호출된다.

▌ 요약

이 장에서는 IoT 디바이스의 신원 및 접근 관리에 대한 개요를 제공했으며, 신원 수명 주기를 검토하고 인증 자격 증명을 제공하는 데 필요한 인프라 구성 요소에 대한 논의에서는 PKI를 중점적으로 다뤘다. 인증 자격 증명의 다양한 종류를 볼 수 있으며, 자격 증명과 인증 및 접근 통제를 위한 새로운 접근 방식에 대한 논의를 제공했다.

다음 장에서는 IoT 개인정보 보호 문제를 해결해야 하는 복잡한 생태계를 다룰 것이다. 이 장에서 논의했던 효과적인 신원과 접근 통제 같은 보안 통제는 IoT의 도전 과제 중 하나다.

7

IoT 개인정보
문제 완화

이 장에서 다루는 내용

- IoT에 의해 도입된 개인정보 보호 과제
- 개인정보 영향 평가를 수행하기 위한 가이드
- PbD 원칙
- 개인정보 공학 권장 사항
- 요약

이번 장에서는 IoT의 구현 및 배포를 통해 시작된 개인정보 보호 원칙과 우려 사항에 대해 다룬다.

개인정보 영향 평가PIA, privacy impact assessment를 작성하기 위한 사례와 지침도 제공된다. PIA는 유출되는 개인정보 보호 정보PPI, privacy protected information의 원인과 결과에 대해 설명한다. IoT 엔지니어링 프로세스 내에서 개인정보 보호 통제를 통합하는 설계에 의한 개인정보PbD, privacy by design 접근 방식을 논의할 것이다. PbD의 목표는 종단 간 보안, 가시성, 투명성, 사용자 개인정보 보호를 위해 전체 IoT 엔지니어링 수명주기의 개인정보 통제를 통합하는 것이다. 마지막으로, 독자의 조직 내에서 개인정보 보호 공학 활동을 마련하기 위한 권장 사항을 논의하고자 한다.

이어지는 절에서는 IoT로 연결된 세상에서의 개인정보를 다룬다.

- IoT에 의해 도입된 개인정보 보호 과제
- IoT PIA를 실시하기 위한 가이드
- PbD 원칙
- 개인정보 보호 공학 권장 사항

▋ IoT에 의해 도입된 개인정보 보호 과제

오랜 기간의 업무를 마치고 저녁식사를 한 후 여러분의 가족과 앉아있을 때, 아이들이 새로운 스마트 텔레비전에서 영화를 보기 시작할 때, 아이들 중 한 명이 그녀의 새로운 커넥티드 인형과 대화하기 시작한다. 스마트 온도계는 사용하지 않는 방에서 에너지를 절약하는 동시에 실내 온도를 22도로 유지하고 있다. 아버지는 가정용 컴퓨터의 음성 제어 기능을 사용하고 있으며, 어머니는 가정 환경의 변화에 따라 색상을 바꿀 수 있는 새로운 가정용 스마트 전구를 설치하고 있다. 한편, 스마트 냉장고는 다음날 식료품이 배달될 수 있도록 주문을 전송하고 있다.

이러한 설정은 새로운 기능과 편리함이 담겨 있는 소비자 IoT에 대한 놀라운 이야기를 담고 있다. 또한 앞으로 다가올 초연결된hyper-connected 가정과 환경의 특성을 명확하게 보여준다. 이러한 새로운 스마트 제품을 검토하기 시작하면, 우리는 IoT 내에서 개인 정보 보호를 둘러싼 우려를 파악할 수 있다.

매일 수집되고, 분산되고, 저장되고, 판매되는 데이터의 양이 방대하다는 점에서, 사물인터넷과 개인정보 보호 문제는 거대하다. 전문가들은 오늘날 개인정보가 종말을 맞이할 것이라고 주장한다. 그들은 무엇에 동의하고 있는지 자세히 알려주지 않는 최종 사용자 승인을 클릭하는 소비자들의 성향이 그들의 개인정보를 훼손시키고 있다고 주장한다. 개인정보 보호와 관련된 문제는 변덕스러운 소비자의 성향을 감안할 때, 전문가들의 의견에 가깝다.

IoT에서 개인정보를 보호하는 방법을 찾는 것은 우리의 능력에서 기념비적인 도전이다. 기술 및 비즈니스 분석 시스템을 통해 선별된 데이터를 수집하고 수집할 수 있는 데이터의 양과 유형이 증가하면, 최종 사용자에 대한 놀라울 정도로 자세하고 정확한 프로파일을 생성할 수 있다. 최종 사용자가 신중하게 개인정보 보호 계약을 읽고 동의하더라도, 30개 혹은 40개의 계약은 물론이고 2~4개 정도의 개인정보 보호 협정을 수락할 때는 개인정보 침해 등의 영향을 고려하기가 쉽지 않다. 개선된 타깃 광고 경험이 개인정보 보호 계약에 동의하는 데 피상적인 근거가 될 수도 있지만, 광고주가 데이터를 수집하는 유일한 주체는 아니다. 정부, 조직화된 범죄 신디케이트, 잠재적인 스토커 등은 직접적으로나 간접적으로 최종 사용자에 대한 패턴을 파악하기 위해 고급 분석 쿼리를 실행하는 데 필요한 정보에 접근할 수 있다. 다른 공공 데이터 소스와 결합하면, 데이터 마이닝data mining은 강력하면서 동시에 위험한 도구다. 개인정보 보호법은 법을 방해하는 데이터 과학과 관련된 정보를 반영하고 있지 않다.

개인정보 보호는 더 이상 업계나 조직이 보호해야 할 과제가 아니다. 개인정보 보호 의식과 개인정보를 보호하는 조직의 커뮤니케이션은 고객의 이해관계를 보장하기 위해 필수적이다. 이 장의 뒷부분에서는 기업의 부서와 개인정보 보호 정책, 개인정보 보호 공학을 해결하는 데 필요한 개인의 자격 요건을 파악한다.

일부의 개인정보 보호 문제는 IoT에 국한되지만, 전체에 적용할 수 없다. 개인정보 보호 측면에서 IoT와 기존 IT의 주요 차이점 중 하나는 의료, 가정 에너지, 교통과 관련된 기타 센서 기반의 데이터를 수집하고 공유한다는 점이다. 이 데이터는 승인됐거나 승인되지 않을 수도 있다. 시스템은 수집된 데이터의 저장과 공유가 존재하는지를 결정할 수 있도록 설계돼야 한다.

예를 들어, 스마트 시티에 전반적으로 흩어져 있는 카메라로 촬영된 예를 들어보자. 이 카메라들은 범죄를 줄이기 위해 법의 집행을 지원할 수도 있지만, 카메라의 뷰는 모든 사람들의 이미지와 비디오를 담고 있다. 이 영상에 잡힌 사람들은 비디오 녹화에 대해 동의하지 않았다.

그렇기 때문에 정책은 반드시 존재해야 한다.

- 사람들이 시야에 들어오면 녹화 중인 것을 공지한다.
- 비디오에 캡처된 영상에 어떠한 처리를 할지 결정한다(예를 들어, 공개된 이미지에서 사람을 인식할 수 없도록 흐리게 나타내야 하는가?).

복잡한 공유 환경

능동적으로 혹은 수동적으로 개인에 의해 생성되는 데이터의 양은 이미 거대하다. 2020년까지, 우리가 생성하는 데이터의 양은 극적으로 증가할 것이다. 웨어러블 기기, 자동차, 가정, 심지어 텔레비전에서 지속적으로 데이터를 수집하고 전송하는 것을 고려하면, 다른 사람들과 공유하는 데이터의 양과 유형을 제한하는 것은 불가능한 도전이 될 것이다.

만약 데이터의 수명주기를 고려한다면, 데이터를 수집하는 위치, 전송 위치, 전송 방법을 파악해야 한다. 데이터의 수집 목적은 다양하다. 일부 스마트 머신 공급 업체는 장비를 대여하고 해당 장비를 사용해 대금 청구 목적으로 사용하는 장비에 데이터를 수집할 것이다. 사용량 데이터에는 하루의 시간, 이용 패턴, 실행되는 작업의 수와 유형, 기계를 작동시킨 사용자를 포함시킬 수 있다. 데이터는 정보를 처리하고 프로세스를 처리하는 고객 회사 방화벽을 통과한 후 여러 인터넷 기반 서비스 애플리케이션으로 전송될 가능성이 있다. 이러한 위치의 조직에서는 사용 정보 이외에 어떠한 데이터가 전송되는지를 검토하고, 임의의 정보가 서드파티와 공유되는지 확인해야 한다.

웨어러블

웨어러블과 관련된 데이터는 대부분 저장 및 분석을 위해 클라우드의 애플리케이션으로 전송된다. 이러한 데이터는 이미 기업의 건강 관련 프로그램들을 지원하고 있으며, 디바이스 제조업체나 사용자가 아닌 다른 사람이 데이터를 수집하고 저장하는 것을 뜻한다. 앞으로, 이러한 데이터는 의료 서비스 제공업자에게도 전달될 수 있다. 또한 의료 서비스 제공업자가 데이터를 보험 회사에 전달할 가능성이 있는지 확인해야 한다. 또한 보험 회사가 명시적으로 발신자가 공유하지 않은 데이터를 사용하는 것을 제한하는 규정이 있는지 확인해야 한다.

스마트 홈

스마트 홈 데이터는 다양한 장치에 의해 수집될 수 있으며, 다양한 장소로 전송될 수 있다. 스마트 미터smart meter를 예로 들면, 다음 요금 청구를 위해 전력 회사에서 중계하는 게이트웨이로 데이터를 전송할 수 있다. 수요 대응과 같은 응급 스마트 그리드smart grid의 기능은 스마트 미터가 전력망에서 전력을 소비하는 가정의 개인 전자제품으로부터 정보를 수집하고 전달할 수 있게 해준다. 개인정보에 대한 보호가 이뤄지지 않는 상황에서, 도청자는 이론적으로 집 주인이 집에 있는지, 가정 내의 특정 가전제품을 사용하고 있는지 여부를 주어진 정보를 퍼즐 맞추듯이 합쳐서 확인할 수 있다. 물리적인 세계의 상태와 이벤트에 대응하는 전자 데이터의 병합은 IoT의 개인정보 보호 문제와 관련된 심각한 문제다.

메타데이터 정보 누출 가능성

Open Effect의 충격적인 보고서(https://openeffect.ca/reports/Every_Step_You_Fake.pdf)는 오늘날 소비자의 웨어러블^{wearable} 디바이스에 의해 수집되는 메타데이터에 대해 작성했다. 그들의 연구 결과를 살펴보자. 한 연구원은 다른 제조회사 웨어러블 제품의 블루투스^{Bluetooth} 탐색 기능을 분석했다. 이 연구원은 벤더가 블루투스 4.2 규격으로 설계된 새로운 개인정보 보호 기능을 활성화했는지 결정하기 위한 시도를 했다. 오직 하나의 제조업체(애플)만이 제품을 착용하는 사람의 정적 미디어 접근 통제^{MAC, media access control} 주소의 지속적인 추적 가능성을 열어두고, 개인정보 보호 기능을 구현한 것으로 나타났다. 새로운 개인정보 보호 기능을 사용하지 않은 경우, MAC 주소가 변경되지 않고 디바이스를 착용하고 있는 사람들을 악의적인 목적으로 추적할 가능성이 있다. 또한 디바이스의 MAC 주소를 자주 수정함으로써 착용하고 있는 사람의 일상적인 공간과 시간을 디바이스가 추적하는 악의적인 기능을 제한할 수 있다.

자격 증명에 대한 새로운 개인정보 보호 접근 방식

IoT의 개인정보 보호를 위해 재고해볼 만한 다른 훌륭한 사례는 커넥티드 비클 시장의 경우다. 앞서 웨어러블과 관련해 논의한 바와 같이, 임의의 차량을 지속적으로 추적하는 기능에 대한 우려가 있다.

그러나 커넥티드 비클에 의해 전송되는 모든 메시지를 디지털로 서명할 필요가 있을 경우 문제가 발생한다. 기본 안전 메시지^{bsm, basic safety message} 또는 인프라 생성 메시지(예: 교통 신호 통제 신호 위상 및 타이밍 메시지^{SPaT, signal phase and timing})는 공개 키와 교통 시스템의 성능을 확보하기 위해 중요하다. 메시지가 신뢰할 수 있는 출처로부터 전달된 것과 무결성으로 보호되고 있는 것을 확인해야 한다. 일부 경우에는 기밀성이 보호돼야 한다. 하지만 개인정보는 어떠할까? 개인정보 보호 또한 필요하다. 교통 산업은 커넥티드 비클을 위한 흥미로운 개인정보 보호 솔루션을 개발하고 있다.

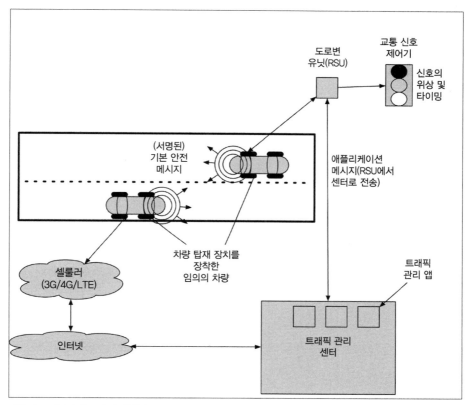

커넥티드 비클과 인프라의 개인정보 보호

예를 들어 커넥티드 비클이 메시지를 전송할 때, 일정 기간 동안 메시지에 서명할 때 동일한 자격 증명을 사용하면 차량과 소유주가 지속적으로 추적할 우려가 있다. 이를 방지하기 위해 보안 엔지니어는 차량이 다음과 같은 인증서를 제공받을 것이라고 명시했다.

- 짧은 수명을 갖고 있다.
- 일괄적으로 서명 작업에서 자격 증명을 사용할 수 있도록 인증 풀[pool]이 제공되고 있다.

커넥티드 비클 환경에서, 차량 탑재 장치OBE, on-board equipment가 전송하는 메시지에 서명하기 위해 끊임없이 교체되는 익명의 인증서 풀을 사용해 차량에 제공한다. 인증서의 풀은 일주일간 유효할 수 있고, 다음 기간 동안 다른 배치가 적용될 때까지 유효할 수 있다. 전송에 첨부된 인증서의 시간을 기반으로 하루, 일주일, 임의의 시간 동안 차량의 위치를 기준으로 추적하는 기능을 저하시킨다.

그러나 아이러니하게도, 교통 부서의 증가로 인해 혼잡한 고속도로 및 간선도로를 따라서 블루투스 프로브probe를 배포해 광범위한 차량과 블루투스 프로브를 활용하기 시작했다. 일부 교통 기관은 길가에 설치된 프로브 사이의 거리를 이동하는 데 걸리는 시간을 측정하기 위해 블루투스 디바이스(MAC 주소로 표시됨)가 프로브 사이를 통과하는 데 걸리는 시간을 확인하고 있으며, 이는 적응 교통 제어 시스템adaptive traffic system control에 필요한 데이터(예를 들어, 동적 혹은 스테이징 신호 타이밍 패턴)를 제공한다. 교통 기관이 임의의 짧은 기간 혹은 장기간의 블루투스 MAC 주소의 수집 데이터를 조심스럽게 삭제하지 않는 경우, 연관 데이터 분석은 지역에서 개별 차량의 이동을 식별하기 위해 잠재적으로 사용될 수 있다. 업데이트를 활용한 블루투스 MAC 주소의 증가를 통해 미래의 블루투스 프로브 시스템과 시스템에서 사용하는 트래픽 관리 기관을 쓸모없게 만들 수 있다.

IoT 보안 시스템이 개인정보 보호에 끼치는 영향

커넥티드 비클 예제를 계속 설명하면, 기반 시설 사업자가 프로비저닝된 인증서를 차량에 매핑할 수 없음을 알 수 있다. X.509 고유 이름, 조직, 도메인, 기타 속성 등을 통해 개인과 조직을 인증하고 식별하기 위해 오랫동안 설계했던 기존의 PKI 보안 설계를 변경해야 한다. 커넥티드 비클 분야에서 미국의 상황을 살펴보면, 보안 자격 증명 관리 시스템SCMS, security credential management system으로 알려진 PKI를 통해 차량에 자격 증명을 제공할 것이며, 현재 미국 전역에 다양한 커넥티드 비클을 시험적으로 배치하기 위해 제작 중이다.

SCMS는 익명 IEEE 1609.2 인증서의 설계에서부터 운전자의 개인정보에 대한 내부자 PKI 공격을 저지하기 위한 내부 조직의 분리까지 개인정보 보호 설계를 갖추고 있다.

SCMS 개인정보 보호의 한 가지 예로 LOP[location obscurer proxy]로 알려진 게이트웨이 구성 요소의 도입이 있다. LOP는 차량의 차량 탑재 장치[OBE]를 등록 기관[RA, registration authority]에 직접 연결하는 대신에 연결할 수 있는 프락시 게이트웨이이다. 요청 셔플 로직으로 적절하게 구현된 이 프로세스는 SCMS에서 요청의 네트워크 또는 지리적 소스를 찾으려고 시도하는 내부자를 저지하는 데 도움이 될 것이다(https://www.wpi.edu/Images/CMS/Cybersecurity/Andre_V2X_WPI.PDF).

새로운 보안 감시 방법

IoT로 인해 모든 사람들이 모니터링되고 모든 것이 감시받는 디스토피아[distopia] 사회가 될 수 있다. 드론과 같은(일명 SUAS) 사물을 주제와 함께 생각해보면, 문제들의 타당성은 입증된다. 고해상도 카메라의 드론과 다양한 종류의 기타 편재형 센서[pervasive sensor]로 인해 개인정보 보호 문제가 제기되고 있으며, 이에 따라 드론 운영자가 수집해야 하는 데이터는 무엇인지, 어떻게 수집할 수 있는지, 데이터의 처리가 가능한 것이 무엇인지에 대한 명확한 법적 가이드의 부재로 인해 법적인 소송에 휘말리지 않기 위해 수행해야 할 다수의 작업이 있는 것은 분명하다.

새로운 감시 방법을 해결하기 위해, 이러한 플랫폼은 이미지 및 기타 데이터의 수집과 관련된 새로운 법률, 규정을 위반하는 경우 벌금을 부과하도록 요구할 수 있다. 예를 들어 드론이 개인 또는 기타 통제를 받는 사유지의 상공 바로 위를 직접 지나지 않더라도, 높은 고도에서 카메라의 줌 기능과 범위 각도를 조절함으로써 사유지를 카메라에 담을 수 있다. 사유지의 경계선을 따라, '즉각적인' 지형 공간 정리 작업과 원본 이미지의 필터링을 요구하는 법률이 제정돼야 할 수도 있다. 이미지 픽셀 기반의 지리적인 참조는 오늘날의 기능에 이미 존재하고 드론 기반의 사진 측량, 3D 모델, 기타 지리적인 제품과 연관된 다양한 영상 후처리 기능에서 사용되고 있다. 비디오 프레임 내에서, 광범위한 픽셀 기반의 지리 참조 연산은 머지않아 가능할 수도 있다. 이러한 기능은 드론의 운영자가 특정 픽셀의 해상도를 벗어나는 사유 재산 영역을 포함하는 공공의 온라인 포럼에 이미지로 저장하거나 게시할 수 있도록 설정 가능한 동의 기반consent-based 규칙을 제공할 수 있다. 이러한 기술과 정책의 통제가 없다면, 다른 가정을 몰래 촬영하고 유튜브에 촬영 결과를 포스팅하는 사람을 방지하기 위한 강력한 제제나 소송은 없을 것이다. 운영자는 기업이 규정 준수 솔루션을 구축할 수 있도록 규정에 따라 특별 규정을 수립해야 한다.

새로운 기술은 센서가 가득한 사물인터넷 환경 속에서 개인정보를 보호받길 바라는 시민들의 바람을 존중해야 한다.

▌ 개인정보 영향 평가를 수행하기 위한 가이드

IoT 개인정보 영향 평가PIA, privacy impact assessment는 IoT 디바이스가 더 거대한 시스템 또는 시스템 내부의 시스템에서 최종 사용자의 개인정보 보호에 영향을 미칠 수 있다는 점을 이해하는 데 중요하다. 이 절에서는 가상의 IoT 시스템 PIA를 살펴봄으로써, 독자들의 배포에 PIA를 수행하는 방법의 실례를 제공한다. 소비자 개인정보 보호는 민감한 주제이므로, 소비자 수준의 PIA를 제공한다.

개요

개인정보 영향 평가는 가능한 한 완전한 위험 분석을 제공하기 위해 필요하다. 기본적인 안전과 보안의 트렌드를 넘어서, 침해된 개인정보의 유출은 상당한 손실을 미칠 수 있고, IT와 IoT 시스템의 제조업체나 운영자에게 재정적이거나 법률적인 결과를 초래할 수 있다. 예를 들어 Wi-Fi 기능을 갖춘 스마트폰으로 관리할 수 있다. 백엔드backend 시스템 서버로의 연결을 갖춘 아동용 장난감을 생각해보자. 장난감이 마이크와 스피커를 가지고 있으며 음성 캡처 및 인식 능력을 갖췄다고 가정하자. 이제 디바이스의 중요한 인증 매개변수의 저장소와 백엔드 시스템과의 안전한 통신에 필요한 기타 다른 특성을 고려해보자. 디바이스가 물리적으로나 논리적으로 해킹됐을 경우, 동일한 제조업체의 다른 장난감을 침해하는 데 사용할 수 있는 공통 혹은 기본 보안 매개변수가 노출될 수 있을까? 통신이 암호화, 인증, 무결성 제어를 통해 처음부터 보호돼 있는가? 실제로 작동하고 있는가? 데이터의 특성은 무엇이고, 무엇이 저장돼 있는가? 사용자 데이터는 분석 처리를 위한 백엔드 시스템에 통합돼 있는가? 기반 시설 및 개발 프로세스의 전반적인 보안이 소비자를 충분히 보호하는가?

이러한 질문은 개인정보 영향 평가의 맥락에서 필요하다. 질문은 반드시 디바이스와 백엔드 시스템에 입력된 정보의 침해나 오용으로 인한 결과의 심각성을 다뤄야 한다. 예를 들어, 어린이의 음성 명령을 캡처하고 이름 및 기타 개인정보를 들을 수 있는가? 트래픽에 공격자에게 잠재적으로 아이의 위치를 공개할 수 있는, 위치 정보가 포함돼 있을까? 만약 그렇다면, 아이 혹은 가족 구성원의 악의적인 스토킹이 시작될 수 있다. 이러한 유형의 문제에 대한 선례(http://for tune.com/2015/12/04/hello-barbie-hack/)가 있고, 사용자의 입장에서는 개인정보 영향의 유형, 심각도, 가능성, 전체적인 리스크를 측정할 수 있는 다른 요소들을 이해하기 위해 개인정보 영향 평가를 완전히 수행하는 것이 필수적이다.

식별된 개인정보 위험은 추후에 설명할 개인정보 보호 엔지니어링 프로세스에서 반영해야 한다. 우리가 제공하는 예는 가상이지만, 보안 연구원인 마커스 리처슨[Marcus Richerson]이 RSA 2016에서 밝힌 해킹 중 하나와 유사하다(https://www.rsaconference.com/writable/presentations/file_upload/sbx1-r08-barbie-vs-the-atm-lock.pdf).

이 절에서는 가상의 인형 사례를 활용해 다음 시스템 아키텍처를 참조할 수 있다. 아키텍처는 IoT 엔드포인트(인형), 스마트폰, 커넥티드 온라인 서비스 사이에서 개인정보의 저장소와 흐름을 시각화하기 위해 필요할 것이다. 디자인과 내재된 보안 속성에 의한 개인정보를 논의할 때 개인정보, 사람, 디바이스, 시스템은 추후에 자세히 살펴볼 것이다.

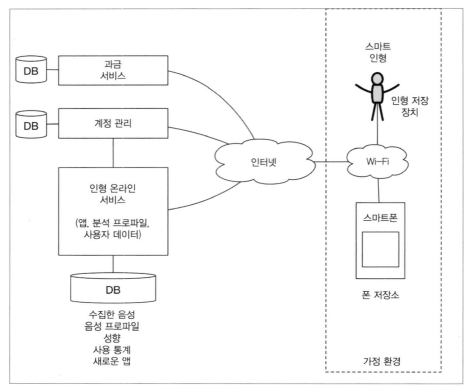

말하는 인형의 IoT 시스템 참조 아키텍처

권한

당국은 조직의 수집과 개인정보의 사용에 영향을 미칠 수 있는 법률과 규정을 제정하고 시행한다. 말하는 인형의 예에서는 다수의 법률이 적용될 수 있다. 예를 들어 유럽 연합EU 제33조 규정의 경우, 미국 아동 온라인 사생활 보호법COPPA과 기타 다른 규정이 작용할 수 있다. 당국이 주관하는 법에 의거해, IoT 조직은 모든 법적인 권한과 법률, 규정에 따라 해당 법규를 적용할 수 있다. 당국은 특정 조건에 근거해 기권/포기 각서를 발급하고, 정보의 수집 및 사용을 허용할 수 있다. 이것들 역시 식별해야 한다.

만약 여러분의 IoT 조직이 다수의 IT 운영과 같이 국경을 가로질러 운영되고 있다면, 여러분의 조직은 데이터를 국외에서 처리할 수 있는지, 그리고 어떻게 처리할 수 있는지에 대한 문제를 다뤄야 한다. 예를 들어 좀 더 느슨한 규칙이 해외에서 적용되면, 일부 데이터는 자국의 개인정보 보호 정책에 상관없이 외국 정부의 검사에 더 취약할 수 있다. 또는 외국의 법규가 여러분의 국가에서 적용되는 법규보다 더 엄격할 수 있기 때문에 해외의 데이터센터를 사용하는 것이 어려울 수도 있다. 설계상의 개인정보 보호 과정은 지정학적 구조를 초기에 처리하고 지정학적 설계가 개인정보를 침해하지 않도록 보장해야 한다.

수집된 정보의 특징

IoT 디바이스와 관련된 정보의 수명주기 및 범위는 대략적으로 정의되거나 매우 광범위하게 정의될 수 있다. PIA의 첫 번째 활동 중 하나는 IoT 지원 시스템을 통해 전달되는 정보의 생성과 종료를 확인하는 것이다. 이 시점에서는 각 수명주기 단계와 각 단계에 관련된 데이터에 대한 테이블을 작성해야 한다. 또한 각 정보 유형에 기초해서 각 정보의 유형을 제공하기 위해 적어도 세 가지 우선순위를 부여하는 것이 유용하다. 간단하게 예를 들면, 우리가 사용하는 예제로는 다음과 같다.

- 중요하지 않음
- 중간 중요도
- 굉장히 중요함

기타 등급의 유형은 종류, 조직, 산업, 기타 규제 요구 사항에 따라 사용할 수 있다. 일부 유형의 데이터에서 유념해야 할 점은 중요하지 않거나 혹은 중간 등급으로 중요도가 표기됐을지라도, 그룹화할 경우 매우 중요해질 수 있다. 이러한 데이터 통합 위험은 애플리케이션에서 처리하는 동안이나 저장 환경 내에서 데이터를 가져올 때 평가돼야 한다. 수집된 데이터 집합에 적용되는 최종 보안 제어는 최초의 결정할 수 있는 작은 세트 또는 단일 데이터 유형보다 수위가 높을 수 있다.

말하는 인형의 경우를 살펴보면, 이 인형은 제조 과정이 완료되고 나서 최종 사용자가 구매를 기다리는 도매업체나 소매업체에 출하된다. 최종 사용자의 개인식별 정보[PII, personally identifiable information]는 아직 시스템에 입력되지 않았다. 일반 부모가 구입한 후 인형을 집으로 가져가면, 부트스트랩하기 위해 새롭게 계정을 생성하고 스마트폰의 애플리케이션에 연결된다. 이제부터, PII와 관련이 있게 된다. 새로운 애플리케이션을 인형에 다운로드하기 위해 구독[subscription] 서비스가 있다고 가정하고, PII를 기술해 보자. 다음의 가상 데이터 요소와 수명주기 단계는 데이터 식별 과정을 설명하기 위해 나열할 수 있다. 각각을 나열하고 설명하면, 각 데이터의 출처(애플리케이션+디바이스)와 데이터의 실수요자는 식별돼 다양한 정보의 접근 수준을 갖는 엔드포인트를 이해할 수 있다. 다음의 예제는 인형의 소유자 계정을 만들 때, 생성되거나 소비되는 것을 확인할 수 있다.

계정 생성

파라미터	설명/중요도	출처	소비자/사용자
로그인	사용자 식별 (중요하지 않음)	사용자에 의해 생성	사용자 애플리케이션 서버 과금 서버 스마트폰 앱
패스워드	사용자 패스워드 (굉장히 중요함)	사용자에 의해 생성(최소한의 패스워드 길이/패스워드의 강도 강제 필요)	사용자 애플리케이션 서버 과금 서버 스마트폰 앱
이름, 주소, 전화번호	계정 사용자(인형 소유자)의 이름, 주소, 전화번호	인형 소유자	애플리케이션 서버 과금 서버
연령	인형을 사용 중인 아이의 나이(중요하지 않음)	인형 소유자	애플리케이션 서버
성별	인형을 사용 중인 아이의 성별(중요하지 않음)	인형 소유자	애플리케이션 서버

(이어짐)

계정 생성			
계정 번호	인형 소유자를 위한 고유의 계정 번호	애플리케이션 서버	인형 소유자 애플리케이션 서버 스마트폰 앱 과금 서버

다음 예시 정보는 인형 소유자의 일상적인 사용 중에 생성되거나 소비되는 것으로 식별된다.

구독 생성			
파라미터	설명/중요도	출처	소비자/사용자
인형 유형 및 시리얼 번호	인형 정보(낮은 중요도)	패키징	애플리케이션 서버(구독 프로파일을 위한)
구독 패키지	구독 유형 용어, 만료일 등(낮은 중요도)	인형 소유자가 웹 페이지를 통해 선택	애플리케이션 서버
이름	이름과 성(금융 정보와 결합된 높은 중요도)	인형 소유자	과금 서버
주소	거리, 도시, 주, 국가(중간 중요도)	인형 소유자	애플리케이션 서버 및 과금 서버
신용카드 정보	신용카드 번호, CVV, 만료일(높은 중요도)	인형 소유자	과금 서버
전화 번호	인형 소유자의 전화번호 (중간 중요도)	인형 소유자	애플리케이션 서버 및 과금 서버

다음의 예에서는 말하는 인형과 연결될 백엔드 애플리케이션 서버와 다운로드한 스마트폰 애플리케이션이 페어링되는 동안 생성되거나 소비되는 것으로 확인된다.

스마트폰 애플리케이션에 대한 첨부 파일			
파라미터	설명/중요도	출처	소비자/사용자
계정 정보	인형 소유자 계정 생성 시 계정 서버에 의해 생성된 계정 번호	인형 소유자가 사용하는 계정 서버	스마트폰 애플리케이션 애플리케이션 서버
인형 시리얼 번호	인형의 고유한 식별 번호(중요하지 않음)	제조업체의 인형 포장 시	인형 소유자 애플리케이션 서버 스마트폰 애플리케이션
인형 구성 및 설정	스마트폰 애플리케이션 또는 웹 클라이언트를 통한 인형의 일상 설정 및 구성 중요하지는 않지만, 적절한 중요도(특성에 따라 달라진다.)	인형 소유자	인형 애플리케이션 서버

스마트폰 애플리케이션에 대한 첨부 파일은 다음 예제의 정보에서 말하는 인형의 일상적인 사용 중에 만들어지거나 사용되는 것으로 확인된다.

일상 사용			
파라미터	설명/중요도	출처	소비자/사용자
인형 말하기 프로파일	다운로드 가능한 말하기 패턴과 방식(중요하지 않음)	애플리케이션 서버	인형 사용자
인형 마이크로폰 데이터(음성 녹음)	인형과 대화를 나눈 목소리를 녹음(굉장히 중요함)	인형과 환경	애플리케이션 서버와 스마트폰을 사용하는 인형의 소유자
전송된 마이크로폰 데이터	인형과 음성 통신의 음성-텍스트 전송(굉장히 중요함)	애플리케이션 서버 (기록 엔진)	애플리케이션 서버 및 인형 소유자가 사용하는 스마트폰

수집한 정보의 이용

허용 가능한 사용 정책은 국가, 지역, 산업 규제에 따라 수립해야 한다.

개인정보 보호 정책에 따라, 서로 다른 출처(IoT 데이터에 대한 접근 권한이 부여)에서 수집된 데이터를 사용해 다른 출처로부터 수집된 데이터를 사용할 수 있다. 말하는 이야기 인형의 경우, 인형 제조업체에서는 인형을 보유하고 있으며 인형과 인형 소유자 및 사용자의 정보를 수집하는 인터넷 서비스를 운영한다. 따라서 단독으로 유용한 정보 수집에 도움이 될 것이다.

- 데이터 보기
- 연구 목적을 위한 데이터에 대한 연구 또는 분석
- 마케팅 목적을 위한 데이터 분석
- 최종 사용자에게 데이터 보고
- 데이터를 판매하거나 전송
- 사용자의 원시 데이터에서 생성되고 이후에 처리된 메타데이터의 전송

이상적으로 제조업체는 데이터(또는 메타데이터)를 서드파티에 제공하지 않을 것이며, 데이터 사용자는 인형 소유자 및 제조업체가 될 것이다. 이 인형은 소유자에 의해 설정되고, 환경으로부터 음성 정보를 수집하고, 제조업체의 알고리즘에 의해 키워드 분석을 하기 위해 음성 데이터를 텍스트로 변환되고, 인형의 소유주에게 애플리케이션 업데이트, 음성 파일, 사용 기록을 제공하고 있다.

그러나 스마트 디바이스는 다수의 관계자와 연관돼 있다. 인형 제조업체 외에도, 데이터의 일부를 분석함으로써 다양한 기능과 혜택을 지원하는 공급 업체가 있다. 데이터 또는 전송된 데이터가 서드파티에게 전달되는 경우, 서드파티가 전달하는 데이터를 용도 이외에 사용하지 않기로 동의하는 당사자 간의 계약이 강제돼야 한다.

보안

보안은 개인정보 보호의 형제와도 같고, 설계에 의해 개인정보 보호를 실현하는 중요한 요소다. 개인정보 보호는 데이터, 커뮤니케이션, 응용프로그램, 디바이스, 시스템 수준의 제어 없이는 실현되지 않는다. 기밀성(암호화), 무결성, 인증, 부인 방지, 데이터 가용성이라는 보안 기본 요소는 배포에 대한 지배적인 개인정보 보호 목표를 지원하기 위해 구현해야 한다.

개인정보와 관련된 보안 제어를 지정하기 위해 개인정보 데이터는 제어 및 보호에 필요한 보안 매개변수를 보안 제어에 매핑해야 한다. 이 단계에서는 아키텍처에서 PII가 어떠한 상태인지 모든 엔드포인트를 식별하는 데 유용하다.

- 시작된Originated
- 전송된Transmitted through
- 처리된Processed
- 저장된Stored

각각의 PII 데이터 요소는 엔드포인트에 의해 구현되거나 충족되는 관련 보안 제어에 매핑돼야 한다. 예를 들어, 신용카드 정보는 인형 소유자의 집에 있는 컴퓨터나 모바일 디바이스 웹 브라우저로부터 시작해 청구 서비스 애플리케이션으로 전송될 수 있다. 기밀성, 무결성, 서버 인증의 보안 통제를 지정하는 것은 암호화 및 무결성을 유지하기 위해 공통 HTTPS(TLS를 통한 HTTP) 프로토콜을 사용하고 신용카드 정보를 최종 사용자로 전송하는 동안 서버 인증을 사용하는 것과 같다.

일단 전체적인 시스템의 모든 PII의 전송 중 보안을 위한 그림이 그려지면, 보안은 미사용 데이터 보호에 초점을 맞춰야 한다. PII의 미사용 데이터 보호는 데이터베이스 암호화, 웹 서버, 데이터 간의 접근 통제, 직원 접근 통제, 자산의 물리적인 보호, 직무 분리 등과 같은 기존의 다른 IT 보안 제어에 초점을 맞출 수 있다.

통지

통지는 최종 사용자에게 정보의 수집 범위, 사용자가 반드시 제공해야 하는 모든 동의, 사용자가 정보를 제공하는 것을 거절할 수 있는 권리 등을 제공하는 공지와 관련돼 있다. 공지 사항은 최종 사용자가 서비스를 받기 전에 동의해야 하는 개인정보 보호 정책에서 처리된다.

우리가 알아보고 있는 말하는 인형의 경우, 공지는 두 가지 장소에서 제공된다.

- (패키지 내에 마련된) 인쇄된 제품 설명서
- 계정 생성 시 인형의 애플리케이션 서버에서 제공되는 사용자 개인정보 보호 협약

데이터 보존

데이터 보존은 디바이스 혹은 디바이스의 사용자로부터 임의의 데이터를 유지하고 저장하는 방법을 말한다. 데이터 보존 정책은 전체 개인정보 보호 정책에 요약돼야 하고, 명확히 표기돼야 한다.

- 어떤 데이터가 저장/수집되고 보존되는가?
- 언제 그리고 어떻게 디바이스 혹은 모바일 애플리케이션으로부터 데이터가 풀^{pull}되거나 푸시^{push}되는가?
- 언제 어떻게 데이터가 파괴되는가?
- 저장될 수 있는 모든 메타데이터 또는 파생된 정보(IoT 원시 데이터와 별도로)
- 정보는 얼마나 오래 저장되는가?
- 최종 사용자가 임의의 통제/서비스를 통해 생성한 임의의 데이터를 삭제할 수 있는 경우
- 법적인 문제 또는 법 집행 요청의 경우 데이터 처리를 위한 임의의 특별한 메커니즘

말하는 인형 예제에서 문제의 데이터는 앞서 언급한 PII를 식별한, 특히 마이크로 녹음 음성, 트랜잭션, 녹음된 정보, 기록 정보와 관련된 메타데이터에 관한 것이다. 민감한 데이터는 사용자의 집에서 기록되거나 아이의 사색, 부모와 아이로부터 수집한 일기, 아이들의 단체 놀이 등과 같은 민감한 정보(이름, 나이, 위치, 가족 정보 등)가 될 수 있다. 시스템 정보 수집의 고전적 유형인 도청과 스파이를 이용하므로 정보의 중요도와

오용의 가능성은 거대하다. 분명히, 데이터 소유권은 인형의 소유자에게 속해 있고 서비스를 제공하는 회사는 데이터를 수집, 처리, 보존하는 방법을 명확하게 밝혀야 한다.

정보 공유

제3자 전송onward transfer으로도 불리는 정보 공유에서 미국과 유럽의 세이프 하버Safe Harbor 개인정보 보호 원칙은 기업 내에서 정보 공유의 범위를 가리키며, 외부 기관까지 범위에 포함된다. 기업이 다른 기업으로 정보를 공유하거나 판매하는 것은 흔한 일이다(https://en.wikipedia.org/wiki/International_Safe_Harbor_Privacy_Principles).

일반적으로, PIA는 다음과 같은 사항을 고려해야 한다(출처: Toward a Privacy Impact Assessment(PIA) Companion to the CIS Critical Security Controls; Center for Internet Security, 2015).

- 정보를 공유하는 조직 사이에서는 특정 유형의 동의서가 존재하거나 만들어야 할 동의서가 있다. 계약은 일반 정책과 서비스 수준 계약SLA, service level agreement에 따라 계약 준수의 형태를 취할 수 있다.
- 각 외부 조직으로 전송되는 정보의 종류
- 나열된 정보를 전송할 때 발생할 수 있는 개인정보 위험(예를 들어, 누적된 위험 혹은 공개적인 정보와 결합한 위험)
- 공유 방법은 데이터의 수집 및 이용 정책과 일치한다.

이 글을 쓰고 있는 시점에서 주목할 점은 미국과 유럽 사이의 세이프 하버 협정이 유럽 연합 사법재판소CJEU, Court of Justice of the European Union에 의해 무효 상태고, 고맙게도 에드워드 스노든의 NSA 스파이에 누출과 관련된 법적 소송이 진행 중이라는 사실이다. 클라우드가 가능한 데이터센터에서 데이터를 저장하는 것과 관련된 문제는 미국 기업에게 추가적인 복잡한 문제를 만들고 있다(http:// curia.europa.eu/jcms/upload/docs/application/pdf/2015-10/cp150117en.pdf).

구제

구제는 최종 사용자가 사용자의 민감한 정보를 위반하고 노출할 가능성에 대비해 구제 방법을 찾기 위한 정책과 절차를 다룬다. 예를 들어 말하는 인형의 소유자는 원하지 않은 사람이 인형과 아이의 대화를 엿듣는 것을 나타내는 문자 메시지를 받기 시작하면, 제조업체에게 연락하고 제조업체에게 문제점을 알려줄 수 있는 절차를 갖추고 있어야 한다. 데이터 손실은 회사의 개인정보 보호나 시스템 설계, 혹은 운영에서 나타나는 기본적인 보안의 결함으로부터 발생할 수 있다.

실제 개인정보 보호의 손실 이외에도, 구제는 사용자의 불만 사항과 사용자의 데이터에 영향을 미치는 문서화되고 공개된 정책에 대한 문제를 해결하기 위한 규정을 포함해야 한다. 또한 최종 사용자는 사용자가 지식 없이 다른 목적으로 데이터를 사용하는 방법에 대해 우려를 표명하기 위한 절차도 사용할 수 있어야 한다.

PIA를 수행할 때는 구제를 위한 각 정책과 절차를 점검해야 한다. 정기적으로 정책에 변경 사항이 있거나 데이터 형식이 수집되거나 정보 보호 정책이 구현됐을 경우 정기적으로 재평가하거나 업데이트해야 한다.

감사 및 책임

PIA 내에서 감사 및 책임 검사는 다음의 관점에서 어떤 안전 및 보안 제어가 필요하고 언제 필요한지 확인하는 것이다.

- 내부 및 외부 감사 조직 또는 기관이 감독하는 것을 해결한다.
- 포렌식
- 정보(또는 정보 시스템) 오용의 기술적 탐지(예를 들어, 호스트 감사 도구는 데이터베이스에 접근하고 애플리케이션 서버에서 발생하지 않은 규모가 큰 쿼리를 탐지한다.)
- PII에 직접적으로 또는 간접적으로 접근하는 사람들을 위한 보안 의식, 교육 과정, 정책 지원

- 정보 공유 프로세스, 정보 공유 및 정책 변경의 승인을 받은 조직의 변경 사항
  (예를 들어, 인형 제조업체가 타사의 마케팅 담당자에게 전자 메일 주소나 인형 사용자의 인구 통계 판매를 시작하는 경우)

앞서 언급한 각 지점 관련 질문에 답하고 상세한 답변 및 내용을 파악하는 것이 필요하다.

PbD 원칙

오늘날 IoT 지원 사업과 인프라는 사후 대응으로 개인정보 침해 메커니즘을 점진적으로 단속할 여력이 없다. 그 결과, 개인정보 보호 엔지니어링과 설계가 필수적으로 발전했고 최근 몇 년간 상당한 향상을 이뤄냈다. 이 절에서는 사물인터넷과 관련된 개인정보 보호 설계 및 엔지니어링에 대해 설명한다.

설계에 포함된 개인정보 보호

개인정보 보호 엔지니어링은 정책에 의해 완전히 구동된다. 다음을 보장한다.

- 정책은 개인정보 보호와 관련된 요구 사항과 통제로 이어진다.
- 시스템 차원의 설계, 인터페이스, 보안 패턴, 비즈니스 프로세스는 다음을 지원한다.

개인정보 보호 엔지니어링은 기술적인 해석과 구현의 모든 면에서 기술적인 수준의 정책을 준수한다. 보안공학과 개인정보 공학은 밀접하게 얽혀 있다. 개인정보 보호 정책과 법률에 명시된 개인정보 보호의 요구 사항을 충족하는 디바이스 및 시스템 수준 보안 기능을 구현하는 시스템 및 보안공학을 구현할 수 있다.

설계에 통합된 개인정보는 개인정보가 보호된 데이터와 데이터를 보호하는 시스템 기능, 보안 기능, 정책 및 강제 조치 간의 구체적인 매핑이 있다는 것을 의미한다.

제로섬이 아닌 포지티브섬

개인정보 보호 엔지니어링 및 설계의 포지티브섬positive-sum은 개인정보가 다른 방법이 아닌, 시스템의 보안과 기능을 개선한다는(전체 기능을 제공하는) 것을 명시한다.

제로섬zero-sum 개인정보 접근법은 다음 중 하나를 초래할 수 있다.

- 보안 및 기능에 대한 개선 사항이 없다.
- 일부 기능 저하의 유형(또는 손실된 비즈니스 프로세스)
- 일부 유형의 비즈니스 또는 보안 요구 사항이 충족되지 않을 수 있다.

즉, 제로섬 접근법은 원원 접근 방법과 상반되는, 상호 의존적trade-off 접근법이 행해지는 것을 의미한다(https://www.ipc.on.ca/images/resources/7foundationalprinciples.pdf).

종단 간 보안

종단 간 보안은 과도하게 자주 사용하는 용어지만, 개인정보의 맥락에서 데이터가 데이터의 생성, 처리, 복사, 배포, 재배포, 로컬 및 원격 스토리지, 아카이빙archiving, 파괴 등 데이터 수명주기 전반에 걸쳐 보호받는 것을 의미한다. 즉, 단순히 통신 수준의 관점에서 하나의 네트워크 엔드포인트에서 다른 엔드포인트로 데이터 암호화와 인증을 하는 것만으로는 데이터를 암호화할 수 없다. 오히려, 보호된 데이터와 애플리케이션, 시스템, 하드웨어, 하드웨어를 처리하는 사람과 같은 모든 비즈니스 프로세스를 고려해야 한다. 종단 간 보안은 모든 기술 및 정책 제어를 보장하고 이를 통해 PPI가 보호되도록 보장한다.

가시성과 투명성

설계에 의한 개인정보 보호는 모든 이해 당사자들(시스템 운영자, 디바이스 제조업체, 계열사 중 하나)이 규칙, 프로세스, 절차, 정책에 따라 운영되고 있는 것을 의미한다.

이 원칙은 PIA에 의해 제기된 감사와 책임 추적성accountability의 격차를 해소하기 위한 것이다. 본질적으로, 어떻게 최종 사용자는 IoT 개인정보 보호 목표 혹은 규제 준수 목표를 충족하고 있는지 확인할 수 있을까? 반대로, IoT 조직으로서 자신의 제휴 업체의 서비스 수준 계약SLA이 준수되고 있는지, 특히 정책과 관련이 있는지 어떻게 확인할 수 있을까? IoT 구현 또는 배포 조직에서 가시성과 투명성을 제공하는 한 가지 방법은 예를 들어, 출판하거나 요청자에게 결과를 이용할 수 있도록 독립적인 서드파티에 감사하도록 요청하는 것이다. 산업별 감사는 또한 가시성 및 투명성의 일부를 만족시킬 수 있다. 오래된 격언인 '신뢰하기는 하지만 통제하에서 일하는 것'이 원칙이다.

사용자 개인정보 보호

PbD 솔루션은 절대적으로 사용자의 개인정보 보호를 지원하는 내장된 제어 장치를 갖추게 될 것이다. 사용자 개인정보 보호를 위해 개인정보 보호에 관한 개인정보 보호 정책과 공지 및 탈퇴 기능을 사용자에게 알려주는 것을 포함한다. 다음의 공정 정보 규정FIP, fair information practice의 개인정보 취급 방침은 이 주제를 상세하게 다룬다.

- 동의: 동의는 최종 사용자가 사용자의 데이터를 사용해 처리되는 방법을 이해하고 숙지하고 있는지 확인해 사용에 대한 동의를 제공하는 기회를 가지고 있음을 보장함으로써 사용자의 개인정보에 대한 존중을 보여준다. 주어진 동의의 특성은 제공되는 데이터의 민감성에 비례해야 한다. 예를 들어 의료 차트, X선 및 혈액 검사 데이터는 연령, 성별, 음식 선호도를 사용하는 것보다 사용 승인 통지에 훨씬 더 상세하고 명확한 정보를 요구해야 할 것이다.

- 정확성^{Accuracy}: 정확성은 현재 개인정보가 의도한 목적을 위해 정확하게 유지되고 있는지를 의미한다. 이 FIP를 유지하는 부분은 강한 무결성 제어 시스템이 전체에 적용되고 있음을 보장하는 것이다. 예를 들어, 높은 무결성 통제는 기록-관리 프로세스의 일부로서 디지털 서명이 필요할 수 있고, 반면에 덜 민감하거나 영향력이 떨어지는 정보는 전송 또는 체크섬 과정에서 암호화 무결성을 필요로 할 수 있다.
- 접근^{Access}: 접근은 FIP가 최종 사용자가 개인정보에 접근하는 동시에 정보의 정확성을 보장(검출된 부정확한 정보를 정확하게 수정할 수 있는 권한을 보유)하도록 한다.
- 규정 준수^{Compliance}: 규정 준수는 조직이 데이터의 정확성이나 사용에 대한 문제를 해결하기 위해 최종 사용자에게 통제와 메커니즘을 제공하는 방법을 다룬다. 예를 들어, 이전의 스마트 인형 제조업체는 다음의 프로세스 과정을 밟는다.
  - 문제의 불만 사항에 대해 말해주시겠습니까?
  - 결정에 이의를 제기하겠습니까?
  - 외부 조직 또는 기간에 보고하겠습니까?

▌ 개인정보 공학 권장 사항

개인정보 공학은 시스템, 응용프로그램, 디바이스가 개인정보 보호 정책을 준수하도록 설계된 시스템을 확인하는 비교적 새로운 방법이다. 이 절에서는 IoT 조직 내에서 개인정보 공학 기능을 조작하기 위한 몇 가지 권장 사항을 제공한다.

소규모의 스타트업이든, 대규모의 실리콘밸리 기술 회사든 간에 처음부터 PbD 기능을 필요로 하는 제품과 애플리케이션을 개발해야 한다. 엔지니어링 프로세스가 처음부터 개인정보를 보호하는 IoT 시스템을 설계하고 이후의 보호를 느슨하게 하지 않는 것이 중요하다. 이를 달성하기 위해서는 우선 적합한 인력과 프로세스가 필요하다.

조직 전체 개인정보 보호

개인정보는 기업 및 정부 분야의 다양한 직종에 영향을 준다. 변호사, 기타 법률 전문가, 엔지니어, 품질 보증, 기타 분야는 개인정보 보호 정책의 수립, 채택, 구현, 시행에서 서로 다른 역량으로 관여한다. 다음 그림은 높은 수준의 조직을 보여주며, 개인정보 보호 측면에서 각각의 우려 사항을 다루고 있다.

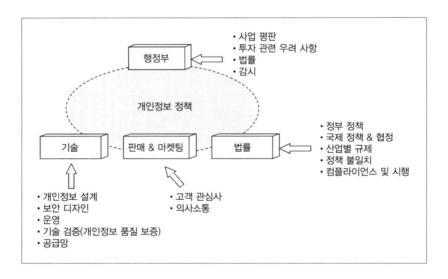

개인정보 위원회 및 실무 그룹은 최전선의 IoT 제품과 서비스를 개발하며 임의의 개인정보를 수집, 처리, 열람, 저장하는 모든 조직 내에서 수립돼야 한다. 경영진은 전체적인 방향을 제시해야 하며 서로 하위 조직이 자신의 역할에 대한 책임을 확인해야 한다. 각 부서를 비롯해 최종 고객의 입장에서 규제 정책뿐만 아니라 이익 보장을 고려해주는 하나 이상의 정보 보호 챔피언을 보유하고 있어야 한다.

개인정보 공학 전문가

관련된 모든 부서의 경우, 개인정보 공학의 역할은 모든 개인정보 관리 및 구현의 정책과 기술 수명주기를 이해하고 참여하는 것이다. 개인정보 공학은 상대적으로 신규 분야며 정형적으로 단일 기업의 부서에서 발견되는 것과는 다른 기술을 보유한 집단을 필요로 한다. 개인정보 공학을 수행하는 개인은 다음과 같은 특성을 갖는다.

- 보안의 배경지식을 갖춘 전문적인 엔지니어들이다. 변호사와 비전문가 개인 정보 보호 전문가는 문헌과 컨설팅을 이용할 수 있지만, 개인정보 공학 자체는 공학 분야다.
- 개인정보와 관련된 국제 개인정보 보호 전문가 협회^{IAPP, International Association of Privacy Professionals}(https://iapp.org/certify)의 개인정보 보호 관련 자격을 보유하고 있으면 이상적이다.
- 그들은 다음과 같은 강력한 지식을 가지고 있다.
  - 개인정보 정책
  - 시스템 개발 프로세스 및 수명주기
  - 보안 기능과 보증 요구 사항을 비롯한 기능적 및 비기능적 요구 사항
  - 시스템 개발 중인 언어의 소스 코드와 소프트웨어 공학 사례
  - 인터페이스 설계(API)
  - 데이터 저장소 설계 및 운영
  - 적절한 네트워크, 소프트웨어, 하드웨어에 대한 보안 애플리케이션 통제
  - 디바이스 및 정보 수명주기 전반에 걸쳐 PII 보호에 중요한 요소로서, 고유한 암호화 및 프로토콜을 사용해 암호화 기본 설정과 프로토콜을 사용할 수 있다.

이러한 요구 사항은 여러분 회사의 요구 사항을 충족할 수 있다. 여러분 회사의 요구 사항은 다른 최소 요구 사항을 충족할 수 있다. 일반적으로, 개발 배경을 갖고 있는 보

안 엔지니어는 개인정보 보호를 위해 개인정보에 최적화된 개인정보 보호 기술을 사용하는 경향이 있다.

개인정보 보호 공학 활동

규모가 큰 조직의 개인정보 공학을 위해 위에 열거된 최소한의 자격을 갖춘 개인들로 구성된 전담 부서가 구성돼야 한다. 소규모 조직에서는 전담 부서가 없을 수도 있지만, 공학 프로세스의 타 분야에 종사하는 직원에게 교차 교육과 개인정보 공학 업무를 추가하는 임시방편이 있을 수 있다. 보안 엔지니어들은 이를 자연스럽게 받아들이는 경향이 있다. 프로젝트 및 프로그램의 규모와 범위에 관계없이, 개인정보 엔지니어는 해결이 필요한 개인정보 보호를 위해 프로그램의 시작 시에 할당해야 한다. 이상적으로, 개인 또는 개인의 집합은 개발 과정 전반에 걸쳐 프로젝트와 연관될 것이다.

할당된 개인정보 보호 엔지니어는 다음과 같아야 한다.

- 개발 팀과 긴밀한 연관 관계를 유지해야 한다.
  - 설계 검토
  - 코드 검토
  - 테스트 활동 및 기타 타당성 확인/검증 절차

- IoT 기능 개발에서 최종 사용자의 대변자 역할을 한다. 예를 들어, 개발 팀과 함께 코드 검토를 수행할 때 개인은 각각의 식별된 PII 요소를 처리하는 것에 대해 질문해야 한다(그리고 코드에서 각각 확인한다).
- 어디에서 왔을까(코드에서 검증했을까)?
- 당사의 PII 목록에 추가할 필요가 있는 임의의 메타데이터를 생성하는 코드는?
- 어떻게 함수에서 함수로 전달되고, 어떻게 데이터베이스에 기록하는가?

- 함수가 더 이상 필요하지 않은 경우 메모리에서 값이 제거됐는가? 만약 그렇다면, 어떻게 제거하는가? 단순히 참조 해제되는가, 아니면 적극적으로 덮어쓰기를 했는가(프로그래밍 언어의 기능에 따라 다르다.)?

- 암호화, 인증, 무결성에 사용되는 보안 매개변수(예: 암호화, 인증, 무결성)는 애플리케이션을 보호하기 위한 용도로 사용되는가? PII를 보호하기 위해 적절하게 사용할 수 있도록 보안의 관점에서 다뤄지고 있는가?

- 코드가 다른 응용프로그램 또는 시스템에서 상속된 경우, 상속된 라이브러리가 PII를 식별하고 있는지 파악하기 위한 권한을 확인하려면 무엇을 해야 할까?

- 서버 애플리케이션에서 어떤 종류의 쿠키를 최종 사용자의 웹 브라우저로 전달하고 있는가? 그것으로 추적하는 것은 무엇인가?

- 코드에서 처음 수립한 개인정보 보호 정책에 위배되는 것은 무엇인가? 만약 그렇다면 재설계할 필요가 있는데, 그렇지 않으면 조직에서 개인정보 보호 정책 이슈는 한 단계 높은 수준으로 올라가야 한다.

위의 활동 목록은 결코 완전하지 않다. 개인정보 보호 엔지니어링 활동에서 가장 중요한 점은 다른 공학 분야와 함께 수행되는 전용 기능(소프트웨어 공학, 펌웨어 및 하드웨어도 필요)이 있다는 것이다. 개인정보 엔지니어는 PII 보호의 수명주기가 잘 정의된 정책에 따라 시스템, 애플리케이션, 디바이스로 설계되도록 보장하기 위해 개시, 요구 사항 수집, 개발, 테스트, 배포라는 모든 프로젝트 과정에 참여해야 한다.

▌ 요약

개인정보 보호는 IoT의 수많은 형식, 시스템의 시스템, 수많은 조직, 국경을 넘어선 차이점들을 해결하기 위해 더욱 도전적인 노력을 기울이는 것이다. 또한 방대한 양의 데이터가 수집되고 인덱싱되고 분석됨에 따라 데이터를 소유하고 전송하고 분석하고 사용 가능한 데이터를 제어하는 데 어려움이 따른다. 이번 장에서는 개인정보 보호 정책, 개인정보 보호 공학, IoT 배포를 지원하기 위한 개인정보 영향 평가의 실시 방법을 배웠다.

다음 장에서는 IoT 컴플라이언스 프로그램에 대해 알아볼 것이다.

8

IoT를 위한
컴플라이언스 모니터링
프로그램 설정

이 장에서 다루는 내용

- IoT 컴플라이언스
- 복잡한 컴플라이언스 환경
- 요약

보안 업계는 광범위한 지역, 중요한 목표 및 기능, 일상적인 활동을 처리하고 있다. 각 분야에서 보안의 목표는 끊임없이 변화하는 위협 환경에서 시스템과 애플리케이션을 좀 더 안전하게 만들고 위험을 감소시키는 것이다. 컴플라이언스는 보안 위험 관리에 필수적이지만, 종종 보안 분야에서 좋지 않은 뉘앙스를 갖는 용어로 간주될 때도 있다. 여기에는 충분한 이유가 있는데, '컴플라이언스compliance' 용어는 광범위한 정적 위협을 줄이기 위해 관료주의적으로 파생된 요구 사항을 모아둔 느낌이 있기 때문이다.

보안 담당자 사이에서 공공연한 사실을 말하면, 컴플라이언스만으로는 보안 시스템을 보호하지 못한다는 점이다. 간단히 말하자면, 보안 위험의 한 요소일 뿐이다. 산업, 정부, 기타 기관의 컴플라이언스 부재는 벌금, 소송, 여론 등을 통해 대중에게 부정적인 영향을 줄 수 있는 위험이 있다. 즉, 의무적인 컴플라이언스를 준수하기 위해 업무 담당자는 잠재적인 보안 상태를 개선할 수 있고, 보안과 관련된 다른 유형의 위험을 확실히 감소시킬 수 있다.

조직은 어떤 경우에는 이득을 취할 수 있지만, 어차피 선택의 여지가 없는 경우가 많다. 이런 비판을 뒤로하고, 이번 장에서는 보안 상태를 개선하기 위한 맞춤형 IoT 배포 컴플라이언스 모니터링 프로그램의 구축 방법을 설명할 것이다. 또한 사이버 보안 규정 및 기타 가이드라인에 따라 적합한 컴플라이언스를 준수 및 관리하기 위한 모범 사례best practice를 권장한다. 컴플라이언스 계획을 관리하고 유지하는 데 도움이 될 벤더의 툴도 알아본다. 이번 장에서는 다음과 같은 내용을 다룰 것이다.

- IoT 디바이스의 도입에 따른 컴플라이언스의 도전 과제 설명: 규정을 준수하는 IoT 시스템을 설정하기 위해 시스템을 지원하는 일련의 단계를 간략하게 설명할 것이다.
- 지속적인 모니터링 컴플라이언스 방법과 IoT 컴플라이언스 프로그램 설정: 이번 절에서는 기존의 컴플라이언스 대 IoT 컴플라이언스의 비교뿐만 아니라 툴, 지속적인 모니터링 시스템을 위한 모범 사례를 알아본다. 역할의 정의, 기

능, 일정, 보고뿐만 아니라 침투 테스팅을 시작해야 하는 시기와 장소(그리고 진행하는 방법)도 알아볼 것이다.

- 자주 사용되는 컴플라이언스 표준의 사용이 IoT에 미치는 영향을 알아보고, 기존의 컴플라이언스 지침 프로그램에서 변경이 필요한 사항을 논의할 것이다.

컴플라이언스와 컴플라이언스 모니터링을 위한 범용 솔루션이 없기 때문에, 이 장의 내용은 IoT의 발전에 따른 컴플라이언스 모니터링 솔루션의 도입, 구축, 조정에 도움이 될 것이다.

▌ IoT 컴플라이언스

IoT 컴플라이언스 용어를 사용하기 전에 용어가 의미하는 바를 먼저 살펴보자. 이 단어는 IoT 시스템을 구성하는 사람, 프로세스, 기술이 일련의 규정 또는 모범 사례를 준수하는지를 의미한다. 다수의 컴플라이언스 구성표가 있고, 각각은 다양한 요구 사항을 갖추고 있다. 우리가 기존의 정보 시스템에 대한 규정을 준수하는 것을 살펴보면, 예를 들어 PCI^{payment card industry} DSS^{data security standard}의 요구 사항인 PCI DSS 1.4가 있다.

> 외부의 네트워크인 인터넷으로 접속하는 임의의 모바일 또는 직원이 소유한 디바이스(예를 들어, 직원들이 사용하는 노트북)에 개인 방화벽 소프트웨어를 설치한다.

이러한 요구 사항이 모바일 디바이스에 맞게 설계됐음에도 불구하고, IoT 디바이스는 방화벽 소프트웨어를 구현할 수 있는 기능을 갖추지 못할 것이다. 그럼 IoT 디바이스에서 규제 요구 사항을 고려하지 않았다면, IoT 시스템이 컴플라이언스를 준수하는 것을 어떻게 보여줄 것인가? 오늘날, 산업계는 IoT가 새롭고 대규모며 동시에 다양한 산업 분야와 연관돼 있는 탓에 포괄적인 IoT 관련 표준 프레임워크를 구축하지 못하고 있다.

IoT 시스템과 컴플라이언스에 관련된 일부 기술적 난제는 다음과 같다.

- IoT 시스템은 다양한 하드웨어 컴퓨팅 플랫폼을 구현한다.
- IoT 시스템은 종종 대체 가능한 기능적으로 제한된 운영체제를 사용한다.
- IoT 시스템은 종종 일반적으로 기존 기업에 없는 대체적인 네트워킹/RF 프로토콜을 사용한다.
- IoT 구성 요소에 대한 소프트웨어/펌웨어 업데이트의 제공과 설치가 어려울 수 있다.
- IoT 시스템의 취약점 스캐닝을 하기가 간단하지 않다(새로운 프로토콜, 데이터 요소, 민감도, 사용 사례 등).
- IoT 시스템 가동을 위한 사용 가능한 문서가 종종 제한돼 있을 수 있다.

시간이 지남에 따라, 기존의 규제 프레임워크는 IoT의 새롭고 독특한 특징을 반영하도록 업데이트될 것이다. 한편으로, 오늘날 우리가 알고 있는 위험 대응 사례를 활용해 비즈니스 네트워크에서 IoT 시스템을 구현하는 방법에 초점을 맞춰야 한다. 우선, IoT 시스템을 네트워크로 통합 및 배포하기 위한 사람들을 위한 권장 사항을 알아보고, IoT를 위한 거버넌스governance, 리스크, 컴플라이언스(합쳐서 약어로 GRC라고 부른다.) 프로그램을 선정하기 위한 자세한 내용을 다룰 것이다.

컴플라이언스 방식으로 IoT 시스템의 구현

IoT 시스템을 비즈니스 네트워크에 통합시키는 방법을 고려하기 시작한다면, 다음의 권장 사항을 따르자. 이 책의 이전 장에서는 IoT 시스템을 안전하게 설계하는 방법을 설명했다. 이번 절에서는 어느 업종에서나 운영하는 컴플라이언스 기반의 위험 관리를 달성하는 데 도움이 될 수 있는 컴플라이언스 중심의 고려 사항을 중점적으로 다룰 것이다.

다음과 같은 몇 가지 초기 권고 사항이 있다.

- 각각의 IoT 시스템을 네트워트 환경으로 통합하는 것을 문서화해야 한다. 이러한 다이어그램을 일상적인 감사를 위해 준비하고, 무엇보다 항상 최신 상태로 유지해야 한다. 변경 제어 절차를 활용해 허가 없이 변경되지 않도록 한다.

- 문서에는 모든 포트, 프로토콜, 다른 시스템의 상호 접속점, 다른 민감한 정보가 저장되거나 처리될 수 있는 세부 사항을 포함해야 한다.

- 문서화는 사업에서 IoT 디바이스에 허용된 기능과 디바이스가 작동하기 위한 일부 관리 및 설정 기능의 허용에 관련된 내용을 다뤄야 한다.

- 문서화는 다음과 같은 추가적인 디바이스 특성화를 포함해야 하는데, 예를 들어 a) 구성상의 제한, b) 물리적 보안, c) 디바이스를 자체적으로 식별(인증)하는 방법과 기업 사용자와 연관된 특성화, d) 디바이스 업그레이드 가능 여부를 포함해야 한다. 이러한 특징 중 일부는 모니터링 솔루션을 구축하고 구성하는 데 유용할 것이다.

- 테스트 베드를 구현한다. IoT 시스템은 운영 환경으로 배포되기 이전에 테스트 환경에서 설정 작업을 해야 한다. 이를 통해 엄격한 보안(그리고 기능) 테스트를 수행해 실무에 투입되기 이전에 결함과 취약점을 식별할 수 있다. 또한 디바이스가 네트워크상에서 허용하는 작동 방식의 기준을 만들 수 있다(이는 IDS 시그니처signature 탐지 패턴에서 보안 사고 및 이벤트 관리를 정의하는 데 유용할 수 있다).

- 모든 IoT 구성 요소에 대한 견고한 구성 관리를 위한 방법을 수립한다.

- IoT 시스템과 상호작용할 수 있는 승인된 그룹과 역할을 계획한다. 이러한 내용을 문서화하고 변경 관리 시스템에서 결과물을 보관한다.

- 데이터를 공유하는 다른 회사 혹은 파트너로부터 규정 컴플라이언스와 감사 기록을 전달받는다.

- 실제 환경에서 IoT 시스템의 작업 승인을 위한 책임 권한을 설정한다.
- 지속적인 규정 준수를 보장하기 위해 구성, 운영 절차, 문서를 검토하는 정기적인(분기별) 평가 계획을 수립한다. 일단 스캐닝 솔루션이 정의되고 설정이 완료되면, 감사 준비를 위해 모든 스캔 결과를 유지한다.
- 자연적인 고장이나 악의적인 이벤트에 대응하는 방법을 지정하는 사고 대응 절차를 수립한다.

IoT 컴플라이언스 프로그램

새로운 IoT 컴플라이언스의 발의는 조직의 기존 컴플라이언스 프로그램의 연장일 것이며, 모든 컴플라이언스 프로그램과 같이 다수의 요인을 고려해야 한다. 다음의 그림은 IoT 컴플라이언스 프로그램에 포함돼야 하는 최소한의 활동을 보여준다. 각 활동은 조직 내의 다양한 이해관계자와 관련된 동시적이며 지속적인 기능이다.

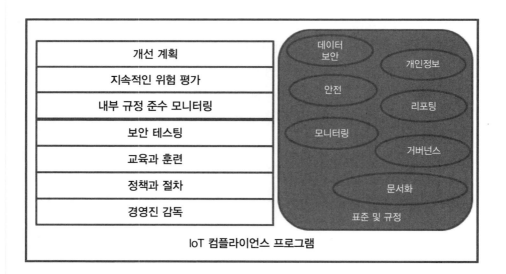

IoT 컴플라이언스 프로그램

조직 차원에서 새로운 IoT 시스템을 구축하거나 시행할 때, IoT 컴플라이언스 프로그램이 각 분야에 해당하는지 확인해야 한다.

경영진 감독

중요한 비즈니스 기능, 컴플라이언스와 위험 관리의 정상화를 생각하면, 여러 부서의 관리 감독과 통제가 필요하다. 조직에서 임원 수준의 관심, 정책 위임, 모니터링이 미흡할 경우, 투자자와 고객은 손쉽게 미연에 방지할 수 있었던 위험에 노출된다. 다음과 같은 조직 내의 역할과 부서는 IoT 운영을 위한 거버넌스governance 모델에 포함돼야 한다.

- 법률 및 개인정보 보호 정책
- 정보 기술/보안
- 운영
- 안전공학

경영진 거버넌스executive governance는 업계의 요구 사항(예를 들어, PCI DSS)으로 규정되지 않을 경우, IoT 시스템을 운용할 수 있는 승인 권한의 일부 유형을 포함해야 한다. 임의의 새로운 IoT 또는 IoT와 관련된 시스템은 조직 내의 지정된 승인 기관으로부터 요청 및 허가를 받아야 한다. 이러한 제어가 없으면, 사람들은 잠재적 위험성이 있는 다수의 디바이스를 네트워크에 연결할 수 있다. 이 승인 권한은 시스템이 준수해야 하는 보안 정책 및 표준을 잘 파악하고 있어야 하며, 시스템에 대한 기술적인 지식을 충분히 갖추고 있어야 한다.

미국 연방 정부United States Federal Government는 연방 정부 네트워크에 특정 시스템을 추가할 만한 정당성을 확보하고 유지하기 위한 패키지를 요구하는 포괄적인 컴플라이언스 프로그램을 구현했다. 비록 이러한 승인 기능은 모든 침해를 예방하는 데 실패했지만, 정부 시스템의 전반적인 보안 상태는 지정된 개인이 전반적인 정책의 준수를 책임지는 것을 통해 이익을 얻을 수 있다.

미국 정부 승인 기관은 각 시스템 혹은 보조 시스템에 사용할 수 있는 권한을 부여해야 하며, 매년 권리를 부여하는 것을 유지해야 한다. 기업 네트워크에 추가되는 IoT 시스템을 검증하고 승인을 위한 접근 방법을 조정하는 것이 현명할 것이며, 승인에 대해 책임을 지는 개인을 지정하는 것은 정책의 해석과 집행에 대한 불일치를 줄일 수 있다. 또한 민간 기업은 주기적으로 다른 개인/역할 사이에서 정기적으로 견제와 균형을 유지할 필요가 있을 것이며, 이는 직원이 조직을 떠날 때 발생할 수 있는 특정 위험을 완화하는 데 특히 중요하다.

정책, 절차, 문서화

IoT 시스템의 안전한 작동을 위한 정책과 절차는 관리자뿐만 아니라 IoT 시스템의 사용자를 위해 필요하다. 이러한 지침서는 직원에게 해당 규정에 따라 데이터를 안전하게 보호하고 시스템을 안전하게 운영하는 방법을 알려줘야 한다. 또한 컴플라이언스를 준수하지 않을 경우 처벌 가능성에 대한 자세한 내용을 제공해야 한다.

조직이 정책 수립을 고려해야 하는 활동은 기업 환경에 개인의 IoT 디바이스를 도입하는 것이다. 보안 엔지니어는 조직 내에서 사용할 수 있는 제한된 개인 디바이스의 허용 기준을 수립해야 하며, 특정 제한 사항을 부과해야 한다. 예를 들어, 회사의 휴대전화에서는 IoT 애플리케이션의 설치를 제한해야 할 수 있지만, 직원의 개인 휴대전화에서는 앱을 허용할 수도 있다.

유용한 보안 문서 아티팩트artifact의 예로는 시스템 보안 계획SSP, system security plan, 보안 CONOPS, 암호화 키와 인증서 관리 계획, 운영 정책과 절차의 연속성 등이 있다. 정통한 보안 엔지니어는 모범 사례와 확인된 위험을 토대로 이러한 유형의 계획을 채택하고 조정할 수 있어야 한다.

훈련과 교육

다수의 사용자와 커넥티드 디바이스 및 시스템은 처음부터 IoT 시스템의 오용에 따른 영향과 잠재적인 영향을 이해하지 못할 것이다. 종합적인 교육 프로그램을 만들고 조직의 사용자 및 IoT 시스템 관리자에게 제공해야 한다. 훈련 프로그램은 다음 그림과 같이 세부 사항에 초점을 맞춰야 한다.

기술 평가

시스템 관리자와 엔지니어를 위해 IoT 시스템을 안전하게 설계, 구현, 운영하는 데 필요한 지식과 기술 간의 격차가 있는지 확인하는 것이 중요하다. 직원들의 이해를 돕기 위해 매년 기술 평가를 실시하는 것이 유용할 수 있다.

- IoT 데이터 보안
- IoT 개인정보
- IoT 시스템을 위한 안전 절차
- IoT 고유의 보안 도구(스캐너 등)

기술 평가 및 훈련에 참여할 수 있는 영역은 다음 그림과 같다.

사이버 보안 툴

IoT 보안의 관점에서, IoT 시스템을 정기적으로 스캔하는 데 사용되는 다양한 툴에 대한 교육 과정이 있는지 확인해야 한다. 현장 훈련on-the-job training이 될 수 있지만, 보안 관리자가 IoT 시스템의 컴플라이언스 상태를 정기적으로 입력 값으로 사용해 효율적으로 툴을 사용하는 방법을 이해하는 것이 최종 목표다.

데이터 보안

이는 IoT 준수 프로그램에 필요한 교육 중에서 가장 중요한 측면의 하나다. 관리자와 엔지니어는 IoT 시스템을 구성하는 구성 요소의 범위를 안전하게 설정할 수 있어야 한다. 백엔드, 클라우드 기반 데이터 스토리지, 악의적이거나 악의적이지 않지만 민감한 정보 유출을 방지하기 위한 분석 시스템을 안전하게 설정할 수 있다. 민감한 정보를 분류하는 방법을 이해하는 것도 이 교육의 한 가지 중요한 부분이다. 다양한 디바이스에서 데이터 유형과 민감도의 다양성은 IoT 디바이스에 예기치 못한 보안 및 개인정보 위험을 발생시킬 수 있다.

심층 방어

NISP SP 800-82는 심층 방어defense-in-depth를 정의했는데, 하나의 메커니즘mechanism의 장애가 미치는 영향을 최소화할 수 있도록 구성된 계층형layer 보안 메커니즘이다 (http://csrc.nist.gov/publications/nistpubs/800-82/SP800-82-final.pdf). 시스템 관리자와 엔지니어가 교육을 받게 되면, IoT 보안 시스템과 IoT 구현을 좀 더 안전하게 설계하는 것을 돕는 개념 지식이 강화될 것이다.

개인정보

이미 이 책에서 IoT와 개인정보에 관한 잠재적인 장애물을 논의했다. 중요한 고객 정보를 안전하게 보호하기 위해 IoT 훈련 프로그램에 개인정보의 기본과 요구 사항을 포함하자.

IoT의 기본에 대한 세부 사항들을 훈련 항목에 포함하자. 여러분의 조직에서 사용하려고 하는, 시스템을 구동하는 기반 기술과 시스템에서 데이터를 전송, 저장, 처리하는 방법을 사용 중인 IoT 시스템의 유형을 포함해야 한다.

IoT, 네트워크, 클라우드

IoT 데이터는 직접적으로 처리하기 위해 클라우드로 전송되고, IoT 시스템은 기본적인 클라우드 아키텍처의 기본적인 이해를 제공한다. 마찬가지로, 새로운 네트워크 아키텍처가 시간이 지남에 따라 채택되고 있으며(다양한 IoT 배포 패러다임의 지원을 강화할 수 있다.), 좀 더 융통성 있고 확장 가능하며 SDN 및 NFV 기능을 포함해 동적으로 반응할 수 있다. 또한 네트워크상의 IoT 작동과 관련된 동적인 정책을 지원하는 새로운 기능이 필요할 수 있다.

위협/공격

연구원들과 실제 업무 수행자는 IoT 디바이스와 시스템을 침해할 수 있는 방법에 대한 최신 정보를 직원들에게 제공해야 한다. 이는 시스템 설계자들이 이러한 시스템에 침입한 무수한 방법을 사용해 시스템 설계에 대한 대응 능력과 심층 방어 접근 방식의 적응성을 높이는 데 도움이 될 수 있다.

최신 위협 및 사이버 보안 경고에 대한 정보의 출처는 다음과 같다.

- 자동화된 취약점 관리[NIST]: 국립 표준화 취약점 데이터베이스(https://nvd.nist.gov/)
- 일반적인 사이버 보안 정보: 미국 컴퓨터 비상 대응 팀[US-CERT, United States Computer Emergency Readiness Team](https://www.us-cert.gov/ncas)
- 산업용 제어 시스템 위협 정보: 산업 제어 시스템 사이버 비상 대응 팀[ICS-CERT, The Industrial Control System Cyber Emergency Response Team](https://ics-cert.us-cert.gov)
- 의료 기기 및 건강 정보 사이버 보안 공유: 국가 보건 건강 정보 분석 센터[NH-ISAC, National Health Information and Analysis Center](http://www.nhisac.org)

- 다수의 바이러스 백신 공급 업체는 각각의 웹사이트를 통해 현재의 인터넷 위협 데이터를 제공한다.

유럽 네트워크 정보보호원ENISA, European Network and Information Security Agency의 사전 예방 네트워크 보안 사고 보고서에서 조직 혹은 산업에 적용할 수 있는 다양한 출처를 찾아볼 수 있다(https://www.enisa.europa.eu/ activities/cert/support/proactive-detection/proactive-detection-report).

자격증

오늘날 IoT 자격증certification은 부족하지만, 예를 들어 CSACloud Security Alliance가 발급하는 CCSKCertificate of Cloud Security Knowledge와 (ISC) 2에서 발급하는 CCSPCertified Cloud Security Professional 자격증은 IoT의 구현을 가장 강력하게 만들어주는 복잡한 클라우드 환경을 이해하기 위한 좋은 출발점이 될 것이다. 데이터 개인정보에 중점을 두는 자격증인 IAPPInternational Association of Privacy Professionals에서 주관하는 CIPPCertified Information Privacy Professional를 또한 고려해보자(https://iapp.org/certify/cipp/).

테스팅

실제 환경에 배포하기 전에 IoT 구현을 테스트하는 것이 중요하다. 이를 위해서는 IoT 테스트 베드를 사용해야 한다.

IoT 디바이스 배포 기능 테스트의 경우 일반적으로 기업에 배포 가능한 디바이스의 수를 확장할 수 있는 기능이 필요하다. 물리적으로 초기 테스트 이벤트 기간 동안 이러한 수치를 물리적으로 구현하지 못할 수 있다. 따라서 가상 테스트 연구실 솔루션이 필요하다. 솔루션으로 실제와 같이, 시뮬레이션된 환경에서 가상 머신을 업로드하고 테스트할 수 있는 기능을 제공하는 라벨로Ravello와 같은 제품이 있다(https://www.ravellosystems.com/). IoT에 적용할 때는 기능 및 보안 도구 모두를 테스트할 수 있는 환경을 만들기 위해 컨테이너(예를 들어, 도커Docker)를 활용할 수 있다.

또한 신뢰도 높은 IoT 배포를 위해 센서 오류 상태의 복구 및 대응과 보안에 관련된 기본적인 기능 동작, 오류 상태 회복 등 디바이스와 시스템이 적절한지 검증하기 위한 철저한 안전 및 보안 회귀 테스트regression test를 해야 한다.

내부 컴플라이언스 모니터링

여러분의 IoT 시스템이 보안 규정을 준수하는지 확인하는 것이 가장 중요하지만, 평가 활동의 가치는 시간이 지남에 따라 감소한다. 경계 태세를 유지하기 위해, 조직은 실시간 보안 상태를 평가하기 위한 지속적인 평가 방법론을 강제로 적용해야 한다. 시스템을 지속적으로 모니터링하지 않았다면, IoT 통합 배포를 도입할 수 있다. 지속적인 모니터링을 네트워크 모니터링과 혼동해서는 안 된다는 점을 명심하자. 네트워크 모니터링은 지속적인 모니터링 솔루션으로 구성해야 하는 자동화 정책 기반 감사 프레임워크 중 하나다.

미국 국토 안보부USDHS, United States Department of Homeland Security는 지속적인 진단과 모니터링을 위해 6단계의 프로세스를 정의했다(https://www.dhs.gov/cdm).

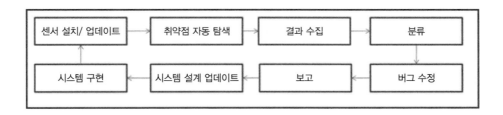

이러한 6단계는 IoT 시스템을 구현하는 기업에서 채택하기 좋은 방법이다. 이 방법은 주어진 시간에서 가장 시급한 문제에 자원을 우선 할당함으로써 지속적으로 새로운 보안 문제를 식별하기 위한 방법을 제공한다. IoT 시스템 내에 적용하면, 취약점의 탐색을 보장한다.

실패의 원인을 파악하고 시스템 설계 및 관련 구현을 수정하는 데 중점을 두는 추가 단계가 여기에 더해진다. 잠재적인 시스템 아키텍처의 설계 수정과 취약점 식별 사이의 지속적인 피드백^{feedback}이 반복되는 과정은 효과적인 보안 관리 프로세스를 위해 필요하다.

센서 설치/업데이트

기존의 IT 개념에서 센서로는 IDS/IPS 기반의 네트워크 센서나 기업 컴퓨터에 설치된 호스트 기반의 모니터링 에이전트(예를 들어, 백엔드 감사에 대한 로그 수집)를 들 수 있었다. IoT에서, 시스템 내의 제한된 경계 내에 에이전트를 배치하는 것은 간단한 일이 아니며, 일부 경우에는 실현 불가능일 수 있다. 하지만 IoT 시스템에서 구현할 수 없는 것을 의미하지는 않는다. 다음의 아키텍처를 살펴보자.

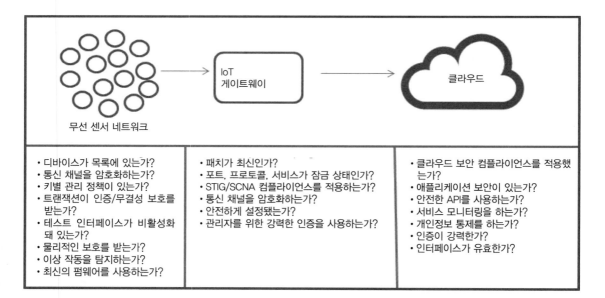

데이터를 프로토콜 게이트웨이로 전송하는 WSN 엔드포인트 IoT 아키텍처 모델을 고려해 수집한 보안과 관련된 데이터를 평가할 수 있고, 그런 다음 게이트웨이에서 클라우드로 데이터를 전송할 수 있다. 클라우드에 도달하면, 클라우드 서비스 공급 업체^{CSP,} ^{cloud service provider}의 기능을 활용해 IoT 센서를 지원하는 애플리케이션 엔드포인트 간

의 데이터를 수집할 수 있다. 예를 들어, 아마존에서 AWS 클라우드트레일^{AWS CloudTrail} API를 활용해 클라우드의 API 호출을 모니터링할 수 있다.

프로토콜 게이트웨이는 기존의 IT 엔드포인트 보안 툴을 설치하기 위한 충분한 처리 능력과 저장 용량을 보유하고 있을 것으로 예상된다. 이러한 구성 요소는 예약된 또는 주문형 방식으로 데이터를 전송해 클라우드 기반 또는 사내 지원 구조에서 지속적인 시스템 모니터링을 지원할 수 있다.

무선 센서 네트워크^{WSN, wireless sensor network}는 굉장히 제한된, 자원의 제약이 있는 IoT 디바이스로 구성돼 있다. 이러한 디바이스는 보안 및 감사 에이전트를 사용해 계측하는 데 필요한 프로세싱, 메모리, 운영체제 지원이 부족할 수 있다. 그럼에도 불구하고, 무선 센서는 전체적인 보안 상태에 중요한 역할을 수행할 수 있기 때문에 보안 기능을 활용하고 보안 기능을 검토할 가치가 있는지 살펴봐야 한다.

다수의 이러한 디바이스는 지속적으로 저장하지 않는 대신 게이트웨이를 통해 백엔드 애플리케이션으로 데이터를 전달하는 점을 명심해야 한다. 그러므로 전송 중인 모든 데이터에 기본적인 무결성 보호가 적용되는지 확인할 필요가 있다. 무결성은 게이트웨이 업스트림^{upstream}에서 데이터가 무단으로 생성되지 않은 것을 보장하고, 게이트웨이에 도착한 데이터가 (인증을 받지 않았지만) 변경되지 않았음을 보장한다. 다수의 무선 프로토콜은 해시가 더 안전하지만, 최소 기본 체크섬^{checksum}을 지원(예를 들어, 32비트 순환 중복 검사^{CRC})할 것이다. 더 나아가, 5장에서 언급된 것과 같이 메시지 인증 코드^{MAC, message authentication code}를 포함하는 것이 좋다. AES-MAC, AES-GCM 등은 전송한 메시지와 수신한 메시지에 대한 기본적인 경계에서 게이트웨이 무결성 및 데이터 출처의 인증을 제공할 수 있다. 일단 게이트웨이(일부 IoT 디바이스에 대한 IP 네트워크 에지)에서 관심 사항이 발생할 경우, 보안 징후를 모니터링하기 위해 필요한 기타 데이터의 수집에 집중할 수 있다.

취약점 자동 탐색

일부 IoT 디바이스는 훨씬 뛰어난 기능을 발휘할 수 있다는 점을 주목해야 한다. 일부 디바이스 설정을 지원하기 위한 간단한 웹 서버와 같은 구성 요소를 포함할 수 있다. 가정용 라우터, 프린터 등을 떠올려보자. 대부분의 가정용 및 기업용 기기는 네트워크 기반의 설정을 위한 기능이 내장돼 있다. 웹 인터페이스는 보안 모니터링을 위해 사용할 수 있는데, 예를 들어 가정의 Wi-Fi 라우터는 네트워크 보안 관련 이벤트(웹 인터페이스를 통해 설정된)를 기초적인 전자메일 기반의 알림으로 지원하고 있다. 웹 인터페이스 및 알림 시스템은 일부 취약점, 잘못된 설정, 오래된 소프트웨어/펌웨어 정보를 탐지하는 기능을 디바이스에서 제공할 수 있다.

SNMP^{simple network management protocol}를 지원하는 수많은 단말 장치를 다른 디바이스에서 탐색할 수 있다. SNMP 사용 가능 디바이스는 SNMP 설정, 검색과 디바이스별 및 산업별 관리 정보 베이스^{MIB, management information base}에 따라 관리되는 데이터 속성의 알림을 받을 수 있다.

만약 여러분의 IoT 디바이스가 SNMP를 지원하는 경우, SNMPv3와 엔드포인트 암호화 및 인증이 켜져 있는지(SNMPv3 사용자 보안 모델) 확인한다. 또한 1) SNMP의 암호를 정기적으로 변경하고, 2) 예측하기 어려운 암호 구문을 사용하고, 3) snmpEngineIds와 관련된 네트워크 주소를 면밀하게 추적하고, 4) 사용자 이름을 다수의 디바이스에 사용하지 않도록 하자.

출처: https://smartech.gatech.edu/bitstream/handle/1853/44881/lawrence_nigel_r_201208_mast.pdf

IoT 디바이스의 다양한 생태계는 엔드포인트에서 사용할 수 있는 모든 프로토콜을 사용해 취약점이 있는 디바이스를 자동으로 탐색해야 한다. 여기에는 모바일 애플리케이션, 데스크톱 애플리케이션, 게이트웨이 인터페이스, 웹 서비스가 포함되며, 또한 데이터 수집, 분석, 보고 기능을 지원하는 클라우드 애플리케이션도 포함된다. 기타 이벤트 시간, 온도 및 디바이스의 기타 특징과 같이 겉보기에는 보안과 연관되지 않은 기능이 보안 환경에 악용될 수 있다. 스플렁크^{Splunk}와 같은 네트워크 기반 도구는 기본 연결된 디바이스에서부터 거대한 규모의 산업 제어 시스템에 이르기까지 수집하고 집계하고 자동으로 대량의 IoT 데이터를 선별하는 귀중한 작업을 하고 있다. MQTT, COAP, AMQP, JMS 및 사용자 분석, 시각화, 보고서, 기록 보존을 위한 산업의 다양한 프로토콜이 최적화된 분석, 시각화, 리포팅, 기록 보존을 위해 게이트웨이, 프로토콜 브로커, 기타 엔드포인트, 스플렁크에서 소프트웨어 에이전트를 사용할 수 있다. IoT 경계 디바이스가 필요한 OS 및 처리 능력이 있는 경우 스플렁크 에이전트를 실행하기 위한 후보가 될 수도 있다. 사용자 정의 규칙은 배포에 대한 관심을 비보안, 보안, 안전과 관련된 항목과 결합해 자동으로 식별, 분석, 보고할 수 있도록 스플렁크에서 설계할 수 있다.

관리자의 IoT 네트워크 게이트웨이의 취약점을 검색하는 데 사용할 수 있는 몇 가지 도구가 있다. 미국 연방 정부 내에서는 테너블^{Tenable} 사에서 통합한 ACAS^{Assured Compliance Assessment Solution} 제품군이 광범위하게 사용되고 있다. ACAS는 네서스^{Nessus}, PVS^{Passive Vulnerability Scanner}, 콘솔이 포함돼 있다.

다른 취약점 스캔 툴, 일부 다른 오픈소스 스캔 툴, 시스템 또는 소프트웨어 개발 수명주기의 일부 단계에서뿐만 아니라 운영 환경(침투 테스트 수행 중)에서도 사용할 수 있다. 예를 들면 다음과 같다(http://www.esecurityplanet.com/open-source-security/slideshows/10-open-source-vulnerabili ty-assessment-tools.html).

- OpenVAS
- 넥스포즈^{Nexpose}
- 레티나^{Retina} CS 커뮤니티

기본적인 위험 관리를 육성하는 조직에서 사내 IoT 제품을 개발하는 조직은 취약점 평가 및 개발 수명주기에 피드백을 제공해야 한다. 실제 사용되는 제품의 취약점이 확인되면, 신속한 문제 해결을 위해 우선순위가 식별된 개발과 패치 백로그 항목이 만들어져야 한다. 사내에서 스마트 IoT 제품을 개발하는 조직은 또한 퍼징^{fuzzing}뿐만 아니

라 정적 및 동적 코드 분석도 사용할 수 있어야 한다. 이러한 툴은 정기적으로 실행되고 완전한 기능을 갖춰 지속적인 통합^{CI, Continuous Integration} 환경의 일부로 통합돼야 한다. SAST 및 DAST 툴은 종종 고가지만, 비용 효율적으로 임대할 수 있다. OWASP 펌웨어 분석 프로젝트는 IoT 디바이스의 펌웨어 보안을 평가하는 것이 유용할 수 있는 일부 디바이스 펌웨어 보안 분석 툴을 보여준다(https://www.owasp.org/index.php/OWASP_Internet_of_Things_Project#tab=Firmware_Analysis).

결과 수집

취약점 탐색에 사용되는 툴은 분류하기 위한 보고서를 제공해야 한다. 이러한 보고서는 보안 팀이 컴플라이언스 감사 시 사용할 수 있도록 저장해야 된다.

분류

발견된 취약점의 심각성은 각각의 취약점에 할당돼야 할 자원과 재조명돼야 할 각각의 취약점에 대한 순서를 결정한다. 각각의 결함이 조직에 미치는 보안 영향에 대한 심각도를 기준으로 등급을 할당하고, 고 위험군은 우선순위로 지정된다. 독자의 조직에서 아틀라시안^{Atlassian} 제품군(지라^{Jira}, 컨플루언스^{Confluence} 등)과 같은 애자일 개발 툴을 사용한다면, 이러한 결함을 '문제'로서 추적할 수 있고, 특정한 수명주기 구조를 할당할 수 있으며, 각각에 할당할 수 있는 다양한 라벨^{label}을 사용할 수 있다.

버그 수정

버그 수정은 이상적으로 다른 기능이 개발 주기 내에서 처리되는 방식과 동일한 방식으로 처리돼야 한다. DR을 제품 백로그에 입력(예를 들면, 지라^{Jira} 이슈가 있다.)하고 다음 스프린트에 우선순위를 부여한다. 심각한 경우에는 새로운 기능 개발을 중지하고 심각한 보안 결함을 보완하는 데만 초점을 맞출 수도 있다.

각 DR 수정 중에 의도하지 않은 결함이 발생하지 않도록 DR이 완료된 후 회귀 테스팅^{regression testing}을 통합하자.

보고

보안 업체는 컴플라이언스 보고를 위한 대시보드를 개발했으며, 경영진에 보고할 수 있는 대시보드를 사용한다. 각 컴플라이언스 도구는 고유한 보고 기능이 있다.

시스템 설계 업데이트

IoT 시스템 및 디바이스에서 보안 결함이 발견되는 경우 시스템 및 네트워크, 또는 디바이스에 상관없이 작동하도록 반드시 생성할 설계 또는 구성 변경 사항이 있는지 결정하는 데 초점을 맞추는 것이 중요하다. 최소한 분기 동안이나 4개월 동안 발견된 결함을 검토하고 필요한 변경 사항과 아키텍처에 대한 변경 사항을 파악하는 데 초점을 맞춰야 한다. 대부분의 경우, 특정 디바이스에서 심각한 취약점은 네트워크의 간단한 구성 변경으로 완화될 수 있다.

주기적인 위험 평가

주기적인 위험 평가를 수행하는 경우, 이상적으로 IoT 시스템이 최소한의 보안 기준을 충족하고 부합하는 것을 검증하기 위해 타사의 도움을 받는다. 반년마다 블랙박스 침투 테스팅을 수행하고 집중(화이트박스) 테스팅을 매년 수행해야 한다. 테스팅은 IoT 시스템뿐만 아니라 전체 시스템과 디바이스 자체에 초점을 맞춰야 한다.

종합적인 침투 테스트 프로그램은 IoT 솔루션을 배포하는 조직에 의해 수립돼야 한다. 이 프로그램에는 사용 중인 잘 알려진 IoT 애플리케이션 프로토콜에 대한 블랙박스와 화이트박스 테스트를 혼합해 사용하고 퍼즈fuzz 테스트 또한 포함해야 한다.

블랙박스

블랙박스 평가는 상대적으로 낮은 비용으로 실시할 수 있다. 이러한 평가는 디바이스가 구현하는 기술에 대한 사전 지식이 없는 상황에서 디바이스에 침입하는 것을 목표로 한다. 자금 지원이 허용되는 대로, 서드파티가 디바이스에 대해서만이 아니라 디바이스를 지원하는 인프라에 대한 블랙박스 테스트를 수행해야 한다. 이러한 테스트를 위해 각 시스템을 대상으로 매년 최소 1회 이상 평가를 수행하고, 더 자주 변경되는 경우(예를 들어, 업데이트) 각 IoT 시스템을 위해 더 자주 수행할 수 있다. 시스템이 전체적으로 또는 부분적으로 클라우드에 존재하는 경우, 클라우드 컨테이너에 구축된 대표적인 VM에 대한 애플리케이션 침투 테스트를 수행하자. 더욱이 배치된 시스템의 테스트 인프라 모형이 있다면, 해당 모형의 침투 테스팅을 통해 가치 있는 정보를 얻을 수 있다.

이상적으로, 블랙박스 평가는 누군가에 의해 식별할 수 있는지를 이해할 수 있도록 시스템의 특성을 포함해야 한다. 블랙박스 평가의 다른 측면은 다음 표에서 확인할 수 있다.

활동	설명
물리적 보안 평가	예정된 구축 환경과 관련된 물리적 보안 요구 사항을 준수한다. 예를 들어, 보호되지 않은 물리적 또는 논리적 인터페이스가 있는가? 디바이스에 처리하거나 저장된 데이터의 중요도에 따라서 변조 방지 인클로저(enclosure), 내장형 보호(예를 들어, 중요 프로세서와 메모리 장치 주변의 하드 레진(hard resin) 또는 포팅(potting)), 물리적 공격 발생 시 메모리를 강제로 삭제하는 변조 대응 메커니즘이 있는가?
펌웨어/소프트웨어 업데이트 프로세스 분석	펌웨어 또는 소프트웨어가 장치에 어떻게 로드되는가? 디바이스가 주기적으로 소프트웨어 업데이트 서버를 업데이트하거나 수동으로 업데이트하는가? 초기 소프트웨어는 어떻게 로드되는가? 공장 소프트웨어 이미지가 JTAG 인터페이스를 통해 로드된 경우, 인터페이스는 아직 필드에 쉽게 접근할 수 있는가? 소프트웨어/펌웨어가 다운로드되거나 메모리에 로드되는 동안 보호하는 방법은 무엇인가? 파일 레벨에서 무결성을 보호하는가? 디지털 서명이 돼 있고 인증을 받았는가? 소프트웨어 패치는 대량으로 다운로드할 수 있으며, 몇 가지 이유로 다운로드/설치 프로세스가 중지된 경우 어떻게 되는가?
인터페이스 분석	인터페이스 분석은 모든 노출되고 숨겨진 물리적 인터페이스와 모든 디바이스 애플리케이션 및 시스템 서비스(그리고 관련 프로토콜)를 식별한다. 일단 이것이 달성되면, 각 서비스에 접근하는 방법을 결정해야 한다. 어떤 기능 호출이 인증됐는가? 호출 때마다 인증하거나, 또는 세션을 초기화하거나 디바이스에 접근할 때 한 번의 인증만 실시하는가? 어떠한 서비스 또는 기능 호출이 인증되지 않았는가? 서비스를 수행하기 전에 승인을 위해 (인증 이상의) 추가적인 단계가 필요한가? 인증 없이 어떠한 민감한 기능을 수행할 수 있다면, 디바이스의 의도된 환경은 오직 인증된 개인에 의해 접근할 수 있는 굉장히 안전한 영역에 있는가?

(이어짐)

308

활동	설명
무선 보안 평가	무선 보안 평가는 우선 디바이스에 의해 무선 프로토콜이 사용되는지 식별하고, 프로토콜에 임의의 알려진 취약점이 있는지를 식별한다. 무선 프로토콜이 암호화를 사용하는가? 사용 중이라면 기본 키로 사용 중인가? 키 업데이트는 어떻게 되는가? 또한 무선 프로토콜은 자주 설정된 기본 프로토콜 옵션을 사용한다. 일부 옵션은 특정 운영 환경에 적합하지 않을 수도 있다. 예를 들어, 블루투스 모듈은 MAC 주소의 주기적인 교체를 지원하고, IoT 애플리케이션에서 기본 설정은 아니지만 기본적으로 활성화하길 원할 수 있다. 의도한 배포 환경이 디바이스 추적과 다른 기타 개인정보 문제에 좀 더 민감한 경우에 해당한다.
설정 보안 평가	설정의 평가는 불필요한 서비스가 실행되지 않도록 하기 위해 시스템 내에서 IoT 디바이스를 최적으로 구성하는 것에 초점을 맞춘다. 또한 허가된 프로토콜만 활성화돼 있는지 확인할 것이다. 최소 권한을 갖고 있는지도 역시 평가돼야 한다.
모바일 애플리케이션 평가	대부분의 IoT 디바이스는 모바일 디바이스와 게이트웨이 중 하나와 통신할 수 있으므로, 모바일 디바이스 또한 평가를 실시해야 한다. 블랙박스 테스트 중에 모바일 애플리케이션의 특징, 기능, 기술 특징을 포함하고, 직접적으로 혹은 웹 서비스 게이트웨이를 통해 IoT와 연결하는 인터페이스를 차단하는 시도 또한 포함해야 한다. 모바일 애플리케이션과 IoT 디바이스 간의 신뢰 관계를 재정의하거나 대체할 다른 방법도 확인해야 한다.
클라우드 보안 분석(웹 서비스 보안)	이 단계에서는 IoT 디바이스 및 모바일 애플리케이션에서 사용하는 통신 프로토콜 또는 클라우드에서 호스팅 서비스의 진단을 실시해야 한다. 안전한 통신(예를 들어, TLS/DTLS)의 사용 여부와 디바이스 또는 모바일 애플리케이션이 클라우드 서비스에 인증되는 방식을 분석하는 것을 포함한다. 사내 또는 클라우드에 상관없이, 엔드포인트와 통신하는 인프라는 반드시 테스트를 받아야 한다. 일부 웹 서버는 알려진 취약점이 있고, 일부 경우에는 이러한 서버의 관리 애플리케이션이 외부에 노출돼 있다(두 가지가 동시에 있어서는 안 된다).

화이트박스 평가

화이트박스(때로는 유리 상자라고도 한다.) 평가는 보안 테스터가 목표 시스템에 대한 설계 및 구성 정보에 관한 모든 권한을 가지고 있다는 점에서 블랙박스와는 다르다. 다음은 화이트박스 테스트의 일부로 수행할 수 있는 몇 가지 활동을 설명한다.

활동	설명
담당 직원 인터뷰	평가자는 구현 통합 및 배포 지점 내에서 사용되는 기술, 기밀 정보, 중요한 데이터 저장소에서 사용되는 기술을 이해하기 위해 개발 및 운영 IT 직원과 인터뷰를 수행해야 한다.
역공학	새로운 취약성 공격이 장치 펌웨어의 현재 상태를 바탕으로 개발될 수 있는지를 확인하기 위해 IoT 디바이스의 펌웨어 역공학을 수행한다.
하드웨어 구성 요소 분석	공급망의 관점에서, 사용 중인 하드웨어 구성 요소를 신뢰할 수 있는지를 결정한다. 예를 들어, 일부 조직은 지문 인식 기기가 하드웨어 구성 요소가 복제품이거나 알려지지 않은 출처로부터 복제되지 않은 것을 보증하기 위해 독자적인 방법을 사용할 수 있다.
코드 분석	IoT 시스템에 포함된 소프트웨어는 소프트웨어의 취약점을 식별하기 위해 SAST 및 DAST를 모두 수행한다.
시스템 설계 및 구성 문서 검토	모든 문서 및 시스템 설계를 검토한다. 문서의 불일치와 차이가 있는 부분을 확인한다. 보안 테스트 계획을 작성하기 위한 매뉴얼 재검토를 활용한다.
고장 및 공격 트리 분석	다양한 산업에서 많은 기업은 포괄적인 고장 및 공격 트리 모델을 개발, 채택, 유지 관리할 수 있어야 한다. 결함 트리는 디바이스나 시스템이 관련 없는 리프(leaf) 노드의 상태나 이벤트에서 어떻게 실패할 수 있는지 분석하기 때문에 모델 기반의 프레임워크를 제공한다. 제품 또는 시스템이 설계되거나 업데이트될 때마다 결함 트리 모델을 업데이트해 시스템의 안전 위험 상태에 대한 최신 정보를 제공할 수 있다. 관련돼 있긴 하지만, 결함 트리와 디바이스 혹은 시스템 보안을 강조하는 공격 트리와 상당히 다르다. 공격 트리는 공격자의 일련의 활동이 IoT 시스템 혹은 디바이스의 보안을 침해할 수 있는 방법을 이해하기 위해 일반적인 위험 관리 활동으로 화이트박스 활동을 만들어야 한다. 항공 전자 시스템과 생명에 직결되는 의료 시스템과 같이, 안전과 보안이 함께 연관된 IoT 배포를 개발하는 공동체는 잘 결합된 안전 및 보안 상태를 이해하기 위해 고장 및 결함 트리 모델링을 수행해야 한다. 일부 보안 제어 기능은 안전과 보안 간의 복잡한 절충을 나타내며, 안전성을 감소시킬 수 있다는 점에 주의하자.

퍼즈 테스트

퍼즈 테스트는 공격자가 비정상적인 프로토콜을 사용하고 상태의 조작을 통해 애플리케이션을 악용하려고 시도하는 특수하면서 첨단인 분야다. 다음 표에서는 몇 가지 퍼즈 테스트 활동을 보여준다.

활동	설명
켜기/끄기 시퀀스/상태 변화	IoT 디바이스가 다양한 상태의 여러 (예상치 못한) 입력 값에 대응하는 방식을 검증하기 위해 심도 있는 분석을 수행해야 한다. 이는 특정한 상태 변화 동안 IoT 디바이스에 예기치 않은 데이터를 전송하는 경우 포함할 수 있다.
프로토콜 태그/길이/값 필드	IoT 통신 프로토콜 필드에 예상하지 못한 값을 추가한다. 예상치 못한 값에는 비표준 길이의 필드 입력, 예상하지 못한 문자, 인코딩 등이 포함될 수 있다.
헤더 처리	IoT 통신 프로토콜의 헤더 또는 헤더 확장(해당되는 경우)의 예기치 않은 필드를 추가한다.
데이터 검증 공격	무작위 입력이나 부적절한 포맷의 데이터를 게이트웨이를 포함해 IoT 엔드포인트로 보낸다. 예를 들어, 엔드포인트가 ASN.1 메시징을 지원하면 ASN.1 메시지 구문 또는 응용프로그램이 허용하는 메시지 구조를 지키지 않는 형태로 메시지를 보낸다.
분석기의 사용	가장 효율적인 퍼즈 테스트는 퍼즈 테스트를 수행하는 엔드포인트에 대해 자동화된 퍼저(fuzzer)를 사용함으로써 다양한 퍼즈 테스트를 하는 것이다. 피드백 루프(feedback loop)는 다양한 입력에 대한 응용프로그램의 반응을 관찰하고 만들어진다. 이는 적어도 엔드포인트를 비활성화할 수 있는 새롭고 유용한 테스트 케이스를 만들어내는 데 사용되며, 대부분은 완전히 엔드포인트를 침해할 수 있다(예를 들어, 직접적인 메모리 접근 이후 버퍼 오버플로우 공격이 있다).

▍복잡한 컴플라이언스 환경

보안 전문가로서, 여러분은 운영하는 업계에서 제시된 보안 표준을 준수해야 할 책임이 따른다. 다수의 조직들은 여러 산업에 걸친 규제 기준을 충족해야 하는 상황에 직면하고 있다. 약국을 예로 들면, 환자의 데이터와 금융 거래를 보호해야 하기 때문에 HIPAA 규정을 준수할 책임이 있을 뿐만 아니라 PCI 규정을 준수해야 한다. 이러한 개념은 여전히 IoT에 적용 가능하지만, 새로운 개념이 계속 추가되고 있는 상황에서 정보 유형과 보호의 의무는 변경 없이 유지되고 있다.

IoT 컴플라이언스 관련 과제

전통적으로 IT 업체는 사이버 보안과 데이터 개인정보 규정 및 표준에 대한 컴플라이언스를 추적해왔다. IoT는 컴플라이언스의 새로운 측면을 나타내고 있다. 임베디드 컴퓨팅 및 통신 기능은 조직의 물리적 자산에 도입됨에 따라 안전 준수에 초점을 맞춰야 한다.

IoT에서는 또한 IoT 디바이스 제조업체의 특정 문제와 다수의 규제 프레임워크 간 경계가 모호해지고 있다. 어떤 경우 디바이스 개발자들은 제품이 특정 기관의 감독을 받아야 한다는 사실을 인지하지 못한다(http://www.lexology.com/library/detail.aspx?g=753e1b07-2221-4980-8f42-55229315b169).

IoT 지원을 위한 기존 컴플라이언스 표준의 검토

여러분의 조직에 새로운 IoT 기능을 도입하기 시작하면, 여러분이 익숙한 IoT에 요구되는 보안 통제를 기술한 일부 가이드를 활용할 수 있다. 문제는 이러한 가이드 문서가 기술의 변화 속도를 따라가지 못하고 있으며, 새로운 IoT 설정에 적합한 제어 장치의 일부가 필요할 수 있다는 것이다. 또한 IoT 표준의 다양한 측면에 다루지 못하는 빈틈이 존재한다. IoT 스터디 그룹Study Group과 국제 표준화 기구ISO/국제 전기표준회의IEC, International Electrotechnical Commission 공동 기술 위원회JTC, Joint Technical Committee JTC 1 SC 27은 최근 다음과 같은 분야에서 IoT 표준 간의 격차에 대해 자세히 설명했다. 각 분야는 다음과 같다.

- 게이트웨이 보안
- 네트워크 기능 가상화의 보안
- IoT 보안의 관리와 측정
- 오픈소스 보증 및 보안
- 개인정보 및 빅데이터

312

- IoT 애플리케이션 보안 지침
- IoT 사고 대응 및 가이드라인
- IoT 리스크 평가 기법

UL IoT 인증

IoT 컴플라이언스와 인증 사이의 엄청난 격차를 해결하기 위해, 잘 알려진 UL^{Underwriters} Laboratory은 사이버 보안 보증 프로그램^{CAP, Cybersecurity Assurance Program}에서 IoT 인증 방법을 소개했다(http://www.ul.com/cybersecurity/). UL 2900 시리즈에 대한 기본적인 요구 사항에 기초해, 위의 프로세스는 제품의 보안에 대한 철저한 검사를 포함한다. UL은 소비자의 스마트 홈 가전과 중요 기반 시설을 아우르며 광범위하게 산업용으로 사용되는 공정 및 맞춤형 절차를 수립했다.

NIST의 CPS 활동

NIST는 IoT 보안 표준 영역에서, 특히 IoT의 일부 영역인 사이버 물리 시스템에서 매우 적극적인 활동을 보이고 있다. 2015년 후반에는 (2014년 중반에 설립된) NIST의 CPS 공통 워킹 그룹^{NIST CPS Public Working Group}이 사이버 물리 시스템을 위한 프레임워크의 초안을 배포했는데, CPS와 연관된 산업에서의 개발과 구현 컴플라이언스 표준 및 요구 사항을 다루고 있다. 워킹 그룹은 'CPS의 핵심 특성을 정의하고 광범위한 CPS 전문가를 불러 구체적인 특성을 정의하는 데 도움이 되고 스마트 제조, 운송, 에너지, 헬스케어를 포함하는 다양한 스마트 애플리케이션 도메인에 걸쳐 개발과 구현을 효율적으로 관리할 수 있도록 지원한다.'는 목표를 추구한다(https://blog.npstc.org/2015/09/22/cyber-physical-systems-framework-issued-by-nist-for- public-comment/).

사이버 물리 시스템의 개념과 용어에 대해 업계 경계를 넘어서는 표준화의 개념 연구가 이뤄지지 않았으므로 이 점을 지적하고자 한다. IoT와 관련된 조직은 새로운 패러다임과 개발 맞춤형 컴플라이언스 준수를 개발하기 위해 조직 차원에서 지침과 프레임워크를 모색해야 한다. NIST CPS 프레임워크는 주로 개발과 배포에 관련된 세 가지 특징을 강조하고 있기 때문에 가치가 있다.

- 개념화 Conceptualization
- 실현 realization
- 보증 Assurance

또한 프레임워크는 기존의 사이버 보안 요구 사항과 산업 제어 시스템 요구 사항의 차이점을 완전히 인지하고 있으며, 예를 들어 안정성 및 물리적 시스템 상태 제어와 중요 상태 평가 및 제어 기능에 대한 타이밍 정보에 의존한다. 내부 통제 시스템 기능은 복원력의 특성에 달려 있다. 산업용 제어 시스템의 용도가 아니더라도 IoT가 물리적인 센서와 작동 방식을 포함하는 다수의 사례가 있고, 대부분은 구현 방법에서 사이버와 물리 도메인이 완전히 혼합돼 있으므로 완전히 인식되지 않을 수 있다. 위에서 언급한 세 가지 CPS 측면에 걸쳐서, 초안 프레임워크는 CPS의 다음과 같은 측면을 명확하게 식별하고 정의한다.

- 기능
- 비즈니스
- 인간
- 신뢰
- 타이밍
- 데이터
- 경계
- 결합성
- 수명주기

NIST의 CPS 프레임워크는 아직 초기 단계지만 CPS 시스템, 표준 및 리스크 관리 접근법의 현대화에 필요한 구조와 관련된 지식의 중요한 원천이 될 것이다.

NERC CIP

NERC CIP는 미국의 발전 및 배전 시스템에 적용하는 북미 전력 안전 회사(NERC, North American Electric Reliability Corporation)의 중요 인프라 보호(CIP, Critical Infrastructure Protection)의 표준 시리즈다. CPS, IoT, 기타 사이버 보안 관련 시스템을 개발하거나 배포하는 조직은 NERC CIP에 정통해야 한다. 이러한 표준은 대량 전기 시스템의 다음과 같은 하위 주제를 다룬다.

- 사이버 시스템의 분류
- 보안 관리 제어
- 인사 및 교육
- 전자 보안 경계선(Electronic security perimeters)
- 대량 전기 시스템(BES, bulk electric system)의 물리적 보안 시스템
- 시스템 보안 관리
- BES 사이버 시스템에 대한 복구 계획
- 구성 변경 관리 및 취약점 평가
- 사고 보고 및 대응 계획
- 정보 보호

올바른 IoT 시스템을 채택하고 배치하는 전기 산업 조직에서 구성 요소의 중요도 분류, 올바른 통제의 통합, 통합 전기 시스템의 전반적인 보증과 관련된 적합성 측면을 확인해야 한다.

HIPAA/HITECH

의료 기관은 커넥티드 의료 디바이스와 다른 스마트 의료 기기로의 전환에 관련된 추가적인 난관에 직면하게 될 것이다. 의료 기관을 대상으로 한 공격 사례(예를 들어, 병원과 중요 환자 데이터를 랜섬웨어로 공격한 사례가 있다. http://www.latimes.com/business/technology/la-me-ln-hollywood-hospital-bitcoin-20160217-story.html)는 조직이 컴

플라이언스 요건을 충족하지 못하거나 표준과 관행 간에 심각한 격차가 있다는 것을 보여준다. 상황이 위급한 보호 중인 환자 데이터가 랜섬웨어 공격을 받게 되면 심각한 결과를 초래하기 때문에 의료 디바이스에 대한 실제 공격은 훨씬 더 심각한 문제다. 진화하는 기술과 미래의 공격은 오늘날의 문제점들보다 더욱 심각할 것이다.

참조: http://www.business.com/technology/internet-of-things-security-compliance-risks-and-opportunities/

PCI DSS

PCI^{Payment Card Industry} DSS^{Data Security Standard}는 결제 업무를 처리하는 업계의 관계자들이 준수해야 하는 기본 규정이다. PCI DSS는 PCI 보안 표준 협의회(https://www.pcisecuritystandards.org/)에 의해 발행됐으며, 금융 계좌 및 거래 데이터 보호에 초점을 맞췄다. 최신 PCI DSS는 2015년 4월 발행된 버전 3.1이다.

정보를 안전하게 보호하기 위한 지불 프로세서의 기능에서 IoT가 미치는 영향을 이해하기 위해 먼저 12개의 상위 PCI DSS 요구 사항을 살펴보자. 다음의 표는 최신 표준에 대한 12가지 요구 사항을 요약한다(https://www.pcisecuritystandards.org/documents/PCI_DSS_v3-1.pdf).

도메인	아이템	요구 사항
안전한 네트워크와 시스템의 구축 및 유지	1	카드 소유자 데이터를 보호하기 위해 방화벽 구성을 설치 및 유지한다.
	2	시스템 암호 및 기타 보안 매개변수에 대한 기본값을 사용하지 않는다.
카드 소유자 데이터 보호	1	저장된 카드 소유자 데이터를 보호한다.
	2	카드 소유자의 데이터를 공개된, 공공 네트워크로 암호화해 전송한다.
취약점 관리 프로그램 유지	1	악성코드에 대한 모든 시스템을 보호하고 정기적으로 바이러스 백신 소프트웨어 또는 프로그램을 업데이트한다.
	2	보안 시스템 및 애플리케이션을 개발하고 유지한다.

(이어짐)

도메인	아이템	요구 사항
강력한 접근 통제 수단 구현	1	비즈니스에서 알아야 하는 카드 소유자 데이터에 대한 접근을 제한한다.
	2	시스템 구성 요소에 대한 접근을 식별하고 인증한다.
	3	카드 소유자 데이터에 대한 물리적 접근을 제한한다.
정기적으로 모니터링하고 네트워크 테스트	1	네트워크 자원과 카드 회원 데이터에 대한 모든 접근을 추적하고 모니터링한다.
	2	정기적으로 보안 시스템 및 프로세스를 테스트한다.
정보 보안 정책 유지	1	모든 직원에 대한 정보 보호 정책을 유지한다.

PCI에서 IoT에 미치는 영향의 가능성을 논의하기 위한 역할로서 소매업을 살펴보려면, IoT가 소매업계에서 초래할 수 있는 변화의 종류를 고려해봐야 한다. 그 이후에 1) 소매 환경에서 새로운 IoT 시스템에 PCI DSS를 적용할 수 있는지, 또는 2) 소매점 내의 IoT 구현 제품에 다른 규제를 적용 가능한지 여부를 결정할 수 있다.

소매업계에는 다양한 종류의 IoT 디바이스 구현과 시스템 전개가 있을 것이다. 이들 중 일부는 다음과 같다.

- 재고 관리를 위한 RFID 태그의 대량 구현
- 자동화된 제품의 배달을 지원하는 소비자 자동 주문 기술
- 자동 이체
- 스마트 탈의실
- 근접 광고proximity advertising
- 스마트 자동판매기

이러한 활용 사례를 검토한 결과, 다수의 자동 결제(예를 들어 자동 이체, 스마트 자동판매기)가 금융 결제의 일부를 포함하고 있는 것을 알 수 있다. 이러한 경우, IoT 시스템의 지원은 PCI DSS 요구 사항을 준수해야 한다.

소비자 주문 기술은 컴플라이언스의 관점에서 볼 때 IoT의 또 다른 흥미로운 측면이다. 아마존의 대시Dash 버튼과 같은 기술은 제품의 빠른 주문을 가능하게 해준다 (http://www.networkworld.com/article/2991411/internet-of-things/hacking-amazons-dash-but ton.html). 비록 이 디바이스는 신용카드 정보를 처리하지 않지만, 상품의 주문을 전달하는 아마존의 시스템과 상호 연결돼 있다. 금융 거래와 연관된 디바이스는 특정 금융 산업 표준의 적용 여부를 결정하기 위해 평가받아야 한다.

NIST 위험 관리 프레임워크

NIST 특별 간행물 800-53은 보안 위험 관리 통제와 통제 카테고리의 핵심이다. 포괄적인 시스템 정의와 위험 모델링 관례를 바탕으로 각 조직에 맞게 고안됐기 때문에 보안 통제 시스템의 보안을 강화하기 위한 최고의 보안 제어 메타 표준으로 볼 수 있다. 정적으로 정의되는 동안, 제어 자체는 포괄적이고 세심하게 고려해야 한다. 리스크 관리 프레임워크RMF, Risk Management Framework의 지속적이고 반복적인 단계는 다음 그림에 잘 묘사돼 있다.

```
The RMF Process

1. Categorize
2. Select
3. Implement
4. Assess
5. Authorize
6. Monitor
```

RMF 프로세스는 800-53 보안 제어를 사용하지만, 한발 물러서서 모든 시스템에 구현한 이후 준수해야 하는 연속적인 위험 관리 활동을 요구한다. 여기에는 다음과 같은 활동이 포함된다.

- 시스템의 중요성과 데이터 처리의 민감성에 기초해 시스템을 분류한다.

- 적절한 보안 통제를 선택한다.

- 선택한 보안 통제를 구현한다.

- 보안 제어의 구현을 평가한다.

- 사용하는 시스템을 허용한다.

- 지속적으로 시스템의 보안 상태를 모니터링한다.

이 프로세스는 유연한 고수준의 시스템 구현에 적합할 뿐 아니라 어떠한 시스템 구현에도 적용할 수 있다.

▌ 요약

IoT는 아직 초기 단계고, 반면에 컴플라이언스는 확실하지 않은 사안이다. 하지만 전반적으로 효율적이고 비용 효율적임을 입증하는 컴플라이언스 프로그램을 구성하는 것이 가장 중요하다. 이번 장에서는 각 산업 분야별로 다양한 고유의 컴플라이언스 프로그램을 소개했다. 또한 여러분의 프로그램을 설정하기 위한 몇 가지 중요한 모범 사례를 다뤘다. IoT 표준과 프레임워크 사이에는 큰 격차가 있지만, 이 격차를 줄이기 위해 새롭게 시작하는 표준화 단체에서 상당한 진전을 이루고 있다.

다음 장에서는 IoT 클라우드 보안의 개념을 살펴볼 것이다.

9

IoT를 위한
클라우드 보안

이 장에서 다루는 내용

- 클라우드 서비스와 IoT
- 클라우드 서비스 공급 업체의 IoT 제품 탐구
- 클라우드 IoT 보안 제어
- 기업용 IoT 클라우드 보안 아키텍처 조정
- 클라우드를 사용할 수 있는 IoT 컴퓨팅의 새로운 방향
- 요약

이번 장에서는 사물인터넷을 지원하기 위해 설계된 클라우드 서비스와 보안 아키텍처를 살펴보자. 클라우드 서비스 및 보안 모범 사례를 활용해, 조직은 조직 간의 신뢰 범위trust boundary를 넘어 멀티 도메인 IoT 배포를 운영 및 관리할 수 있다. 이번 장에서는 아마존 웹 서비스AWS, Amazon Web Services 클라우드와 보안 제품, 시스코(포그 컴퓨팅Fog Computing)에서 제공하는 구성 요소와 마이크로소프트 애저에 대해 알아볼 것이다.

클라우드와 클라우드 보안이 밀접하게 연결되는 경향은 보안이 필요한 IoT 빅데이터의 특징이다. 이러한 서비스들을 안전하게 하는 방법에 대한 모범 사례와 함께 IoT 데이터 저장, 데이터 분석 및 리포트 시스템을 자세히 알아볼 것이다. 클라우드 환경에서 IoT의 다양한 측면을 안전하게 하기 위해, 어떠한 보안 요소에 대해 고객과 클라우드 공급 업체 중에서 누구 책임을 지는지 설명해야 한다.

이 장은 다음과 같은 IoT 클라우드 서비스 및 클라우드 보안 문제를 다룰 것이다.

- 클라우드 서비스와 IoT: 이 절에서는 IoT와 관련돼 있으며 동시에 혜택을 가져오는 클라우드를 정의할 것이다. 또한 클라우드에서 IoT로 인해 추가된 고유한 요구 사항을 파악할 수 있다. 이 절에서는 클라우드 기반의 보안 통제 및 기타 제품을 알아보기 전에 클라우드의 내부/외부 모두에서 IoT와 관련된 보안 위협을 식별하고 검토할 것이다.
- 클라우드 서비스 공급 업체의 IoT 서비스 탐색: CSP 및 소프트웨어/보안 서비스를 알아볼 것이다. 시스코의 포그 컴퓨팅Fog Computing, 아마존 AWS, 마이크로소프트 애저를 다룬다.
- 클라우드 IoT 보안 제어: 효과적인 IoT 기업 보안 아키텍처를 구축하기 위해 필요한 보안 기능을 확인한다.
- 기업용 IoT 클라우드 보안 아키텍처 정의: 이번 절에서는 효과적이고 전반적인 IoT 클라우드 보안 아키텍처와 결합하기 위해 사용 가능한 클라우드 보안 제품군을 활용한다.

- 클라우드 활성화 IoT 컴퓨팅의 새로운 방향: 클라우드 보안에 대한 논의 단계로 돌아가서 클라우드가 가져올 새로운 컴퓨팅 패러다임을 잠시 살펴볼 것이다.

▌클라우드 서비스와 IoT

B2B, 소비자, 산업용 IoT 배포의 경우 클라우드 기반 IoT 지원 서비스가 디바이스, 디바이스 데이터, 개인과 조직을 가장 잘 연결시켜준다. 게이트웨이, 애플리케이션, 프로토콜 브로커, 다양한 데이터 분석 및 비즈니스 인텔리전스 구성 요소는 편의성, 비용, 확장성을 위해 클라우드에 존재한다. 수십억 개의 IoT 디바이스를 지원하는 관점에서 클라우드 기반 서비스는 새로운 또는 기존의 회사에서 서비스를 구축하기 위한 가장 강력한 환경을 제공한다. 이에 대응하기 위해, CSP는 안전한 방법으로 IoT 제품의 접속을 지원하고자 더 많은 기능을 제공하기 시작했다. 개발자 친화적인 IoT 클라우드 기반 스타터 키트는 IoT 제품 및 서비스 기업이 최소한의 노력으로 클라우드 배포를 수행할 수 있도록 지원하는 단계로 진입하고 있다. 이러한 클라우드 연결 솔루션의 표준화를 준수해야 하는 조직은 각 서비스에 내장된 보안 통제를 이해하기 위해 실사를 수행해야 한다.

예를 들어, ARM은 최근 클라우드 활성화 IoT 스타터 키트를 만들기 위해 프리스케일Freescale, IBM과 협업을 진행했다(http://www.eetimes.com/document.asp?doc_id=1325828). 이 키트는 자동으로 인터넷에서 웹사이트로 스트리밍하는 MCU가 포함돼 있다. 키트는 쉽게 IoT 솔루션을 클라우드에 연결하는 것을 개발자가 연습할 수 있는 방법을 제공하지만, 개발자는 실제 환경과 굉장히 다르고 보안공학 프로세스가 필요하다는 점을 이해하는 것이 중요하다.

이 장에서는 IoT 시스템을 지원하기 시작하는 클라우드 서비스에 대한 일부 설명을 제공한다. 다양한 시스템에 걸쳐 수백만 개의 IoT 제품을 구축할 수 있게 되면서 클라우드는 이러한 장치의 위치와 상태를 추적하는 최적의 메커니즘을 갖추고 있다. 또한 디바이스 프로비저닝, 펌웨어 업데이트, 설정 제어를 지원하는 다른 클라우드 서비스도 있다. 직접적으로 IoT 디바이스의 기능 및 보안 상태에 직접적으로 영향을 미칠 수 있는 기능을 감안하면, 이러한 서비스의 보안은 매우 중요하다. 공격자는 아마도 이러한 서비스를 목표로 삼을 것이고, 이러한 서비스를 통해 한 번에 다수의 디바이스에 대규모 변경을 할 수 있는 기능을 제공할 수 있다.

자산/재고 관리

IoT의 보안에서 가장 중요한 측면 중 하나는 자산과 재고를 추적할 수 있는 기능이다. 여기에는 디바이스의 특성도 포함된다. 클라우드는 기업 자산/재고 관리가 가능하고, 조직의 경계 내에서 등록된 인가받은 디바이스가 동작할 수 있도록 모든 디바이스의 상황을 보여준다.

서비스 프로비저닝, 과금, 자격 관리

이것은 다수의 IoT 디바이스 공급 업체가 서비스로 업체들의 디바이스를 고객들에게 제공할 것이기 때문에 흥미로운 활용 사례다. 이는 디바이스의 조작뿐만 아니라 사용 권한을 추적, 승인, 제거할 수 있으며, 사용량에 따라 청구하는 기능이 필요하다. 카메라 및 기타 센서 기반 모니터링(예를 들어, 드롭캠DropCam 클라우드 기록), 웨어러블 모니터링과 추적(예를 들어, 핏비트FitBit 디바이스 서비스), 기타 다른 구독 서비스를 예로 들 수 있다.

실시간 모니터링

응급 관리, 산업 제어, 제조 과정과 같은 중요한 기능에 대해 클라우드 애플리케이션은 실시간 모니터링 기능을 제공한다. 가능한 경우 다수의 조직이 운영 비용을 절감하기 위해 업계 전반에 걸쳐서 산업용 제어 시스템, 산업용 모니터링, 기타 기능을 클라우드로 이전하고, 데이터를 유용하게 활용해 새로운 B2B와 B2C 서비스를 시작하고 있다. IoT 엔드포인트의 수가 증가함에 따라, 프로그래머블 로직 컨트롤러PLC, programmable logic controller와 원격 단말 장치RTU, remote terminal unit 같은 기기를 클라우드에 직접 연결해 시스템을 좀 더 효율적이고 효과적으로 모니터링할 수 있는 기능을 지원한다.

센서 조정

기계 간 트랜잭션transaction은 서비스 협상을 자동으로 수행하고 조정하기 위해 강화된 기능을 제공한다. 시간이 지남에 따라 작업의 속도가 빨라지고, 점점 더 자동화될수록 트랜잭션의 업무에서 사람이 차지하는 비중은 줄어들 것이다. 클라우드는 이러한 자동화된 업무 흐름을 가능하게 하는 데 중심적인 역할을 한다. 예를 들어 IoT 디바이스가 최신의 정보를 수집하고 제한, 명령을 수집하기 위해 조회할 수 있는 클라우드 서비스가 등장할 것이다. 다수의 IoT 구축을 구현하는 발행/구독publish/subscribe 프로토콜(예를 들면, MQTT)과 RESTful 통신 모두 이러한 새로운 사용 사례를 구현하기에 적합하다.

고객 정보 및 마케팅

IoT의 강력한 특징 중 하나는 고객에게 맞춰서 마케팅할 수 있는 기능이다. 세일즈포스Salesforce 사는 비콘beacon 및 다른 스마트 디바이스를 겨냥한 IoT 클라우드를 구축했다. 이 클라우드에는 새로운 실시간 이벤트 엔진을 도입한 썬더thunder 기능이 탑재돼 있다. 이 시스템은 고객에게 메시지를 자동으로 보내거나 영업 담당자에게 알림 기능을 제공한다. 하나의 좋은 예는 스마트 지역 광고의 개념이다. 예를 들어, 고객이 상점이나 쇼핑센터의 도보를 걸어 다니면 메커니즘을 통해 고객의 취향을 식별한다. 일단 식별되면 고객의 구매 내역, 선호도, 기타 특성을 검토하고 맞춤형 메시지가 제공된다. 개인정보 보호 측면에서, 추적 메커니즘 또는 기록된 정보를 통해 수집한 추적 메커니즘을 고객에게서 어떻게 활용할 수 있는지 생각해보는 것은 흥미로운 일이다.

다른 유형의 IoT 고객 인텔리전스intelligence는 환경에 도움이 되는 에너지 효율성 개선도 포함돼 있다. 예를 들어 가전제품은 스마트 그리드 접근 방식의 일환으로 클라우드 백엔드 시스템과 사용 데이터를 공유할 수 있고, 디바이스를 사용하는 것은 수요와 가격에 따라 조절될 수 있다. 사용 시간과 주파수를 포함하는 IoT 디바이스 데이터, 에너지 소비, 현재의 전기 시장 가격을 수집해 디바이스와 사용자는 에너지 비용을 절약하고 환경 부하를 줄이기 위해 사용 패턴을 변경하도록 대응할 수 있다.

정보 공유

IoT의 주요 장점 중 하나는 다수의 이해관계자들이 정보를 공유할 수 있다는 것이다. 예를 들어 내장 의료 디바이스는 의료 기관에 정보를 제공할 수 있으며, 의료 기관은 정보를 의료 디바이스에 제공할 수 있다. 이 정보는 또한 환자로부터 수집된 다른 정보들과 함께 저장될 수 있다.

클라우드 정보 공유 및 상호 운용 서비스는 강력한 IoT 분석을 가능하게 하는 필수적인 조건이다. IoT 하드웨어 플랫폼, 서비스, 데이터 구조의 다양성을 고려하면, wot. io와 같은 공급 업체는 무수한 데이터 공급 업체의 소스와 싱크sink를 위해 미들웨어 계층의 데이터 교환 서비스를 제공하는 것을 목표로 한다. 다수의 IoT 애플리케이션과 프로토콜은 발행/구독을 기반으로 하고, 자연스럽게 다양한 데이터 언어를 번역할 수 있는 미들웨어 프레임워크를 지원한다. 이러한 서비스는 데이터의 B2B, B2I, B2C 제공을 위해 중요하다.

메시지 전송/브로드캐스트

클라우드와 중앙 집중적이고 융통성 있으며 유연한 기능은 IoT 메시지 처리 서비스를 구현하기 위한 이상적인 환경이다. 대다수의 클라우드 서비스는 데이터를 다양한 조합으로 전송, 브로드캐스트broadcast, 게시하고, 다른 필요한 방식으로 데이터를 전송할 수 있는 HTTP, MQTT 및 기타 프로토콜을 지원한다. IoT 데이터 처리를 방해하는 거대한 장애물 중 하나는 규모의 관리다. 간단히 말하면, IoT는 전례 없이 급증하는 수요를 충족시키기 위한 클라우드의 아키텍처 기능이 필요하므로 메시지 전송/브로드캐스트를 탄력적으로 확장할 수 있는 데이터 서비스가 필요하다.

클라우드의 관점에서 IoT의 위협 검토

클라우드 기반 인프라에 대한 다수의 표적 위협은 비클라우드 IT 시스템에 대한 표적 위협과 동일하거나 유사하다. 다음과 같은 위협 요소를 고려하는 것이 중요하다.

위협 영역	목표/공격
클라우드 시스템 관리자 및 사용자	관리자 암호, 토큰 또는 SSH 키를 사용해 조직의 가상 사설 클라우드에 로그인하고 큰 피해를 입힌다(기업의 AWS 루트 계정이 침해된 것을 상상해보자). 웹 브라우저는 사용자/관리자 호스트 머신에서 크로스 사이트 스크립팅(cross-site scripting)을 사용한다. 웹 브라우징(예를 들어, 자바스크립트 기반의) 또는 이메일 첨부 파일(관리자 컴퓨터는 클라우드 기반의 기업을 침해하기 위한 매력적인 공격 접점을 제공한다.)로부터 전달된 악성 페이로드(payload)
가상 엔드포인트(가상 머신, 컨테이너)	VM 및 기타 컨테이너 취약점 웹 애플리케이션 취약점 안전하지 않은 IoT 게이트웨이 안전하지 않은 IoT 브로커 부적절하게 설정된 웹 서버 취약한 데이터베이스(예를 들어, SQL 인젝션) 또는 접근 통제를 잘못 설정한 데이터베이스
네트워크	가상 네트워킹 구성 요소 임의의 엔드포인트 플루딩(flooding) 기반의 서비스 거부 공격
클라우드에 연결하는 IoT 디바이스에 대한 물리적 및 논리적 위협	안전하지 않은 IoT 종단(edge) 게이트웨이(클라우드 내부가 아닌) 트래픽 혹은 데이터 접근의 조작 또는 스니핑 종단 게이트웨이 및 클라우드 게이트웨이, 디바이스 간 IoT 통신 프로토콜의 트래픽에 악성 또는 변조 페이로드를 인젝션 IoT 디바이스의 엔드포인트 스푸핑(spoofing) 암호화/기밀성 부족 적절하지 않은 암호 스위트 완벽한 순방향 기밀성(perfect-forward-secrecy)의 부족 안전하지 않은 디바이스의 데이터베이스 저장소(평문 또는 잘못된 접근 통제) IoT 디바이스의 도난

앞서 언급한 목록은 클라우드로 IoT 인프라를 사용하거나 전환해야 할 때 해결해야 할 보안 문제의 일부일 뿐이다. 다행히도, 주요 클라우드 공급 업체 또는 파트너는 CSP의 신뢰 범위 내에 있다면, 앞에서 언급했던 대부분의 문제에 대한 해결책을 보유하고 있다. 그러나 클라우드 기반의 보안 통제는 IoT 디바이스를 강화하고 가상화된 애플리케이션을 보장하며, 가상 머신의 내부가 강화시키기 위한 디바이스 공급 업체의 책임을 대신할 수는 없다. 이는 구축 조직에서 직면하게 될 과제다.

클라우드 기반 위험의 상대적인 측면에서 볼 때, 대부분 클라우드의 자동화된 인프라로서의 서비스^{IaaS, infrastructure-as-a-service} 기능은 IoT 디바이스 및 운영체제의 보안 위험을 낮출 수 있다. 비교적 소수의 예외를 제외하고, 호스팅 클라우드 기반 시설과 서비스에 사용할 수 있는 보안 기능은 소수의 보안 전문가가 높은 수준의 유지 관리를 통해 보안에 지출되는 비용을 절감할 수 있다. 클라우드 프로비저닝하는 IaaS 서비스는 지속적으로 적용될 가능성이 높고, 기본 보안 설정을 가상 머신 및 네트워크에 적용하고, 규모의 경제를 통해 클라이언트 조직에 혜택을 줄 수 있다. IoT를 위한 클라우드 보안을 살펴보기 전에, 오늘날의 클라우드 서비스에서 사용할 수 있는 IoT 비즈니스가 제공하는 기능과 혜택을 알아볼 것이다.

▌클라우드 서비스 공급 업체의 IoT 제품 탐구

클라우드 기반의 보안 서비스^{SECaaS, security-as-a-service}는 빠르게 성장하는 클라우드 기반의 비즈니스며, IoT를 지원한다. SECaaS는 확장성이 뛰어나며, 조직에서 보안공학 자원이 지속적으로 악화되고 제한적으로 공급이 악화되는 상황에 대처하는 데 도움을 준다. 오늘날 대부분의 기업은 보안을 통합하고, 최신 보안 위협에 대응하고, 보안 운영 센터의 아키텍처를 설계하고 보안 모니터링을 수행하는 데 필요한 전문 인력과 지식이 부족하다. CSP는 몇 가지 솔루션을 제공한다.

AWS IoT

아마존은 클라우드 기반 IoT 서비스를 선도하고 있으며, 다수의 경우에서 IoT 클라우드 서비스 공급 업체의 클라우드 제공자가 될 것이다. 아마존의 말을 인용하면 다음과 같다.

> "AWS IoT는 IoT가 쉽고 안전하게 클라우드 애플리케이션 및 다른 디바이스와 상호작용할 수 있게 해주는 관리형 클라우드 플랫폼이다. AWS IoT는 수십억 개의 디바이스와 수조 건의 메시지를 AWS 엔드포인트와 다른 디바이스에 안전하고 안정적으로 처리하도록 지원하고 라우팅할 수 있는 기능을 제공한다."
>
> 출처: http://aws.amazon.com/iot/

아마존의 AWS IoT는 아마존의 프레임워크가 다양한 프로토콜(HTTP, MQTT 등)을 사용해 클라우드와 통신할 수 있도록 도와주는 프레임워크다. 우선 클라우드에 접속하면, IoT 디바이스는 애플리케이션 브로커를 통해 서로 통신하고 서비스를 제공할 수 있다. AWS IoT는 다양한 다른 아마존 서비스와 통합돼 있다. 예를 들어, 실시간 데이터 스트리밍 및 분석 엔진을 활용할 수 있다. 키네시스 파이어호스^{Kinesis Firehose}는 데이터 스트림을 처리하는 플랫폼으로 작동하고 S3^{Simple Storage Service}, Redshift(데이터 웨어하우징), 아마존 ES^{Elastic Search}와 같은 다른 아마존 도메인을 로드할 수 있다. 일단 적절한 데이터 플랫폼을 통해 키네시스 스트림즈^{Kinesis Streams}와 향후 키네시스 애널리틱스^{Kinesis Analytics}를 통해 다양한 분석을 할 수 있다. 아마존 글래시어^{Amazon Glacier}(https://aws.amazon.com/glacier/)는 접근 빈도수가 낮은 데이터에 확장 가능한, 장기간의 데이터 보관과 백업 기능을 제공한다.

IoT 애플리케이션과 IoT 개발을 지원하는 측면에서, AWS IoT는 아마존 람다^{Lambda}, 키네시스^{Kinesis}, S3, 클라우드워치^{CloudWatch}, DynamoDB 등의 아마존 프로비저닝 클라우드 서비스를 통합한다.

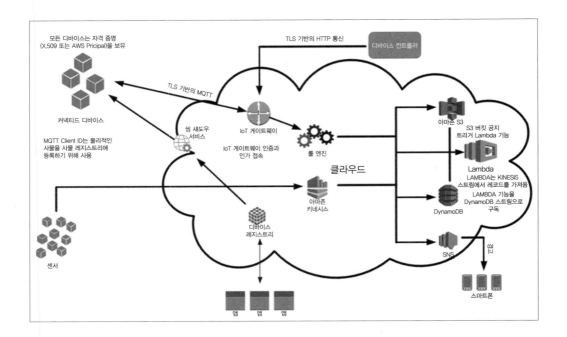

헬스케어healthcare를 포함한 다양한 산업이 아마존 IoT 플랫폼과 결합하기 시작했다. 예를 들어, 필립스Philips는 헬스스위트HealthSuite 디지털 플랫폼 엔진으로 AWS의 IoT 서비스를 이용하기 위해 제휴했다. 이 플랫폼은 의료 서비스 제공업체와 환자가 IoT 의료기기, 기존의 데이터 소스, 분석 및 보고를 사용하는 새롭고 혁신적인 방식으로 상호작용할 수 있도록 설계돼 있다. 다른 많은 IoT 관련 기업은 IoT 포트폴리오에서 AWS와 협력하거나 적극적으로 활용하기 시작했다.

AWS IoT와 같은 CSP IoT 서비스는 IoT 디바이스를 사전에 설정하고 온라인에 사용할 준비가 됐을 때 물리적인 장치 구성을 업로드할 수 있다. 일단 작동하면, AWS IoT는 오프라인 상태에서도 IoT 디바이스의 상태를 유지할 수 있는 씽 섀도우Thing Shadow 기능을 제공한다. 구성 상태는 클라우드에 저장된 JSON 문서에 저장된다. 예를 들어 MQTT 가능한 전구가 오프라인이면, MQTT 명령을 가상 사물 저장소로 전송해 전구의 색상을 변경할 수 있다. 전구가 다시 온라인 상태가 되면, 전구의 색상은 적절히 바뀔 것이다.

AWS 씽 섀도우는 제어 애플리케이션과 IoT 디바이스 간의 중개자다. 씽 섀도우는 서비스 및 디바이스와 상호작용하는 데 사용할 수 있는 사전에 정의된 주제와 MQTT 프로토콜을 활용한다. 씽 섀도우 서비스를 위해 예약돼 있는 MQTT 메시지는 $aws/things/thingName/shadow로 시작한다. 섀도우shadow와 상호작용하는 데 사용할 수 있는 예약된 MQTT 토픽은 다음과 같다(https://docs.aws.amazon.com/iot/latest/developerguide/thing-shadow-mqtt.html).

- /update
- /update/accepted
- /update/documents
- /update/rejected
- /update/delta
- /get
- /get/accepted
- /get/rejected
- /delete

- /delete/accepted
- /delete/rejected

사물은 씽 섀도우를 얻거나 업데이트할 수 있다. AWS IoT는 각 업데이트에 대한 JSON 문서를 발행하고 각 업데이트에 대해 응답하고 /accepted 또는 /rejected 상태의 요청을 가져올 수 있다.

보안의 관점에서, 인가된 엔드포인트와 애플리케이션만이 이러한 토픽을 발행publish할 수 있는 것이 중요하다. 관리 콘솔이 인가되지 않은 액터로부터 IoT 자산을 직접적으로 구성하는 것을 막기 위해 콘솔은 잠겨 있어야 한다.

AWS IoT 데이터 프로세싱 작업 흐름을 설명하기 위해 AWS 클라우드의 데이터 처리 기능을 활용하는 추가 활용 사례를 살펴보자. 이 그림에 도움을 준 스티브 크식사트카 Steve Csicsatka에 감사한다.

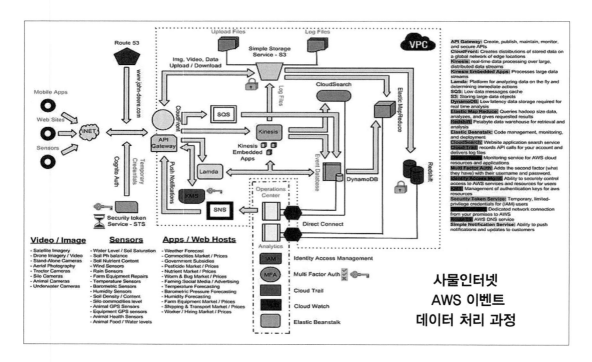

사물인터넷
AWS 이벤트
데이터 처리 과정

332

이 사례에서는 AWS 클라우드에 데이터를 주입할 수 있는 다수의 엔드포인트가 있다. 다수의 잠재적인 프런트 도어를 통해 데이터가 AWS에 입력된다.

- 키네시스
- 키네시스 파이어호스
- MQTT 브로커

일단 AWS 내부에서, AWS IoT는 데이터를 어디에 배치하고 임의의 추가적인 작업을 데이터에 취해야 하는지를 결정 포인트로 해서 엔진 기능을 규정한다. 대부분의 경우, 데이터는 예를 들어 S3 또는 DynamoDB와 같은 데이터베이스로 전송된다. 또한 Redshift를 사용할 수 있으며 장기간 동안 시간에 구애받지 않은 채 기록을 보존하고 저장할 수 있다.

AWS IoT 제품군 내에서 클라우드워치를 통해 통합 로그 관리 기능을 활용할 수 있다. 클라우드워치는 AWS IoT에서 직접 구성할 수 있으며, 디바이스에서 AWS 인프라로 전달되는 메시지를 통해 프로세스 이벤트를 로그에 기록할 수 있다. 메시지 로깅^{logging}은 오류, 경고, 정보, 디버그^{debug}로 설정할 수 있다. 디버그는 가장 포괄적인 메시지를 제공하지만, 또한 추가로 저장 공간을 차지한다.

아마존 클라우드트레일CloudTrail 또한 AWS 기반의 IoT 배포를 위해 활용할 수 있다. 클라우드트레일에서 계정 수준의 AWS API는 보안 분석, 분석, 컴플라이언스 추적을 활성화하기 위해 AWS API 콜을 지원한다. 클라우드트레일과 직접 통합되는 스플렁크, AlertLogic, SumoLogic과 같은 많은 타사 로그 관리 시스템이 있다.

마이크로소프트 애저 IoT 제품군

마이크로소프트도 애저 IoT 허브Azure IoT Hub와 함께 IoT 클라우드 분야에서 큰 도약을 이뤄냈다.

애저는 IoT 구현을 위한 디바이스 소프트웨어/펌웨어를 업데이트하고 구성할 수 있는 강력한 IoT 디바이스 관리 기능을 제공한다. IoT 디바이스 관리를 넘어서, 애저는 IoT 배포자가 도메인 내에서 디바이스 구성과 그룹화 기능을 제공한다. 즉 IoT 디바이스 수준의 토폴로지 관리를 가능하게 할 뿐만 아니라, 디바이스별로 설정, 그룹 수준의 관리, 권한, 접근 통제를 사전에 구성하고 관리할 수 있다.

애저의 그룹 관리 서비스는 그룹 API를 통해 제공되며, 디바이스 관리 기능, 소프트웨어 버전 관리 및 프로비저닝 등을 디바이스 관리 API를 통해 제공하고 있다(https://azure.microsoft.com/en-us/documentation/articles/iot-hub-devguide/). 중앙 집중식 인증은 기존의 AzureActiveDirectory 인증 프레임워크를 사용해 제공한다.

애저 IoT 허브는 MQTT, HTTP, AMQP와 같은 IoT 관련 프로토콜을 지원하며, 디바이스에서 클라우드device-to-cloud 및 클라우드에서 디바이스cloud-to-device 통신을 지원한다. 통신 표준의 다양성을 감안해, 애저는 IoT 허브 메시지 포맷을 통해 개발자가 프로토콜 간의 퓨전 기능을 제공한다. 메시지의 형식은 시스템 및 애플리케이션 속성의 다양한 속성 필드로 구성돼 있다. 필요한 경우 디바이스에서 클라우드 통신은 애저의 기존 이벤트 허브 API를 활용할 수 있지만, 각 디바이스별로 인증 및 접근 통제가 필요한 경우 IoT 허브가 이를 지원한다.

애저에서의 디바이스별 인증과 접근 통제는 각 디바이스의 접근 정책과 자격 증명에 매핑된 IoT 허브 보안 토큰을 사용함으로써 활성화된다. 토큰 기반 인증을 사용하면 와이어를 통해 민감한 보안 파라미터를 전송하지 않고도 인증을 수행할 수 있다. 토큰은 제조업체 또는 구현자가 제공하는 디바이스 ID를 사용해 생성된 고유의 애저 키를 기반으로 한다.

애저 IoT 데이터 처리 업무 흐름을 설명하기 위해, 커넥티드 팜 IoT 시스템으로 돌아가서 애저의 백엔드 구성을 검토해보자. AWS와 마찬가지로, 커넥티드 디바이스를 위해 클라우드에는 다양한 진입점entry point이 있다. 데이터는 REST와 MQTT를 지원하는 IoT 서비스 또는 API 게이트를 통해 애저에 수집될 수 있다. 그리고 데이터를 블롭blob 저장소 혹은 DocumentDB로 보낼 수 있다. 애저 콘텐츠 전송망CDN, Content Delivery Network은 IoT 디바이스 인벤토리에 펌웨어 업데이트를 배포하기 위한 좋은 도구다.

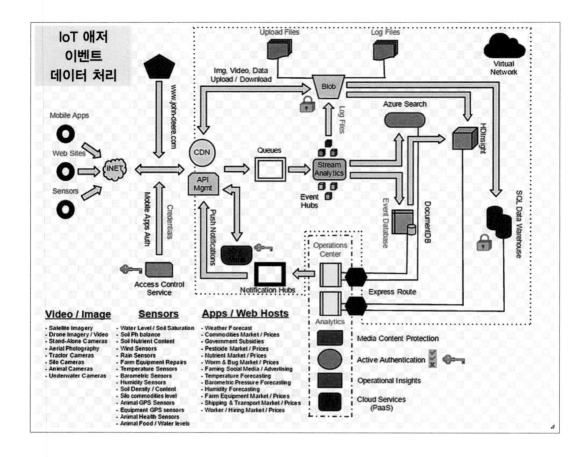

시스코 포그 컴퓨팅

클라우드를 위한 시스코의 IoT 전략은 IoT 디바이스의 대부분이 네트워크 에지에서 작동하는 것과 중앙 집중식 클라우드 처리에 가까운 영역에서 동작하는 사실에 초점을 맞췄다. 시스코의 에지 컴퓨팅의 개념을 지면(에지) 가까이서 안개를 볼 수 있는 것을 구름(클라우드)과 비교해 리브랜딩rebranding한 것이다. 시스코는 IoT의 규모가 커지게 되면, 네트워크 에지에서 네트워크 및 애플리케이션 스택에 통합된 훨씬 더 강력한 기능과 보안 자원이 필요할 것으로 예측하고, 여기에 집중하고 있다. 데이터와 데이터의

336

처리가 가능한 에지 중심edge-central으로 유지할 때의 이점은 다음과 같다.

- 대기 시간 감소: 방대한 양의 센서 데이터, 지역화된 의사결정, 대응을 포함하기 때문에 IoT의 실시간 처리를 위한 데이터 집약적인 에지 애플리케이션이 있다.
- 데이터 및 네트워크 효율성: IoT를 구성하는 데이터 볼륨은 방대하며, 애플리케이션과 보안 처리를 위해 네트워크 주위를 이동하는 데이터 포팅porting의 관점에서 의미가 없는 경우가 많다.
- 지역적인 에지 상황에 따라 정책을 지역적으로 관리 및 제어할 수 있다.
- IoT 에지에서의 신뢰성, 가용성, 보안이 지역의 필요에 따라 개선되고 있다.

앞서 언급한 이점은 중앙 집중식 클라우드 처리가 실현 불가능한 IoT 산업의 유형에서 처리 방식에 부합할 수 있다는 점이다. 시간에 민감한 센서 스트림, 컨트롤러, 액추에이터, 모니터링 및 리포팅 관련 애플리케이션과 IoT 산업에 관련된 방대한 데이터 세트는 포그 컴퓨팅을 매력적으로 만들고 있다.

시스코의 포그 컴퓨팅은 수명주기에서 초기에 해당하지만, 이미 하드웨어와 애플리케이션에서 직접 실행되는 애플리케이션 간에 위치하는 IOx 미들웨어 프레임워크에서 구현했다(https://developer.cisco.com/site/iox/technical-overview/).

기본적인 IOx 아키텍처는 다음과 같다.

- 포그 노드Fog node: 에지 네트워크를 구성하는 디바이스(예를 들어, 라우터와 스위치)를 나타내고 포그 프레임워크fog framework에 호스트 자원을 제공한다.
- 호스트Host: 포그 노드에 있는 호스트 OS는 다음과 같은 기능을 지원한다.
  - 로컬 애플리케이션 관리 및 제어를 위한 시스코 애플리케이션 프레임워크CAF, Cisco Application Framework
  - (여러 가지 유형의) 애플리케이션
  - 네트워크 및 미들웨어 서비스

- 포그 디렉터Fog director : CAF의 노스바운드northbound API에 연결돼 있으며, 모든 노드에서 실행 중인 애플리케이션을 위한 중앙 집중식 애플리케이션 관리 및 저장소를 제공한다. 포그 디렉터를 통해 관리자는 포그 포털Fog portal에 접속한다.

IoT 포그 컴퓨팅 개발은 시스코 데브넷Cisco DevNet 소프트웨어 개발 키트에서 지원하고 있다. IoT 조직은 시스코의 시스코 넷플로우Cisco NetFlow, 트러스트섹TrustSec, ID 서비스 엔진ISE, identity services engine과 같은 기존의 시스코 사이버 보안 솔루션을 활용할 수 있다.

IBM 왓슨 IoT 플랫폼

IBM 왓슨Watson은 별도의 소개가 필요 없을 정도로 유명하다. 왓슨 인지 컴퓨팅cognitive computing 플랫폼은 2010년 미국의 유명 게임 쇼인 '제퍼디Jeopardy'에서 챔피언을 꺾었을 때부터 그 성능이 알려지기 시작했다. 왓슨의 거대한 데이터 세트 처리를 기반으로 하는 학습 및 문제 해결 기능은 헬스케어와 같은 다양한 산업에서 사용되고 있다. 오늘날, IBM은 왓슨의 처리 도메인에 사물인터넷을 추가했다. IBM의 기초 IoT API는 IBM 왓슨 IoT 플랫폼 개발 센터에서 이용 가능하고 다음과 같은 인터페이스 기능을 포함한다(https://developer.ibm.com/iotfoundation/과 https://developer.ibm.com/iotfoundation/recipes/api-documentation/).

- 조직 IoT 디바이스의 뷰와 인벤토리
- 등록, 업데이트, 디바이스 보기
- 과거로부터 수집한 데이터 세트에서 처리

MQTT 및 REST 인터페이스

IoT 디바이스 트랜잭션과 통신을 원활하게 해주는 플랫폼의 MQTT와 REST 통신을 지원함으로써, IoT 개발자들이 강력한 데이터 수집, 인지 분석, 데이터 출력 기능을 구축할 수 있다(https://docs.internetofthings.ibmcloud.com/devices/mqtt.html).

왓슨 IoT 플랫폼의 MQTT API는 암호화되지 않은 접속을 허용하고 8883, 443포트에서 암호화 통신을 지원한다. 플랫폼이 TLS 1.2를 필요로 하는 점에 유의하자. IBM이 권장하는 암호 스위트^ciphersuites^는 다음과 같다.

- ECDHE-RSA-AES256-GCM-SHA384
- AES256-GCM-SHA384
- ECDHE-RSA-AES128-GCM-SHA256
- AES128-GCM-SHA256

디바이스의 등록은 TLS 연결을 사용해야 하고, MQTT 암호는 TLS 터널에 의해 보호를 받으며 클라이언트로 전달된다.

MQTT가 클라우드 디바이스 연결에 사용되는 경우, MQTT 암호 대신 토큰을 선택할 수 있다. 이 경우, 암호 대신 인증 토큰 값을 대신 사용할 수 있다.

REST 인터페이스는 마찬가지로, TLS 1.2를 사용한다. 허용하는 포트는 443포트고 애플리케이션 API 키가 사용자 이름의 역할을 하며, 인증 토큰을 HTTP 기본 인증에서 패스워드처럼 사용한다.

▮ 클라우드 IoT 보안 제어

IoT 배포를 지원하는 클라우드 기반 서비스의 다양성을 감안할 때, 각 클라우드 및 이해관계자 엔드포인트는 다수의 트랜잭션을 확보하는 데 중요한 역할을 하고 있다. 이 절에서는 조직이 고려해야 할 권장되는 IoT 보안 통제와 서비스의 간단한 목록을 제공한다. 클라우드로 인증 및 암호화 같은 기본적인 통제는 모든 CSP에서 지원하지만, 다른 분야에서 제공하는 기능을 기반으로 CSP를 신중하게 검토하고 고려해야 한다.

대부분의 CSP 번들은 다양한 방식으로 서비스를 제공한다. 여러분의 조직은 독특한 패키지의 제공에 따라 직접적으로 또는 간접적으로 얻거나 혜택을 얻을 수 있다. 이러한 서비스는 가상화된 기반 시설 전반에 걸쳐 강력하고 반복적인 신뢰성 관계를 구축하기 위해 다양한 방식으로 결합될 수 있다.

인증 및 권한 부여

인증 보안 제어를 고려할 때, 여러분의 조직은 다음을 모두 처리해야 한다.

1. 관리자 기능 및 API에 접근하는 개인의 관리자 신원 확인(가상 인프라에서 관리적인 통제의 민감성을 감안하면 멀티팩터 인증이 바람직하다.)
2. 클라우드 애플리케이션에서 최종 사용자 인증
3. 클라우드 애플리케이션(IoT 게이트웨이 및 브로커) 간 상호 인증
4. 게이트웨이와 브로커에게 필요한 보안 및 기능적 리소스를 직접 인증할 수 있는 권한 부여
5. 애플리케이션 공급자로부터 다른 사용자에게 프락시proxy 인증

다양한 인증 메커니즘은 CSP에 의해 지원되고 있다. 아마존 AWS와 마이크로소프트 애저는 다음 절에서 설명할 것이다.

아마존 AWS IAM

아마존 클라우드에서 지원하는 AWS IAM 인증 서비스는 연합 신원federated identity, 멀티팩터 인증, 사용자/역할/권한 관리, 기타 아마존 서비스와 완벽한 통합을 지원하는 다중 기능 인증 플랫폼이다.

AWS 멀티팩터(예를 들어, 토큰 기반) 인증^{MFA, multi-factor authentication} 서비스는 조직의 신규 또는 기존 인증 프레임워크 중에서 적합하고 다양한 MFA 폼 팩터를 지원한다. 하드웨어 토큰, 키 포브^{key fob}, 접근 카드 및 가상화 MFA 디바이스(예를 들어, 모바일 디바이스에서 실행할 수 있는)는 아마존에서 지원받을 수 있다. MFA는 가상 사설 클라우드 관리자뿐만 아니라 최종 사용자 모두 사용할 수 있다.

다수의 웹 애플리케이션 사이에서(특히 브라우저에서) 개방형 표준 OAuth 2.0을 사용해 전이 트러스트 관계^{transitive trust authorization}를 전달할 수 있다. 그러나 OAuth2는 권한 부여만을 제공한다. OAuth2에 기반을 둔 OIDC^{OpenID Connect} 서비스를 활용해 인증 기능을 얻을 수 있다. OIDC는 사용자에 대한 승인을 지원하기 위해 OAuth2 트랜잭션을 통해 획득한 식별 토큰을 사용한다.

애저 인증

앞서 언급한 대로, 마이크로소프트 애저는 애저 AD^{Active Directory}를 통해 중앙 집중식 연합 ID 인증을 제공한다.

또한 마이크로소프트 애저는 OAuth2와 OpenID Connect를 애저 AD 내에 서비스형 신원^{IDaaS, identity-as-a-service}으로 제공한다. 아마존 AWS는 이러한 기능을 제공하고 있으며 ID 및 접근 통제의 일부를 제공한다. 선택한 클라우드 공급자가 OpenID Connect를 제공하지 않으면서 OAuth2를 제공하는 경우, 단일 업체에서 제공하는 것만큼 원활하지는 않지만 공급자 1의 OAuth2 서비스를 공급자 2의 OpenID Connect 서비스(인증 토큰용)와 통합할 수 있다.

소프트웨어/펌웨어 업데이트

소프트웨어 및 펌웨어의 실행 스택에서 수많은 취약점은 빠르고 쉽고 자동화된 패치로 완화시킬 수 있다. 자동화되고 안전한 펌웨어/소프트웨어 업데이트 기능을 엔드 디바이스에 구현하는 것을 강력하게 추천한다. 새로운 실행 파일 또는 실행 가능한 청크

(패치)는 강화된 소프트웨어 서명 서비스를 통해 개발 운영^{DevOps} 환경에서 디지털 서명돼야 한다. 최종 디바이스의 측면에서, 소프트웨어와 펌웨어 업데이트가 IoT 엔드 디바이스로 전파되는 것을 확인할 수 있도록 최종 디바이스에 검증할 수 있어야 한다.

일부 CSP 지원 서비스에는 애저 CDN과 같은 소프트웨어/펌웨어 서비스가 포함돼 있다.

종단 간 보안 권고 사항

다음의 종단 간 보안 권장 사항을 고려해보자.

- 게이트웨이에서 보안상의 취약점이 있는지 확인하자. 이상적으로, CSP에서 IoT 디바이스와의 게이트웨이는 단순히 패스스루^{pass-through}의 역할을 하며 종단 간 인증과 무결성 보호를 지속적으로 유지해야 한다. 이것이 항상 가능하지는 않지만, 배치된 센서 노드가 펌웨어 업데이트 및 명령의 유효성과 무결성을 검증하기 위해 게이트웨이에 의존할 경우 다른 방어 조치를 취해야 한다.
- IoT 디바이스를 제공하는 웹 서비스 및 데이터베이스에 보안 소프트웨어 개발 방법을 엄격하게 적용한다.
- 업무 흐름의 분석과 보고서 작성을 도와주는 클라우드 애플리케이션을 충분히 보호하자.
- 분석 및 보고서 작성 애플리케이션에 정보를 제공하는 데이터베이스에 보안 설정을 적용하자.
- IoT 디바이스 데이터에 무결성 보호를 적용한다. 이는 IoT 디바이스에서 게이트웨이로, 또한 게이트웨이에서 클라우드로 전송되는 데이터의 무결성 보호를 사용할 필요가 있다.
- 임대 디바이스는 고객 환경 내에서 작동하며, 서비스 공급자는 부주의로 인해 고객의 네트워크에 악성코드를 감염시키고 싶지 않을 것이다. 이러한 디바이스를 고객의 네트워크에서 분리할 수 있다면 적용해야 한다. 이러한 사

용 사례의 경우 서비스에서 사기 및 도난이 발생할 가능성이 있으며, 침해를 방지하는 방법을 디바이스 설계에 반영하는 것이 중요하다. 이는 NIST FIPS 140-2에서 기술한 변조 확인tamper-evident 또는 변조 대응tamper-responsive 보호를 사용해 수행할 수 있다.

- 로봇에 의한 서비스 거부 공격을 방어하기 위해 로드 밸런싱load balancing 애플리케이션 게이트웨이를 사용한다(현재 다수의 우수한 솔루션이 업계에 존재한다).
- IoT 디바이스(또는 게이트웨이)로 전송되는 데이터가 디바이스에 의해 인증받은 것을 보장한다.
- 필요한 경우 데이터를 암호화한다.
- 디바이스 간의 트랜잭션 및 메시지 전송은 인증(그리고 무결성 보호)을 받아야 한다.
- 모든 경우에 서비스 제공자는 개인에 의해 발생하는 정보와 개인 관련 디바이스에 연관된 개인정보를 추적할 수 있어야 한다. 의료 디바이스의 경우 환자에게 의료 사무국에 있는 동안 생성된 데이터뿐만 아니라 연결된 디바이스가 클라우드로 데이터를 업로드하는 것에 대해 통보와 승인을 받았는지 확인할 수 있어야 한다. 알림 메시지는 데이터를 공유해도 좋은 조직만 포함시켜야 한다.
- 데이터가 잠재적으로 다수의 다른 조직에 전달됐을 때 데이터 파기를 통한 통제는 불가능하므로 서비스 제공업체는 협업하는 조직과 개인정보 보호 협약을 맺어야 한다. 또한 다른 조직에서 구현되는 보안 통제의 타당성을 평가한다.
- 유연한 접근 통제를 구현한다(더 높은 수준의 접근 통제를 결정하기 위해 속성 기반 접근 통제를 사용한다).
- 개인정보 보호를 위한 태그 데이터
- 데이터 사용에 대한 알림을 제공

데이터 무결성 유지

무수한 목적과 잠재적으로 많은 이해관계자가 사용할 데이터의 무결성을 보장할 수 있는 방법은 무엇일까? 기업 IoT 시스템의 관점에서 볼 때, 수집된 데이터를 신뢰할 수 있는 능력은 매우 중요하다. 이는 다음과 같은 요건을 충족해야 한다.

- IoT 디바이스에 적용된 인증 및 무결성 제어 장치는 악성 디바이스가 클라우드로 데이터를 전송할 수 없도록 한다.
- 게이트웨이 장치의 보안 구성 게이트웨이 디바이스는 현장에서 설치되거나 클라우드에서 동작하지만, 이러한 게이트웨이 디바이스는 대량의 데이터를 처리하기 때문에 다음과 같이 보호돼야 한다.
  - SIEM 보안 로깅 및 분석
  - 보안 구성(운영체제, 데이터베이스, 애플리케이션)
  - 방화벽 보호
  - 각 인터페이스의 암호화 통신. 이는 클라우드와 통신하는 인터페이스에서 암호화 통신을 사용해야 한다. 이는 일반적으로 전송 계층 보안[TLS] 및 적절한 암호 스위트[ciphersuite]로 이뤄진다. 센서와 통신하는 인터페이스에서는 암호화된 RF 통신을 강력하게 권장한다.
  - 가능한 경우 PKI 인증서를 사용해 강력한 인증을 받자.
- 게이트웨이 또는 디바이스와 상호작용하고 데이터를 수집하는 웹 서비스를 위한 소프트웨어 보안 조치를 한다.
- 안전한 인프라 구성(예를 들어, 웹 서버)은 IoT 웹 서비스를 지원한다.

보안 부트스트랩과 IoT 디바이스의 등록

특정 디바이스에서 서비스 및 게이트웨이의 인증을 위해 사용되는 자격 증명을 신뢰하려면 디바이스의 초기 트러스트 프로비저닝 구축 과정에 특별히 주의해야 한다. 특정 디바이스의 중요도에 따라, 부트스트랩[bootstrap]은 공급 업체에서 이뤄지거나 신뢰할 수 있는 에이전트가 직접 수행할 수 있다. 부트스트랩과 등록을 완료하면 안전한 방식으로(네트워크를 통해) 디바이스에 운영 인증서를 제공할 수 있다.

보안 모니터링

IoT 게이트웨이/브로커는 엔드포인트의 의심스러운 작동을 탐지하도록 구성해야 한다. 예를 들어, MQTT 브로커들은 악의적인 동작을 신호로 보낼 수 있는 발행자publisher와 구독자subscriber로부터 메시지를 전달받아야 한다. MQTT 스펙 버전 3.1.1은 보고할 동작의 예를 다음과 같이 제공한다.

- 반복된 연결 시도
- 반복된 인증 시도
- 비정상적인 연결 종료
- 주제 스캐닝topic scanning
- 전달되지 않은 메시지 보내기
- 접속하지만 데이터를 보내지 않는 클라이언트

 IoT 시스템의 오용 가능성을 확인하기 위해 SIEM 튜닝을 생각해야 한다. 특정 IoT 디바이스의 동작이 전체 시스템의 다른 부분에서 발생하는 이벤트와 연관될 수 있는 방법을 이해해야 한다.

▋ 기업용 IoT 클라우드 보안 아키텍처 조정

클라우드를 가능하게 하는 IoT 시스템을 위한 다수의 아키텍처 측면과 옵션이 있다. CSP, IoT 서비스 공급자, 엔터프라이즈 채택 업체는 구조적으로 지원하는 프레임워크에 적절한 보안 통제의 초점을 맞출 수 있도록 제공되는 기능을 검사해야 한다.

다음 그림은 클라우스 서비스 제공업체의 범용 가상 사설 클라우드다. 엔드포인트 투 엔드포인트 데이터의 트랜잭션을 보호하기 위한 기본적인 기능과 보안 서비스를 제공하고 있으며, IoT 기반의 배포뿐만 아니라 일반적인 IT 환경에서도 사용할 수 있는 전형적인 가상화된 서비스를 보여준다. 모든 IoT 디플로이어^{deployer}가 사용할 수 있는 모든 클라우드 기능을 활용해야 하는 것은 아니다. 하지만 대부분의 경우 해당 서비스를 최대한 활용해야 하며, 이를 안전하게 보호해야 한다.

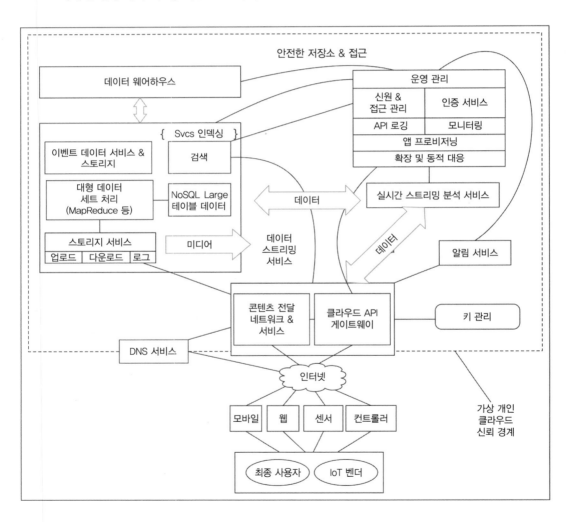

위의 시스템에 대한 보안 아키텍처를 구축하려면, 담당자는 엔터프라이즈 IoT 클라우드 보안 아키텍처를 조정하는 경우 실제로 모든 것을 고안하거나 적용하기보다는 CSP에서 이미 사용할 수 있는 기본적인 보안 아키텍처 구조 및 서비스를 조합하는 것이 실제로 있음을 처음부터 기억해야 한다. 즉, 다음과 같은 활동 중의 일부는 이미 이 책에서 충분히 설명했기 때문에 자세히 설명하지 않았다.

1. 시스템과 보안 시작점을 우선 구분하고 세부적인 위협 모델을 실시한다.

   1. 모든 기존의 IoT 디바이스 유형, 프로토콜, 플랫폼을 식별한다.

   2. 네트워크 에지에서 IoT 디바이스에서 발생하는 모든 IoT 데이터의 민감도와 개인정보를 기반으로 식별하고 분류한다.

   3. 인근 및 원격 데이터 생산자, 소비자의 중요한 데이터를 결정한다.

   4. 모든 시스템 엔드포인트, 물리적 및 논리적 보안 특성을 파악하고, 이를 제어하고 관리하는 담당자를 식별한다.

   5. 사람들이 IoT 서비스 및 데이터 세트와 상호작용하거나 디바이스를 관리, 유지, 구성하는 모든 조직을 식별한다.
      각 시스템에 등록하는 방법을 확인하고, 권한을 획득하고, 접근하고, (필요한 경우) 감사 또는 추적을 한다.

   6. 데이터 저장, 재사용, 보호를 위해 필요한 데이터 스토리지를 결정한다.

   7. 위험을 기반으로, 최종 소비자 또는 데이터 싱크가 데이터의 출처를 보장할 수 있도록 지점 간point-to-point으로 보호해야 하는 데이터 유형(해당 지점을 식별할 수 있어야 함)과 종단 간 무결성 및 (필요한 경우) 기밀을 유지해야 한다.

   8. 필드 게이트웨이가 필요한 경우, 해당 플랫폼에서 필요로 하는 South 및 North 프로토콜을 검토해 1) 필드 디바이스와 통신하고(예를 들면, ZigBee) 2) 해당 통신을 통합하고 클라우드 게이트웨이로 전송한다(예를 들어, HTTP와 결합된 TLS).

9. 데이터에 대한 위험 및 개인정보 보호 평가를 완료해 현재 CSP에서 부족할 수 있는 필요한 통제를 확인한다.

2. (클라우드에 한정해) 다음과 같이 보안 아키텍처를 구축한다.
    1. CSP에서 직접적으로 보안 규정을 사용할 수 있다.
    2. CSP의 파트너 또는 호환 가능하고 상호 운용 가능한 서드파티 서비스를 통해 클라우드 기반의 추가적인 보안 서비스를 제공한다.
3. 정책 및 절차를 개발 및 조정한다.
    1. 데이터 보안 및 데이터 개인정보 보호 처리
    2. 사용자 및 관리자 역할, 서비스 및 보안 요구 사항(예를 들어, 특정 자원을 보호하기 위해 멀티팩터 인증이 필요한 경우)
4. 자체적인 보안 아키텍처를 CSP에서 지원하는 프레임워크와 API를 도입해 구현한다.
5. 보안 관행을 통합한다(NIST 위험 관리 프레임워크에서 잘 설명하고 있다).

클라우드를 사용할 수 있는 IoT 컴퓨팅의 새로운 방향

이번 장을 마치기 전에, 클라우드의 몇 가지 추가적인 IoT 가능한 특성과 클라우드에 연결된 IoT의 잠재적인 미래 방향 및 사용 사례를 확인해보는 것이 중요하다.

클라우드에서 IoT를 가능하게 하는 요소

클라우드는 여러 가지 특성을 지니고 있으며, 앞에서 설명한 것처럼 매력적이고 적응력이 뛰어나며 새로운 IoT 서비스를 구상, 구축, 배포하기 위한 기술적인 스택을 제공한다. 이 절에서는 몇 가지 기능만을 다룬다.

소프트웨어 정의 네트워킹

소프트웨어 정의 네트워킹^{SDN, Software defined networking}은 정책 기반으로 루트를 관리하고 네트워크를 재설정하기 위한 업무량을 감소시키고 간소화하는 차세대 네트워크 관리 기능으로 등장했다. 즉, 전 세계의 IoT 트래픽을 관리하기 위한 유연성과 엄청난 확장성을 위한 절대적인 필요를 바탕으로 네트워크 자체로 좀 더 프로그래밍 가능해지고 동적으로 만들기 위해 등장했다. SDN 아키텍처는 전송 기능에서 네트워크 제어 기능을 분리해 작동한다. 이들은 SDN 컨트롤러로 구성돼 있는데, 1) Northbound API 또는 네트워크 애플리케이션에 연결되는 브리지, 2) 트래픽 포워딩을 수행하는 필드 네트워크 장치에 네트워크 컨트롤러를 연결하는 Southbound API로 구성돼 있다.

대규모 클라우드 서비스를 활용하는 IoT 아키텍처는 이미 SDN을 활용하고 있다. 관리 서버, 브로커, 필드의 IoT 디바이스의 게이트웨이, 기타 IoT 아키텍처 요소를 호스팅하는 대형 가상화 시스템들은 아마존과 구글을 비롯한 여러 클라우드 공급자에 내장돼 있다. 시간이 지남에 따라, 더 세분화된 기능을 통해 동적으로 자신만의 IoT 네트워크를 만들고 조정함으로써 맞춤형 네트워크를 생성할 수 있다. SDN은 분산 서비스 거부^{DDOS, distributed denial of service} 공격을 해결하기 위해 보안 업체의 서비스를 사용하고 있으며, 기업은 이러한 기능을 지원하기 위해 구현을 조정해야 한다.

데이터 서비스

IoT의 엄청난 양의 데이터, 데이터 소스, 데이터 싱크를 감안할 때, 클라우드 환경은 이 데이터를 관리하고 구조화할 수 있는 기능을 제공한다. 예를 들어, 아마존의 DynamoDB는 강력한 IoT 데이터 스토리지, 공유, 분석 서비스를 제공하기 위한 짧은 대기 시간, 강력한 확장성, NoSQL 데이터베이스 기능을 제공한다. 사용하기 쉬운 웹 프론트엔드^{frontend}를 통해 개발자가 테이블, 로그, 접근, 기타 데이터 제어 기능을 생성하고 관리한다. 임의 크기의 조직에서 IoT를 통해 얻을 수 있는 장점은 실제로 사용하는 데이터양에 비례하는 가격 책정 모델을 사용할 수 있는 것이다.

데이터 보안, 인증, 접근 통제는 AWS ID 및 접근 관리 시스템을 활용해 DynamoDB의 테이블 단위로 구현할 수 있다. 이는 하나의 조직에서 다양한 분석을 수행하고 개별 테이블에서 파생된 데이터를 생성한 다음, 애플리케이션을 통해 개별 고객에게 해당 데이터를 선택적으로 제공할 수 있다는 의미다.

안전한 개발 환경을 위한 컨테이너 지원

IoT 개발 환경에서 직면하고 있는 도전 과제 중 하나는 IoT 하드웨어 플랫폼의 다양한 특성이다. 다양한 플랫폼은 다른 소프트웨어 개발 키트, API, 드라이버를 제공한다. 다른 하드웨어에서 사용되는 프로그래밍 언어는 C에서 임베디드 C, 파이썬Python까지 다양하다. 개발 팀에서 공유할 수 있는 재사용 가능한 개발 환경은 이러한 시나리오를 뒷받침할 수 있을 정도로 충분히 유연해야 한다.

매우 유연한 IoT 개발 환경을 지원하는 한 가지 접근 방식은 컨테이너 기술을 사용하는 것이다. 이 기술을 사용하면 현재 장치 유형을 개발하는 데 필요한 라이브러리 및 패키지로 컨테이너를 작성할 수 있다. 이러한 컨테이너는 개발 기준선으로 개발 팀 전체에서 복제되고 공유할 수 있다. 새로운 유형의 IoT 디바이스가 팀에 의해 개발되면서, 새로운 소프트웨어 라이브러리 스택을 추가하는 새로운 기준선을 만들 수 있다.

배포 지원 컨테이너

도커Docker(http://www.docker.com/)를 개발 도구로 사용하면 IoT 디바이스 이미지의 작업 흐름을 저장, 배포, 관리하기가 편리하다. 도커는 개발자와 시스템 관리자가 소프트웨어/펌웨어 이미지를 직접 IoT 하드웨어에 배치할 수 있는 기능을 갖추도록 설계돼 있다. 이 접근법은 다음과 같은 두 가지 이점을 가지고 있다.

- 도커를 통해 디바이스 이미지를 업데이트(초기 배포뿐만 아니라)할 수 있다.
- 도커는 IoT 시스템 전체 검사를 위한 라벨로Ravello 같은 테스트 시스템과 통합할 수 있다. 라벨로 시스템즈Ravello Systems(https://www.ravellosystems.com)는

AWS 또는 구글 클라우드에서 실행되는 클라우드 캡슐에서 VMware/KVM 애플리케이션 배포 및 테스팅을 위한 강력한 프레임워크를 제공한다.

도커는 컨테이너를 배치할 수 있는 강력한 능력을 제공하는 반면, 구글의 오프소스인 쿠버네티스^{Kubernetes}와 같은 다른 기술을 활용해 도커가 컨테이너의 대규모 클러스터를 관리할 수 있도록 활용할 수 있다. 거대한 컨테이너의 클러스터를 쉽게 관리할 수 있게 해주는 분산형 컴퓨팅 기능은 IoT의 강력한 원동력이다.

마이크로서비스

마이크로서비스^{microservice}는 서비스 지향 아키텍처^{SOA, service oriented architecture}와 같이, 대형 단일 엔터프라이즈 애플리케이션(웹 UI 및 REST API, 데이터베이스, 핵심 비즈니스 로직)을 작은 크기의 서비스로 모듈화하는 것을 새롭게 개념화한 것이다. 이 기술은 변화하는 요구 사항에 대응하기 위해 눈덩이처럼 불어나는 경향이 있는 엔터프라이즈 애플리케이션의 복잡성을 단순화하고 간단한 접근법을 제공한다. SOA와 개념적으로 유사하지만, 마이크로서비스 아키텍처는 거대한 시스템을 별도의 가상화되고 자체 포함된 애플리케이션 VM으로 나눈다. 각각은 일반적으로 고유한 비즈니스 로직, 데이터 백엔드, 마이크로서비스에 연결하기 위한 API를 제공한다. 마이크로서비스 아키텍처에서, 각 개별 마이크로서비스는 선택한 컨테이너의 유형(예를 들어, 도커, VMware)으로 가상으로 인스턴스화된다.

마이크로서비스 아키텍처는 소규모 또는 대규모의 클라우드 애플리케이션을 위한, 장기간에 걸친 개발과 유지 관리를 간소화해줄 뿐만 아니라, 클라우드의 유연성에 자연스럽게 기여할 수 있다. 만약 다수의 마이크로서비스로 구성된 엔터프라이즈가 있고 그중에서 두 가지(아마, 계정 등록이나 알람 서비스)를 필요로 하는 경우라면, 영향을 받는 서비스만을 위해 간단하게 클라우드 아키텍처에서 새로운 마이크로서비스 컨테이너를 가동할 수 있다.

IoT의 데이터가 풍부한 환경에서 기업은 새로운 IoT 엔터프라이즈 애플리케이션을 개발할 수 있다. 그리고 마이크로서비스를 사용해, 새로운 서비스를 신속하게 조립하고 데이터 및 처리 결과와 절차에 대응할 수 있는 새로운 서비스를 동적으로 확장할 수 있다. 또한 개별 애자일 팀은 한두 가지 개별 마이크로서비스에 집중할 수 있기 때문에 애자일 개발 프로세스를 훨씬 쉽게 유지할 수 있다.

5G 접속으로의 전환

미국, 유럽, 아시아가 아직 정의하지 않은 5G 표준을 수립하기 위해 의견 차이를 조정하는 동안, 인터넷을 활용하는 다수의 사물, 사용 사례, 애플리케이션을 적극적으로 활용했고 다수의 두드러진 특징에서 커다란 변화가 생겼다. 유비쿼터스 네트워크는 LTE 네트워크보다 훨씬 더 빠른 데이터 속도(~10배)를 지원하는 기능으로 사물인터넷의 핵심 요소가 될 것이다. 지금까지, 5G 사양에 대한 경쟁적인 의견에 따라 다음 목록에 대한 합의가 이뤄졌다(http://www.techrepublic.com/article/does-the-world-really-need-5g/).

- 데이터 전송 속도는 1GB/s로부터 시작해서 멀티-GB/s로 발전해야 한다.
- 대기 시간은 1ms 미만이어야 한다.
- 5G 기기는 이전보다 훨씬 에너지 효율적이어야 한다.

IPv6의 IP 주소 공간과 가까운 장래에 등장할 5G(그리고 이후)의 연결성을 감안할 때, 대부분의 미래 지향적인 기업들은 IoT를 위한 준비에 막대한 투자를 하고 상상을 초월하는 성장을 준비하고 있다.

클라우드 이용 가능 방향

이 절에서는 이전의 클라우드 구현을 기반으로, 중앙 집중식과 분산된 클라우드 프로세싱을 사용해 IoT를 새롭고 놀라운 방향으로 사용하도록 독려할 수 있다.

온디맨드 컴퓨팅과 IoT(동적 컴퓨팅 리소스)

이른바 공유 경제는 우버Uber, 리프트Lyft, 에어앤비Airbnb, 가정용 태양 에너지의 전기 그리드grid 재분배와 자원 소유자(자동차, 아파트, 태양열 패널 등)가 허용하는 기타 비즈니스 패러다임과 같은 서비스를 도입해 업체가 여분의 사이클을 무언가 다른 것으로 교환할 수 있는 기능을 제공한다. 온디맨드 컴퓨팅ODC, On-demand computing은 상대적으로 초기 단계지만, 클라우드 기반의 유연한 아키텍처에서 큰 비중을 차지하고 있다. 컴퓨팅 자원은 동적으로 변화하는 클라이언트의 수요를 기반으로 예약되고, 전달되고, 청구될 수 있다.

IoT의 클라우드 사용에서 비롯되는 엄청난 장점은 역으로 단점이 될 수 있다. 5G의 활성화로, IoT의 대규모 에지 디바이스와 사용 가능한 컴퓨팅 자원은 다양한 에지 애플리케이션 컴퓨팅 자원을 활용하는 데 클라우드 기반 애플리케이션의 장점을 적극적으로 활용할 수 있을 것이다. 단일 디바이스에서 처리할 수 없는 컴퓨팅 집약적인 에지 애플리케이션을 상상해보자. 이제 이 디바이스가 다른 사용자가 소유한 주변에 있는 에지 디바이스의 처리 기능을 활용할 수 있다고 상상해보자. 사물을 위해 동적으로 사물의 지원을 받는 온디맨드 지역 클라우드는 5G 네트워크를 필요로 하고 아직 상상할 수 없는 애플리케이션을 실현 가능하도록 도와준다. 네트워크 지원 이외에도 IoT에 특화된 ODC는 앞서 설명한 마이크로서비스와 마이크로서비스의 세분화된 실행 유닛처럼 새로운 애플리케이션 아키텍처의 발전을 요구할 것이다.

보안의 관점에서 볼 때, IoT 디바이스에서 안전하고 신뢰할 수 있는 컴퓨팅 도메인은 IoT 제공 ODC의 기본적인 요구 사항이 될 것이다. 독자의 차량이 컴퓨팅 주기를 주변의 비즈니스, 원격의 개인이나 프로세스, 또는 클라우드 제공자 자체에게 제공하도록 허용함으로써 이익을 창출하는 것을 상상해보자. 온디맨드의, 차량에 실행 가능한 파일 업로드와 신뢰할 수 없는 코드 처리는 높은 수준의 보증을 통해 도메인과 분리돼야 한다. 그렇지 않으면 개인용 애플리케이션과 데이터는 임시 게스트 프로세스로 인해 쉽게 공격받을 수 있다. ARM, 트러스트존TrustZone을 비롯한 오늘날의 여러 기술은 IoT를 위한 도메인 간의 컴퓨팅을 가능하게 하는 시작점이다.

클라우드를 위한 새로운 배포 모델

이전 장에서는 디지털 자격 증명과 오늘날의 클라우드 기반 클라이언트 및 서비스 엔드포인트를 보호하기 위한 PKI가 광범위하게 사용되는 것을 살펴봤다. 오늘날 서로 다른 트러스트 도메인 간에 통합된 신뢰를 유지하는 것은 간단하거나 효율적인 방법이 아니다. 이를 위해 2016년 5월 아파치 재단Apache Foundation은 밀라그로Milagro라는 새로운 프로젝트를 채택했다(http://milagro.apache.org/). 밀라그로는 페어링 기반의 암호화 및 독립적인 다수의 분산된 신뢰 기관DTA, distributed trust authority을 활용해 클라이언트와 서버에 대한 다수의 개인 키 공유를 독립적으로 생성하는 점에서 흥미롭다. 사용하는 엔드포인트는 최종 암호화 변수를 구성해 필요한 모든 클라우드 환경에서 상호 인증 및 핵심 동의를 가능하게 해준다. 기본적인 개념은 DTA가 다수의 독립적인 조직을 위해 운영할 수 있으며, 각 최종 조직을 위해 부분적인 SECaaS 솔루션을 제공할 수 있다는 것이다. 이 모델의 분산된 특징은 공격자가 최종 사용자의 키 재료를 생성하는 데 관여된 모든 DTA를 침해해야 하므로, 오늘날의 최종 사용자의 키 자료 생성과 관련된 단일 신뢰 계층 모델을 개선했다. 밀라그로의 실험이 성공할 경우, 클라우드 및 종속 IoT 배포를 위한 새롭고 흥미로운 오픈소스 분산 신뢰 모델이 등장할 수 있다.

인지 IoT

IBM의 왓슨과 새로운 인터페이스는 우리의 사물인터넷을 위한 인지cognitive 데이터 처리의 시작에 불과하다. 일반적으로 IoT는 너무 커서 모든 잠재적인 인지 처리 사용 사례를 작은 세트로 그룹화하기 어렵지만, 인지 분석과 결합된 IoT 시스템과 데이터의 경계 주변 일부를 정리하면 다음과 같다.

- 예측 건강 모니터링: 다양한 환자 메타데이터metadata와 결합된 대량의 건강 모니터링 바이오 데이터 세트의 경우 인지 시스템이 환자의 질병 상태나 다른 건강상의 질병이 나타날 확률을 훨씬 더 정확하게 예측할 수 있다. 가장 최근의 연구는 매우 제한된 정보에 기초해 위험 요소들을 평가한다. IoT 상태 모니터

링, 웨어러블, 데이터 융합 서비스와 기타 개인 및 공용 데이터 소스, 인지 시스템은 건강 위험을 식별할 수 있는 광범위하고 거대한 데이터 집합을 갖게 될 것이다. IoT 시스템은 이러한 기능에서 핵심 역할을 할 것이다.

- 공동 탐색 기술: GPS 거부 환경에서 효과적으로 탐색할 수 있도록 작동하는 소규모 UAS 무리를 사용해 환경을 집합적으로 파악할 수 있다.

▌ 요약

이번 장에서는 클라우드, 클라우드 서비스 제공업체, IoT의 클라우드 지원, 보안 아키텍처, 클라우드가 사물 인터넷의 연결과 지원을 위해 만들어가는 강력하고 새로운 방향에 대해 알아봤다. 마지막 장에서는 IoT와 관련된 사고 관리 및 포렌식에 대해 알아볼 것이다.

10

IoT 사고 대응

이 장에서 다루는 내용

- 안전과 보안 위협
- IoT 사고 대응 계획 및 실행
- 요약

사고 관리는 핵심 주제며, IT 기업에서는 그동안 사고 관리의 유용성과 실행에 관련된 우수하고 자세한 내용을 기록해왔다. 사고 관리는 계획, 탐지, 차단, 근절, 복구 수명 주기 중심의 활동을 통해, 궁극적으로 무엇이 잘못됐는지 학습하는 과정과 향후 유사한 사고를 방지하기 위해 태도를 개선하는 방법에 관련된 핵심적인 활동이다. 이 장에서는 IoT 시스템을 기업에 추가하려는 계획을 수립하고 사고 대응 계획을 만들거나 업데이트해야 하는 기업, 기타 조직을 위한 가이드라인을 제공한다.

IoT 시스템에 대한 사고 관리 체계는 우리에게 이미 익숙한 프레임워크를 따른다. 침해된 IoT 관련 시스템에 대한 대응 방안을 효과적으로 계획하려고 할 때 대응을 위한 새로운 고려 사항과 질문이 있다. 기존의 IT와 IoT를 차별화하기 위해, 다음과 같은 사고를 가정해보자.

- 가까운 미래에 기업은 운전자의 안전을 향상시키고 연료 소비를 줄이고 도로 교통을 준수하기 위해(예를 들어, 공격적인 운전 방지) 대량의 커넥티드 비클을 구입한다. 어느 날, 다목적 차량이 다른 자동차와 충돌해 부상이 발생했다. 운전자와의 대화를 통해 차량이 운전자의 조작에 반응하지 않고 정지한 것을 알게 됐다.
- 이식된 심박 조율기pacemaker를 사용하는 심장 질환이 있는 환자가 갑자기 사망했다. 검시관은 환자가 심박 조율기를 가지고 있었으며, 그 장치가 올바르게 작동하고 있었다고 밝혔다. 이 사건은 심근경색으로 인한 자연사로 결정됐다.

커넥티드 비클과 심장 박동기, 이 두 장치 모두 다양한 기업, 일부 사내 시스템, 클라우드의 지원을 받았다. 두 가지 사례 모두 잠재적인 IoT 보안 사고와 일상적인 사건 사이의 모호한 경계를 보여준다. 이는 IoT 디바이스 및 시스템의 기본 비즈니스/업무 프로세스에 초점을 맞추고, 공격자가 악의적인 의도와 행동을 숨기기 위해 일상적인 기능에서 우연히 발생한 것처럼 가장한 방법을 이해하기 위해 사고 관리를 검토할 필요가 있다. 이를 위해서는 IoT 시스템의 운영 보호를 담당하는 보안 엔지니어가 이러한 시스템의 기초가 되는 위협 모델을 이해한 후 수행해야 한다.

사고 대응 계획IRP, incident response plan은 기업의 유형에 따라 다양할 수 있다. 예를 들어, 여러분 조직은 산업용 IoT 시스템을 운영할 의도가 없지만, 최근 BYODBring your own device IoT 디바이스 정책을 채택한 경우 IRP는 침해 사고가 확인되고 추가되고 제거되는 시점에 중단될 수 있다. 이러한 경우에는 IoT 디바이스 취약점의 원인을 심도 있게 파악하기 위해 해당 디바이스를 대상으로 포렌식을 수행할 수 없다(간단하게 네트워크에서 해당 유형의 디바이스 사용을 금지할 수도 있다). 그러나 기업이 일상적인 비즈니스 기능에 소비자 및 산업용 IoT 디바이스/앱을 사용하는 경우, IRP에서는 침해 사고가 발생한 원인을 찾아 분리한 이후 정교한 포렌식을 수행해야 한다.

▌ 안전과 보안 위협

오용 사례는 초기 위협 모델링 과정에서 발생하는 것이 가장 이상적이다. 다수의 오용 사례 패턴을 기반으로 특정 오용 패턴을 만들 수 있다. 오용 패턴은 사내 구축 환경과 클라우드 환경에서 모두 사용되는 모니터링 기술(예를 들어, IDS/IPS, SIEM 등)에 적용할 수 있는 시그니처signature 세트로 분해할 수 있을 정도로 세분화돼 있어야 한다. 패턴에는 장치 패턴, 네트워크 패턴, 서비스 성능, 잠재적인 오용, 오작동, 완전한 침해를 나타내는 모든 것을 포함시킬 수 있다.

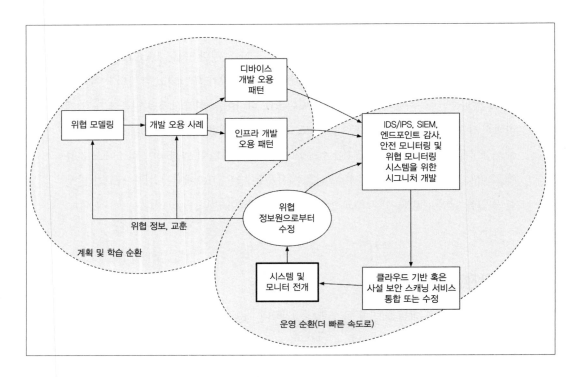

다수의 IoT 사용 사례에서 보안 정보 및 이벤트 관리[SIEM, security information and event management]의 원격 측정 기능이 강화될 수 있다. 물리적으로 상호작용하는 IoT 디바이스는 모니터링이 가능하고 오작동이나 오용을 탐지하기 위한 추가적인 특성이 있으므로, 원격 측정 기능이 강화된[telemetry-enhanced] SIEM을 언급했다. 온도, 시간, IoT 디바이스 상태와 이벤트 상관관계 등 사용 가능한 데이터에 대한 거의 모든 종류의 기존 SIEM을 사용하는 수준을 넘어 전력, 탐지, 차단, 포렌식 준비를 가능하도록 구상할 수 있다.

도입부에서 설명한 커넥티드 다용도 비클 사고의 경우, 사고의 원인으로 불만을 가진 직원이 네트워크를 통해 커넥티드 비클 서브시스템에 원격 공격(예를 들어, 네트워크로 연결된 CAN 버스에 ECU 통신을 주입)을 할 수도 있다. 적절한 포렌식 기능이 없으면, 개인을 식별하기 어렵거나 아예 불가능할 수도 있다. 무엇보다 우려스러운 점은 대부분의

360

경우, 보험 수사관은 보안상의 공격을 받은 시스템의 침해 가능성을 검토해야 한다는 사실조차 알지 못한다는 것이다.

심박 조율기 환자의 경우, 직원이 특정 마이크로컨트롤러와 인터페이스 세트가 있는 근거리 의료기기에 랜섬웨어ransomware를 전달해서 인터넷을 통해 배운 공격 방법을 적용하고 패키징함으로써 피해자에게 강제로 돈을 지불하도록 강요하는 범죄자가 될 수도 있다. 이 경우도 가능한 공격 접점을 이해하지 못한다면, 더 심도 있는 조사를 진행할 수 없다. 더욱이, 해당 랜섬웨어는 사건의 증거를 인멸하기 위해 자체적으로 파기되도록 고안돼 있을 수 있다.

이러한 시나리오는 다음과 같이 IoT 사고 관리가 다소 왜곡돼 기존의 IT 기업의 사례를 뒤집는 것을 보여준다.

- 네트워크에 연결된 사물의 물리적인 특징으로, 위치와 운영자의 물리적 특성 및 작동 방식을 파악할 수 있다. 사고 대응의 사이버 물리적인 측면에서 볼 때 의료, 운송, 기타 산업용 IoT 사례에 대한 안전성 요소safe factor에 생존과 사망을 포함시킬 수 있다.
- 다수의 직접적인 사고 대응 활동을 포함하는 물리적인 사물을 관리하는 클라우드의 측면은 조직의 즉각적인 통제를 벗어날 수 있다는 사실을 포함하고 있다.
- 공격자는 매일 발생하는 사건들의 잡음을 이용해 공격자의 의도와 행동을 위장시킬 수 있다. 특정 시점의 공격은 방어자를 불리하게 만든다. 특히 사이버 물리 시스템에서, IoT 공격 목표인 자동차를 충돌시키거나 교통 신호등의 작동을 중지시키는 것을 간단하게 할 수 있다. 숙련된 공격자는 목적을 달성하기 위해 빠르게 공격할 수 있고, 방어 담당자의 공격 방어 기능은 상대적으로 제한적일 수 있다.

- 침해된 인근의 일반적인 허브와 게이트웨이에 연결된, 관련 없어 보이는 IoT 사물이 사고 탐지와 포렌식에 새롭고 흥미로운 데이터 세트를 제공할 수 있다.

또한 IoT 시스템 또는 IoT 제품의 클래스에 대해 지속적인 캠페인이 있을 경우, 이를 이해하고 대응하기 위해 배포된 IoT 제품에 대한 종합적인 사고 관리와 포렌식을 수행해야 한다. 포렌식은 IoT 제품의 오작동에 대한 책임 소재를 부여하고, IoT 시스템 내에서 부작용을 일으킬 가능성에 대한 정의를 내리기 위해 활용될 수 있다. 이는 의료기기, 산업용 제어 장치, 스마트 가전, 물리적인 환경의 탐지와 작동을 포함하는 CPS에서 더욱 중요하다.

이 장에서는 여러분 조직의 사고 대응 계획의 수립, 유지, 실행을 위한 다양한 상황에 대한 인식을 향상시키고, 운영상의 IoT 위험 요소에 대한 대응 방법을 중점적으로 다룰 것이다. 이는 다음과 같은 하위 영역에서 수행된다.

- IoT 사고 대응 및 관리 정의: IoT 사고 대응의 목표를 정하고 수용해야 할 사항을 정의한다.
- IoT 사고 대응 계획 및 실행: 이 영역에서는 사고 대응을 위한 올바른 방안을 구조화된 계획으로 조직에 도입하는 방법을 알아볼 것이다. 다양한 사고/이벤트뿐만 아니라 (IRP에 따른) 포렌식 운영 및 분류 계획 세분화와 분류 방법을 자세히 설명할 것이다. 또한 포렌식 내에서 IoT 디바이스의 포렌식 펌웨어 이미지를 획득하는 방법을 설명할 것이다. 마지막으로, 실용적인 사고 대응 계획을 실행하고 운영하기 위한 실무 지침을 제공할 것이다. 사고 대응을 수행하는 데 필요한 IoT 측면은 클라우드 공급 업체(CSP 호스트되는 서브시스템을 지원한다고 가정하면)와 관련될 수 있다. 사고 대응 계획을 사용하면 침해 사고 및 기타 사고를 탐지하고, 사후 포렌식을 수행하고, 사고로부터 얻은 교훈을 보안 수명주기에 추가할 수 있다.

▌ IoT 사고 대응 계획 및 실행

IoT 사고 대응 및 관리는 다음과 같이 네 가지 단계로 세분화할 수 있다.

- 계획
- 탐지 및 분석
- 차단containment, 근절eradication, 복구recovery
- 사후 활동

다음 그림은 프로세스에 대한 견해를 제공하고, 이들이 서로 어떻게 연관돼 있는지를 보여준다.

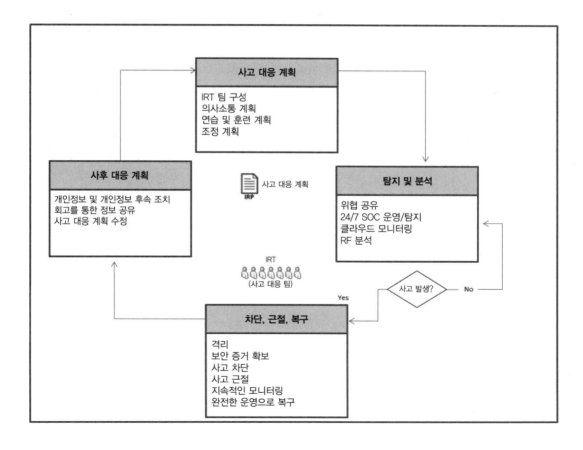

조직은 이러한 과정을 조직의 고유한 시스템, 기술, 배포 방식에 맞춰서 완전히 문서화하고 맞춤화된 프로세스를 갖춰야 한다.

사고 대응 계획

비유적으로 말해, 계획(때로는 사전 대응 준비라고도 한다.)은 재해가 발생했을 때 당황해서 아무것도 하지 못하는 상황을 방지하기 위한 활동으로 구성돼 있다. 대규모 서비스 거부denial of service 공격이 발생했는데 여러분 회사의 로드 밸런서와 게이트웨이가 감당할 수 없는 상황이라면, 어떻게 해야 하는지 알고 있는가? 클라우드 공급 업체가 자동으로 이러한 문제를 해결하거나 서비스 용량을 확대해서 도움을 줄 것으로 예상하는가? 여러분의 웹 서버 일부분에 침해가 발생했다는 증거를 찾은 경우, 바로 서버의 이미지를 다운로드해 귀중한 이미지를 확보했는가? 손상된 이미지를 갖고 있다면 무엇을 하려고 하는가? 어느 담당자에게 이미지를 전달하고, 어떻게 업무를 진행하겠는가? 기록 관리, 규칙을 지키는 방법은 무엇이고, 관련 담당자와 언제, 어떻게 소통해야 하는가? 이와 같은 많은 다른 질문들은 상세한 사건 대응 계획에서 최대한 정확하게 대답해야 한다.

NIST SP 800-62r2는 사고 대응 계획IRP, incident response plan 및 절차의 내용에 대한 템플릿과 논의를 제공한다. 이 템플릿을 사용하면, 잘못된 행동에서 본격적으로 침해에 이르는 사건에 대응하기 위해 수집해야 하는 추가적인 데이터(예를 들어, 특정 메시지 세트 및 시간을 포함한 실제 센서 데이터)를 결정하는 것과 같은 IoT 관련 특성을 보완할 수 있다. 계획을 수립할 때는 타협의 유형과 심각성을 파악하는 등 중요한 분석 작업에 집중할 수 있다.

IoT 시스템 분류

시스템의 분류 작업은 연방 정부 공간에서 특정 시스템이 중요한 임무를 수행하는 것과 손상된 데이터의 영향을 파악하기 위해 강조되고 있으며, 기업의 IoT 관점에서 유사한 방식으로 시스템을 분류하는 데 유용하다. IoT 시스템의 분류는 사고의 비즈니스/업무 영향, 사고의 안전 영향, 손상/손실을 방지하기 위한 실시간에 가까운 처리의 필요성을 기반으로 대응 절차를 조정할 수 있다.

NIST FIPS 199(http://csrc.nist.gov/publications/fips/fips199/FIPS-PUB-199-final.pdf)는 정보 시스템의 분류에 몇 가지 유용한 접근 방법을 제공하며, IoT 시스템을 분류하는 데 도움이 되는 프레임워크를 빌려서 보완할 수 있다. 다음의 표는 보안 목표에 대한 기밀성, 무결성, 가용성의 영향을 설명하기 위해 FIPS 199에서 차용된 내용이다.

표1. 보안 목표를 위한 잠재적인 영향 정의

보안 목표	영향 가능성		
	낮음	보통	높음
기밀 유지 개인정보 및 독점 정보를 보호하기 위한 수단을 포함해 정보 접근 및 공개에 대해 인가된 제한을 유지한다. [44 U.S.C., SEC. 3542]	정보의 무단 공개로 인해 조직 운영, 조직 자산, 개인에 대한 제한된 악영향을 끼칠 수 있다.	정보의 무단 공개는 조직 운영, 조직 자산, 개인에 대한 심각한 악영향을 끼칠 수 있다.	정보의 무단 공개로 인해 조직 운영, 조직 자산, 개인에 심각하거나 파국을 맞이할 만한 악영향을 끼칠 수 있다.
무결성 부적절한 정보 수정 또는 파기로부터 보호하고 정보 부인 방지, 신뢰성을 보장한다. [44 U.S.C., SEC. 3542]	정보의 무단 변조 또는 파괴로 인해 조직 운영, 조직 자산, 개인에 대한 제한된 악영향을 끼칠 수 있다.	정보의 무단 변조 또는 파괴로 인해 조직 운영, 조직 자산, 개인에 대한 심각한 악영향을 끼칠 수 있다.	정보의 무단 변조 또는 파괴로 인해 조직 운영, 조직 자산, 개인에 대한 심각하거나 파국을 맞이할 만한 악영향을 끼칠 수 있다.
가용성 적시에 신뢰할 수 있는 정보 접근 및 사용을 보장한다. [44 U.S.C., SEC. 3542]	정보 또는 정보 시스템에 대한 접근 또는 사용의 중단으로 인해 조직 운영, 조직 자산, 개인에 제한된 악영향을 끼칠 수 있다.	정보 또는 정보 시스템에 대한 접근 또는 사용의 중단으로 인해 조직 운영, 조직 자산, 개인에 대한 심각한 악영향을 끼칠 수 있다.	정보 또는 정보 시스템에 대한 접근 또는 사용의 중단으로 인해 조직 운영, 조직 자산, 개인에 심각하거나 파국을 맞이할 만한 악영향을 끼칠 수 있다.

IoT 시스템에서 이 프레임워크를 계속 사용할 수 있지만, 시간이 미치는 영향과 시간의 흐름에 따라 안전에 영향을 주는 시스템에서 대응 시간의 중요성을 이해하는 것 또한 중요하다. 이전의 사례를 살펴보면, 누군가 대형 자동차 시스템의 접속 실패를 확인

한 이후 일부 잠재적인 대응은 지나치게 성급해 보일 수도 있다. 그러나 침해 가능성, 의도한 공격의 특징과 함께 공격자의 의도 및 동기를 고려하면, 과감한 대응을 할 수 있다. 예를 들어 사고 대응 계획으로 일시적으로 연결된 차량 시스템을 모두 비활성화하거나, 모든 차량의 전자 제어 장치에 대한 무결성 검사를 제조사에게 요청할 수 없다.

이 경우에는 IoT 자산에 대한 식별된 공격 패턴이 파악됐을 때 직원, 고객, 다른 사람들이 급박한 위험에 처할 가능성이 있는지를 확인해야 한다. 회사의 보안 지도부에서 회사의 차량과 연결된 IoT 시스템의 공격 시도를 파악해도 부상과 사망으로 이어질 수 있지만 시스템을 계속해서 운용하고 있다면, 어떤 잠재적인 법적 책임과 법적 소송이 따를까?

IoT 사고 대응 절차

유럽 네트워크 정보보호원ENISA, European Network and Information Security Agency은 최근 새로운 기술 분야에서 나타나는 위협의 트렌드를 진단했다(https://www.enisa.europa.eu/publications/ strategies-for-incident-response-and-cyber-crisis-cooperation/at_download/fullReport). 이 보고서는 사물인터넷에 대한 몇 가지 동향을 보여준다.

- 악성코드: 웜/트로이 목마
- 웹 기반 공격
- 웹 애플리케이션 공격/인젝션 공격
- 서비스 거부
- 피싱
- 익스플로잇exploit 키트
- 물리적 손상/도난/분실
- 내부자 위협
- 정보 유출
- 신원 도용/사기

조직은 이러한 유형의 위협에 대응할 준비가 돼 있어야 한다. 사고 대응 계획은 조직의 다양한 역할을 따라 수행해야 하는 절차를 마련해야 한다. 이러한 절차는 비즈니스 또는 이해관계자에 대한 침해의 영향도에 따라 약간씩 달라질 수도 있다. 최소한의 절차를 통해 고위 담당자 또는 전문 담당자로 하여금 사건의 심각성을 파악할 수 있도록 해야 한다.

절차는 이해관계자에게 데이터의 침해가 발생했을 가능성이 있는 시점을 알리고, 해당 데이터를 통지문의 일부로 상세하게 다뤄야 한다. 대응하는 과정에서 누구와 연락해야 하는지, 침해가 이뤄지는 절차, 수사가 이뤄지는 동안 증거 체인을 보존하는 방법을 명시해야 한다. 증거물 보관의 영속성chain of custody이라는 관점에서 서드파티 클라우드 제공자가 관련돼 있는 경우, 클라우드 서비스 계획(또는 SLA)은 제공자가 사고가 발생한 기간 동안 증거물 보관 영속성을 유지 및 관리하는 방법을 명시해야 한다.

클라우드 공급 업체의 역할

IoT 서비스를 지원하기 위해 적어도 하나의 클라우드 서비스 공급 업체를 활용할 수 있다. 클라우드 SLA는 당신의 사고 대응 계획에 매우 중요하지만, 안타깝게도 클라우드 SLA의 목적과 내용은 업계 전반에 잘 알려져 있지 않다. 즉 일부 CSP는 가장 필요할 때 IR 지원을 제공하지 않을지도 모른다는 점을 유의하자.

클라우드 컴퓨팅 V3.0(https://cloudsecurityalliance.org/guidance/csaguide.v3.0.pdf 섹션 9.3.1)의 중점 분야에 대한 클라우드 보안 동맹Cloud Security Alliance의 가이드라인은 클라우드 공급자의 SLA에서 다음의 IR과 관련된 측면을 다뤄야 한다고 기술돼 있다.

- 각 당사자의 연락처, 통신 채널, IR 팀의 연락처
- 공급 업체와 고객 및 관련 업체를 모두 아우르는 사고 정의 및 알림 기준
- 사고 탐지를 위한 고객 CSP 지원(예를 들어, 사용 가능한 이벤트 데이터, 의심 이벤트에 대한 통지 등)

- CSP가 제공하는 명료한 사고 처리에 대한 지원을 명시적으로 지정한 보안 사고 발생 시 역할/책임의 정의(예를 들어, 사고 데이터/아티팩트 수집을 통한 포렌식 지원, 사고 분석 참여/지원 등)
- 계약 당사자들이 수행하는 정기적인 IR 테스트에 대한 자세한 내역과 그 결과를 공유할지 여부
- 사후 분석 활동의 범위(예를 들어 근본 원인 분석, IR 보고서, 교훈을 보안 관리에 추가 등)
- SLA의 일부로서, 공급 업체와 수요자 사이의 IR과 관련된 책임을 명확하게 식별

IoT 사건 대응 팀 구성

사고 대응 팀에 속한 인력에게 적절한 기술 자료를 찾는 것은 언제나 도전 과제다. 카네기 멜론 대학의 CERT(http://www.cert.org/incident-management/csirt-development/csirt-staffing.cfm) 조직은 팀 직원들이 다음과 같은 다수의 요인에 영향을 받는다는 점을 지적했다.

- 임무와 목표
- 담당 직원의 전문성
- 사고 시 예상되는 부하
- 관리 범위와 기반 기술
- 펀딩funding

일반적으로 사고 관리는 사고의 범위 및 필요한 대응을 기반으로 팀원을 구성할 수 있다. 상급 직원이 사고 대응에 대한 훈련을 잘 받도록 하고 사고가 발생한 경우 도움을 제공할 수 있도록 하는 것이 중요하다. 사고 관리자는 로컬 IR 절차뿐만 아니라, 클라우드 제공업체의 SLA를 자세히 숙지하고 있어야 한다.

적절한 계획을 수립하기 위해 각 사건에 필요한 구체적인 역할에 담당 직원을 할당할 수 있다. IoT 관련 사고의 대응 팀은 특정한 IoT 구현 및 배포와 관련된 사용 사례에 의해 동작하는 몇 가지 고유 스킬 세트skill set를 보유해야 한다. 또한 직원은 공격받은 IoT 시스템의 근본적인 비즈니스 목적을 깊이 이해하고 있어야 한다. 그리고 조직 내에서 발생하는 각 유형의 사건에 대해 비상 연락처 목록을 유지해야 한다.

의사소통 계획

사고 대응은 종종 혼란스럽고 빠르게 진행되기 때문에, 자세한 사항은 전장의 안개 속에서 쉽게 잊혀질 수 있다. 팀은 적절한 이해관계자와 파트너를 포함시키는 것을 잊지 않기 위해 사전에 만들어진 의사소통 계획이 필요하다. 이 의사소통의 계획에는 높은 직급의 기술 직원, 관리자, 경영진으로 보고할 때 필요한 세부 사항을 자세히 기술해야 한다. 계획에는 또한 필요시 언제까지 고객, 정부, 법률 집행 기관 같은 외부의 이해관계자들과 의사소통 가능해야 하는지도 상세하게 설명해야 한다. 마지막으로, 의사소통 계획은 어떠한 정보를 다른 정보 공유 서비스와 소셜 미디어social media를 통해 공유할 수 있는지(예를 들어 트위터, 페이스북 등을 통해 공지하는 경우) 상세하게 다뤄야 한다.

내부 대응의 관점에서, 의사소통 계획에는 조직의 각 IoT 시스템에 대한 담당 연락처POC, point of contact와 다른 연락 방법뿐만 아니라, IoT 데이터를 공유하는 CSP와 기타 파트너 같은 공급 업체의 POC를 포함해야 한다. 예를 들어 데이터 공유 API를 분석 회사에 지원하고 있다면, IoT 데이터의 유출로 인해 개인정보 데이터가 아무도 모르게 해당 API를 통과해 예상치 못한 곳으로 전송될 수 있다.

조직에 적합한 IRP의 운용과 연습

모든 잠재적인 IRT 담당자들은 사고 대응 계획을 학습해야 한다. 계획은 경영진의 참여와 감독이 함께 이뤄져야 한다. 역할과 책임을 수립해야 하고, 훈련은 CSP 같은 서드파티와 함께 참여하고 수행해야 한다. 교육은 지원되는 시스템의 기술적인 측면뿐만 아니라 시스템의 비즈니스 및 수행 목적에 대한 내용도 제공해야 한다.

훈련은 계획의 적합성을 검증할 뿐만 아니라 조직의 효율성과 숙련도를 검증하기 위해 정기적으로 실시해야 한다. 이러한 훈련은 사고 대응 계획의 최신 상태로 유지되고, 실제 사고 발생 시 직원들이 능숙하게 행동하고 대처할 수 있도록 도와줄 것이다. 마지막으로, 시스템이 완전히 문서화돼 있는지 확인하자. 중요한 데이터가 어디에 있는지(그리고 언제 있는지) 알 수 있는 경우, 사고 대응 팀의 신뢰성과 안전성을 크게 개선할 수 있다.

탐지 분석과 분석

보안 정보와 이벤트 관리SIEM, security information and event management 시스템은 모든 유형의 관찰 가능한 이벤트를 가능한 사건으로 등록할 수 있는 강력한 도구다. 이와 유사한 시스템은 IoT 디바이스를 지원하는 인프라를 모니터링할 수 있도록 구성할 수 있지만, 배포된 IoT 시스템에 대한 일정 등급의 상황 인식 유지 기능에 영향을 끼칠 수 있는 고려 사항이 있다.

- IoT 시스템은 클라우드 호스팅 기반의 구조에 크게 의존한다.
- IoT 시스템에는 종종 이벤트 로그를 캡처하고 전송할 수 있는 기능이 부족한 제한적인 디바이스가 추가될 수 있다.

이러한 고려 사항은 시스템을 지원하는 CSP에서 계측 데이터를 수집할 수 있는 모니터링 인프라를 설계해야 할 뿐만 아니라, 디바이스 자체적으로 가능한 모든 것을 필요로 한다.

이러한 측면에서 제한된 옵션이 있지만, 일부 작은 스타트업 기업은 이러한 격차를 좁히기 위해 노력하고 있다. 바스티유Bastille(https://www.bastille.net/) 사는 IoT를 위한 종합적인 RF-모니터링 솔루션을 제공하기 위해 노력하는 기업의 한 예가 될 수 있다. 그들의 제품은 IoT 주요 통신 프로토콜을 모두 지원하고 60MHz에서 6GHz까지의 모든 RF 스펙트럼을 모니터링한다. 무엇보다 바스티유의 무선 모니터링 솔루션은 SIEM

시스템과 통합돼 있어, 무선 통신망에 연결된 IoT 배포 중 적절한 상황 인식을 돕는다는 것이 중요하다.

주기적인 스캐닝(SIEM 이벤트 상관관계와 함께)과 클라우드 기반 또는 에지 기반edge-situated 행동 분석을 등록해야 한다. 스플렁크와 같은 솔루션은 이러한 유형의 작업에 적합하다.

IoT 고유의 디지털 포렌식과 사고 대응DFIR, digital forensics and incident response에 필요한 도구의 유형은 조직 내에 발생할 수 있는 사고의 유형을 이해하는 것에서 시작한다. 다시 말해, 스플렁크와 같은 도구는 이러한 패턴과 지표를 찾는 데 효과적이다. 가능한 지표는 다음과 같다.

- 분석 시스템 내에 불량 센서를 투입해 혼란을 유발할 수 있다.
- 기업 네트워크에 위치한 불법 IoT 디바이스를 사용해 기업의 데이터 유출을 시도할 수 있다.
- 개인정보 통제가 침해된 결과, 임의의 개인이 어디에 있는지, 해당 시점에 무엇을 하고 있는지 알아볼 수 있다.
- 개인과 조직 간, 커넥티드 디바이스와 제어 시스템 네트워크 간의 신뢰 관계를 조작함으로써 악성코드 인젝션 시도가 있을 수 있다.
- IoT 기반 시설에 대한 서비스 거부 공격을 개시함으로써 사업 운영을 방해하려고 시도할 수 있다.
- IoT 디바이스에 무단(물리적 또는 논리적) 접근을 통해 조작하려고 시도할 수 있다.
- 디바이스, 게이트웨이, 클라우드 호스팅 암호화 모듈 및 키 재료를 침해해 전체 IoT 시스템에 전달되는 데이터의 기밀성을 손상시키려고 시도할 수 있다.
- 금전적인 이득을 위해 신뢰할 수 있는 자동 거래를 활용하려고 시도할 수 있다.

IoT 배포에서 발생할 수 있는 사고에 대응할 때, IoT 디바이스가 침해됐는지를 파악하는 능력은 매우 중요하다. 이러한 디바이스는 대부분 다른 디바이스와의 상호작용을 지원하는 신뢰할 수 있는 자격 증명을 보유하고 있다. 이와 같은 신뢰 관계의 침해는 시스템 전반에 걸쳐서 예상치 못한 작업을 유발할 뿐만 아니라, 데이터센터/클라우드의 가상화 지원 인프라에 접근할 수 있다. 관련된 시스템 엔드포인트의 정교한 모니터링 기능이 없을 경우, 이러한 작업을 매우 조용하게 수행할 수 있다.

이 경우, 분석가가 진행 중인 사고를 탐지했을 시점에 공격자는 이미 기업 전반에 걸쳐서 중요한 서브시스템을 장악했을 수 있다. 이러한 이해를 바탕으로 사고 대응 프로세스가 다른 디바이스, 컴퓨팅 자원, 기타 시스템을 즉시 분석해 설정된 안전 기준에 따라 계속 작동하고 있는지 확인하는 데 집중해야 한다. 불행하게도, 신속한 사고 대응 시에 수천 혹은 수백만 개에 달하는 커넥티드 디바이스의 보안 상태를 신속하게 파악할 수 있는 툴은 오늘날 부족하다.

최적화된 IoT 기반 사고 대응 조치에 사용할 수 있는 툴에는 차이가 있지만, 여전히 팀이 사용해야 하는 표준 툴이 있다.

공격받은 시스템 분석

사고를 성공적으로 분석할 수 있는 첫 번째 단계는 최신 위협과 지표에 대한 지식을 보유하는 것이다. 효과적인 위협 인텔리전스 툴과 프로세스는 대응 팀의 무기고arsenal에서 갖춰야 하는 역량이다. 기업의 IoT 시스템은 매력적인 공격 대상이 되고 있기 때문에, 이러한 플랫폼은 확실하게 자신들의 회원들과 함께 지표와 수비 패턴을 공유해야 한다. 현재의 대표적인 위협 공유 플랫폼을 살펴보면 다음과 같다.

- DHS AIS\ :sup:`Automated Indicator Sharing` 이니셔티브: 에너지와 기술 분야에 초점을 맞추고 있다(https://www.us-cert.gov/ais).
- Alienvault OTX\ :sup:`Open Threat Exchange`(https://www.alienvault.com/open-threat-exchange)

- IBM X-Force Exchange: 클라우드 기반의 위협 인텔리전스 서비스다 (http://www-03.ibm.com/software/products/en/xforce-exchange).
- 정보 기술 정보 공유 및 분석 센터ISAC, Information Sharing and Analysis Center

업무별로 위협 정보에 더욱 의존하는 ISAC도 존재한다. 예를 들면 다음과 같다.

- 산업용 제어 시스템ICS, Industrial Control System ISAC(http://ics-isac.org/blog/home/about/)
- 전기 부문Electricity sector ISAC
- 대중교통/지상 운송Public transportation/surface transportation ISAC
- 급수Water ISAC

우발성 사건이 식별되면, 의심되는 침해의 범위와 활동 등을 측정하기 위한 추가적인 분석을 수행한다. 분석가들은 작업의 타임라인을 작성하기 시작해야 한다. 이 일정을 편리하게 유지하고 새로운 정보가 발견되면 업데이트하자. 타임라인에는 예상되는 시작 시간을 포함해야 하며, 조사에서 다른 중요한 시간을 기록해야 한다. 또한 감사/로그 데이터를 사용해 발생한 활동에 대한 상관관계를 파악할 수 있다. 이 점에서 고려해야 할 것은 정확한 시간을 유지하고 전파해야 한다는 것이다. IoT 시스템에 사용할 수 있는 네트워크 타임 프로토콜NTP, network time protocol을 활용하면 도움이 될 수 있다. 타임라인은 팀으로서 상대방이 수행한 작업을 식별하고 생성할 때 정교해진다.

분석은 속성(누가 공격하고 있는지를 식별하는)에서 시도를 포함하는 활동을 포함할 수 있다. 이러한 활동에 유용한 툴에는 일반적으로 IP 주소 블록의 소유자를 식별하는 기능을 제공하는 다양한 인터넷 레지스트리의 WHOIS 데이터베이스가 포함된다. 불행하게도, 공격자에게는 기타 IT 시스템과 IoT를 통해 익명성을 제공할 수 있는 사용하기 쉬운 방법이 있다. 만약 거짓 측정 값을 전송하기 위한 악의적인 IoT 디바이스를 네트워크에 연결한 경우, 디바이스는 피해자의 네트워크를 사용하기 때문에 디바이스의 IP 주소를 식별하는 것이 분석에 도움이 되지 않는다. 설상가상으로, 디바이스는 IP 주소를 가지고 있지 않을 수도 있다. 조직 외부의 공격은 명령 및 제어 서버, 봇넷, 침해 공격을 받은 호스트, VPN, 토르^{Tor} 네트워크, 공격자가 실제 공격 출발지와 출발지 주소를 숨기는 일부 메커니즘의 조합을 사용할 수 있다. 동적인 전환과 신속한 증거 인멸은 국가주의자, 범죄 조직(또는 둘 다에 해당할 수 있다.), 스크립트 키디$^{script\ kiddie}$ 공격에서의 규범이다. 스크립트 키디는 상대적으로 포렌식 기능을 저지하는 방법에서 숙련도가 떨어질 수도 있다.

침해된 디바이스를 더욱 철저하게 검사하면서 로드된 파일을 기반으로 공격자의 특성을 확인하거나 장치 자체에서 핑거프린트^{fingerprint}를 추출할 수 있다. 또한 IoT 사고 대응은 디바이스 게이트의 포렌식 분석을 포함할 수 있고, 게이트웨이는 네트워크 에지에 있거나 CSP의 내부에 있을 수 있다. 일반적으로 대응 팀은 오프라인 평가를 위해 공격받은 시스템의 이미지를 캡처할 수 있으며, 인프라 툴이 매우 유용하게 적용될 수 있다.

정상적인 행동 기준과 보안 기준선, 그리고 공격받은 시스템을 비교하면 악의적인 결과물을 식별하고 조사하는 데 유용하며, IoT 디바이스의 오프라인 설정을 지원하는 도구를 사용할 수 있다. 예를 들어, IoT 디바이스를 배포하는 데 사용되는 도커^{Docker} 이미지는 비교에 필요한 기준에 맞는 양호한 기준선을 제공할 수 있다.

IoT 디바이스를 위한 인증 서비스를 설정하는 경우, 이러한 인증 서버의 로그에서 조사에 사용되는 가치 있는 데이터를 수집할 수 있다. 시스템 및 디바이스에 로그인 실패뿐만 아니라, 비정상적인 소스 IP로부터의 의심스러운 로그인 및 인증 성공, 시간 대역 등을 부지런히 살펴봐야 한다. 엔터프라이즈 SIEM 상관관계 규칙은 위협 인텔리전스 피드^{feed} 및 평판 데이터베이스의 사용을 기반으로 이 기능을 제공해야 한다.

조사의 또 다른 측면은 어떤 데이터가 실제로 침해됐는지를 파악하는 것이다. 수집한 데이터를 확인하는 것이 첫 번째 단계지만, 수집한 데이터가 강력한 암호화를 사용해 보호됐는지도 파악해야 한다. 암호의 해독에 필요한 암호 개인 키를 획득하지 않는 한, 기가바이트의 데이터 유출도 공격자에게 도움이 되지 않는다. 여러분 조직의 시스템 내에 있는 모든 포인트, 모든 호스트, 모든 네트워크, 애플리케이션, 게이트웨이 등에서 데이터의 상태를 파악할 수 없는 경우, 데이터의 침해 정도를 파악하기는 힘들 것이다. 데이터 침해에 대한 정확한 특성 규명은 법적 및 규제 준수 요건에 따라 데이터 침해 통지가 필요한지를 확인하는 데 중요하다.

포렌식 툴은 공격에 대한 정보를 모으는 데 도움을 주기 위해 필요하다. 다음과 같이, 도움을 줄 수 있는 다수의 툴이 있다.

- GRR
- Bit9
- 마스티프Mastiff
- 인케이스Encase
- FTK
- 노먼 샤크Norman Shark G2
- 쿡쿠 샌드박스Cuckoo Sandbox

이들은 기존의 포렌식 분야에서 흔히 사용되는 툴이지만, 실제 IoT 디바이스를 처리하는 경우 조금씩 차이가 있다. 연구진은 IoT 포렌식 증거 수집을 위한 차선책의 방법을 개괄적으로 설명했다(Oriwoh, et al.Internet of Things Forensics: Challenges and Approaches, https://net/publication/259332114_Internet_of_Things_Forensics_Challenges_and_Approaches). 여기서 연구진은 종종 디바이스 자체로 유용한 정보를 제공하지 않을 것이며, 대신 시스템 내에서 데이터가 전송되는 디바이스와 서버를 찾아야 한다고 주장한다. 예를 들어, MQTT 클라이언트는 실제로 데이터를 저장하지 않을 수도 있지만, 데이터를 업스트림 서버로 자동으로 전송할 수 있다. 이 경우, 서버가 분석할 수 있는 가장 좋은 차선책이 될 것이다.

관련 IoT 디바이스 분석

디바이스 자체 조사에서 중요한 데이터를 수집할 수 있는 경우, IoT 디바이스 분석을 위해 펌웨어를 추출할 수 있어야 한다. IoT 디바이스가 잠재적으로 엄청나게 다양한 것을 감안할 때, 사용하는 툴과 절차는 달라질 수 있다. 이번 절에서는 침해를 받았거나 사고와 연관된 메모리를 분석해 단서를 얻을 수 있는 몇 가지 디바이스 펌웨어 이미지 추출 및 분석 방법을 위한 예제를 제공한다. 실제로, 조직에서는 이러한 활동을 평판이 좋은 외부의 보안 업체에 아웃소싱할 수 있다. 이러한 경우 포렌식에 대한 확실한 배경지식을 갖고 있으며 증거물 보관의 연속성chain of custody과 연쇄적인 증거chain of evidence에 관련된 충분한 실무 경험 및 정책을 보유한 회사를 찾아야 한다.

임베디드 디바이스는 분석하기 어려울 수 있다. 다수의 상용 벤더는 USB 인터페이스를 제공하지만, 메모리에 접근할 수 있는 영역을 종종 제한한다. 만약 임베디드 디바이스가 *nix 유형의 OS 커널을 지원하고 분석가가 디바이스에 명령행을 통해 정보를 수집할 수 있다면, 간단한 dd 명령어로 디바이스의 이미지, 특정 볼륨, 파티션, 원격 위치의 마스터 부트 레코드를 추출할 수 있다.

편리한 인터페이스가 없다면 직접 메모리를 추출할 수 있으며, 일반적으로 JTAG 또는 UART 인터페이스를 사용한다. 대부분의 경우, 보안 의식이 있는 업체는 JTAG 인터페이스를 마스크하거나 사용하지 않도록 하기 위해 노력을 기울이고 있다. 물리적으로 접근하려면, 커넥터에서 물리적인 계층을 제거하기 위해 잘라내거나 파쇄하거나 다른 방법을 찾을 필요가 있다. 만약 JTAG 테스트 접속 포트가 접근 가능하고 JTAG 커넥터가 이미 있다면, 오픈 온 칩Open On-Chip 디버거(http://openocd.org/)나 UrJTAG(http://urjtag.org)가 플래시 칩, CPU, 또는 다른 임베디드 아키텍처 및 메모리 타입과 커뮤니케이션하는 데 유용하다. 또한 접근하기 위해 포트에 커넥터를 납땜해야 할 수도 있다.

접근 가능한 JTAG 또는 UART 인터페이스의 부재로, 좀 더 진보한 칩오프chip-off(칩 디캡핑chip de-capping으로도 불린다.) 기술을 데이터를 추출하기 위해 사용할 수 있다. 칩오프 포렌식은 사실상 파괴적인 경향이 있으므로 분석가들은 칩을 부착하기 위해 접착제를 제거하거나 화학적으로 제거해서 칩을 물리적으로 없애야 하기 때문이다. 일단 제거되면, 칩 프로그래머는 사용된 메모리 유형에서 이진 데이터를 추출하기 위해 사용할 수 있다. 칩오프는 보통 특별한 시설을 갖춘 실험실에서 사용하는 진보한 공정이다.

디바이스의 전체 메모리를 접근하고 추출한 후에는 바이너리 분석 단계를 거친다. 칩 또는 아키텍처에서 문제의 발생 여부에 따라, 원시 바이너리 분석을 위해 사용할 수 있는 다수의 툴이 있다. 예를 들면 다음과 같다.

- Binwalk(http://binwalk.org): 파일, 파일시스템 등의 특정 시그니처와 관련된 바이너리를 스캔하는 데 매우 유용하다. 일단 식별되면, 다운스트림 검사와 분석을 위해 파일을 추출할 수 있다.
- IDA-Pro(https://www.hex-rays.com/products/ida/index.shtml): IDA는 다수의 보안 연구자들이 사용하고 있으며, 역공학을 위해 다양한 운영체제를 대상으로 사용할 수 있는 강력한 디스 어셈블리disassembly 및 디버깅 툴이다.
- Firmwalker(https://github.com/craigz28/firmwalker): 펌웨어 파일과 파일시스템을 검색하기 위해 사용할 수 있는 스프린트 기반의 툴이다.

감시 및 모니터링

사고 등급 상향의 방법과 시기를 파악하고 있어야 한다. 이 단계는 위협 정보가 특히 가치 있는 부분이다. 침해는 일반적으로 하나의 이벤트가 아니라, 큰 사고의 작은 조각들이다. 새로운 정보를 학습함에 따라, 탐지 및 대응 방법은 사고를 처리하고 대응하기 위해 확대돼야 한다.

마지막으로 고려해야 할 사항은 수송 및 유틸리티 등의 산업 분야에서 IoT 시스템을 배포하는 사이버 보안 직원이 지역 조직을 넘어서 국외의 위협에도 주목해야 한다는 점이다. 이것은 미국 및 다른 국가 정보 관련 기관을 위한 통상적인 사업 과정이다. 국가주의, 테러리스트, 범죄 조직, 다른 국제적으로 연관된 보안 문제는 민족주의, 범죄 공격 동기, 원하는 영향 및 조치를 수행할 수 있는 행위자와 관련해 직접적으로 IoT 시스템에 영향을 미칠 수 있다. 이러한 유형의 중요한 에너지, 유틸리티, 교통 인프라에 좀 더 적용되는 경향이 있지만, 표적형 공격은 어디에서든 이뤄질 수 있고 모든 대상이 공격 목표가 될 수 있다.

조직 내에서도 운영 및 기술 팀 간에 공유할 수 있는 중요한 정보가 있다. 이러한 정보 공유를 촉진시키기 위한 공공/민간의 파트너십을 보여주는 예로는 인프라가드^{InfraGrad}가 있다.

> "인프라가드는 FBI와 민간 간의 협력 관계를 의미한다. 기업, 교육 기관, 주 및 지방의 법
> 집행 기관, 다른 연관 기관에 대한 미국의 적대적인 행위를 방지하기 위한 정보와 정보를
> 공유하려는 참가자들을 대표하기 위한 사람들의 모임이다."
>
> 출처: https://www.infragard.org/

또 다른 유용한 정보를 제공하는 기관으로 미국 하이테크 범죄수사 협회^{HTCIA, High Tech Crime Investigation Association}가 있다. HTCIA는 매년 국제 회의를 주최하고 공공 및 민간 단체와의 파트너십을 촉진하는 비영리 단체다. 지부는 전 세계의 여러 곳에 존재한다.

다른 좀 더 중요한 파트너십으로, 예를 들면 미국 국토 안보부^{USDHS, US Department of Homeland Security}가 위협 인텔리전스와 상업 및 정부 사이의 경계를 넘어 공유하기 위해 정부와 기업 사이의 경계에 존재한다. 이러한 유형의 프로그램은 일반적으로 오늘날 대부분의 비정부 기관 영역 밖에 있는 기밀 정보에 대한 접근을 요구한다. IoT 지원 시스템 및 CPS에 대한 정부와 군대의 큰 관심을 고려할 때, IoT 관련 위협 정보를 수용하기 위해 지난 몇 년 동안 이러한 프로그램이 크게 개선된 것을 볼 수 있다.

차단, 근절, 복구

사고 대응 시 가장 중요한 질문 중 하나는 시스템이 비즈니스/업무에 중요한 프로세스를 중단하지 않고 오프라인으로 전환할 수 있는 수준인지 확인하는 것이다. 대부분의 경우 IoT 시스템 내에서 기존 디바이스를 새로운 디바이스로 교체하는 과정은 비교적 간단하지만, 올바른 작업의 절차를 결정할 때는 고려할 필요가 있다. 물론 항상 그렇지는 않지만, 감염된 디바이스를 신속하게 교체 가능하면 해당 절차를 선택해야 한다.

특정한 경우에는 공격받은 디바이스를 가능한 한 신속하게 운영 중인 네트워크에서 제거해야 한다. 이러한 디바이스의 상태는 디바이스가 기존의 포렌식 툴과 프로세스를 사용해 좀 더 심층적으로 분석될 수 있도록 엄격하게 보존돼야 한다. 그럼에도 불구하고, 일부 제한된 디바이스가 분석에 필요한 중요 데이터를 덮어 씌울 수도 있다(https://www.cscan.org/openaccess/?id=231).

만약 IoT 게이트웨이가 침해된 경우라면 더욱 복잡한 문제가 발생한다. 조직에서는 게이트웨이가 침해 공격을 받으면, 사전에 준비한 여분의 게이트웨이로 즉시 배치해 교체할 준비를 해야 한다. 가능하다면, 게이트웨이가 침해된 경우 모든 IoT 디바이스를 리플래싱reflashing할 수도 있다. 안타깝게도, 이것은 오늘날에도 꽤 어려운 일일 수 있다. 자동화된 소프트웨어/펌웨어 프로비저닝 서비스(이는 마이크로소프트의 WSUS^{Windows Server Update Services} 애플리케이션과 다르다.)는 오늘날의 IoT에서 엄청난 차이를 보여준다. 어디에서나 유선 또는 무선으로 모든 디바이스에 패치를 적용할 수 있는 기능이 필요하고, 디바이스를 소유한 사람과 다른 소유자나 다른 클라우드 기반 디바이스 등으로 전송 방법에 상관없이 동작해야 하는 기능이다.

인프라 컴퓨팅 플랫폼 또한 고려해야 한다. 운영 네트워크에서 서버 또는 서버 이미지(클라우드)를 제거하고, 서비스를 유지하고 실행할 수 있도록 새로운 기준 이미지로 교체(클라우드 배포에서 훨씬 용이하고 더 빠르게 할 수 있다.)해야 한다. 사건 대응 계획에는 이를 수행하기 위한 개별적인 단계별 조치가 포함돼야 한다. 클라우드 관리 인터페이스를 사용하면, 작업을 수행하는 특정 관리 URI, 특정 단계를 비롯해 모든 것을 포함할 수 있다. 이는 시스템에서 IoT 이미지를 획득할 수 있는 방법이 무엇인가에 따라 결정된다. 악성코드가 공격하려고 하는 취약점/취약성을 식별하고 악성코드를 식별하려 시도할 때, 포렌식 분석을 시작할 수 있도록 감염된 이미지를 분리하자.

한 가지 주의해야 할 점은 항상 공격자가 네트워크에서 무엇을 하고 있는지 추적하는 것이 바람직하다는 사실이다. 필요한 자원을 사용할 수 있는 경우, 명령이나 패턴에 따라 침해된 IoT 디바이스를 분류해 공격자나 악성코드가 검색을 인식하지 못하게 하는 논리적 규칙 게이트웨이 디바이스를 설정하는 것이 좋다. 이러한 디바이스들을 동적으로 재구성해 병렬의 더미dummy 인프라(게이트웨이 혹은 클라우드)로 통신하도록 하면 악의적인 공격자가 수행하는 행동들을 관찰하고 연구할 수 있다. 다른 방법으로, 추후의 분석을 위해 감염된 장비의 트래픽을 샌드박스 환경으로 다시 라우팅할 수 있다.

사후 활동

복구라고도 하는 이번 단계에는 근본 원인 분석, 사후 포렌식, 개인정보 상태 점검, 침해된 PII 항목에 대한 결정 등이 포함된다.

근본적인 원인 분석에서는 방어의 대응 과정에서 어떻게 실패했는지 정확하게 파악해야 하며, 사고의 재발생을 방지하기 위해 어떤 단계에서 어떠한 조치가 취해져야 하는지 결정해야 한다. 관련된 IoT 디바이스와 시스템의 적극적인 스캐닝 또한 사후 과정에서 수행해야 하고, 동일한 혹은 유사한 침입자를 적극적으로 찾아야 한다.

팀원들 간에 배운 교훈을 공유하기 위한 회고 회의retrospective meeting를 소집하는 것이 중요하다. 전체 IR 팀과 일일, 일주일, 한 달 뒤의 후속 미팅을 요청함으로써, 여러분 회사의 사고 대응 계획에 명시적으로 기술할 수 있다. 이러한 시간 동안 추후의 포렌식 및 분석의 다수 세부 사항들이 사건의 출처, 행위자, 악용한 취약점을 새롭게 밝혀줄 것이며, 마찬가지로 여러분의 팀이 얼마나 잘 대응해냈는지도 재조명해볼 수 있을 것이다. 회고 회의는 집단 치료와 같이 진행돼야 하고, 지적하거나 비판하거나 개인과 절차에 대해 비판하거나 적대적인 말을 해서는 안 되고, 1) 무엇이 일어났는지, 2) 어떻게 일어났는지, 3) 얼마나 잘 혹은 형편없게 대응했는지(그리고 왜 그렇게 했는지), 4) 다음 번에 대응을 더 잘할 수 있는 방법들을 설명해야 한다. 회고 회의는 업무가 순조롭게 진행되고, 시간이 낭비되지 않고, 가장 두드러진 교훈을 습득하기 위해 중재자가 있어야 한다.

마지막으로, 학습된 모든 교훈은 다음과 같이 평가돼야 한다.

- IRP 계획에 필요한 사항
- 네트워크 접근 통제^{NAC} 계획에 필요한 변경 사항
- 기업을 보호하기 위해 필요한 새로운 도구, 자원, 훈련의 필요성
- 사고 대응에 도움이 되는 클라우드 서비스 제공업체의 IR 계획에 결함이 있다 (실제로 다른 클라우드 제공업체로 마이그레이션^{migration}해야 하는지 또는 현재 클라우드 제공업체의 서비스를 추가해야 하는지 결정해야 할 수도 있다).

▌요약

이 장에서는 사고 대응 계획을 구축, 유지 보수, 실행하는 가이드라인을 제공했다. 우리는 IoT 사고 대응 및 관리를 정의하고, 사고 대응 활동의 수행과 관련된 구체적인 내용을 다뤘다.

IoT 시스템의 안전한 보안을 고려한 구현은 이러한 시스템의 고유한 특성, 물리적인 세계에서의 이벤트에 영향을 줄 수 있는 기능, IoT 구현의 다양한 특성 등을 감안할 때 수행하기 어렵다. 이 책에서는 다양한 유형의 복잡한 IoT 시스템을 설계하고 배포하기 위한 실용적인 조언을 제공하고자 노력했다. 우리는 잠재력이 높은 기술 분야에서 점점 더 빠르게 변화가 일어남에 따라 이 지침서를 여러분의 고유한 환경에 맞춰가며 사용할 수 있길 바란다.

| 찾아보기 |

에이콘출판의 기틀을 마련하신 故 정완재 선생님 (1935-2004)

사물인터넷 시대를 위한 보안 가이드

IoT로 연결된 세상에서 시스템을 안전하게 구축하기

발   행 | 2017년 8월 30일

지은이 | 브라이언 러셀, 드류 반 듀란
옮긴이 | 이 진 호

펴낸이 | 권 성 준
편집장 | 황 영 주
편   집 | 조 유 나
디자인 | 박 주 란

에이콘출판주식회사
서울특별시 양천구 국회대로 287 (목동)
전화 02-2653-7600, 팩스 02-2653-0433
www.acornpub.co.kr / editor@acornpub.co.kr

한국어판 © 에이콘출판주식회사, 2017, Printed in Korea.
ISBN 979-11-6175-041-5
ISBN 978-89-6077-210-6 (세트)
http://www.acornpub.co.kr/book/practical-iot-security

이 도서의 국립중앙도서관 출판시도서목록(CIP)은 서지정보유통지원시스템 홈페이지(http://seoji.nl.go.kr)와
국가자료공동목록시스템(http://www.nl.go.kr/kolisnet)에서 이용하실 수 있습니다.(CIP제어번호: CIP2017021070)